贪污贿赂罪理论与实务

Theory and Practice of the Crime of Corruption and Bribery

冯军义　刘 霜
主编

中国法制出版社
CHINA LEGAL PUBLISHING HOUSE

本书编委会

主　编： 冯军义　刘　霜

编委会： 陈　伟　焦占营　刘德法　刘仁文　刘志伟
钱小平　王志祥　肖　洪　喻贵英　张　勇
张亚平　魏江涛　胡宏伟　王伟星

目录

CONTENTS

第一章

勘划权力边限：中国特色反腐刑事政策的分星擘两

第一节　凡腐必究：零容忍政策惩治腐败犯罪①

一、引言

零容忍就是绝不容忍。具体到对腐败行为的零容忍，就是对于腐败行为，不论大小应一概惩处，既要下大力气惩治腐败犯罪，也不放纵轻微腐败行为。因此，相比以往的反腐败措施而言，零容忍反腐败更有明确性和普遍性，“它通过树立一种对腐败现象零容忍的标杆，严字当头，逢贪必究，决不姑息任何一次逾越标杆的即使很轻微的腐败行为”②。详言之，即不因恶小而以观后效，不因初犯而下不为例，不因位高而保留情面，不因面广而法不责众。③不给他人留下腐败可以不受处罚的印象，消除对潜在腐败分子的暗示及引诱，通过有贪必反、有腐必肃，对腐败形成高压态势。

2013年12月，中共中央印发的《建立健全惩治和预防腐败体系2013—2017年工作规划》指出，坚持“老虎”“苍蝇”一起打，既坚决查处领导干部违纪违法案件，又切实解决发生在群众身边的腐败问题。这里已经初步体现出零容忍的反腐败思想。2014年1月，习近平总书记在十八届中央纪委三次全会上指出：“反腐败高压态势必须继续保持，坚持以零容忍态度惩治腐败。”④这是党和国家领导人在公开讲话中明确提出对腐败实行零容忍。2015年1月，习近平总书记在十八届中央纪委五次全会上再次强调：“保持高压态势不放松，查处腐败问题，必须坚持零容忍的态度不变。”⑤这是中央对以零容忍态度惩治腐败的再次宣示。2017年10月，党的十九大报告中3次提到零容忍，“坚持反腐败无禁区、全覆盖、零容忍”，“要坚持无禁区、全覆盖、零容忍，坚持重遏制、强高压、长震慑，坚持

---

① 本节内容曾发表在《河南社会科学》2018年第6期。

② 廖晓明、罗文剑：《“零容忍”反腐败：内涵、特征与进路》，载《中国行政管理》2012年第1期。

③ 黄先耀：《以零容忍态度惩治腐败》，载《求是》2014年第4期。

④ 邵景均：《坚持以零容忍态度惩治腐败——深入学习贯彻习近平同志在十八届中央纪委三次全会上的重要讲话》，载《人民日报》2014年2月18日，第7版。

⑤《习近平就2015年反腐工作提四点要求保持高压态势》，中国新闻网，http://www.heb.chinanews.com，最后访问于2017年12月20日。

受贿行贿一起查”，“坚决纠正各种不正之风，以零容忍态度惩治腐败”。这是新阶段党中央对零容忍的再次提倡。由此可以认为，零容忍已经成为我国当下乃至今后很长时间内反腐败政策的重要组成部分。因而研究零容忍政策对我国刑事领域惩治腐败犯罪的影响问题，对于科学充分地发挥刑事手段在反腐败中的作用具有重要意义。

二、零容忍政策不应作为惩治腐败犯罪的具体刑事政策

零容忍作为我国反腐败的一项重要政策，能否作为惩治腐败犯罪的具体刑事政策？对此问题目前存在较大争议。有论者从比较法基础、理论基础与现实、政治基础等不同角度论证了我国确立零容忍刑事政策的必要性[①]；也有论者默认零容忍已经是一项刑事政策，指出党的十八大以来，我国对贪腐官员采取零容忍的刑事政策收到了良好效果[②]。与之相对，有论者从零容忍的社会氛围尚未形成、现有司法资源无法支持以及零容忍有刑罚过度使用之嫌等方面，论证零容忍政策在我国缺乏现实可能性[③]；也有论者认为零容忍应当阐释为在“从严治党”和“坚决查处领导干部违纪违法案件”意义上的策略思想，而并非指涉惩治腐败犯罪的刑事司法领域[④]。

笔者认为，不应将零容忍作为惩治腐败犯罪的具体刑事政策。政策与刑事政策是分属于社会领域与刑事领域的产物，应明确区分对腐败行为的零容忍和对腐败犯罪的零容忍两个不同层面。零容忍只是惩治腐败行为的政策，其强调对腐败行为无论是严重还是轻微，均一律予以惩治。腐败行为包括腐败犯罪和一般的腐败行为。成立腐败犯罪需要一定的门槛，应严格区分一般的腐败行为与腐败犯罪。“对于腐败犯罪的零容忍，主要通过刑法实现，对于一般腐败行为的零容忍，主要通过党纪政纪实现。”[⑤]将腐败行为一概作为犯罪处理也会压缩党纪政纪独立发挥作用的空间，因而不可能将零容忍直接挪用到刑事领域作为惩治腐败犯罪的

① 姜涛：《刑事政策视域下我国腐败犯罪立法的重构》，载《南京师大学报（社会科学版）》2012年第6期。

② 刘金林：《治理腐败需加强刑事政策与刑法治理研究》，载《检察日报》2015年11月2日，第3版。

③ 孙国祥：《腐败定罪“零容忍”之审思》，载《江海学刊》2013年第4期。

④ 魏东：《对腐败犯罪“老虎苍蝇一起打”的刑事政策考量——兼议“特别重大贿赂犯罪案件”的政策性限缩解释》，载《甘肃政法学院学报》2014年第2期。

⑤ 张磊：《反腐败零容忍与境外追逃》，法律出版社2017年版，第4页。

刑事政策。这是因为在零容忍政策影响下，贪污罪、受贿罪等腐败犯罪中的定罪数额标准被认为体现出对腐败犯罪的“有限度容忍”。所以，也有一些论者提出，应取消刑法中腐败犯罪的定罪门槛，进而扫除零容忍成为腐败犯罪刑事政策的障碍。例如，有论者认为，对刑法采取零容忍态度对待的贿赂犯罪，应将数额作为量刑幅度的标准，而不应作为定罪的法定标准[①]；也有论者认为，起刑点的设置绝对弊大于利，为了从立法上回归零容忍的反腐败政策，应当对其予以取消[②]。但是，这一愿景事实上不可能也不必要。理由如下：

第一，我国对犯罪采取的立法定性又定量的认定模式切合我国国情，具有比较优势。我国《刑法》第13条中“但书”的存在，要求成立犯罪需要具备社会危害性程度的要求，说明我国在犯罪认定上采取的是立法定性又定量的模式。详言之，成立犯罪不仅要求行为符合形式上的构成要件要求，而且需要行为本身或者导致的危害结果达到一定的严重程度。受此影响，我国《刑法》分则罪名的构成要件中存在较多诸如“情节严重”“数额较大”等表述。与德国、日本等国家或地区对犯罪采用的立法定性、司法定量的认定模式相比，我国根据行为的社会危害程度区分一般违法行为与犯罪行为的传统观念体现了质与量相统一的思想，可以有效限缩司法裁量权、控制犯罪的数量，而且与“刑罚+行政处罚”的二元制裁结构相统一，具有较高的科学性和实用性，相比其他国家对犯罪采取的立法定性、司法定量的模式，不仅没有不可克服的缺陷[③]，而且还有一些颇有价值的优点（如避免为数众多的一般违法者被贴上罪犯的标签），因而不宜在刑法中取消腐败犯罪的门槛。

第二，即使不在《刑法》中废除立法定性又定量的犯罪认定模式，而只对腐败犯罪取消犯罪门槛，也不具有可行性。且不论腐败犯罪中各种类型行为危害程度不同，即使是其中最严重的贪污罪、受贿罪，其危害性也并非严重到不需要犯罪门槛的程度。如果一定要取消腐败犯罪的犯罪门槛，则会破坏各类犯罪之间的罪刑关系的横向平衡以及社会的基本价值取向，反而可能引发更多的严重问题。

第三，即使如德国、日本等对犯罪实行立法定性、司法定量的国家或地区，也仅仅是在刑法规定中将一切腐败行为视为犯罪，而实际在司法上并非将所有

---

① 王秀梅：《论贿赂犯罪的破窗理论与零容忍惩治对策》，载《法学评论》2009年第4期。

② 任建明、杜治洲：《腐败与反腐败：理论、模型和方法》，清华大学出版社2009年版，第159页。

③ 刘志伟：《〈刑法修正案（九）〉的犯罪化立法问题》，载《华东政法大学学报》2016年第2期。

的腐败行为都作为犯罪惩治，因而所谓刑事上的零容忍是不存在的。例如，根据日本刑法理论及判例均已经确立的“可罚的违法性”理论，行为在满足构成要件符合性之后，在违法性评价上必须具有可罚的违法性才能进入有责性的判断层次。将违法性进行层次划分事实上与我国《刑法》第13条的“但书”规定具有类似之处。因此，在日本司法实践中也不会将贪污财物数量很少的行为认定为犯罪。

第四，犯罪定量标准的设置符合刑法的谦抑思想。“保护法益的手段多数存在，刑罚是制裁手段中最严厉的，而且其社会成本也大（常被比喻成副作用强的药），因此，使用刑罚应该限于其他制裁手段不充分的场合。这就是刑法的补充性和谦抑性。”[①]在当前刑法转型的背景下、在重刑思想并未完全清除的司法环境中，提倡刑法的谦抑思想仍不过时。立足于刑法的谦抑思想，不应过于扩张犯罪的认定范围。在党纪政纪等其他制裁手段仍然能够发挥效用的前提下，就不应轻易动用刑法，应维持好刑法的保障法地位。

因此，对贪腐行为的“零容忍”绝不等于对贪污受贿犯罪实行刑事犯罪门槛的“零起点”[②]。不应将零容忍政策的重心限定于腐败行为的全部犯罪化，而在于强调对腐败行为处罚的确定性和及时性，通过在犯罪与刑罚之间建立起强有力的因果联系，强化一般预防的效果，打消潜在犯罪人的侥幸心理。取消腐败犯罪的犯罪门槛，将所有腐败行为均规定为犯罪与我国的犯罪认定模式相抵牾，而且导致刑法处罚范围的极度扩张以及其他反腐败惩罚措施的搁置。故应立足于反腐败形势，通过定罪标准的动态调整控制腐败犯罪的成立范围，将剩余的腐败行为分流至其他渠道进行惩治。此外，即使不存在我国刑法对犯罪采取的立法定性又定量模式的问题，零容忍也不足以担当惩治腐败犯罪的刑事政策的重任。目前，零容忍思想对于惩治腐败犯罪的指导意义以及适用范围还相对有限，而作为惩治腐败犯罪的刑事政策，应当具有更丰富的内涵，其作用范围也应涵盖刑法理念、立法、司法以及刑罚执行等各个阶段，而这不是简单的零容忍就能够涵摄的。

---

①［日］佐伯仁志：《刑法总论的思之道·乐之道》，于佳佳译，中国政法大学出版社2017年版，第9页。

②《略谈最新司法解释中贪污受贿犯罪的定罪量刑标准》，载《人民法院报》2016年4月19日，第3版。

三、零容忍政策应该在惩治腐败犯罪中予以贯彻

如上所述，零容忍政策不能作为惩治腐败犯罪的刑事政策。但是，其能否对惩治腐败犯罪发挥作用呢？这一问题值得深思。宽严相济政策是我国当下实行的基本刑事政策。宽严相济刑事政策要求，根据犯罪的具体情况实行区别对待，做到该宽则宽、当严则严、宽严相济、罚当其罪，打击和孤立极少数，教育、感化和挽救大多数，最大限度地减少社会对立面，促进社会和谐稳定，维护国家长治久安。具体到“宽”的一面而言，对于情节较轻、社会危害性较小的犯罪，或者罪行虽然严重，但具有法定、酌定从宽处罚情节，以及主观恶性相对较小、人身危险性不大的被告人，可以依法从轻、减轻或者免除处罚；对于具有一定社会危害性，但情节显著轻微、危害不大的行为，不作为犯罪处理；对于依法可不监禁的，尽量适用缓刑或者管制、单处罚金等非监禁刑。零容忍政策强调只要是腐败行为就必须惩治，即使是非常轻微的腐败行为也不例外，即强调惩治腐败行为没有门槛、没有遗漏；具体在刑事领域，对待腐败犯罪必须惩治，不存在宽严相济政策意境中可以对一些情节较为轻微、危害不大的腐败行为不作为犯罪处理或免除处罚的情况。在此方面，从形式上看，零容忍政策与宽严相济刑事政策是存在冲突的。有论者指出：“零容忍政策只能发挥刑法的惩治功能，其显著的缺陷在于重打击，而忽略了预防；同时缺乏刑罚的谦抑性，与我国当前所倡导的宽严相济的刑事政策不相协调。”[①]笔者认为，不能因为宽严相济是基本的刑事政策，而排斥零容忍政策在惩治腐败犯罪中的适用。

第一，零容忍政策相比于宽严相济政策具有特殊性。尽管零容忍政策和宽严相济政策都是国家为应对违法犯罪而确立的基本政策，但两者有所不同。宽严相济政策是国家应对所有犯罪的一项基本政策，而零容忍政策是国家应对包括腐败犯罪和一般腐败行为在内的所有腐败行为的一项基本政策。从两者的适用范围来看，两者之间是一般和特殊的关系，因而从逻辑上看宽严相济政策不会排斥零容忍政策的适用。如果排斥零容忍在惩治腐败犯罪中的适用，则意味着零容忍政策只能适用于对腐败犯罪之外的一般腐败行为的惩治，这显然限制了零容忍政策的适用范围，背离了国家确立零容忍作为反腐败政策的基本精神，与当前乃至将来从严惩治腐败的国家大势背道而驰。因而应当肯定，零容忍反腐败政策不会与宽

① 曾凡燕、陈伟良：《贪污贿赂犯罪起刑数额研究》，载《法学杂志》2010年第3期。

严相济政策发生冲突，而应该在惩治腐败犯罪中得到适用。

第二，零容忍政策与宽严相济政策具有共通性。宽严相济政策固然要求对犯罪的惩治有宽有严，但并不排斥基于国家、社会与犯罪的具体情势对某类犯罪整体上相较于其他犯罪而言从严惩治或从宽处理。“对于刑事政策的原则方向具有决定性意义的，是安排作为刑事政策的主要反映手段的国家刑罚的任务。”[①]在当前惩治腐败犯罪的严峻形势下，通过从严运用刑法以遏制腐败增量、强化一般预防是自然选择，这也决定了宽严相济刑事政策在惩治腐败犯罪中需要体现“严”的一面。事实上，对腐败犯罪“以严为主”的惩治思路已经在实践中得到充分体现。例如，2016年4月18日，最高人民法院刑二庭庭长裴显鼎在新闻发布会上，就当日发布的《关于办理贪污贿赂刑事案件适用法律若干问题的解释》（以下简称《办理贪污贿赂案件解释》）进行阐释。在介绍《办理贪污贿赂案件解释》制定过程中所坚持的原则时，他指出，“依法从严是惩治贪污贿赂犯罪的一贯原则，《办理贪污贿赂案件解释》通篇‘严’字当头”[②]。实际上，《办理贪污贿赂案件解释》也从严密法网、扩张解释相关犯罪的构成要素、对行贿犯罪从宽处罚的适用条件进行严格限定、增设远重于其他犯罪判罚标准的罚金刑等若干方面明确体现出从严惩治腐败犯罪的思想。因而当前宽严相济刑事政策适用于腐败犯罪的惩治，实际上体现从严一面的现状与零容忍政策的要求是一致的，由此决定了零容忍政策是能够在惩治腐败犯罪中发挥作用的。

当然，肯定零容忍政策能够在惩治腐败犯罪中发挥作用，并不意味着在惩治腐败犯罪中就可以排除宽严相济政策中“宽”的一面的适用。宽严相济政策毕竟是应对包括腐败犯罪在内的所有犯罪的基本政策，应对某类犯罪的特殊政策不能排除对这一基本政策的适用，特殊政策应该在基本政策的框架内发挥作用。因此，在惩治腐败犯罪中贯彻零容忍政策要求时应注意区别对待，在整体上从严的同时，对那些行为危害程度比较轻、主观恶性不大的犯罪行为人适当酌情从宽处理。

四、零容忍政策在惩治腐败犯罪中的具体适用

宽严相济作为基本的刑事政策，其适用于刑事立法、司法以及刑罚执行的各

---

①［德］耶赛克等：《德国刑法教科书》，许久生译，中国法制出版社2001年版，第902页。

②《最高人民法院、最高人民检察院发布办理贪污贿赂刑事案件司法解释》，最高人民法院网，http://www.court.gov.cn/zixun-xiangqing-19562.html，最后访问于2017年12月15日。

个层面。与之相对，零容忍政策在刑事领域中对惩治腐败犯罪的指导价值主要体现在立法及司法两个层面。

（一）零容忍政策在刑法立法上的贯彻

零容忍政策要求对事实上的腐败犯罪行为要毫无例外地予以处罚，体现在立法中就是不留死角和空白地带，避免对腐败犯罪遗留处罚漏洞。我国现行的惩治腐败犯罪立法体系与零容忍的要求还存在一定差距。对此问题，有论者认为，在立法上，我国刑法对于腐败犯罪并没有采取零容忍政策，而是有限惩治。这体现在两个方面：一是规定了比较高的定罪数额起点，将相当一部分低于此数额标准的贪腐行为交由行政处理；二是对受贿犯罪构成要件进行多重不合理限定。[①]实际上，腐败犯罪的门槛已经被《刑法修正案（九）》抽象化而不存在要降低犯罪成立数额之类的门槛问题，因而在刑法立法上贯彻零容忍的政策，就是要严密腐败犯罪的刑事法网。根据零容忍政策，应通过修正部分犯罪构成要素以及增设若干罪名的方式实现立法体系的完善。

第一，调整原有犯罪的构成要素，扩大已有罪名的涵摄范围。例如，取消受贿罪中“为他人谋取利益”、行贿罪中“为谋取不正当利益”的构成要素，将贿赂罪中的“财物”修改为“一切好处”等，将更多的同样性质的腐败行为纳入刑罚惩治的范围。以受贿罪要求“为他人谋取利益”的构成要素为例，在司法实践中对此主观违法要素较难认定，以致因为适用疑难而无法追诉部分腐败犯罪。对此问题，实践中习惯依赖扩张解释的方法突破运用障碍。如最高人民法院于2003年11月13日印发的《全国法院审理经济犯罪案件工作座谈会纪要》指出：“为他人谋取利益包括承诺、实施和实现三个阶段的行为。只要具有其中一个阶段的行为，如国家工作人员收受他人财物时，根据他人提出的具体请托事项，承诺为他人谋取利益的，就具备了为他人谋取利益的要件。明知他人有具体请托事项而收受其财物的，视为承诺为他人谋取利益。”该纪要规定将“承诺为他人谋取利益”视为“为他人谋取利益”的情形之一。《办理贪污贿赂案件解释》第13条第2款在此基础上进一步规定：“国家工作人员索取、收受具有上下级关系的下属或者具有行政管理关系的被管理人员的财物价值三万元以上，可能影响职权行使的，视为承诺为他人谋取利益。”通过对“为他人谋取利益”这一构成要素的扩

① 张绍谦：《我国职务犯罪刑事政策的新思考》，载《华东政法大学学报》2013年第4期。

张性解释，本条规定采用拟制的手段将“感情投资”行为有条件地纳入受贿罪的处罚范围。有论者对此提出质疑，认为“这实际上超越受贿罪的界限，是一种类推解释，因而与罪刑法定原则或多或少存在抵牾”[①]。可以认为，这一解释结论已经是对“为他人谋取利益”这一立法表述的解释极限，与其迫于无奈进行违背法理的解释适用，不如直接通过立法删除相关构成要素，以防止给腐败分子可乘之机。此外，性贿赂立法已经引发社会广泛关注，这涉及腐败犯罪的对象问题，《办理贪污贿赂案件解释》第12条规定将“财产性利益”扩张解释进入“财物”的范畴，已经是“财物”这一用语的含义极限，若想要涵摄性贿赂等其他非财产性利益，则只能将腐败犯罪的对象修改为“一切好处”，才能与《联合国反腐败公约》的相关规定保持一致。

第二，增设新的犯罪，实现刑事法网对腐败犯罪的全覆盖、无遗漏、无死角。“刑法如何设置定罪规范，最终取决于刑事政策。”[②]立足于当下腐败犯罪的严重态势，在刑事政策上应整体趋严，反映到定罪规范上就应严密法网。对此问题，刑事立法已经作出积极回应，腐败犯罪惩治体系在立法层面已经进行了较大幅度的调整。例如，《刑法修正案（七）》第13条增设“利用影响力受贿罪”，《刑法修正案（九）》增设“对有影响力的人行贿罪”等罪名，逐步完善了罪名体系。但是与此同时，我国腐败犯罪的惩治体系中还存在若干漏洞有待弥补。以此前广受争议的“收受礼金罪”立法为例进行阐释，有论者从单独设立收受礼金罪符合犯罪本质的要求、符合我国现阶段的犯罪化趋势以及符合零容忍的反腐败政策等方面论证收受礼金罪立法的合理性[③]。当然，也有论者反对收受礼金罪的立法[④]。笔者认为，根据对腐败犯罪零容忍的立场，将收受礼金的行为入刑，有助于扎牢反腐篱笆、严密刑事法网。实际上，《办理贪污贿赂案件解释》第13条关于“感情投资”的规定已经有条件地囊括了部分收受礼金的行为。但是，单纯的收受礼金行为仅具有影响职权行使的或然性，明显不同于一般的受贿行为，根据受贿罪对其进行处罚有过重之嫌。在立法仍然保留受贿罪中“为他人谋取利益”这一构成

---

① 陈兴良：《贪污贿赂犯罪司法解释：刑法教义学的阐释》，载《法学》2016年第5期。

② 储槐植：《刑事一体化论要》，北京大学出版社2007年版，第82页。

③ 王烁：《权力回报的义务——论收受礼金行为的性质及规制》，载《武汉大学学报（哲学社会科学版）》2016年第2期。

④ 但未丽：《增设“收受礼金罪”需三思》，载《检察日报》2014年10月13日，第3版。

要素的基础上，从提前预防腐败犯罪以及严密刑事法网的角度出发，有必要单独设立收受礼金罪，并且设置低于受贿罪的量刑幅度。此外，在商业贿赂犯罪的立法完善方面，我国已经根据《联合国反腐败公约》第16条第1款的规定增设“对外国公职人员、国际公共组织人员行贿罪”，以规制贿赂外国公职人员或者国际公共组织官员的行为。但是，对于《联合国反腐败公约》第16条第2款所规定的“外国公职人员或者国际公共组织官员直接或间接为其本人或者其他人员或实体索取或者收受不正当好处，以作为其在执行公务时作为或者不作为的条件”这一行为，仍然未被确立为犯罪行为。因此，应当对此漏洞进行填补，增设“外国公职人员、国际公共组织官员受贿罪”，将贿赂外国公职人员、国际公共组织人员的对向性行为纳入规制范围。

（二）零容忍政策在刑事司法上的贯彻

在刑事立法上贯彻零容忍政策确立了零容忍的实现基础，但是零容忍政策的具体实现还有赖于其在刑事司法上的贯彻。在刑事司法上贯彻零容忍政策体现在以下三个方面：

1.适当降低腐败犯罪的成立标准

《刑法修正案（九）》对贪污贿赂犯罪确立了“概括性数额+情节”的定罪量刑模式，并通过后续的《办理贪污贿赂案件解释》将概括性数额予以明确。相较于之前的定罪标准，新标准在贪污、受贿犯罪的定罪数额方面进行了较大幅度的提升，即由原来的5000元提升至3万元（特殊情形下为1万元）。在当下从严惩治腐败犯罪的环境中，定罪数额标准的调整体现出一定的敏感性。最高人民法院审判委员会专职委员胡云腾针对此问题曾指出：“对司法机关而言，立法取消贪污、受贿犯罪定罪量刑的数额标准后，为了确保法律统一实施、刑罚均衡适用，肯定还需要通过司法解释对法律规定的概括性的数额和情节的具体认定标准作出明确，而如果司法解释将入罪标准提高了，因此引发社会公众的广泛质疑，则将使司法机关面临‘不能承受之重’的政治责任。”①可以认为，腐败犯罪定罪数额标准的调整不仅仅是简单的立法问题，同样体现着社会认同与反腐败策略。大幅度提升腐败犯罪的定罪数额标准与零容忍的政策思想相抵触，应适当降低腐败犯罪

---

① 胡云腾：《谈〈刑法修正案（九）〉的理论与实践创新》，载《中国审判》2015年第20期。

的成立标准。主要理由如下：

首先，大幅度提升腐败犯罪的定罪数额标准与从严反腐的政策精神相背离。不论是零容忍政策还是“以严为主”的宽严相济政策，在当前的反腐败形势下，均体现出从严反腐的政策精神。犯罪数额标准是对犯罪进行定量分析的重要因素，对于决定罪与非罪、罪之轻重具有重要意义。大幅度提升腐败犯罪的数额标准之后，按照“从旧兼从轻”的追溯原则，必然导致一部分依照原有规定应当认定为腐败犯罪的行为无法被追诉，从而放纵了部分腐败犯罪。虽然对之同样可以通过党纪或者行政处分进行处罚，但是这种处罚的严厉性与刑罚是不具有可比性的。因此，提升贪腐犯罪定罪量刑数额“难以认为真正贯彻了党和国家一贯强调的严惩腐败的刑事政策精神”①。

其次，大幅度提升腐败犯罪的定罪数额标准不利于预防新的犯罪。虽然《办理贪污贿赂案件解释》提升了犯罪情节在定罪量刑中的作用，但是情节仍然具有附属性，只有数额达到一定标准后才有评价情节的可能。将腐败犯罪的定罪数额标准进行大幅度提升，可能会给公众和潜在的腐败分子造成一种“适度腐败是刑法所允许的”认知，使其误认为国家放松对腐败犯罪的惩治力度，不利于从严惩治腐败犯罪的政策精神下一般预防效果的实现。对此，实务部门中也有观点认为，“该数额起点过高，不利于震慑腐败分子，与从严治腐的方向相背离，同时也不能更好地实现预防犯罪尤其是预防新的犯罪的初衷”②。因此，腐败犯罪作为人人都具有违法性认识的自然犯，不断提升其定罪标准会削弱潜在腐败人员对腐败犯罪的敏感性，不利于预防腐败犯罪。

最后，大幅度提升腐败犯罪的定罪数额标准导致罪刑评价体系的失衡。与盗窃、诈骗等财产犯罪相比，贪污罪在罪质上应重于（起码不轻于）前者。但是根据现行规定，盗窃罪的定罪数额标准为1000元至3000元，诈骗罪的定罪数额标准为3000元至1万元；而与之相比，一般情形下贪污罪的定罪数额标准为3万元。二者相差数倍之多，这就导致罪刑评价体系的失衡。换言之，“普通盗窃、诈骗罪的定罪数额起点较低，国家工作人员利用职务上的便利盗窃、诈骗公共财物或者本单位财物的，定罪数额起点较高。可是，后者利用了职务上的便利，不仅侵

① 何荣功：《贪腐犯罪定罪量刑数额提升的法治反思——以最新刑事立法与司法解释为中心》，载《北京师范大学学报（社会科学版）》2016年第6期。

② 王喜来：《从预防犯罪角度浅析贪贿犯罪的起刑数额》，载《最新贪污贿赂司法解释的理解与适用》，清华大学出版社2017年版，第179页。

害了财产法益，而且侵害了职务行为的廉洁性，其定罪数额标准无论如何不能高于普通盗窃罪与诈骗罪”[①]。

因此，司法解释大幅度提高了贪污犯罪的定罪数额标准，进一步加剧了贪污罪与盗窃、诈骗等犯罪之间处罚上的不协调。此外，在我国刑法分则罪名中，规定定罪量刑数额标准的有200个左右，占比超过40%，数额标准制定时间在2007年之前的罪名有50余个。《办理贪污贿赂案件解释》对若干罪名的定罪数额标准作出较大调整，但是对其他数额犯的标准并未进行一体化的设计和提升，使罪刑评价体系横向失衡的问题在比较视角下更加凸显，导致现行数额标准体系存在碎片化突出而系统性不足的明显缺陷。因此，为了避免大幅度提升腐败犯罪的定罪数额标准所带来的一系列弊端，理想路径是适当降低腐败犯罪的成立标准，进一步降低数额在定罪量刑中的作用。对此，可以参照诈骗罪中确立的定罪数额标准，以3000元作为起刑点较为适宜。

2. 只要达到犯罪标准的腐败行为都应该作为犯罪予以惩治

零容忍政策的重心在于对腐败行为处罚的全面性，当将其引入腐败犯罪的惩治中，其自然演化为对腐败犯罪处罚的全面性。腐败犯罪处罚的全面性体现在立法和司法两个层面。在司法层面，根据零容忍政策的要求，只要腐败行为构成犯罪，就应严格依法查处，严格依据立法确定的定罪数额标准来认定犯罪，不人为提升数额标准，不因为罪行不重、情节较轻或者念其初犯等放弃追究，不搞“暗赦”或者“选择性执法”。在《刑法修正案（九）》实施以前，司法实践中，在法律规定数额标准为5000元的基础上，部分地区实际上将犯罪数额5万元以下的案件分流到其他路径处理，这种做不仅给公众和腐败人员留下惩治腐败犯罪不严的印象，同样也违背罪刑法定原则。在《办理贪污贿赂案件解释》将部分腐败犯罪的数额标准进行大幅度提升之后，实践中应严格执行这一新的标准，只要达到犯罪标准的腐败行为原则上都应该作为犯罪予以惩治。

3. 对腐败犯罪严格限制相对不起诉、免予刑罚、缓刑之类的刑事措施的适用

原则上应一律判处刑罚且为实刑，但由于腐败犯罪的存量较大，实践中长期以来存在“抓大放小”的情况，具体表现为腐败犯罪中不起诉、免予刑事处罚以及判处缓刑的比例相对较高。对于社会影响不大、犯罪数额较小的腐败犯罪案件的人为轻纵现象，明显背离零容忍政策的要求。零容忍政策要求对腐败犯罪的处

① 张明楷：《贪污贿赂罪的司法与立法发展方向》，载《政法论坛》2017年第1期。

罚不留死角，这种处罚的全面性不仅要体现在表面上，同样也要落实到具体案件中。以职务犯罪的轻刑化现象为例，近年来，由于法院在职务犯罪的审理中相对于其他类型案件而言在量刑上处刑较轻的比率较高，甚至较多适用缓刑或免刑，这一现象被称为“职务犯罪轻刑化（轻缓化）”。职务犯罪轻刑化是立法、侦查、审判、执行与法律监督、案外干扰等多方面原因混合导致的结果，但是定罪量刑环节是最直接的体现。为进一步规范贪污贿赂、渎职等职务犯罪案件缓刑、免予刑事处罚的适用，最高人民法院、最高人民检察院于2012年8月8日联合印发《关于办理职务犯罪案件严格适用缓刑、免予刑事处罚若干问题的意见》，指出：“职务犯罪案件的刑罚适用直接关系反腐败工作的实际效果。人民法院、人民检察院要深刻认识职务犯罪的严重社会危害性，正确贯彻宽严相济刑事政策，充分发挥刑罚的惩治和预防功能。”从意见中即体现出从严惩处职务犯罪的思想。轻刑化是对职务犯罪的特殊宽容，导致“当严不严、罚不当罪”的结果。在零容忍政策下对职务犯罪施行例外的轻刑化，相当于在反腐败体系结构中遗留下“破窗”，与零容忍的要求背道而驰。在立法上，犯罪圈的不够严密导致刑事法网的疏漏，产生适用疑难；在定罪上，人为提高数额标准导致认定不严；在量刑上，存在轻刑化倾向导致量刑畸轻。在此三个方面的综合影响下形成腐败犯罪事实上“不严不厉”的罪刑结构，对此应当积极进行调整。采用“又严又厉”的定罪量刑模式应该是我国现阶段惩治腐败犯罪的应然选择，应以此为基础纠正腐败犯罪中的轻刑化趋势，持续增加刑罚的供给量，确保刑法威慑力的发挥。《办理贪污贿赂案件解释》大幅度上调部分腐败犯罪的定罪数额标准，提升了认定腐败犯罪的门槛，在司法实践中对于腐败犯罪在追诉程序中更应该从严，即只要构成腐败犯罪的，就不应采取相对不起诉的处理，在量刑中严格限制免予刑罚、缓刑等刑事措施的适用，原则上应对腐败犯罪一律判处刑罚且为实刑。

第二节　长抓常抓：法治思维法治方法反腐

腐败问题是各国都存在的通病，反腐败是各国面临的一项重大任务，也是当代国际社会的潮流与共识。腐败既削弱法律的权威性和有效实施，又破坏我国社会主义的经济基础。腐败问题对党、国家和社会构成了严重的威胁。

党的十八大对反腐倡廉作出了全面部署，提出要把廉政建设纳入社会主义民主政治建设的大范围、大格局中去认识和把握，依法治腐、依法防腐，把反腐倡廉建设纳入法治化轨道，坚定地走法治反腐道路，认真解决反腐倡廉建设中人民群众反映强烈的突出问题，进一步提高反腐倡廉建设科学化水平。腐败问题是影响国家和社会良性发展的不可忽视的障碍，可喜的是，自党的十八大以来我国反腐走上法治化道路，这为我国科学有效地开辟反腐新局面打下了坚实的制度基础。然而根据我国的国情，走出一条具有中国特色的反腐法治化道路依然任重道远，如何靠法治反腐，真正做到干部清廉、社会清正、人民幸福，这既是一个重大的理论问题，也是一个迫切的现实问题。

反腐败作为我们党和政府"常抓"和"长抓"的工作领域，需要法律的支持和制度的保障。因此，研究我国反腐败的法治问题，有利于将反腐败斗争引向深入，保证反腐败工作取得良好的法律效果、社会效果和政治效果，也有利于进一步丰富中国特色社会主义法治体系的内涵。深入研讨当下我国反腐败法治的重大现实问题，有助于规范我国反腐秩序，巩固反腐成果，从根本上预防、惩治腐败。反腐法治化研究是法律学人应有的担当，也是积极致力于我国反腐败法治完善的重要手段，具有重要的理论价值和现实意义。

一、腐败的界定

腐败原指自然界中有机物由于微生物的作用而腐烂变质，后来频频出现在社会习语这一场合，用来描述公职人员行为堕落，或者制度、组织、机构、措施等混乱黑暗。"腐败分子"常被用来称呼有问题的官员，不管其问题是违纪、违规还是违法，甚至媒体报道也乐于使用这种语言。腐败的概念，在社会领域中逐渐被引申为公权力不当行使而致社会有机体遭到破坏。

对"如何界定腐败""什么是腐败"等基础问题的回答，学术界和国际组织存在诸多版本。如林喆教授认为："腐败，也即权力腐败。它特指权力职能的蜕变。从法治学的角度上看，凡是行为主体为其特殊利益而滥用权威或偏离公共职责的现象都可以视为权力腐败。"英国雷丁大学政治学系罗伊·格雷格里教授认为："腐败是指公职人员无视公共职责来追求个人私利，或者直接利用职位谋取私人利益。同时，腐败是公共官员为了实现个人目的而偏离常规准则的行为。"美洲国家组织将腐败定义为："公职人员或行使公共职能的人，在行使职能过程中，为获得非法收入而进行的任何活动或失职行为。"阿诺德·罗戈和哈罗德·拉斯维尔修认为："一个腐败行为至少违反了对公共制度或市民秩序的责任，事实上，与任何作用的制度不和谐（破坏性的），一个公共体系或市民秩序将特殊利益置于公共利益之上，为了特殊利益而违背公共利益就是腐败。”芬兰拉普兰大学教授特尔图·乌特里阿伦认为，“腐败是一种手段，借以对一个社会的法律、行政或者经济的运转施加不正当影响。当公共部门被用来达到私人利益，当公众对官员的公正无私的信任发生动摇就尤为有害”。国际货币基金组织将腐败定义为：“滥用公权力以谋取私人利益。”在国际学术界，关于腐败这一概念最著名和最常被引用的，是约瑟夫·奈作出的定义：腐败是由于与私人（家庭、关系密切的私人集团）有关金钱或地位的利益，或违反针对行使某些种类的与私人有关的影响的规则，而偏离一个公共角色的标准职责的行为，它包括诸如贿赂、裙带关系、侵吞公共财产。在此之前，亨廷顿的定义也曾广为流传并产生了巨大的影响，亨氏腐败论指“国家官员为了谋取个人私利而违反公认准则的行为”。

以上各种定义试图从权力的角度，公共职责的角度，主体的角度，抑或利益的角度，社会影响的角度去区分腐败，但不难找出一些共识，能够较为全面概括腐败特征的腐败定义基本包括了三个主要构成要件：一是主体，即行使公权力（包括国家权力、社会权力）的人；二是行为，主要包括权钱交易，但权力和色情的交易、权力和人情的交易也极为常见；三是目的，即私利，包括物质利益和名誉、声望、地位、精神愉悦等非物质利益。

为促进国际社会有效打击和预防腐败犯罪，针对各方在腐败界定上的分歧，《联合国反腐败公约》（以下简称《公约》）特别就刑事司法中至关重要的行为人主体资格、行为所指向的对象在概念上做了统一和科学的界定。首先，《联合国反腐败公约》将“公职人员”界定为：1.无论是经任命还是经选举而在缔约国中担任立法、行政管理或者司法职务的任何人员，无论长期或者临时，计酬或者不计酬，也无论该人的资历如何；2.依照缔约国本国法律的定义和在该缔约国相关法律领域中的使用情况，履行公共职能，包括为公共机构或者公营企业履行公共职能或者提供公共服务的任何其他人员；3.缔约国本国法律中界定为公职人员的任何其他人员。其次，《联合国反腐败公约》将作为腐败行为指向对象的“财产”界定为：“财产”系指各种资产，不论是物质的还是非物质的、动产还是不动产、有形的还是无形的，以及证明对这种资产的产权或者权益的法律文件或者文书。鉴于腐败问题的国际化，也鉴于信息全球化的加速，《联合国反腐败公约》必将对各国刑事司法带来深远的影响。作为《联合国反腐败公约》批准国之一的我国，负有实施《联合国反腐败公约》的义务。可以预见，作为实体定义的“腐败定义”

还将继续“生长”。

二、法治反腐态势

习近平总书记在十八届中央纪委二次全会上发表重要讲话强调，不论什么人，不论其职务多高，只要触犯了党纪国法，都要受到严肃追究和严厉惩处。在十八届中央纪委三次全会、五次全会上，习近平总书记又指出，“以猛药去苛、重典治乱的决心，以刮骨疗毒、壮士断腕的勇气，坚决把党风廉政建设和反腐败斗争进行到底”“不得罪成百上千的腐败分子，就要得罪13亿人民。这是一笔再明白不过的政治账、人心向背的账”。在预防部门、监察部门、检察机关、审判机关的通力合作下，反腐败斗争形势从处于“胶着状态”，到“压倒性态势正在形成”，到“压倒性态势已经形成”，再到“反腐败斗争压倒性态势已经形成并巩固发展”，我国的反腐败工作取得了显著的成效。

古语云：“官怠于有成，病加于小愈，祸生于懈惰。”如果没有彻底痊愈便停止治疗，就会前功尽弃。反腐败斗争也是如此，海晏河清、朗朗乾坤不是轻轻松松、走走停停就能实现的，必须要有为之付出不懈努力的思想准备。只有以反腐败永远在路上的坚韧和执着去打击贪腐，才能跳出历史周期率，确保党和国家长治久安。

三、法治反腐对策

党的十八大以来所取得的显著的反腐成效，证明了用法治思维和法治方法预防和惩治腐败犯罪更具科学性、有效性、规范性和稳定性，法治反腐的理念也越来越深入人心。法利于上，则俗成于下。从推进反腐败国家立法，到组建国家、省、市、县监察委员会，到组建市县党委巡察制度，反腐败斗争在制度化、法治化的轨道上不断推进，国家法律与党内法规共同织牢制度的“笼子”。打铁还需自身硬，要夺取反腐败斗争压倒性胜利，仍须坚持无禁区、全覆盖、零容忍，坚持“老虎苍蝇一起打”，仍须坚持标本兼治、内在自觉和外在监督，仍须以权力制约权力，以权利制约权力。笔者认为，深入推进反腐法治建设，需从以下几个方面做出努力：

1.加强对公权力的监督制约

实现权力之间的相互制约，需要对权力加以合理划分，同时确立不同权力部门和权力主体之间相互独立的地位。人类千百年来的反腐败史，最珍贵的就是实现把权力关进制度的笼子里的梦想。[①]要实现这个梦想，无外乎两个方面：一是用权力制约权力，二是用权利制约权力。二者只要缺其一，这个制度的笼子都不会结实。加强对权力行使的监督，要形成以党内监督、民主监督、法律监督、舆论监督为主要内容的监督体系。[②]

（1）以权利制约权力

社会力量和公民个人介入反腐败，指向的就是“以权利制约权力”。权利制约权力的前提，是知情权的落实。若权利对权力一无所知，就谈不上监督与制约。当下最为公众所关注的知情权，就是官员的财产状况，打造一部属于中国的“阳光法案”，已迫在眉睫。财产公开涉及官员的既得利益，很难从官员内部生长。财产申报公开制度应力排众议，走到民众面前。只有越过财产申报公开的鸿沟，反腐败才能海阔天空，以权利制约权力也才能有用武之地。

（2）完善举报人权益保护制度

事实证明，根据举报人提供的腐败线索，可以有效地打击官员腐败。要奖励和保护举报人，明确奖励和保护的具体法律措施，以激发群众的举报热情。对举报人的个人信息严格保密，解除人民群众害怕打击报复之忧。严肃处理泄露举报人信息的行为，追究相关人员的责任。对群众参与依法治腐的合法权益予以充分保障，才能增强群众举报腐败分子的信心和积极性。一个民意和法治得到尊重的时代，腐败不可能得不到遏制。我们要做的，就是要把这些关键词付诸实践。

2.加快推进反腐败国家立法

重视反腐败立法，是世界上许多国家反腐败工作的基本经验。推进反腐败国家立法，是深入开展反腐败斗争的现实需要。在全面依法治国的背景下，依法反腐成为必由之路，有关反腐立法的地方实践也为国家立法奠定了良好的基础。截至2014年年底，国内已经有安徽、黑龙江、江西、吉林等17个省制定了预防职务犯罪省级地方性法规。[③]习近平总书记在十八届中央纪委二次全会上提出要“加强反腐败国家立法”，加强反腐倡廉党内法规制度建设。党的十八届四中全会通过的《中共中央关于全面推进依法治国若干重大问题的决定》也强调：“加快推进反腐败国家立法，完善惩治和预防腐败体系，形成不敢腐、不能腐、不想腐的

---

① 王琳：《反腐——人治与法治的PK》，中山大学出版社2008年版，第285页。
② 黄晓辉：《法治反腐：党的十八大报告的一大亮点》，载《廉政文化研究》2013年第1期。
③ 王玄伟：《反腐败立法：从地方走向国家》，载《检察风云》2015年第7期。

有效机制，坚决遏制和预防腐败现象。”党的十九大同样也传递出了加快推进反腐败国家立法的明确信号。

随着“依法治国”“依法反腐”理念的不断深入，越来越多的专家学者提出了中国推进反腐败国家立法的模式选择，大部分学者赞同对腐败问题进行专门立法。笔者赞同这一观点，当前，对反腐败进行专门立法意义重大：一是填补反腐败立法的空白。近年来，围绕完善国家惩治和预防腐败体系，立法机关制定和修改了刑法、刑事诉讼法、公务员法、反洗钱法、政府采购法、招标投标法等法律，从多个角度进一步规范了国家公职人员的行为。但是，现有立法分散、涵盖性不强的问题仍较突出。二是提高反腐败的时效性。专门的反腐败法可以为反腐败工作提供稳定的、长期的实体性和程序性依据，减少“人治”的随意性，明晰反腐败工作的制度指向，使反腐败工作始终行进在法治化的道路上。

要夺取反腐败压倒性胜利，我国必须制定反腐败法典，但是不能操之过急。不能操之过急，并不是说要坐等条件成熟，而是说应当尽快将制定反腐败法典纳入全国人大的立法规划，做好反腐败法典的顶层设计。立法框架应包含：腐败的法律概念，立法目的，反腐败原则和方针，反腐机构，腐败的预防，腐败的监督检查机制、反腐败调查、腐败犯罪的定罪和刑罚、反腐败国际合作等。同时，我国制定反腐败法典应根据国内反腐的实际情况，接轨《联合国反腐败公约》，对当前不适应国际联合反腐的法律法规进行调整或修改，以助于反腐国际合作。

3.加强反腐国际合作

2003年《联合国反腐败公约》的正式签署，为中国广泛借鉴与吸收国际腐败犯罪治理经验，提高腐败犯罪立法的完备与科学性提供了重要的机遇。[①]对腐败分子外逃猖獗的现象，我们党和国家一贯高度重视，积极建立健全防范腐败分子外逃、境外缉捕的工作机制。加强反腐败国际合作，要注重把反腐的相关内容注入国际经济合作中，这是反腐法治化建设的重要方面。在预防和控制腐败方面开展国际合作，如通过的《北京反腐败宣言》，“成立APEC反腐执法合作网络，重申引渡、司法协助、跨国追赃追逃等手段”，共同打击跨境反腐败犯罪行为。同时，在进行反腐败国家立法时，将开展国际合作的方法和经验适时上升为法律，进一步深入推进我国的反腐败法治化进程。

① 孙国祥、魏昌东：《反腐败国际公约与贪污贿赂犯罪立法研究》，法律出版社2011年版，第2页。

依法治国、依法反腐是一个系统性工程。要做好这个工程，需要有完备的反腐败法律体系做支撑，需要充分发挥反腐机构的作用，增强干部领导的法治意识，完善群众参与依法治腐的机制。走反腐法治化道路，要继续发扬我们党与时俱进的优良传统，结合我国国情，不断汲取国际上法治反腐的有益经验，积极开展国际合作，走出一条具有中国特色的反腐法治化道路，从而夺取反腐败压倒性胜利。

第三节　解围突围：权力围猎与职务犯罪

多年前，中国对职务犯罪研究关注点是掌握职务权力人的权力寻租问题，国家在预防职务犯罪的制度建构上重视对职务权力的控制与约束，以防止公共权力的合法功能被损害。刑事法典中也为公权力的行使画出一道职务犯罪的边界线，对职务权力人行使权力予以规制，以防止权力滥用导致的腐败产生。

当下中国，把权力关进制度的笼子已成为国家治理的政策性导向。对职务权力行使的约束和控制在中国法律体系中都能找到依据。

1.职务权力被围猎现象

近年来，职务犯罪中出现职务犯罪人被围猎现象，根据官方数据显示，2016年，最高人民检察院反贪污贿赂总局查办受贿犯罪13210人，查办为谋取不正当利益“围猎”干部等行贿犯罪8217人。2017年查办受贿犯罪10472人、行贿围猎干部犯罪7375人。2018年查处国家工作人员索贿受贿犯罪59593人、围猎干部的行贿犯罪37277人，较前五年分别上升6.7%和87%。[①]

在我国刑法中，公务人员的职务犯罪包括贪污贿赂罪、渎职罪以及军职犯罪，除军人犯罪外，刑法中规定国家公务人员的犯罪有42个条款、49个罪名，而现实社会中贪污、贿赂两个罪名都是高发犯罪现象。例如，最高人民检察院2017年度全国查办的职务犯罪案件，在常见的滥用职权案、贪污贿赂案、玩忽职守案等七种犯罪案件中，贪污罪占29.4%，受贿罪占38.1%，[②]贪污、受贿犯罪的高发生率数据反映谋取利益方使用行贿等手段对公职人员围猎态势的严重性，也说明

① 数据出自2016—2018年最高人民检察院工作报告。

② 数据出自2018年最高人民检察院工作报告。

权力过于集中的制度缺陷和对权力制约机制的不完善。

2. 市场经济中对利益的追逐使职务权力成为行贿人追逐的利益资源之一，对权力围猎拉升职务权力人利用职务犯罪的比率。

在市场经济运行体系中，职务权力已成为社会利益争夺的资源之一，特别是在重大利益面前，掌握职务权力的人已成为一些群体争相围猎、腐蚀的对象。

在竞争规则下，市场主体都期望获得竞争优势、追逐更大利益。当市场同类业务经营发生利益竞争时，一部分人企图通过权力的影响获得利益，利用权力化解竞争中的不利因素，并利用利益和金钱对权力进行围猎。

3. 权力围猎只是一种社会现象，权力人被围猎的重要因素是职务权力集中行使制度对权力运行约束力不强，公共权力集中在主要职务权力人手中。现行的法律制度形成命令式的权力体系，这种权力体系能保证权力自上而下畅通无阻地行使。同时也形成了权力过于集中在主要职务权力人手中运行现象，削弱了法律制度对权力行使的制约力。

第四节　纾解隐忧：腐败犯罪出罪的刑事政策研究

如何理解和运用腐败犯罪刑事政策，是影响反腐整体格局、方向的重要课题。党的十八大以来的中国式反腐，以《刑法修正案（九）》出台、国家监察体制改革等一系列重大举措为依托，逐渐由疾风骤雨式的运动反腐走向稳定常态化的法治反腐新阶段。在反腐治标期间，为快速清除腐败存量、遏制腐败增量，各种严厉的反腐刑事政策应运而生并主导腐败犯罪治理，短期内确实有效压缩犯罪黑数、遏制腐败滋长[①]。然而，运动反腐的阶段治标策略偏重于“惩治”“效率”，容易与法治反腐的“预防”“公平”等价值理念相抵牾；当腐败治理的短期目标实现后，前阶段的严厉刑事政策并不会悄然退却，而是固化为反腐经验，并继续在立法与司法中发挥余热。因此，在法治反腐方案生成期，需要厘清如下问题：一是在价值层面，惩治与预防、效率与公平应当如何选择或偏向；二是在逻辑层面，如何处理入罪与出罪的关系；三是在刑事政策层面，如何把握严厉与宽和

① 袁峰：《当前中国的腐败治理机制——健全反腐败惩戒、防范和保障机制研究》，学林出版社2015年版，第5页。

的尺度。正确处理这三组关系，明确新时期腐败犯罪刑事政策的定位，建立腐败犯罪刑事政策出罪机制，是实现中国式反腐向法治反腐进阶必须认真对待的基本问题。

一、严厉刑事政策主导下腐败犯罪刑事犯罪圈扩张的法治隐忧

游离于犯罪论体系边缘的刑事政策是具有时代色彩的犯罪评价影响因素。在刑法理论上，随着“李斯特鸿沟”的跨越[①]，刑事政策开始为刑法体系所接纳，或被烙印于罪责评价中[②]，抑或将之作为犯罪论体系外的刑罚调控要素[③]。但是，在罪刑法定主义的框题下，立法者不得利用刑事政策创设新罪名，司法者也不得利用刑事政策加重量刑。易言之，刑事政策的主要功能在于限制国家刑罚权，即对符合形式犯罪构成要件但不具有刑事当罚性的行为予以出罪，或者对可罚性较轻的犯罪行为，在法定刑范围内选择较轻的刑罚，防止“过度犯罪与过量刑罚”[④]。

党的十八大以来，在“零容忍”的反腐基本思路[⑤]、“宽严相济”反腐刑事政策的指导下，腐败犯罪治理可谓成效斐然、硕果累累。刑事政策是实现刑法社会保护任务的风向标，“它斟酌允许立法者将刑法延伸到何种程度以便使公民的自由空间不会超过不必要的限制”[⑥]。然而，种种迹象表明，腐败犯罪治理正朝着刑罚积极主义的轨迹演变，不少学者高唱宽严相济刑事政策的论调，试图以严厉刑事政策证成其入罪思维，实现刑事犯罪圈扩张的目的。在立法上，严厉刑事政策与预防主义思想相照应，促成腐败犯罪立法的活跃化；在司法上，严厉刑事政策导致刑法司法丧失宽容性，封闭刑事出罪路径；在理论上，严厉刑事政策容易模糊法益界限，进而形成入罪思维。

---

① 陈兴良：《刑法教义学与刑事政策的关系：从李斯特鸿沟到罗克辛贯通——中国语境下的展开》，载《中外法学》2013年第5期。

② [德] 克劳斯·罗克辛：《刑事政策与刑法体系》，蔡桂生译，载《刑事法评论》2010年第1期。

③ 陈兴良：《刑事法评论：刑法规范的二重性》，北京大学出版社2017年版，第495页。

④ [美] 道格拉斯·胡萨克：《过罪化及刑法的限制》，姜敏译，中国法制出版社2015年版，第2页。

⑤ 魏东：《刑事政策原理》，中国社会科学出版社2015年版，第170页。

⑥ [德] 汉斯·海因里希·耶塞克、[德] 托马斯·魏特根：《德国刑法教学书（上）》，徐久生译，中国法制出版社2017年版，第32页。

（一）预防主义与立法活跃化

19世纪80年代以来，自然科学的发展带来刑事法学研究方法的革新，主张从观察与实验的经验事实中寻找犯罪动因与解决方案的见解得以勃兴，而“自由意志”因其“不可证明性”渐受质疑，与之相适应，刑罚具有预防、抑制犯罪功能的预防主义思想备受推崇。于刑事立法而言，预防主义的融入指引立法者更加关注价值层面的内容，要求立法者根据预防必要性的有无及其程度、刑事政策的变动等进行立法修订与更新。

法治反腐的核心目标之一在于，借助于立法的更新与修正，形成高效、稳定、长期的反腐败法律体系，建立起腐败治理的常态机制。在反腐败立法体系中，刑事立法最为活跃，但依然受刑事政策驱动。例如，2009年2月28日《刑法修正案（七）》增设利用影响力受贿罪，以及2015年8月29日《刑法修正案（九）》增设《刑法》第390条之一对有影响力的人行贿罪，都是预防主义思想的投影，从实体法上体现刑事政策“严”的一面。因为在立法者看来，上述行为严重“败坏了党风、政风和社会风气，社会影响十分恶劣，为加强党风廉政建设，严惩腐败行为，无论这些人受贿还是向这些人行贿，都有必要纳入刑法”①。再如，《刑法修正案（九）》修订《刑法》第383条贪贿犯罪的处罚规定，使之由侧重“数额犯”转变为“数额加情节犯”，实质上扩张了处罚范围。有学者认为，以往贪贿犯罪处罚标准的主张症结是，在数额不达标但造成其他较严重情节的场合，“会放纵对贪贿额小却影响恶劣案件的打击，与‘零容忍’的反腐指导思想相违背”，故应采取情节一元说②。但问题在于，贪贿受贿未满足数额标准，只是情节较为恶劣，是否必然要纳入刑事处罚呢？众所周知，贪贿犯罪的法益乃是国家公务人员职务行为的廉洁性③，而廉洁性表明贪贿犯罪的处罚以权钱交易或对价关系的存在为现实基础④，因而贪贿数额是影响贪贿犯罪定性与定量评价的核心要素，情节充其量只能作为量刑的调整因素。实际上，《办理贪污贿赂案件解释》也持此态度，认为《刑法》第383条“其他较重

① 全国人大常委会法制工作委员会刑法室：《中华人民共和国刑法条文说明、立法理由及相关规定》，北京大学出版社2009年版，第790页。

② 梁云宝：《回归上的突破：贪贿犯罪数额与情节修正评析》，载《政治与法律》2016年第11期。

③ 刘艳红：《刑法学（下）》，北京大学出版社2016年版，第433页。

④ 车浩：《行贿罪之“谋取不正当利益”的法理内涵》，载《法学研究》2017年第2期。

情节”“其他严重情节”“其他特别严重情节”的适用均需以贪污受贿满足特定数额为前提。

毋庸置疑，《刑法修正案（九）》及相关司法解释的出台，使得腐败犯罪刑事立法逐渐走向精细化、科学化。然而，过度活跃的刑事立法，会有损刑事法治的安定性，也不利于司法实践经验的总结。而之所以鲜有人质疑这种现象，是因为“不管法治的理想意味着什么，似乎都意味着应受惩罚和不应受惩罚的行为之间的区别应该取决于立法机关制定的法律规范的内容”①。

（二）司法积极主义与出罪封闭

在刑事司法领域，消极主义与积极主义的对垒折射出两种不同的法治模式，前者坚守法的规范自治，要求司法者尽可能少地运用价值判断，后者则认为法的真正价值有待于司法者挖掘、甄别、判断②。司法积极主义最具有价值的内容是促成了能动司法理念，改变了以往工具司法时代僵化、教条式的司法过程，激发了司法的活性。然而，司法积极主义的负面影响在于，它使得司法部门将犯罪处理业务化，犯罪查处数量、无罪率成为衡量司法业绩的考核指标，容易使刑法丧失宽容性，进而导致出罪路径封闭。

出罪是一个动态过程，即对符合犯罪形式构成要件，但不具有刑事当罚性或社会危害性较小的行为不作为犯罪处理。由于出罪是对犯罪评价的再否定，故而在出罪评价的过程中往往蕴含着秩序和正义的交锋、感性与理性的较量，出罪的过程也是现代刑事法治精神最深刻的展现。然而，受刑事政策的影响，司法机关处理腐败案件的有罪思维异常坚定：第一，只要涉及腐败犯罪，一旦被立案审查后，几乎均会被作为犯罪处理。以受贿为例，笔者在裁判文书网利用关键词进行检索，共检索到2013年至2017年的受贿案件73564件，其中无罪的案件只有256件，无罪率不到0.5‰，部分地区甚至将腐败犯罪“零无罪”作为提高审判工作质量的指标③。第二，对于情节轻微腐败犯罪案件，原本可以适用出罪规范或免刑，但司法机关普遍作为犯罪处理并判处实刑。例如，在一则受贿案件，有如下事实：

---

①［美］道格拉斯·胡萨克：《过罪化及刑法的限制》，姜敏译，中国法制出版社2015年版，第39页。

② 杨力：《司法积极主义论》，载《华东政法大学学报》2010年第2期。

③ 乔晓莹、梁洪：《我区检察机关反贪工作首次实现“零无罪”判决全年有罪判决率100%》，载《广西日报》2012年2月12日，第2版。

陈某某在其母亲过生日时收受刘某某1万元礼金，这部分礼金是刘某某事后为了感谢陈某某曾在药品批发方面给予其关照，但双方事前并未就该部分礼金进行约定。对此，人民法院认为被告人陈某某收受该笔款项属于事后受贿，应计入受贿的犯罪数额。①然而，从法理上看，事后受贿的成立以事前约定为必要条件，本案无证据显示双方事前就该笔礼金有约定，不能仅因该笔礼金是刘某某为感谢陈某某先前职务行为的事实而不顾“事前约定”要件。

受严厉刑事政策影响，司法机关在处理腐败犯罪时很容易形成有罪的思维，将那些可入罪亦可不入罪或位于腐败犯罪边缘的案件作为犯罪处理。贪贿犯罪立法普遍用“为谋取不正当利益”“为他人谋取利益”等富有解释张力的要素，在立法尚未明确的情况下，司法机关倾向于优先选择有罪解释。况且，在腐败治理高压刑事政策的背景下，司法机关也无意同情腐败分子。然而，如果封闭了腐败犯罪出罪的路径，势必会萎缩现代刑法所应具备的宽恕精神，也不符合刑事政策所应遵循的法治国家原则。

（三）模糊的法益观与入罪思维

法益作为犯罪评价的实质要素，深深植根于犯罪论体系中。如果法益能够忠实地反映刑法所要求的最低限度的失范行为标准，那么在调和法益保护与人权保障的关系时自然难以产生根本性冲突。在阶层犯罪论体系中，以法益作为违法性判断的基本材料，并融入法条真意中，有助于增强犯罪评价的精确性。刑法分则所规定的各种犯罪类型，都表明对特定法益的保护，法益的指引不仅为具体犯罪的认定提供实质依据，更为不同犯罪类型的区分提供有效界标。然而，刑事犯罪圈的扩张使得诸多与法益相关联的命题变得神秘莫测，进而产生一系列尖锐的问题，甚至动摇法益的犯罪评价功能。罪刑法定原则要求，刑罚法规必须由立法机关制定，必须明确规定行为的内容、危害性与法律后果，形成指引国民行动的基本准则。但是，在立法论上，某种行为是否构成犯罪，“更为直接的是要以保护该时代社会中的既存的规范为基准”②。然而，受限于立法技术，并非所有的立法规范都能符合正义的底线要求，“既存的规范”与法益保护的界限并非完全吻

---

① 参见西藏自治区阿里地区中级人民法院（2017）藏25刑终6号判决。

②［日］松宫孝明：《刑法讲义总论（第4版补正版）》，钱叶六译，中国人民大学出版社2013年版，第12页。

合。在解释论上，探求刑罚法规所保护的法益，是衡量解释结论合理性的重要标尺。只不过，法益是什么、刑法需要在何种程度上保护法益等问题本身就不明确，解释立场的差异会实质影响对法益诸命题的理解，某种解释方案只要在逻辑上通顺、在规范上符合文义，就难以说是错误的。

也许任何对法益作出精确定义的做法都可能误入歧途，但在当今腐败犯罪领域，法益观的模糊化已是不争的事实，而这种信号正是刑事犯罪圈扩张最深刻的体现。模糊的法益观容易生成入罪思维，即只要某种行为与刑法规定的构成要件事实具有等值性，或者（在解释者看来）具备实质的法益侵害性，就可以被作为犯罪处罚。

例如，有学者认为，在“国家工作人员利用职务上的便利为自己谋取利益时或者为自己谋取利益之后，给以国家工作人员以财物，作为职务行为的报酬”的场合，行为人“具有值得科处刑罚的法益侵害性”，应作为犯罪处罚。其解释的理据在于，行贿罪中的“为谋取不正当利益”既可以被解释为主观要素，也可以被解释为客观要素，当被解释为客观要素时，上述行为即可入罪①。或许上述解释的结论比较容易让人接受，但是其解释逻辑却有明显的问题：第一，罪刑法定原则要求解释者在阐释法条含义时不仅要遵循文义，还要维持解释逻辑的一致性。同一条文的同一用语可能有多种不同的解释方案，解释者可以在不同的解释方案中斟酌、选择，得出相应的解释结论。但是，解释结论不能够朝令夕改，也不能为寻求结论的合理性而恣意解释，认为“为谋取不正当利益”既可以是主观要素也可以是客观要素的观点，与其说是符合条文的解释，毋宁说是解释者为追求解释结论的合理性而滥用解释原理。第二，主观要素与客观要素相互对立，某个犯罪构成要件要素不可能在这种情形下是主观要素，而在另一种情形下又是客观要素。主观要素是以人的意志为基础的，而客观要素是不以人的意志为转移的，亦即“作为行为的外观、客观方面的要素，就是客观要素”“作为行为人的内心、主观方面的要素，就是主观要素”②。在犯罪论体系中，主观要素与客观要素分类的实质意义在于，客观要素大致归入违法范畴，是判定行为违法性的主要根据；主观要素大致归入责任范畴，是甄别行为人是否需要承担责任的依据。若认为“为谋取不正当利益”既可以是主观要素，也可以是客观要素，则该要素究竟

---

① 张明楷：《刑法学》，法律出版社2016年版，第1228页。

② 张明楷：《刑法分则的解释原理（上）》，中国人民大学出版社2011年版，第386—387页。

应归入违法要素还是责任要素呢？显然，如果持上述观点，主观要素与客观要素的区分也会丧失其意义。第三，上述论者主张应处罚事后行贿的行为，其实深受日本刑法的影响。日本刑法将受贿犯罪分为受托受贿、事前受贿、事后受贿、斡旋受贿等情形，依据对向犯的理论也很容易得出事后行贿犯罪化的结论。在我国，立法并未明示事后受贿的可罚性，难以直接根据对向犯理论推导出事后行贿构成犯罪，将"为谋取不正当利益"解释为客观要素，就能够绕过对向犯理论直接肯定事后行贿的刑事可罚性。然而，即便是日本刑法理论，也主张"与事后受贿罪相对应的行贿罪，以公务员在职期间向其提出请托"①为必要条件，若双方事前连约定也没有，自然也无法认定事后行贿方构成犯罪。

二、腐败犯罪"宽严相济"刑事政策的刑罚观

采取何种标准量定刑事制裁是刑事政策的重要任务，或者说刑事政策是刑罚观设定的主要依据。刑罚观决定刑事处罚的根据，进而影响刑事制裁的界限。因此，在确定哪些腐败犯罪可以出罪之前，必须要厘清"宽严相济"刑事政策所秉持的刑罚观，才能划定刑罚干涉腐败的界限，证立腐败犯罪出罪的刑事政策原理。

（一）惩罚性的刑罚观及其谬误

理论上，围绕刑罚观或刑罚任务的问题，历来存在惩罚主义（报应刑）②与预防主义（目的刑）③的对立，经过长达几个世纪的交锋，二者似有相互妥协的趋势，但却始终未形成最佳解释方案。因为要想阐明该命题，必然会伴随一系列追问："科处这种本身就是害恶的刑罚，为什么会被正当化呢？"④惩罚与预防之间是否

---

①［日］山口厚：《刑法各论》，王昭武译，中国人民大学出版社2011年版，第739页。

② 惩罚主义关注已有犯罪事实，源自古典学派意志自由论，即行为人基于自由意志而选择犯罪，奠定了刑事责任的基础。因此，实体法评价犯罪行为的前提是行为人具有意志自由。将"意志自由论"与"报应思想"串联，形成"行为人自由选择犯罪"→"被害人及社会公众的报应感情"→"刑事责任"的评价思路，构成了惩罚主义的核心内容。参见［德］黑格尔：《法哲学原理》，范扬、张企泰译，商务印书馆1961年版，第16—18页。

③ 预防主义思想发端于德国，比较有代表性的是德国学者费尔巴哈提倡的消极一般预防理论以及近代实证学派所主张的特殊预防理论。20世纪70年代初，一般预防的思想在德国刑法学界开始占据主导地位，发展至今已形成积极一般预防、消极一般预防、特殊预防以及综合预防等诸多理论观点。参见［德］埃里克·希尔根多夫：《德国刑法学：从传统到现代》，江溯、黄笑岩译，北京大学出版社2016年版，第31—32页。

④［日］西田典之：《日本刑法总论》，王昭武、林明祥译，法律出版社2013年版，第13页。

存在联系以及存在何种联系？而其难点在于，“如果单方面地强调该问题的两个方面的某一个方面，其结果要么是导致不人道的刑事政策，要么导致不公正的刑事政策”[①]。换言之，如果仅仅将刑罚理解为惩罚的工具，那么除了让行为人感到痛苦之外，对国家、社会以及受害人均不会有任何益处；如果将刑罚理解为预防的手段，又容易导致刑事制裁的不均衡（特殊预防）以及刑事制裁范围的扩张（一般预防）。

我国刑事政策的基本立场是“宽严相济”，但在具体犯罪领域却并非如此。尤其是近年来，以防卫现代社会风险、回应民众关注特定领域的需求为契机，立法者试图通过频繁修法的方式构建起“安全刑法”的框架。例如，《刑法修正案（九）》对网络犯罪、恐怖主义犯罪以及腐败犯罪作出较大幅度的修改，其目的在于重构网络秩序、震慑恐怖主义分子以及遏制腐败犯罪的滋长。

在我国当前腐败犯罪领域，立法者通过扩张犯罪圈来坚持“零容忍”反腐败基本思路，司法者借助自由裁量减少“无罪”“免罪”“轻罪”规范的适用来照应严厉的刑事政策，其刑罚观本质上是惩罚性预防的，即看似预防性的立法，实际上蕴含惩罚的特质。表面上看，从1997年《刑法》颁布至今，立法者多次增设职务犯罪类型，腐败犯罪的刑事法网日趋严密[②]。但如果结合近年来的反腐刑事政策仔细分析不难看出，腐败犯罪立法活跃化并非纯粹为了构建预防法体系，而更多的是为了惩罚腐败行为，回应刑事政策的诉求。例如，《刑法修正案（九）》修订《刑法》第383条贪贿犯罪的量刑基准，从条文规定变动来看确实提升了入罪门槛，但归根究底是为了让贪贿犯罪的量刑更符合时代的需要。再如，《刑法修正案（七）》增设利用影响力受贿罪、《刑法修正案（九）》增设对有影响力的人行贿罪以及改变行贿罪“特别自首”的罚则，必然会直接扩大腐败犯罪的处罚范围。可问题是，立法者在设置上述罪名时，真的只是考虑预防必要性大小吗？其实并非如此。以“特别自首”罚则的变更为例，立法者认为司法实践中“对行贿违法犯罪的危害性缺乏深刻认识，相对忽视了对行贿案件的追究”，“加大对行贿犯罪的惩治力度，是加大惩治和预防腐败犯罪，维护广大人民群众切身利益的需要”[③]，这是行贿罪罚则变更的主要立法理由。由此可见，立法者频繁增设腐败犯

① [德] 汉斯·海因里希·耶塞克、[德] 托马斯·魏特根：《德国刑法教学书（下）》，徐久生译，中国法制出版社2017年版，第1012页。

② 何荣功：《“重刑”反腐与刑法理性》，载《法学》2014年第12期。

③ 臧铁伟、李寿伟：《中华人民共和国刑法修正案（九）条文说明、立法理由及相关规定》，北京大学出版社2016年版，第343—344页。

罪罪名体系，其主要着眼点并非预防犯罪，而是以预防之名行惩罚之实。

至此，可以得出如下结论：一切扩张腐败犯罪圈的立法，说到底都是在强化刑法“惩治法”的功能。例如，有学者认为，可以通过增设新罪名的方式，构建贿赂犯罪刑事规制策略[①]；也有学者指出，加重行贿罪的处罚、扩展行贿罪的成立范围，是有效预防行贿罪的重要举措[②]。凡此种种，认为重刑化或扩张犯罪圈是预防腐败有效措施的见解，笔者深不以为然。在反腐治标阶段，惩罚性的刑罚观确实有助于提升反腐能力、压缩腐败犯罪黑数，为治本策略的生成创造良好的环境。然而，预防型的反腐败法律体系构建，并不能寄希望于刑法，因为《刑法》具有鲜明的“惩治法”特色，越是发挥刑法在腐败治理中的作用，往往越是意味着强化腐败犯罪惩治的功能。至于预防功能，则主要由涉及政府审计、预算、信息公开等法律规范承担。“因此，在‘预防型’立法战略下，刑事惩治立法并不活跃。”[③]

（二）刑罚观的革新及其路径

不论是坚持惩罚主义还是主张预防主义，过度立法都会有损法治原则，使得刑法成为“立法者的法”，有损刑法的谦抑性[④]。刑法学者之所以主张惩罚与预防的融合，其原因是在阐释刑事制裁界限时，“任何单一的刑罚理论都是不够的，并且所有那些始于功利主义前提的理论——并不仅仅是威慑——都面临着同样的困境”[⑤]。在严厉刑事依然驱动腐败犯罪立法、主导腐败犯罪司法的现实背景下，要想从根本上改变反腐治标阶段的后遗症，必须要革新刑罚观，兼顾惩罚和预防。至于新形成的刑罚观究竟是偏重报应的相对报应刑还是偏重预防性的综合刑，可谓各有理据和漏洞，本文并不耽于此。本文的主要观点是，基于严厉刑事政策所带来的负面影响，作为相反面，应强化宽和刑事政策在腐败犯罪治理中的功能，确立慎刑的刑罚理念。

从立法上看，由于反腐治标阶段的“成果”已经部分转化为立法，腐败犯罪

---

① 魏昌东：《贿赂犯罪“预防型”刑法规制策略构建研究》，载《政治与法律》2012年第12期。

② 于雪婷、于晓光：《职务犯罪预防视阈下的行贿罪惩治问题研究》，载《社会科学战线》2016年第2期。

③ 刘艳红：《中国反腐败立法的战略转型及其体系化构建》，载《中国法学》2016年版。

④ 刘艳红：《当下中国刑事立法应当如何谦抑？——以恶意欠薪行为入罪为例之批判性分析》，载《环球法律评论》2012年第2期。

⑤［美］哈波特·L.帕克：《刑事制裁的界限》，梁根林等译，法律出版社2008年版，第61页。

圈扩张之基本格局已经形成、不可扭转。为贯彻慎刑的理念，我国应延缓腐败犯罪刑事立法之步伐，重点通过司法解释的形式完善现有立法，斟酌具体条文项下腐败犯罪的界限，作出合规范、合理性的解释。因为“刑法的任务是保护人类社会的共同生活秩序”①，或者说，为人类共同体秩序的构建提供规范指引。刑事立法的频繁变动，会使得法律秩序摇摆不定。目前我国对腐败治理主要有纪律规范、行政法律规范与刑事法律规范，这三者均有各自适用的界域，在某种程度上又相互补充，刑事犯罪圈的扩张，可能影响三者之间的平衡关系，造成刑法的越界。况且，近几次修法带有明显的情绪色彩，这在《刑法修正案（九）》中体现得尤为明显。例如，有学者指出，“对重大贪污贿赂犯罪设置终身监禁刑存在情绪性立法色彩”，是立法者为了回应“‘生刑过轻’的伪命题”②。刑法不能成为情绪的宣泄口，在法治反腐机制的构建期，立法者更加需要冷静思考，尊重刑事制裁的法律标准，不能为追求立法的前瞻性而忽视法律的稳定性。因此，慎刑首先就是要遏制腐败犯罪圈扩张的趋势，延缓乃至暂时停止腐败犯罪立法。

为消除治标阶段严厉刑事政策的负面影响，既要求立法者不能“随意作为”、盲目立法，又要求司法者应“积极作为”、转变司法观念。从司法上看，慎刑就是要求善用宽和的刑事政策，理性适用轻刑、免刑、免罪等法定或酌情从宽情节。如前分析，刑事制裁并非预防、遏制犯罪的最佳方案，司法者不宜过度追求腐败犯罪处理的业绩，忽视法律工作者所应具备的法治精神。“在相对罪刑法定的原则下，罪刑法定的范围内有一定的司法裁量权，因而这种司法裁量权的行使就存在一个是否遵循刑法谦抑性的罪刑法定问题。”③诚然，能动司法的勃兴，使得法官在定罪量刑时有更多的自由裁量权，但司法过程的性质决定了，法官也需要进行适当克制，严格遵循自由裁量的基准④。在全民反腐的热潮下，民众对于腐败的看法早已深受感性支配，对腐败分子普遍持憎恶的态度，但司法工作者应基于腐败犯罪治理的客观需求，善用宽和刑事政策，慎重定罪、量刑，才能逐步清除严厉刑事政策对刑事司法的负面影响。

---

①［德］汉斯·海因里希·耶塞克、［德］托马斯·魏特根：《德国刑法教学书（上）》，徐久生译，中国法制出版社2017年版，第1页。

② 刘宪权：《刑事立法应力戒情绪——以〈刑法修正案（九）〉为视角》，载《法学评论》2016年第1期。

③ 陈兴良、周光权：《刑法学的现代展开》，中国人民大学出版社2015年版，第57页。

④ 姜敏：《刑事司法事实自由裁量权规制研究》，载《现代法学》2013年第6期。

三、腐败犯罪“宽严相济”刑事政策的出罪原理

毋庸置疑，出罪是刑事政策宽和面的表征，采用规范论的方法，运用价值评价宣誓个案正义。难点在于，哪些腐败犯罪能够依据“宽严相济”刑事政策予以出罪，或者说，在满足何种条件时，不宜对符合构成要件的腐败行为定罪处罚?

（一）“宽严相济”刑事政策在罪刑体系中的定位

刑事政策的价值哲学是规范论，即在多种价值冲突的场合，基于价值的位阶关系，优先选择更高的价值。从法理上看，自由、正义、秩序是三种最基本的价值，由这三种价值可以衍生出诸多下位价值。如果将刑事政策作为出罪依据，其判断逻辑通常是：将“社会效果判断”置于犯罪评价之后，形成“犯罪构成要件评价→违法性判断→有责性判断→社会效果判断”的逻辑过程，并据此否定犯罪评价的结论。问题在于，在刑事政策出罪的过程中，应当如何实现社会效果？总体来看，当今刑法学界对社会效果概念接纳度并不高，主要原因在于，社会效果与法律效果在很多场合下存在此消彼长的对立关系，而在刑法教义学兴盛的促成下，法律效果的实现已成为刑法学研究的中心。况且，社会效果具有多重面向，既可以为入罪提供支撑，亦能够为出罪提供依据，而其判断标准又过于多变，理论可靠性不强，以至于一度成为响亮的口号①。不过，社会效果的背后是实质法治的思想，蕴含深度的法治原理，若能够减少其中的不确定因素，将之与法律效果相融合，从出罪层面限制其延展方向，便能再度审视建立于法规范基础上的公平正义，减少来自成文刑法的负面因素。

难点在于，如何安放刑事政策在刑法体系中的位置，使之切实发挥出罪功能呢？体系构建是大陆法系刑法发展的微缩历史。刑法诸要素依某种秩序或者逻辑安排可形成相应的技能，这种秩序安排或者逻辑位置摆放的过程即为刑法体系的构造过程。尽管从目前来看，刑法已逐步接纳刑事政策要素，但刑事政策究竟是犯罪论还是刑罚论问题还不明朗，体系位置的安放将影响其功能定位。在刑法体系内如何安放刑事政策的位置，主要取决于其功能设定以及对刑法体系内诸要素的影响。在李斯特时代，刑法与刑事政策分别被赋予不同的任务，从而人为地将

---

① 陈金钊：《被社会效果所异化的法律效果及其克服——对两个效果统一论的反思》，载《东方法学》2012年第6期。

二者从逻辑层面隔断，形成“李斯特鸿沟”。从今天的视角来看，刑事政策不仅为刑法体系所接纳，还在立法、司法以及犯罪预防等层面以不同的形式呈现，并实质地影响定罪的标准与量刑的尺度。其中一种有力的方案为德国刑法学者罗克辛教授所提倡，即“以刑事政策为基础构建的体系”①。在该体系中，刑事政策处于最基础的地位，并实质性地融入犯罪论与刑罚论中。一方面，以刑事政策来诠释法益概念，将实质性的法益侵害作为不法判断的核心。另一方面，认为罪责不单单是由可谴责性要素决定的，还应当加入“预防理论”，以“一般预防与特殊预防”这种刑事政策上的目标设定来评价刑罚的效果，并根据“预防必要性的大小”来选择更加有利于“犯罪人实行再社会化”的处罚方式与刑罚程度。

然而，将犯罪论、刑罚论的问题与刑事政策深度融合，也会带来新的问题。首先，以刑事政策来描绘犯罪论体系，容易造成犯罪判断过度实质化。“刑法由于本身高度形式化”，因此很少纳入“灵活元素”②。刑事政策是极具张力的灵活要素，在不法判断中融入刑事政策因素，尽管位于限制入罪的立场，但却容易与立法产生隔阂。其次，刑罚的必要性也并非仅考虑预防目的，基于该当事实的报应主义惩罚观依然有力。罪刑相称、罪刑相适应原则依旧是报应主义思想的宝贵遗产，在这点上，报应刑较之基于刑事政策预防性具有明显的优势。

笔者认为，在刑法体系中，刑事政策出罪应并列于犯罪论和刑罚论，并且位于罪刑判断的末端。析言之，在刑法体系内部，对具体犯罪事实的判断应当依照“犯罪→刑罚→刑事政策”的逻辑顺序，并且应当严格限制适用刑事政策出罪。这种体系位置的安排，主要基于如下三点理由：第一，必先入罪，才可出之。换言之，在刑事政策出罪运用之前必须要完成入罪评价，从而形成明确的出罪对象。基于罪刑关系原理，刑事政策也应当位于刑罚判断之后，如此才可能同时具备出罪与调整刑罚的功能。第二，刑事政策出罪既非犯罪论问题也非刑罚论问题。如前，刑事政策主要通过影响定罪与调整量刑两种方式在刑法体系中发挥作用，故容易让人产生“刑事政策评价应当纳入犯罪论或者刑罚论范畴”的错觉。然而，基于目的理性刑法体系的检讨可知，刑事政策与犯罪论或者刑罚论并非预想的那样契合，将刑事政策强行捆绑于犯罪论或者刑罚论中并不合适，至少这并非刑事政策运用的理想方

---

①［德］克劳斯·罗克辛：《构建刑法体系的思考》，蔡桂生译，载《中外法学》2010年第1期。

② 梁根林、［德］埃里克·希尔根多夫：《刑法体系与客观归责：中德刑法学者的对话（二）》，北京大学出版社2015年版，第33页。

案。故此，刑事政策出罪应当独立于犯罪论与刑罚论，承载补充犯罪评价缺漏的功能。第三，只有在某些特殊场合，才能够运用刑事政策出罪。在我国，刑事政策的运用具有广泛性，但“出罪”却有界域限制。运用刑事政策出罪是对犯罪评价的否定，故而需要实质的考量出罪的必要性，只有在出罪的效益高于入罪时，才能考虑刑事政策出罪的适用问题，而且最终是否出罪依然属于自由裁量的范畴。

（二）腐败行为罪与非罪调和的一般标准：微罪不入刑

“很少有人否认‘轻微违反’确实会并且应当影响量刑……最为明显的是，‘轻微违反’可以限制犯罪化。”[①]法益保护是刑法的基本机能之一，但法益侵害性有量的差异，各种入罪标准即为从量变到质变的临界点。微罪不入刑所折射的是实质法治理念，是在符合构成要件的行为中剔除不具备罪与罚正当性的行为。我国《刑法》第13条“但书”以及《刑事诉讼法》第137条第2款微罪不起诉制度，分别从实体与程序上描绘出微罪不入刑的图景。

于刑事法治而言，微罪不入刑至少有三重作用：第一，微罪不入刑具有收缩刑事犯罪圈的功能。如果某种行为造成的社会危害很小，或者说难以据此证明对行为人施加刑罚是正当的，则考虑不应将该行为纳入刑事处罚。因为从法益保护主义的角度来看，行为人侵害法益的程度将实质地决定是否对进行入罪以及轻罪还是重罪的判断，这就涉及法益侵害的临界点问题。如果能够精确地计算达到何种程度的法益侵害，才能够作为犯罪处理。但是，如果法益侵害的程度无法通过量化的标准相对精确地计算，此时就难以描述行为对法益侵害的程度是否达到法益侵害的标准。微罪不入刑主要适用于后一种情形，即刑法规定了相对模糊的入罪标准时，将其中轻微的行为从犯罪中予以剔除。第二，微罪不入刑有助于实现法的社会效果。无数事实表明，法律文本所构建的正义具有不完美性，以形式要件为中心的成文刑法，在运作的过程中容易受诉讼程序所左右，完全恪守成文刑法的规定，有时会造成实质的非正义。因此，“法官有时有道德权利和道德理由无视明确的法律指令，且不只是在法律极端不正义的场合”[②]。不论是在腐败犯罪还是在其他犯罪领域，微罪入刑都可能影响社会效果的实现，不符合刑事政策宽和的

---

①［美］道格拉斯·胡萨克：《刑法哲学》，姜敏译，中国法制出版社2015年版，第560页。

②［美］杰弗里·布兰德：《法治的界限：越法裁判的伦理》，娄曲亢译，中国人民大学出版社2016年版，第14页。

精神。例如，某国家工作人员出于紧急情况，挪用公共财产数额较大，超过3个月未还。在紧急情况消失后，该国家工作人快速将挪用的公共财产放回原处，尚未造成实质的财产损失。在这种情况下，考虑紧急情况的特殊程度以及犯罪情节较轻情况，不宜机械地适用挪用公款罪的处罚规定。第三，以刑事政策为根基的微罪不入刑，能够补正犯罪论体系的出罪功能。犯罪论体系的出罪功能主要表现为，借助刑事归责评价，将期待不可能、被害人自我答责等行为排除出犯罪圈。但是，犯罪论体系具有相对封闭性，体系论证的要素均遵循严密的逻辑，对于该当构成要件的违法且有责的行为，即便处罚后明显带来更多的非正义、导致法律效果与社会效果的失衡，也很难得出无罪的结论。与之相对，刑事政策则更加灵活，由于不受犯罪论体系的约束，为实现个案正义，完全可以将微罪案件除罪化。

问题是，如何运用微罪不入刑思想调和腐败行为的罪与非罪呢？归纳目前腐败犯罪的立法与司法，主要有如下三种适用情境：

首先，适用于模糊标准而非精确标准。以贪污罪为例，在《刑法修正案（九）》之后，贪污罪的入罪评价模式变为"数额加情节犯"，且"数额"居于主导地位。依照《办理贪污贿赂案件解释》第1条的规定，行为人贪污3万元以上的，基本上难以出罪，至多只能根据情节减刑或免刑；行为人受贿1万元至3万元，且具有较"其他较重情节"的，应定罪处罚。对此处的"其他较重情节"，《办理贪污贿赂案件解释》第1条的兜底性规定"造成恶劣影响或者其他严重后果的"，实际上为出罪规范的适用预留了空间。

其次，在法定情形下，及时恢复受损的法益。由于腐败犯罪的法益牵涉职务行为的廉洁性，一般只要行为人实施腐败行为，就很难找到脱罪的理据。即便如此，依然有司法解释明确腐败犯罪的出罪标准，如2007年7月8日最高人民法院、最高人民检察院联合颁布的《关于办理受贿刑事案件适用法律若干问题的意见》（以下简称《受贿罪意见》）第9条第1款规定："国家工作人员收受请托人财物后及时退还或者上交的，不是受贿。"该款适用于非法收受财物（被动受贿）场合，即国家工作人员虽然非法收受他人财物，但如果能够及时退还给行为人或上交国家有关部门的，不构成犯罪。有学者认为，该款乃注意规定，仅仅指行为人客观上收受他人财物但主观上没有受贿故意的情形。[①]笔者认为，上述观点只描述了理想状态，对行为人收受财物时心理状态的理解过于简单和草率。因为不论从该

① 张明楷：《受贿罪中收受财物后及时退交的问题分析》，载《法学》2012年第4期。

款的文义还是从现实情况来看，行为人收受财物当时完全可能处于态度摇摆不定的状态，亦即最初可能具有收受财物的意思，但反复思量中将财物退还或上交，这个过程也是行为人自我纠错的过程。与之相对，按照最高人民法院颁行的《关于常见犯罪的量刑指导意见》的规定，行为人被认定为受贿后再退还、上交财物的，则最多只能够减少30%的刑罚。由此可见，行为人退还、上交财物的时机影响受贿罪的定性判断，收受财物及时退还、上交即可免罪，表明刑事政策的宽和性。

最后，行为人基于特殊理由实施犯罪，综合考虑法律效果与社会效果，对轻微损害行为不入罪。例如，在一则挪用公款案中，有如下事实：李某某经单位同意，将原本拨付到所在法院执行局的款项转移至其个人账户，用于兑付案件款项。2011年3月17日至2012年4月8日，李某某私自将其账户上的涉案款923000元先后多次转入刘某某所在的信用分社，用于给刘某某完成储蓄任务（存储期间超过3个月）。在2012年7月17日移交手续时，涉案款本息除支付案款外，将1306.68元用于个人花费。本案涉及公款私存、私用，客观地看，李某某未经单位同意将涉案款项923000元先后多次转入刘某某所在的信用分社，超过3个月，且款项中有1306.68元用于个人消费，有挪用公款的嫌疑。然而，人民法院认为李某某理财后所产生的收益，大于来源公款存于银行所产生的利息，且直到案发前，李某某也不知道存在1306.68元的差额，进而否定李某某存在挪用公款罪的故意。[①]上述判决说理虽未直接使用刑事政策的字眼，但对李某某公款私存、私用的行为出罪，实际上带有明显的刑事政策色彩。就本案而言，李某某确实存在公款私用，尤其是将涉案款923000元存入刘某某所在的信用社长达1年多的行为，是可以认定挪用公款归个人使用的。但法院着眼于最终结果，认为李某某的行为使得单位最终受益，倘若认定为挪用公款罪势必会定罪失衡。因此，综合考虑案情，法院认定李某某不构成挪用公款罪。

由此，基于宽和刑事政策的微罪不入刑理念，应在腐败犯罪处罚过程中予以贯彻。尽管本文难以就微罪不入刑作出更加精确的界定，但不可否认的是，在遵循形式规范反而会造成实质非正义的场合，除了允许刑事政策介入来确定哪些行为该入罪以及如何处罚之外，几乎别无选择。适用刑事政策对某些轻微腐败犯罪出罪，并不会与罪刑法定主义相抵牾，相反，在限制国家刑罚权这一点上，出罪

① 参见甘肃省庆阳市中级人民法院（2013）庆中刑终字第55号判决。

刑事政策与实质的罪刑法定主义始终高度一致。

结　语

在强治标-弱治本阶段，严厉刑事政策的实施有效消除腐败犯罪黑数、遏制腐败增量，为法治反腐机制的构建奠定了基础。但在法治反腐机制生成期，前期治标所遵循的严厉刑事政策已经固化为刑事立法，并始终在刑事司法中发挥余热，由此所形成的政策驱动型立法与政策主导型司法存在通过积极入罪、封闭出罪路径的法治隐忧。在法治反腐新阶段，应以强化治本为核心任务，逐步清理治标阶段强力刑事政策的后遗症。这就要从根本上转变严厉刑事政策主导下惩罚性的刑罚观，强化刑事政策宽和面的司法运用，明确刑事政策在刑法体系中的位置，确立微罪不入刑作为腐败犯罪出罪的一般标准，实现刑事政策“宽”与“严”的相对平衡。只有分别从法理上、逻辑上、罪刑关系上对严厉刑事政策予以纠偏，确立腐败犯罪刑事政策出罪原理，才能确保反腐新阶段的刑事政策符合法治的目标。

第二章

编织权力笼槛：贪污贿赂犯罪刑事立法的革故鼎新

第一节　防微杜渐：贪污贿赂定罪量刑的修改与评析

从1979年全国人大通过第一部刑法到1997年全国人大全面修订刑法，经历了18年；1997年新刑法颁布后，到2015年《刑法修正案（九）》的出台，又经历了18年。[①]在后一个18年里，全国人大常委会已对刑法作了10次局部修改，包括1998年的一个单行刑法[②]和此后陆续颁布的9个刑法修正案（不包括13个立法解释[③]）。

从2006年《刑法修正案（六）》开始，每次刑法修正都涉及对腐败犯罪刑法规制的修改完善，直至《刑法修正案（九）》达到高潮。[④]诚如主持《刑法修正案（九）》的全国人大常委会法工委负责人所言，《刑法修正案（九）》的“整个立法过程是深刻领会中央政策精神的过程”，认真贯彻落实党中央的有关要求“是这次刑法修改始终坚持的指导思想”。[⑤]我们知道，党的十八届三中全会提出健全反腐倡廉法律制度体系，十八届四中全会进一步提出完善惩治贪污、贿赂犯罪法律制度的明确要求，在此背景下，《刑法修正案（九）》对腐败犯罪的相关规定作出一系列的修改完善，自是意料之中。

《刑法修正案（九）》对腐败犯罪的刑法规制主要作了三个大的方面的修改和

---

① 在立法机关召集的《刑法修正案（九）》初期讨论会上，就有专家学者以这个时间段为由头，提出到了对刑法再进行一次系统修改的时候了，立法机关表示，目前为了应急，还是先搞《刑法修正案（九）》，但系统修改刑法的意见值得重视。

② 即全国人大常委会《关于惩治骗购外汇、逃汇和非法买卖外汇犯罪的决定》。

③ 立法解释其实也含有“立法”的性质，而且由于其时间效力还可溯及既往，因而也很值得关注。如2014年4月全国人大常委会就一次性通过了四个刑法解释案，由于当时这几个刑法解释案与《刑法修正案（九）》草案同时征求部分专家学者的意见，与会专家学者对其中哪些内容可以放到立法解释里、哪些内容应归入《刑法修正案（九）》，不是没有争议的。

④ 为什么前面的几次刑法修正鲜有涉及反腐的内容，这主要是因为1997年的刑法已经在这方面做了大量工作，如将1988年全国人大常委会《关于惩治贪污罪贿赂罪的补充规定》和当时最高人民检察院起草的《反贪污贿赂法》的有关内容进行整合，在刑法分则中专门设立了“贪污贿赂罪”一章，除将原来规定在侵犯财产罪一章里的贪污罪和规定在渎职罪一章里的贿赂罪并入本章并对其定罪量刑的数额进行修改外，还增加了私分国有财产罪、私分罚没财物罪等罪名以及将斡旋受贿以受贿论等规定。参见刘仁文主编：《贪污贿赂犯罪的刑法规制》，社会科学文献出版社2015年版，第25页以下。

⑤ 郎胜：《〈中华人民共和国刑法〉的理解与适用》，中国民主法制出版社2015年版，第2页。

补充：

一是对贪污受贿罪的定罪量刑作出重要修改，这主要体现在对《刑法》第383条的修改上：[①]第一是修改了贪污受贿犯罪的定罪量刑标准，取消了原来的具体数额标准，采用数额加情节的标准；第二是进一步补充了对贪污受贿犯罪从轻、减轻、免除处罚的条件；第三是增加规定了对被判处死缓的重特大贪污受贿犯，在死缓执行二年期满依法减为无期徒刑后，不得减刑、假释的终身监禁制度；第四是在贪污受贿犯罪量刑相对较轻的档次中增加规定了并处罚金刑，使并处财产刑贯穿到贪污受贿罪的全部量刑档次；第五是把原来的四个量刑档次修改为现在的三个量刑档次；第六是压缩了交叉刑；第七是删除了原来条款中的行政处分内容。

二是严密行贿犯罪的刑事法网，加大对行贿犯罪的打击力度，如增设“对有影响力的人行贿罪”，以与《刑法修正案（七）》设立的“利用影响力受贿罪”相呼应；修改行贿罪的特殊自首制度，对行贿人在被追诉前主动交代行贿行为的减轻处罚或免除处罚作了从严规定；对行贿罪、对单位行贿罪、介绍贿赂罪等增设罚金刑，并将单位行贿罪的罚金刑扩大至直接负责的主管人员和其他直接责任人员。[②]

三是完善腐败犯罪的预防性措施，增设从业禁止的规定，即对因利用职业便利实施犯罪或者实施违背职业要求的特定义务的犯罪而被判处刑罚的，人民法院

---

①《刑法》第383条本来是对贪污罪处罚的规定，但由于《刑法》第386条规定受贿罪依照第383条的规定处罚，因而对贪污罪处罚的修改也等于对受贿罪处罚的修改。当然，在《刑法修正案（九）》讨论过程中，包括笔者在内的一些学者主张将受贿罪的处罚与贪污罪的处罚分开来规定，因为两罪在侵犯的具体客体、社会危害程度、行为方式、不同情节在量刑中所应占的权重（如数额）等方面都存在不同之处，将二者捆绑在一起共用同一罚则，无法体现出贪污受贿罪质的差异。例如，有学者就指出，这次《刑法修正案（九）》对贪污受贿罪确立的从宽处理制度，立法者的意图在于促使这些犯罪嫌疑人尽早如实供述自己的罪行，这对受贿犯罪可能是有意义的，因为受贿犯罪嫌疑人的供述对案件的侦破有重要作用，但在贪污案件的侦破中，口供的重要性与其他刑事案件无异，远不及受贿案件，因此，对贪污案件的犯罪嫌疑人在提起公诉前如实供述自己罪行的，完全可以适用刑法总则中坦白这一法定从宽情节，无须另外作出特别规定（赖早兴：《贪污贿赂犯罪规定修正评述》，载《学习论坛》2015年第4期）。

② 要否加大对行贿犯罪的打击力度，学界争议很大。有人担心这样做会刺激行贿人与受贿人达成同盟，或者担心被重罚而不愿配合检察机关的工作，从而不利于查处受贿犯罪（曾粤兴、曾凌：《〈刑法修正案（九）〉有关腐败犯罪规定评述》，载《法治研究》2016年第2期）。笔者不同意这种观点，主张加大对行贿犯罪的打击力度（刘仁文、黄云波：《行贿犯罪的刑法规制与完善》，载《政法论丛》2014年第5期）。

可以根据犯罪情况和预防再犯罪的需要，禁止其自刑罚执行完毕之日或者假释之日起3年至5年内从事相关职业（其他法律、行政法规对其从事职业另有禁止或限制性规定的，从其规定）。虽然该条款的适用范围应不限于腐败犯罪，但可以肯定地说，对腐败犯罪的预防是其出台的重要动因，这可以从立法机关负责人在作草案说明时把其归入“加大对腐败犯罪的惩处力度”这一部分得到证明。①

《刑法修正案（九）》对腐败犯罪的修改是全方位的，不仅在理论上提出了终身监禁等一些崭新的课题，而且在实务上也亟须对如何适用数额加情节、如何适用从宽处理制度等予以明确。限于篇幅和主题，本文着重对贪污受贿罪的定罪量刑之修改作一解读与评析，这既是《刑法修正案（九）》后全社会颇为关注的一个问题，也是2016年最高人民法院、最高人民检察院出台的《办理贪污贿赂案件解释》中所要重点解决的一个问题。

一、优化罪量要素配置：罪刑标准的重大调整

1.贪污受贿罪定罪量刑标准调整的背景

将贪污受贿的定罪量刑标准由原来的固定数额修改为概括性数额加情节，这被有的司法界人士认为是《刑法修正案（九）》的“最大亮点和最大要点”，“体现了立法的敢于担当和积极作为”。②这种评价是否准确另当别论，但无疑道出了该问题受社会关注的程度。

为什么会这样？笔者认为原因主要有二：一是贪污受贿犯罪数额与量刑之间出现“尴尬”的困局由来已久，无法实现罪刑均衡，③即在贪污受贿数额达到额度后，犯罪数额与量刑之间无明显的正比关系，贪污受贿数额差异对量刑不产生实质性影响，在不判死刑立即执行的情况下，犯罪数额越大，行为人获得的潜在量刑利益就越大。④二是在改与不改以及如何改的问题上，很长一段时间内争议很大，一方面有人担心改变数额标准就必然要提高贪污受贿犯罪入罪的

① 全国人大常委会法工委主任李适时2014年10月27日全国人大常委会上所作的《关于〈中华人民共和国刑法修正案（九）草案〉的说明》。关于该条款的性质，有人认为是保安处分，笔者认为是资格刑。

② 胡云腾：《刑法修正案（九）的理论与实践创新》，载《〈中华人民共和国刑法〉的理解与适用》，中国民主法制出版社2015年版，第12页。

③ 本文中“罪刑均衡”与“罪责刑相适应”大体在同一个含义上使用，仅根据语境不同而用不同的表述。

④《贪污贿赂犯罪定罪量刑标准问题研究》，载《中国法学》2015年第1期。

数额标准，而提高数额标准很容易让社会公众产生党和国家要放松打击腐败力度的误解，另一方面司法机关也担心，一旦立法取消了贪污受贿犯罪的定罪量刑数额标准，那么司法机关就得通过司法解释来解决这个问题，而司法解释如果提高了入罪标准并因此引起社会公众的质疑，将使司法机关很难承担起这个政治责任。①

对定罪量刑标准的调整，当然不仅仅是受到社会公众关注和政治舆论压力这么简单，也是贪污受贿罪在长期刑事司法实践适用过程中的需求。1979年《刑法》第155条规定了贪污罪，在第185条规定了受贿罪，在定罪标准上仅贪污罪规定了“数额巨大”“情节严重”等模糊的标准，受贿罪根本没有提及数额和情节的分级，仅以“国家或公民利益遭受严重损失”与否区分了5年以上和5年以下的有期徒刑。在实际执行中，司法机关反映不够具体，不好掌握，各地标准不一。于是，1988年全国人大常委会通过的《关于惩治贪污罪贿赂罪的补充规定》，根据当时的社会经济发展水平，总结司法实践经验，采取数额化的方式，对贪污受贿罪规定了四个量刑档次，其中最低的一档为2000元（2000元构成犯罪，不满2000元但情节较重的也构成犯罪），最高的一档为5万元（5万元以上处10年以上有期徒刑或无期徒刑，情节特别严重的处死刑）。

1997年全国人大全面修订刑法时，又根据当时的社会经济发展状况和司法实践情况，对上述数额标准作了调整，把原来的最低一档由2000元提升到5000元（5000元构成犯罪，不满5000元但情节较重的也构成犯罪），最高一档由5万元提升到10万元（10万元以上处10年以上有期徒刑或无期徒刑，情节特别严重的处死刑）。这一修改在当时看来，似乎有其积极意义，“为打击贪污受贿犯罪提供了具体明确的数额标准，解决了司法机关执法的实际需要，有利于法制的统一，避免了法律适用上的随意性”。②但随着社会经济水平的提高和司法实践的发展，这种明确规定数额标准的法定刑方式暴露出一些问题，其中备受苛责的有两点：一是对于贪污受贿10万元以上的即处10年以上有期徒刑或无期徒刑的规定，实践

① 胡云腾：《刑法修正案（九）的理论与实践创新》，载《〈中华人民共和国刑法〉的理解与适用》，中国民主法制出版社2015年版，第12页。应当说，司法机关在这个问题上是纠结的，开始是他们希望和呼吁调整定罪量刑的标准，以便在刑罚的具体裁量中更好地实现罪刑均衡，但等到立法草案公布后，面对社会的广泛质疑声，他们又希望立法机关来明确数额标准（光就数额这一点而言，肯定是要提高），以免自己来承担压力。

② 郎胜：《〈中华人民共和国刑法〉的理解与适用》，中国民主法制出版社2015年版，第703页。

中对于犯罪数额为一二十万元的案件和一二百万元甚至更多的案件，往往只能判处刑期相近的10年有期徒刑，造成量刑的严重不平衡，无法做到罪责刑相适应，也无法体现刑罚公平的原则，很容易在社会上造成贪污受贿数额大的犯罪人占便宜的印象，影响惩治贪污受贿犯罪的法律效果和社会效果。二是贪污受贿类犯罪情况复杂，情节差别很大，其社会危害性大小不仅仅体现在数额的大小上，还体现在国家工作人员滥用职权或者给国家利益造成重大损失等情节上，所以单纯的“计赃论罪”，难以全面反映具体个罪的社会危害性。在有些案件中，行为人个人虽然贪污受贿数额不大，但其给国家利益造成的损害以及通过行为所表现出来的主观恶性却很大，反之，在另一些案件中，虽然行为人贪污受贿的数额相对要大，但其给国家利益造成的损害以及通过行为所表现出来的主观恶性却相对较小，此时单纯考虑数额也欠科学。①

2.《刑法修正案（九）》和《办理贪污贿赂案件解释》对贪污受贿罪的数额和情节的修改

在前述背景之下，《刑法修正案（九）》将贪污受贿犯罪由原来的只依据具体数额进行定罪量刑，②修改为根据数额或情节进行定罪量刑，即规定数额较大或者有其他较重情节、数额巨大或者有其他严重情节、数额特别巨大或者有其他特别严重情节三种情况，相应规定了3年以下有期徒刑或拘役、3年以上10年以下有期徒刑和10年以上有期徒刑或无期徒刑，并处不同财产刑三档刑罚。此外，还对数额特别巨大并使国家和人民利益遭受特别重大损失的，规定最高刑可处死刑（与无期徒刑选择适用）。③

《刑法修正案（九）》自2015年11月1日施行以来，在最高人民法院没有出

① 例如，在受贿罪中，有时受贿的多少不一定就能准确反映出受贿人的主观恶性，还取决于行贿人的经济实力和行贿人根据受贿人权力资源的大小而待价而沽。又如，受贿人为他人谋取的利益是否正当也会直接影响其社会危害性的大小。

② 原来也有情节的规定，如第一档情节特别严重的处死刑，第二档情节特别严重的处无期徒刑，等等，但不是与数额并列，而是在该档数额的基础上。

③ 按照刑法原来的规定，贪污、受贿10万元以上，“情节特别严重的，处死刑，并处没收财产”。这是一种绝对确定的死刑。应当看到，即使达到“情节特别严重”的程度，在该程度内也还是有情节差异的，不加区分地一律处死刑，既有违罪责刑相适应和刑事责任公平的原则，也不利于司法机关合理地处理个案，当然也不利于限制和减少死刑。《刑法修正案（九）》将贪污罪和受贿罪的死刑规定修改为“数额特别巨大，并使国家和人民利益遭受特别重大损失的，处无期徒刑或者死刑，并处没收财产”，把绝对确定死刑改为相对确定死刑，使司法机关在无期徒刑和死刑之间有选择适用的空间，相比原来的规定，无疑更加科学。

台司法解释对前述数额和情节作出解释之前，引发了实务中的不少问题。《刑法修正案（九）》实施之后，全国各地这方面的判决并不多见，大部分判决集中在15万元以下的“数额较大”和百万元以上的“数额特别巨大”两个区间，对于中间的“数额巨大”区间裁判并不多见，这大概与各地都在等司法解释的出台有关。例如，有的法院在审理这方面的案件时，就以“需进一步等待关于职务犯罪的具体数额、情节标准的司法解释的规定出台”为由，依照《刑事诉讼法》第200条第1款第4项的规定（由于不能抗拒的原因），裁定“中止审理”。①

所以，司法实践亟须出台相应的司法解释来对《刑法修正案（九）》贪污受贿犯罪的数额加情节予以明确解释。在此背景下，最高人民法院、最高人民检察院于2016年4月18日联合发布的《办理贪污贿赂案件解释》，可谓顺应了社会需求，解了司法的燃眉之急。具体而言，主要体现在以下几个方面：

第一，明确此次修改贪污受贿罪定罪量刑的标准。《刑法修正案（九）》关于贪污受贿犯罪数额加情节的修改，最大的缘由是原来的贪污受贿10万元以上就要处10年以上有期徒刑这一规定严重不适应现实发展的需要。因此，《刑法修正案（九）》后的数额规定，尤其是特别巨大和数额巨大必须较之以前有大幅度的提升，如果只是微调，无法解决现在实践中暴露出来的某些案件罪责刑严重不相适应的问题。考虑到《刑法修正案（九）》在数额之外，还有情节的并列规定，也就是说，即便数额没有达到某个标准，但如果具备情节要求的，仍然可以在此幅度内量刑，因此将数额特别巨大和数额巨大这两档拉高，不仅是现实需要，也不会放纵犯罪。②

第二，借鉴了盗窃罪司法解释的思路，对各档的量刑数额规定了一个幅度。现行司法解释对盗窃罪中的数额较大、数额巨大、数额特别巨大分别认定为1000元至3000元以上、3万元至10万元以上、30万元至50万元以上，规定各地可根

① 此案例来源于邱兴隆教授提供的一份刑事裁定书：（2015）株石法刑初字第72号，该裁定书落款日期为2016年2月24日。另据《新京报》记者采访司法实务界人士，目前对于涉案金额可能在变动范围内且尚在审理期限内的案件，都是采取“能等就等”的做法（参见王梦遥：《十八大后“打老虎”八成受贿判12—15年》，载《新京报》2016年2月26日）。

② 为了防止数额提高引发公众对司法解释纵容腐败犯罪的质疑，可以考虑从司法解释的技术上作一些调整，即先规定情节虽未达到数额较大、数额巨大或者数额特别巨大（或者达到相应数额一半以上的），但具有“以下情节之一的”，在与数额较大、数额巨大或者数额特别巨大相应的法定刑档内量刑。接下来再规定数额较大、数额巨大以及数额特别巨大的数额起刑点幅度，以此来冲淡提高数额的视觉效果。

据本地区经济发展状况，并考虑社会治安状况，在前述规定的数额幅度内，确定本地区执行的具体数额标准，并报最高人民法院和最高人民检察院批准。贪污受贿罪的量刑数额标准也规定了一个可供各地选择的幅度（如贪污或者受贿数额在3万元至20万元的，为数额较大；20万元至300万元的，为数额巨大；300万元以上的为数额特别巨大）。这其中的道理是相似的，那就是各地的经济发展水平差异很大，如果不规定一个弹性的幅度，要么在经济发达地区数额标准太低，要么在经济欠发达地区数额标准太高，都会影响法律的执行及其效果。

第三，对作为定罪起刑点的“数额较大”的标准基本保持稳定，[①]和经济发展水平相符。根据《办理贪污贿赂案件解释》，一般“数额较大”以3万元为起点，有较重情节的，以1万元为起点。为了保持对贪污受贿犯罪的“零容忍”政策，[②]笔者认为对构成犯罪的门槛不宜抬高，这样就可防止产生不必要的误会，不致对当前的高压反腐造成任何负面效果，保持民众对法律的认同。现行的司法解释选择在较重情节的情况下以3万元为贪污贿赂类罪的起刑点，基本在顺应社会经济水平发展状况的前提下维持了原有起刑点的稳定性，同时也顺应了社会经济发展的实际。统计表明，1997年，全国城镇居民人均可支配收入是5160元，当年修订的刑法对贪污受贿犯罪确定的定罪数额就是5000元，即大体相当于全国城镇居民一年的人均可支配收入。2013年，根据国家统计局发布《2013年国民经济和社会发展统计公报》显示，全国城镇居民人均可支配收入调整为26955元。因此以此数额为基础，综合考虑当前的经济社会发展水平、CPI指数、通货膨胀等情况的影响，才因此建议司法解释可考虑将贪污受贿犯罪的定罪数额（起刑点）设置为3万元。其中，个人贪污受贿数额在3万元至10万元以上、30万元至100万元以上、300万元至1000万元以上，可以作为“数额较大”“数额巨大”“数额特别巨大”的认定标准。各省、自治区、直辖市高级人民法院、人民检察院可以根据最高人民法院、最高人民检察院司法解释关于数额幅度的规定和对本省区的授权，结合

① 这里的“稳定”，是从起刑点数额和社会经济发展水平、人均可支配收入的比重来评价的，不是指起刑点绝对数额没有变化。

② 对于那种主张为真正做到“零容忍”而要降低现有5000元定罪数额标准的意见，笔者持否定意见，因为对贪污受贿5000元以下的，毕竟还可以用行政处分和纪律处分等来达到惩处的目的和效果，况且通过降低数额标准来扩大该领域的犯罪圈，表面看似乎更为“零容忍”，实际上可能会因司法资源所限等因素，进一步弱化刑罚惩治和预防的功能。另外，“其他较重情节”的并列规定完全可以涵盖5000元以下的贪污受贿行为，因而不必担心放纵犯罪。参见刘仁文：《贪污贿赂犯罪的刑法规制》，社会科学文献出版社2015年版，第168页。

本地区经济社会发展状况，在三档数额幅度内，共同研究确定本地区执行的具体数额标准，报最高人民法院、最高人民检察院备案。在基本的3万元起刑点数额之外，《办理贪污贿赂案件解释》中还规定了贪污或受贿1万元以上就要受到处罚的情况，主要包括贪污社会公益特定款物；曾因贪污受贿、挪用公款受过党纪、行政处分的；曾因故意犯罪受过刑事追究的；赃款赃物用于非法活动的；拒不交代赃款赃物去向或者拒不配合追缴工作，致使无法追缴的；多次索贿的；为他人谋取不正当利益，致使公共财产、国家和人民利益遭受损失的；为他人谋取职务提拔、调整的；造成恶劣影响或者其他严重后果的；等等。从这里就可以看出，国家在根据经济发展水平提高入罪数额，防止起刑点过低导致过于严厉的刑罚的同时，也表达了对一些影响社会公众利益、屡教不改、影响恶劣的贪污受贿行为严厉打击的态度，增加了“老虎苍蝇一起打”的实效。同时也应看到，《刑法修正案（九）》将数额较大的这一档刑罚规定为3年以下有期徒刑或者拘役，相比起原来的贪污受贿5000元以上5万元以下处1年以上7年以下有期徒刑的规定，刑罚有所缓和，特别是3年以下就意味着可以判缓刑，这样既能做到在定性上“零容忍”，又能做到在量刑上有出口，可以取得较好的法律效果和社会效果。有学者就评价这样的规定体现了我国宽严相济的刑事政策，一方面对数额标准的合理化调整使得对于犯罪的惩治更为合情合理，对3年以上两档有期徒刑判处的数额标准进行提高，反映了对这部分犯罪较为宽缓的处罚；另一方面对“其他严重情节”的数额标准有一定程度的降低，也体现了对受贿犯罪的严厉惩治。[①]但也有学者对以GDP为标准提高起刑点的理由提出两点质疑：其一，如果人均GDP和人均可支配收入会影响贪污受贿罪的成立，为什么要规定全国统一的数额标准而非按各省市实际情况分别规定？其二，在若干年后，如果人均GDP和人均可支配收入提高10倍，是否贪污受贿罪的定罪数额标准也要提高十倍？[②]笔者认为，对于第一点质疑，定罪数额和量刑数额是两个不同的概念，采取全国统一的定罪数额标准是有必要的，这样有利于司法实践中的法律适用，不至于出现各地实践情况差异过大的现象，至于地区差异，可以放在量刑阶段考虑，各地结合本地实际情况对数额有所调整。对于第二点质疑，贪贿犯罪的定罪量刑需要考量很多因素，

① 陈兴良：《〈关于办理贪污受贿刑事案件适用法律若干问题的解释〉总置评》，载《浙江社会科学》2016年第8期。

② 张明楷：《贪污贿赂罪的司法与立法发展方向》，载《政法论坛》2017年第1期。

虽然对数额的确定会受到当时社会经济发展水平的影响，但并不是简单的一一对应关系，所以不会出现机械地对应提高的情况。

第四，明确了“情节”的内涵。由于《刑法修正案（九）》采取了数额或情节的定罪量刑标准，使得司法解释在解决数额这个难题之后，还要解决情节这个难题。[①]否则，就会导致以下两种不利后果：一是由于情节的标准不好把握，致使司法工作人员出于各种原因的考虑，不愿意使用或者无法使用，致使实践中仍然以数额作为贪污受贿定罪量刑的主要标准甚至是唯一标准，导致“情节”的标准虚置，从而使这项改革只停留在纸面，没有真正发挥作用；二是导致各地执法的不统一，有些案件在这里判了，但在别的地方就没判，反之亦然。[②]那么，如何明确这里的情节内涵呢？笔者认为，有四个维度需要纳入考虑的视野：一是要借鉴刑法中已有罪名的“概括数额+其他犯罪情节”之量刑模式对情节的界定，刑法中这类罪名有盗窃罪、诈骗罪、聚众哄抢罪、侵犯著作权罪、虚开增值税专用发票罪、用于骗取出口退税和抵扣税款发票罪、故意毁坏财物罪等。如盗窃罪的司法解释规定，在具有曾因盗窃受过刑事处罚、一年内曾因盗窃受过行政处罚等情形之一的，“数额较大”的标准“可以按照前条规定标准的50%确定”。[③]二是要对实践中贪污受贿罪在裁判过程中被考量的情节进行总结，如有实证研究者指出，下面一些情节在实践中受到较多关注：1.案件的基本事实及其可以对接的法律规范；2.被请托行为的性质；3.是否存在其他违法犯罪行为；4.对公民、国家利益的损害程度；5.追缴赃款的金额、退赃情况、认罪态度等；6.公众和社会团体的呼声、作风问题的渲染等。[④]三是要在实然和应然之间作出理性分析和判断。如前述公众和社会团体的呼声、作风问题的渲染等，虽然在客观上不同程度地对贪污受贿罪的裁判结果有影响，但这个恐怕只能作为法社会学视野中如何减

---

① 在立法讨论过程中，笔者曾提出法条表述中只用情节，将来司法解释时可以把数额作为情节的一种来加以认定，但没有被采纳。

② 缪树权：《中国反腐败刑事立法的重要完善——试析〈刑法修正案（九）〉对贪污贿赂犯罪的修改和完善》，载《刑事司法指南》2015年第3期。关于“情节”标准虚置的问题，司法实践中已有先例，如刑法原来规定，贪污受贿数额不满5000元，情节较重的，也要处刑，但实际上对贪污受贿数额不满5000元的，几乎没有听说处刑过。

③ 2013年最高人民法院、最高人民检察院《关于办理盗窃刑事案件适用法律若干问题的解释》第2条。

④ 孙超然：《论贪污罪、受贿罪中的“情节”——以高官贪腐案件中裁判考量因素的实证分析为切入点》，载《政治与法律》2015年第10期。

少甚至避免这类问题发生的课题来研究，而不能在以刑法教义学为基础的司法解释中得到体现。四是应把定罪情节和量刑情节分开。像前述退赃情况、认罪态度等，宜作为量刑情节来考量，不宜作为定罪情节来设计。在综合以上维度后，可以对贪污受贿的情节采用“具有下列情形之一的为‘较重情节’”的模式来规定（“严重情节”和“特别严重情节”可在此基础上依次提升严重程度）。需要指出的是，贪污、受贿两类犯罪实际上有同有异，并不适合一概而论地笼统规定，对区分规定的建议和尝试早已有之。比如，在对“利用职务上的便利”这一要件的规定上，理论界和实务界都试图作出区分解释，①在正式颁行的法律文件中也达成了分开规定的成就，②所以，在《刑法修正案（九）》的制定过程中，为了进一步体现贪污、受贿罪性质的差异，就有人要求在《刑法修正案（九）》中把贪污受贿犯罪分开规定而没有实现，这点在《办理贪污贿赂案件解释》中得以部分实现。在数额标准部分，《刑法修正案（九）》没有区分贪污罪和受贿罪的法定刑，所以《办理贪污贿赂案件解释》也继续将两罪的法定刑数额起点与定罪量刑标准作出不加区分的规定，这是不合理的，因为两罪在构成要件和社会危害性上均存在很大的差异性。③贪污罪和贿赂罪在本质上有区别，如果数额上等同处理，会放纵部分值得科处刑罚的受贿行为，从对象角度，行贿对象千差万别，将3万元作为定罪数额起点过高，容易导致一些受贿行为没有被纳入规制范围。④在情节部分，《办理贪污贿赂案件解释》实现了分开规定。

首先在一定数额的基础上规定了情节，如《办理贪污贿赂案件解释》分别规定了贪污和受贿数额在1万元至3万元基础上被认定为“其他较重情节”的不同情形，符合了笔者分析的第一个维度；其次《办理贪污贿赂案件解释》对情节判断采取了“列举+其他”的方式，其中列举的“曾因贪污、受贿、挪用公款受过党纪、行政处分的；曾因故意犯罪受过刑事追究的；赃款赃物用于非法活动的”等情节，符合笔者所说的第二个维度；《办理贪污贿赂案件解释》第1条第2款第5项“拒不交待赃款赃物去向或者拒不配合追缴工作，致使无法追缴的”根据

① 刘仁文：《贪污贿赂犯罪的刑法规制》，社会科学文献出版社2015年版，第91—102页。

② 1999年9月16日最高人民检察院出台的《人民检察院直接受理立案侦查案件立案标准的规定（试行）》，以及2003年11月13日最高人民法院出台的《全国法院审理经济犯罪案件工作座谈会纪要》的相关条文。

③ 刘宪权：《贪污贿赂犯罪最新定罪量刑标准体系化评析》，载《法学》2016年第5期。

④ 张明楷：《贪污贿赂罪的司法与立法发展方向》，载《政法论坛》2017年第1期。

笔者所说的第二、第四个维度，致使无法追缴赃款赃物的态度可以影响定罪。同时，对于受贿罪，《办理贪污贿赂案件解释》在贪污罪第1项至第6项规定的基础上，又增加规定了三项："多次索贿的；为他人谋取不正当利益，致使公共财产、国家和人民利益遭受损失的；为他人谋取职务提拔、调整的"，这些列举的情节，既有传统对于较重情节的理解，如前两项，又有顺应司法实践的新突破，比如最后一个情节的规定"为他人谋取职务提拔、调整的"充分体现出依法严惩"买官卖官"贿赂犯罪，有利于厉行整肃腐败风气。"买官卖官"贿赂犯罪，严重破坏政治生态，可能导致区域性腐败、系统性腐败，其危害性可谓官场腐败之罪。有学者将这些较重、严重、特别严重的情节规定称为"弹性量刑情节"，认为是对数额的补充，因为贪贿犯罪不同于盗窃、诈骗等犯罪，数额不是决定社会危害性大小的唯一标准，更多地取决于受贿人利用职务之便甚至滥用职权为他人谋取利益而给国家造成的损失或给社会带来的极其恶劣的负面影响，所以在有些贪贿案件中，即使数额较小，也有可能由于弹性量刑情节入罪。①在列举情节之外《办理贪污贿赂案件解释》也规定了兜底条款，比如对贪污罪"较重情节"的认定第1条第2款第6项规定了"造成恶劣影响或者其他严重后果的"情节。本项规定对危害结果予以了特别强调，本质上是结果加重情节，所以，在开放性程度上与其他司法解释文件的相关规定是有所不同的。具体适用本项规定时，一方面要注意发挥其兜底性作用，这里的影响或者后果不局限于物质层面的损失；另一方面要注意结合《办理贪污贿赂案件解释》的本意从严掌握，影响或者后果必须实际发生且为相关证据证明。②最后，除了对贪污罪和受贿罪的数额和情节予以规定以外，《办理贪污贿赂案件解释》中也对相关职务犯罪的数额情节进行了规定。比如，规定挪用公款罪的三种情形（归个人使用进行非法活动、归个人使用进行营利活动、归个人使用超过3个月未还）中不同的起刑数额、"数额较大"、"数额巨大"的标准以及"情节严重"的认定。再比如，对利用影响力受贿罪、非国家工作人员受贿罪规定参照受贿罪的定罪量刑标准直接适用或成倍执行，对职务侵占罪规定按贪污罪定罪量刑标准成倍执行，对挪用资金罪的数额标准规定参照挪用公款罪的标准成倍执行等。可惜的是，《办理贪污贿赂案件解释》并没有对整个贪污受贿类犯罪的体系进行彻底调整，对单位受贿、单位行贿、介绍贿赂、挪用特

---

① 刘宪权：《贪污贿赂犯罪最新定罪量刑标准体系化评析》，载《法学》2016年第5期。

② 裴显鼎：《〈贪污贿赂犯罪司法解释〉理解与适用》，载《人民司法》2016年第19期。

定款物罪等没有调整，“调制范围上的顾此失彼，可能会导致体系上的不协调”。[①]

需要重点说明的是，《办理贪污贿赂案件解释》中对受贿罪的一些疑难情节的认定作出的规定，对司法实践有重要意义。首先是对“财物”的认定，《办理贪污贿赂案件解释》明确将财产性利益纳入贪贿犯罪的财物对象范围之中，列举了房屋装修、债务免除、会员服务、免费旅游等情况，这也是对现下多种多样行贿手段的一种回应。那么，是否需要对“财物”进行进一步扩大的解释，将“非财产性利益”也包括其中呢？从理论上讲笔者认为是可以有限度地纳入的，比如性贿赂可以作为贿赂犯罪的标的，但是这需要进一步的立法，无法通过将现有的“财物”概念扩大解释来实现。所以，在现有的立法状态下，笔者认为在实践中暂时不应直接包括非财产性利益，这是从现有的司法实践水平和条件出发考虑的。在下文中会提到数额和情节的关系，我国刑法规定中数额是贪贿罪定罪量刑的基础，所以如果将无法用货币数额衡量的非财产性利益也包括其中，是不利于罪刑法定下定罪量刑活动的进行的（《办理贪污贿赂案件解释》中列举的几项财产性利益都是可以折算成金额的）。实际上，即使将财物扩大解释为财产性利益也难以应对新的贿赂方式（如性贿赂、解决升学就业等），应以《联合国反腐败公约》中的“不正当好处”来取代之，与此同时，将我国刑法中受贿罪“为他人谋取利益”的构成要件改为“以作为公职人员在执行公务时作为或者不作为的条件”。[②]可想而知，一旦将“财物”改为“不正当好处”，受贿罪的量刑标准就势必去数额化，也就必然要与贪污罪的量刑标准相分离，而这样一个牵一发而动全身的修改，对于略显仓促的《刑法修正案（九）》来说，实难完成。[③]也有学者指出，“我国以非财产性利益作为贿赂犯罪的媒介的案件极为罕见，尚没有将其入罪的必要性而且现下计赃论罪的处罚方法，在客观上也排斥了非财产性利益的入罪”，对性贿赂等非财产性利益，提出了“曲线救国”的方法，从出资款、利用国家工作人员职务便利等要件来予以入罪。[④]

---

① 刘宪权：《贪污贿赂犯罪最新定罪量刑标准体系化评析》，载《法学》2016年第5期。

② 刘仁文、张晓艳：《〈联合国反腐败公约〉与中国刑事法律的完善》，载《联合国公约在刑事法治领域的贯彻实施》，中国人民公安大学出版社2010年版，第607页。

③ 学界的共识不一定就已经成为立法者的共识，这中间还有不短的一段距离。

④ 陈兴良：《贪污贿赂犯罪司法解释：刑法教义学的阐释》，载《法学》2016年第5期。

其次是对“为他人谋取利益”的说明。[①]1979年《刑法》关于受贿罪的规定是没有这一条件的，在1997年的修订中加入，但没有具体规定认定标准，从之后的《全国法院审理经济犯罪案件工作座谈会纪要》和审判实践来看，“为他人谋取利益”应当定性为主观要件，这种定性在2016年《办理贪污贿赂案件解释》第13条中予以明确。根据该条，有四种情况可能被认定为“为他人谋取利益”：实际或者承诺为他人谋取利益的；明知他人有具体请托事项的；以上履职时未被请托，但事后基于该履职事由收受他人财物的；国家工作人员索取、收受具有上下级关系的下属或者具有行政管理关系的被管理人员的财物价值3万元以上，可能影响职权行使的。其中，前两项是对该纪要关于“承诺”情形的明确，第三项是一种事后受贿情形下是否还具有“为他人谋取利益”这一受贿故意的认定。有学者认为，在职务行为已经履行完毕后是无法认定为他人谋利的主观目的的，所以《办理贪污贿赂案件解释》的规定是一种对主观意图的拟制。[②]最后一项实际上是和无利害关系的收礼金或收红包行为如何认定有关。在保留受贿罪“为他人谋取利益”的构成要件的前提下，立法者曾经想增加一个“非法收受礼金罪”，即对国家工作人员利用职务上的便利，收受主管范围内的下属或者管理、服务对象的现金、有价证券或者支付凭证，数额较大的，以犯罪论处。这一立法设想在现有立法格局下有其合理性，因为司法实践中要么对不具备“为他人谋取利益”要件的收受礼金行为非犯罪化处理，要么就是在一些案件中突破“为他人谋取利益”要件的限制，把只要是利用职务之便收受的一切礼金都算作受贿。因此，在受贿罪法定要件中有“为他人谋取利益”的情况下，将那些没有为他人谋取利益的非法收受礼金行为予以犯罪化，并设置相对受贿罪轻一些的刑罚，是比较可取的。

---

① 关于“为他人谋取利益”这一要件的讨论在学界有很多，由于本文主要是从法条文本和法律实践结合的应用角度行文，对理论部分不再做过度的讨论，仅在注释中简单介绍。刑法学界从客观的具体谋取利益行为和主观的为他人谋取利益的意图两个角度形成了客观说和主观说的争论，传统理论是将其作为客观要素的，只有事实上为他人谋取利益才认定为受贿罪，这种客观说被后来的学者称为旧客观要件说，认为与罪刑相适应原则不符，该学者在客观说的范围内发展出了新理论，将“许诺为他人谋取利益”作为该客观要件的最低内容［张明楷：《刑法学（第五版）》，法律出版社2016年版，第1207—1208页；张明楷：《贪污贿赂罪的司法与立法发展方向》，载《政法论坛》2017年1月刊］，也有学者认为受贿罪的本质是侵害职务廉洁性，所以应当理解为主观要素，且非责任要素，而是违法要素（陈兴良：《为他人谋取利益的性质与认定》，载《法学评论》2016年第4期），还有学者主张取消受贿罪中这一要件（梁根林：《贪污受贿罪定罪量刑标准的立法完善》，载《中国法律评论》2015年第2期）。

② 陈兴良：《贪污贿赂犯罪司法解释：刑法教义学的阐释》，载《法学》2016年第5期。

但该罪名最后并没有在《刑法修正案（九）》中得到确立，《办理贪污贿赂案件解释》也没有将所有的人情往来行为一棒子打死，而是用两个条件进行筛选：首先财物价值要在3万元以上，其次可能会影响职权行使，这样既对收受礼金、红包行为进行了规制，体现了对“非法收受礼金”现象的打击态度，有效提高指控犯罪的成功率、扩大公共指控受贿犯罪的范围，体现了国家严惩受贿犯罪的目的，又不至于影响到正常的人际交往秩序。

第五，有序协调好数额与情节共存的关系。在对数额标准和情节内涵作出进一步明确之后，仍然面临一个司法适用难题，那就是在数额与其他情节同等权重的情形下，如何协调处理数额与情节之间的关系。《刑法修正案（九）》修改了以前贪污受贿罪主要以数额为主、即使在个别情况下考虑情节也是先数额再情节的适用次序，在定罪量刑方面赋予情节与数额同等的权重。数额与情节共同体现犯罪的轻重，司法机关适用法律时应对二者进行全面考量，综合适用。实践中，个案事实错综复杂，只存在数额或者只存在情节的情况微乎其微，在大多数情形下数额和情节是共存的。两者赋予同等权重并不意味着在贪污受贿罪中情节可以脱离数额独立判断。

如果单从《刑法》关于“数额”或者“其他情节”的规定来看，情节似可以独立于数额，情节轻重的判断可以不依赖于数额大小。但考虑到犯罪数额在贪污、受贿罪的定罪量刑中目前仍具有基础性作用，[①]以及有些“其他情节”难以量化，[②]仅根据情节决定刑罚可能出现数额较小却判处过重刑罚的问题，同时也为了防止量刑上的随意性，有必要借鉴以往有关侵财犯罪司法解释的做法，采用情节与数额相结合的方式，使数额与情节实现必要的联结。比如，具备一定情节，数额标准将减半掌握。[③]2016年《办理贪污贿赂案件解释》的规定中，也是采取了笔者主张的情节与数额相结合的方式，并没有采取有些学者主张的二元并重标准，[④]而

① 除数额排在情节前面且因为好量化和操作必将导致实践中优先适用外，还可从《刑法》第383条的其他一些规定中得到反映，如规定“数额特别巨大，并使国家和人民利益遭受特别重大损失的，处无期徒刑或者死刑，并处没收财产”，这里在数额特别巨大之外，只规定了“使国家和人民利益遭受特别重大损失”这一情节，其他情节即使再严重也不适用。又如，它保留了原来“对多次贪污未经处理的，按照累计贪污数额处罚”这一规定，虽然“多次贪污”本身就可以作为一个情节来考虑，但这种原封不动的保留仍然容易给人一种强调数额的印象。

② 有些是可以量化的，如贪污受贿的次数，有些却难以量化，如索贿。

③ 刘为波：《贪污受贿罪“数额+情节”如何把握》，载《中国审判》2015年第20期。

④《贪污受贿犯罪定罪量刑标准问题研究》，载《中国法学》2015年第1期。

是以数额为基础，情节为补充，在一定数额的基础上，再列举具体情节的，这恰恰体现了数额和情节的关系与协调规定。

二、完善从宽处理制度：宽严相济的特别体现

《刑法》原来规定，对贪污、受贿数额在5000元以上不满1万元的，犯罪后有悔改表现、积极退赃的，可以减轻处罚或免予刑事处罚，《刑法修正案（九）》对从宽情形进行了两个修订，在《刑法》第383条第3款规定对犯贪污罪，在提起公诉前如实供述自己罪行、真诚悔罪、积极退赃，避免、减少损害结果的发生的，可以从宽处罚（其中，对有数额较大或有其他较重情节这一情形的，可以从轻、减轻或者免除处罚；对有数额巨大或有其他严重情节、数额特别巨大或有其他特别严重情节、数额特别巨大并使国家和人民利益遭受特别重大损失这三种情形的，可以从轻处罚）。将第390条第2款修改为："行贿人在被追诉前主动交待行贿行为的，可以从轻或者减轻处罚。其中，犯罪较轻的，对侦破重大案件起关键作用的，或者有重大立功表现的，可以减轻或者免除处罚。"2016年出台的《办理贪污贿赂案件解释》第4条对何时可以对判处死刑的贪污受贿案件从轻处理给出解释，规定"具有自首，立功，如实供述自己罪行、真诚悔罪、积极退赃，或者避免、减少损害结果的发生等情节，不是必须立即执行的，可以判处死刑缓期二年执行"。第14条对何谓第390条"犯罪较轻""重大案件""对侦破重大案件起关键作用"又做了进一步详细的解释：第一，"犯罪较轻"明确为"可能被判处三年有期徒刑以下刑罚的"犯罪，起草过程中有意见建议将行贿罪的第一个量刑档即五年刑期以下作为犯罪较轻的认定标准，以方便实践适用，经研究，判处五年刑期的通常即可认为是重罪，在重罪与较轻犯罪之间有必要留出一个中间地带，故未采纳。[①]第二，"重大案件"的范围确定为"判处十年刑期以上刑罚"和"省级影响性案件"，这在原有的《最高人民法院关于处理自首和立功具体应用法律若干问题的解释》无期徒刑和全国影响性案件的基础上降了一级，体现了从宽处罚的思想。第三，列举了四种"对侦破重大案件起关键作用"的情形，包括了主动交代未掌握的重大案件线索、主动交代对重大案件的证据收集或者追逃、追赃有重要作用的行贿事实等。

---

① 裴显鼎：《〈贪污贿赂犯罪司法解释〉理解与适用》，载《人民司法》2016年第19期。

把对贪污犯罪从宽处理从原来《刑法》第383条第1款第3项中的一种情形扩大到适用于贪污犯罪的所有情形，对行贿犯罪增加了减轻或免除处罚的情形，这是值得肯定的，因为按照原来的规定，在同一种犯罪的中间情形插入一个从宽处理的规定，较之更高的不适用，较之更低的也不适用，从逻辑上来讲就有问题。如果说立法的本意是只对不严重的贪污受贿犯罪才适用从宽处理，那么也不好解释为何对不满5000元但情节较重的这一最低档却反而没有规定适用该制度。①有的学者认为没有必要专设这样的从宽处理制度（包括行贿罪的从宽处理制度），而是完全可以适用刑法总则关于自首、坦白和立功的规定。②在立法讨论中，笔者曾提出不宜在分则中专门针对贪污受贿罪设立这样的从宽条款，而是最好对所有财产犯罪一视同仁，在总则中针对包括盗窃罪在内的所有财产犯罪设立积极退赃、避免和减少损害结果的发生可以从宽处理的制度，但没有被采纳。当然，对贪污受贿罪专门设立这样的从宽处理制度，也反映出立法者在这次刑法修正中对完善惩治贪污受贿罪的格外重视，以致因此给人造成一种就事论事的印象。也有的学者认为，贪污受贿犯罪特别是受贿犯罪，取证难、口供依赖度高，作此规定与行贿罪中的特殊自首相结合，有利于解决检察机关追诉难的问题。③如果这是立法理由，则笔者认为将来的完善方向应是在我国刑事诉讼法中建立污点证人制度，而不是在刑法中专门针对分则的贪污受贿罪设立这样的从宽制度和在行贿罪中设立特殊自首制度。④

《刑法修正案（九）》和《办理贪污贿赂案件解释》对贪污受贿罪的从宽处理制度较之过去，究竟是从严了还是从宽了，不好一概而论。一方面，从宽处罚的

---

① 这事实上导致了不满5000元但情节较重的这一最低档在实践中的落空。

② 叶良芳：《行贿受贿惩治模式的博弈分析与实践检验》，载《法学评论》2016年第1期。

③ 张兆松：《论〈刑法修正案（九）〉对贪污贿赂犯罪的十大重大修改和完善》，载《法治研究》2016年第2期。

④《刑法修正案（九）》对行贿罪中的特殊自首从宽制度作了一定的限制，体现了从严打击行贿犯罪的立法政策，但遗憾的是，仍然在一个分则的个罪中保留了这样一种特殊自首制度。按笔者的观点，行贿罪的特殊自首制度应当取消，而统一适用刑法总则中的一般性自首和立功的规定。同时，为分化、瓦解行贿与受贿的同盟关系，应确立刑事诉讼中的污点证人作证豁免制度，即在必要的情况下，有犯罪污点的证人为控方作证可以免受刑事追究或被给予从轻、减轻处罚。这样一种制度不仅可以适用于行贿犯，也可适用于受贿犯，还可适用其他犯罪，关键看控方追诉犯罪时有无此需要。参见刘仁文：《贪污贿赂犯罪的刑法规制》，社会科学文献出版社2015年版，第132—134页、第200—202页。

条件较之过去要更加严格，过去只要有悔改表现、积极退赃就可以，但现在需要同时符合以下条件：一是在提起公诉前；二是行为人必须如实供述自己罪行、真诚悔罪、积极退赃；三是避免、减少损害结果的发生。另一方面，由于这一从宽处罚的条款被扩大适用到贪污受贿罪的所有情形，包括可以判处死刑的情形，这表明从宽处理的面更宽了，不仅对较轻的贪污受贿罪在符合条件时可以从宽处理，而且对严重的贪污受贿罪也可以在符合条件时从宽处理（只不过从宽处理的程度不同罢了，第一项是从轻、减轻或免除处罚，第二项和第三项是从轻）。即使在贪污受贿数额特别巨大，并使国家和人民利益遭受特别重大损失的情形下，如果行为人满足前述从宽处罚的条件，也可以从轻处罚。这意味着，当贪污受贿行为人面临死刑的惩处危险时，他一定会借此来换取免死的结果，这无疑使得判死刑的概率大为下降。立法之所以要作此规定，主要是为了体现宽严相济的刑事政策。[①]在适用该款时，有些问题还需要明确，如“提起公诉前”这一时间限制是仅适用于“如实供述自己罪行”还是包括“真诚悔罪”“积极退赃”甚至“避免、减少损害结果的发生”在内？有人认为“提起公诉前”仅限制在“如实供述自己罪行”为妥，也就是说，“真诚悔罪”“积极退赃”和“避免、减少损害结果的发生”可以不受“提起公诉前”的限制，在审判阶段犯罪嫌疑人“真诚悔罪、积极退赃”和“避免、减少损害结果的发生”的，也可认定具有该情节。笔者认为，这种观点是不对的，要适用这一从宽处理条款，必须在提起公诉前同时具备“如实供述自己罪行”“真诚悔罪”“积极退赃”和“避免、减少损害结果的发生”，如果有的是到了审判阶段才具备，那么即使此种情况下按照刑法总则有关法定情节和酌定情节的规定，可以从宽处理，也要区别于这里的从宽处理，即在从宽幅度上应小于“提起公诉前”。[②]

如何处理该从宽条款与总则中自首、坦白与立功的关系？这里可能存在一个避免重复评价的问题。首先，在贪污受贿犯既具有本款的从宽处理，又具有立功

① 郎胜：《〈中华人民共和国刑法〉的理解与适用》，中国民主法制出版社2015年版，第703页。

② 如实供述自己罪行可能发生在侦查阶段、审查起诉阶段，也可能发生在审判阶段。一般认为，犯罪人如实供述的时间越早，表明其认罪态度越好。其中，在“提起公诉前”犯罪嫌疑人如实供述自己罪行的，我们一般称之为坦白，而在审判阶段，被告人如实供述自己罪行的，我们一般称之为当庭自愿认罪。最高人民法院于2014年起施行的《关于常见犯罪的量刑指导意见》中规定坦白最高可获得基准刑30%～50%的从宽优惠（因如实供述自己罪行，避免特别严重后果发生的），而当庭自愿认罪只有10%以下的优惠。

情节时，该款的适用与立功情节的从宽处理应分别独立适用，即先按照《刑法》第383条第3款的从宽处理规定确定从宽处理的幅度，再按照《刑法》第68条关于立功的从宽处理规定确定从宽处理的幅度，最后把两者合并到一起，来确定最终从宽处理的幅度。其次，在贪污受贿犯既具有本款的从宽处理，又具有坦白情节时，应只适用本款的规定。因为本款实际上已经包含了坦白情节（如实供述自己的罪行）。当然，如前所述，要适用本款必须同时满足三个条件，假如被告人只有如实供述自己罪行，或者在如实供述自己罪行之外还具备本款规定的其他情形之一部分，则由于其没有同时满足三个条件而不能适用本款，此时可以适用总则关于坦白的从宽处理规定，对其他情形则作为酌定量刑情节加以考虑。最后，在贪污受贿犯既具有本款的从宽处理，又具有自首情节时，应在适用本款的基础上，再给与被告人一定的量刑优惠（但要小于自首所给予的优惠）。因为按照《刑法》第67条的规定，一般自首要求是犯罪以后自动投案、如实供述自己罪行的，特殊自首（以自首论）要求被采取强制措施后的被告人如实供述的罪行必须是与司法机关已掌握的罪行属不同种罪行的。而本款规定的在提起公诉前如实供述自己罪行的，应是指被采取强制措施后而且供述的又是与司法机关已掌握的罪行属同种罪行的情形。可见，不像坦白与本款完全是被包含与包含的关系，自首与本款的关系属于交叉关系，在如实供述自己罪行这一点上，二者有重合，但对于一般自首的自动投案和特殊自首的供述不同种罪行，本款并不能包含进去，因此应在适用本款从宽处理的基础上，再结合自首的从宽处理加以适当考虑。同时，由于本款已经考虑了如实供述自己罪行，因此在考虑自首从宽处理时必须有所折扣。

三、增设终身监禁：法教义学与社科法学的对比观察

《刑法修正案（九）》规定了对重特大贪污受贿犯的终身监禁制度，即对贪污受贿数额特别巨大、并使国家和人民利益遭受特别重大损失因而被判处死缓的，人民法院根据犯罪情节等情况可以同时决定在其死缓执行二年期满依法减为无期徒刑后，终身监禁，不得减刑、假释。从刑法教义学的角度来看，对贪污受贿这种没有人身危险性的非暴力犯罪人设置不得减刑、假释的终身监禁，确实有违刑法教义学的一般原理。第一，与刑罚教育改造人的理念相悖。无论是联合国的有关公约还是我国的监狱法，都将教育改造罪犯作为刑罚的一个重要理念。第二，从报应论的角度来看，对贪污受贿罪设置终身监禁，有违罪刑均衡原则。根据我

国目前的刑法规定，对于暴力性犯罪人，尚且只有限制减刑制度。在这种背景下，对非暴力犯罪的贪污受贿犯却设置终身监禁制度，与罪刑均衡原则的要求相悖。第三，从特殊预防的角度来看，对贪污受贿罪设置终身监禁，也没有必要。实际上，由于贪污受贿犯都会被开除公职，再也没有贪污受贿的机会，因而终身监禁对特殊预防显得多余。第四，从一般预防的角度来看，在贪污受贿的死刑仍然保留的情况下，多出一个终身监禁，很难说在边际效应上会增加什么威慑效果，如此而言，“这完全是将有限的行刑资源浪费在了不具有危险控制必要性的犯罪类型上和犯罪人身上”。[①]第五，从学理上来看，终身监禁只有在保安处分意义上才有适用余地，即对通过累犯等形式表现出具有特殊人身危险性的暴力性罪犯，为保障社会安全需要将其与社会隔离，才将终身监禁作为刑事政策上的最后一个紧急措施加以使用，而且即便在此种情形下，仍然需要通过人身危险性的定期评估和审查来决定是否需要继续监禁下去。[②]难怪有的学者批评这是一种“情绪性的立法”。[③]

尽管如前所析，《刑法修正案（九）》关于终身监禁的立法在程序上存在“太匆匆”的瑕疵，与刑法教义学也存在显而易见的冲突，但如果我们从社科法学的角度来看，[④]也许事情并没有我们想象的那么坏，甚至还“歪打正着”，可以把坏事变成好事。

设立终身监禁源于贪污受贿罪在实践中适用死刑越来越少，[⑤]而近年来不正当地通过减刑和假释提前出狱的现象引起社会的关注，“有的贪污受贿犯罪分子利用过去拥有的权力、影响、金钱和社会关系网，通过减刑、假释、保外就医等途径，实际在狱内服刑期较短，严重妨碍了司法公正，社会反映强烈”。[⑥]立法作

---

① 车浩：《刑事立法的法教义学反思——基于〈刑法修正案（九）〉的分析》，载《法学》2015年第10期。

② 刘仁文：《废止劳教后的刑法结构完善》，社会科学文献出版社2015年版，第312页。

③ 刘宪权：《刑事立法应力戒情绪——以刑法修正案（九）为视角》，载《法学评论》2016年第1期。

④ 社科法学是与法教义学相对应的一个概念，是指运用社会科学的理论和方法来分析法律问题的研究方法。它强调让立法更符合社会实际，让法律实施手段更具有现实性，对不同理论和方法采取实用主义的态度。陈柏峰：《社科法学及其功用》，载《法商研究》2014年第5期。

⑤ 实际上，最高人民法院自2013年以来就已经没有再核准过一例贪污受贿犯罪的死刑，因此即使不设立贪污受贿罪的这一终身监禁制度，也不会影响贪污受贿犯罪最终取消死刑的走向。

⑥ 郎胜：《〈中华人民共和国刑法〉的理解与适用》，中国民主法制出版社2015年版，第704页。

为一项公共决策，它本身就是各种声音和力量的博弈，而不可能是纯教义学的产物。在党中央反腐败的强烈政治信号下，立法作出此种回应，“以防止在司法实践中出现这类罪犯通过减刑等途径服刑期过短的情形”，是否也可以从法政治学的解读中获得某种理解呢？而《办理贪污贿赂案件解释》恰恰证明了终身监禁制度的此种立法意义：终身监禁具有威慑性的特点，可以威慑潜在的犯罪人，为中央的反腐政治意愿提供制度上的预防保障，同时，因为终身监禁措施的对象是贪污受贿犯罪中“贪污、受贿数额特别巨大，犯罪情节特别严重、社会影响特别恶劣、给国家和人民利益造成特别重大损失的”行为人，往往这类行为人的犯罪行为都是已经造成较大公众舆论关注和公众影响的，所以适用终身监禁可以达到一种示范效应，也符合公众对法治反腐的情感期待。

为什么会出现暴力犯罪只是限制减刑而贪污受贿这类非暴力犯罪反而设置终身监禁这类更严重的刑罚制度呢？[①]表面看，这似乎确实不合逻辑。但如果我们稍加深入就会发现强奸、抢劫、绑架、放火、爆炸、投放危险物质或者有组织的暴力性犯罪目前无论在我国的立法还是司法中，短期内还不可能弃用死刑，也就是说，对于这类犯罪，如果情节达到特别严重的程度，是要判处死刑（立即执行）的，而贪污受贿领域，死刑立即执行已经事实上不存在了，为了应对民意，因此需要寻找一种替代性措施。将终身监禁解读为死刑（立即执行）的一种替代性措施，并以此作为安抚民意的一种手段，我们可以从全国人大原法律委员会《关于〈中华人民共和国刑法修正案（九）（草案）〉审议结果的报告》中得到支持：“法律委员会经同中央政法委等有关部门研究认为，对贪污受贿数额特别巨大、情节特别严重的犯罪分子，特别是其中本应当判处死刑的，根据慎用死刑的刑事政策，结合案件的具体情况，对其判处死刑缓期二年执行依法减刑为无期徒刑后，采取终身监禁的措施，有利于体现罪刑相适应的刑法原则，维护司法公正，防止在司法实践中出现这类罪犯通过减刑等途径服刑期过短的情形，符合宽严相济的刑事政策。”事实上，立法部门编写的著作也明确指出：“这里规定的‘终身监禁’不是独立的刑种，它是对罪当判处死刑的贪污受贿犯罪分子的一种不执行死

---

① 尽管立法机关强调此次针对贪污受贿罪设立的终身监禁不是独立的刑种（这也是为其寻找合法性理由，因为一旦承认独立的刑种，全国人大常委会的刑法修正案就没有这个权力了），而是死缓的一种执行方式，但实际上对于贪污受贿罪而言，无异于创制了一种新的刑种，即介于死刑与“假无期徒刑”之间的“真无期徒刑”。

刑的刑罚执行措施。从这个意义上讲，也可以说是对死刑的一种替代性措施。”[①]如《办理贪污贿赂案件解释》第4条规定：“贪污、受贿数额特别巨大，犯罪情节特别严重、社会影响特别恶劣、给国家和人民利益造成特别重大损失的，可以判处死刑。符合前款规定的情形，但具有自首，立功，如实供述自己罪行、真诚悔罪、积极退赃，或者避免、减少损害结果的发生等情节，不是必须立即执行的，可以判处死刑缓期二年执行。符合第一款规定情形的，根据犯罪情节等情况可以判处死刑缓期二年执行，同时裁判决定在其死刑缓期执行二年期满依法减为无期徒刑后，终身监禁，不得减刑、假释。”第3款规定的终身监禁制度符合第1款死刑适用的情形，可以“根据犯罪情节等情况”选择适用，这其实就是证明了它作为死刑替代措施的地位。

一般终身监禁制度就是在判处死刑立即执行太重，判处一般死缓又太轻的时候可以判处特殊死缓，即判处死缓同时裁定决定死缓执行二年期满依法减为无期徒刑后终身监禁，并不得减刑、假释。“从表面上看，对贪污受贿罪规定终身监禁是加重刑罚之举，但从其具有替代原先应当适用死刑立即执行的功能来看，又是限制死刑适用之举，从而也是减轻之举。可以说是宽严相济的刑事政策的生动体现。”[②]这也可用来解释最高人民法院《关于〈中华人民共和国刑法修正案（九）〉时间效力问题的解释》的第8条：“对于2015年10月31日以前实施贪污、受贿行为，罪行极其严重，根据修正前刑法判处死刑缓期执行不能体现罪刑相适应原则，而根据修正后刑法判处死刑缓期执行同时决定在其死刑缓期执行二年期满依法减为无期徒刑后，终身监禁，不得减刑、假释可以罚当其罪的，适用修正后刑法第三百八十三条第四款的规定。根据修正前刑法判处死刑缓期执行足以罚当其罪的，不适用修正后刑法第三百八十三条第四款的规定。”该司法解释出台后，也引发是否违反刑法溯及力“从旧兼从轻”原则的讨论，笔者认为，只有把这里的“根据修正前刑法判处死刑缓期执行不能体现罪刑相适应原则”理解为本来应该判处死刑立即执行、为限制死刑立即执行才适用终身监禁，才能合理解释该司法解释没有违反“从旧兼从轻”的原则。

按此思路，终身监禁制度的设立事实上可能会使贪污受贿犯罪死刑（立即执

① 郎胜：《〈中华人民共和国刑法〉的理解与适用》，中国民主法制出版社2015年版，第705—706页。

② 陈兴良：《贪污贿赂犯罪司法解释：刑法教义学的阐释》，载《法学》2016年第5期。

行）适用难度增加。从《刑法修正案（八）》和《刑法修正案（九）》这两次立法上取消死刑罪名的经验来看，往往是一个罪名在司法实践中多年不用死刑或者很少适用死刑后才可以讨论其立法上能否取消死刑。有了终身监禁这一替代性措施，我们有理由相信，目前这种最高人民法院不核准贪污受贿罪死刑的做法将会一直延续下去，而且地方法院也越来越不会对贪污受贿罪判处死刑立即执行。

对重特大贪污受贿犯判处终身监禁是一个新生事物，如何适用还需要在实践中不断摸索。由于《刑法修正案（九）》后贪污受贿罪已无绝对确定的死刑，因此在何种情况下判处无期徒刑、何种情况下判处死刑（死缓）以及何种情况下判处终身监禁型的死缓，在2016年的《办理贪污贿赂案件解释》中没有详细规定，所以还需要进一步出台相应的司法解释。需要指出的是，并不是所有贪污受贿犯罪被判处死缓的都要终身监禁，是否终身监禁，应由人民法院根据犯罪情节等情况来综合考虑。如前所述，只有贪污受贿数额特别巨大，并使国家和人民利益遭受特别重大损失的，才有可能判处死刑（死缓）。而且，只要在提起公诉前如实供述自己罪行、真诚悔罪、积极退赃，避免、减少损害结果的发生的，就可以从轻处罚。[①]因此，真正适用终身监禁型死缓的比率应当是相当低的。另外，判处终身监禁的时间应是被判处死刑缓期执行的同时，而不是在死缓执行二年期满以后减刑时。根据《刑事诉讼法》第265条的规定，只有被判处有期徒刑或者拘役的罪犯才可以暂予监外执行，因此不得减刑、假释的终身监禁也不得暂予监外执行。

四、协调处罚优化布局：严密法网的衔接删补

除以上三项重要修改外，《刑法修正案（九）》和之后的《办理贪污贿赂案件解释》对贪污受贿罪的修改还涉及以下内容：

一是增加了罚金刑，使财产刑覆盖到贪污受贿罪的每个量刑档次。在原来对贪污受贿罪按数额大小由大到小排列的四个量刑档次中，只在量刑较重的第一、二个档次规定了没收财产刑，而在量刑较轻的第三、四个档次却没有设立财产刑，《刑法修正案（九）》和《办理贪污贿赂案件解释》本着加大对贪污受贿犯罪财产刑处罚力度的理念，对于贪污受贿和行贿犯罪都大幅增加了并处罚金的内

① 虽然用的是“可以”，但笔者认为，这里的“可以”宜理解为“原则上应当”，否则如果说把“可以”理解为完全中性的可以从轻也可以不从轻，那法律就太弹性化了，会影响执行的效果。

容，[1]具体到《刑法》第383条，原来第1款第3项、第4项是没有财产刑的，只在第1项、第2项规定有没收财产刑，而且没收财产刑还分“并处”和“可以并处”两种规定方式，《刑法修正案（九）》将财产刑覆盖了贪污受贿的所有量刑档次，而且一律是“并处”，摒弃了“可以并处”的立法模式，针对不同的量刑情形，分别设置了“并处罚金”“并处罚金或者没收财产”“并处没收财产”。虽然我国刑法中的财产刑立法还存在诸多值得改进的地方，[2]但在整个立法格局没有调整的情况下，对贪污受贿罪的所有量刑情形实行财产刑的全覆盖，有利于保持立法逻辑的一致（针对此种犯罪的逐利性特点，加大经济上的打击力度）。

二是把原来的四个量刑档次调整为三个量刑档次。原来的四个量刑档次主要按数额分为10万元以上、5万元以上不满10万元、5000元以上不满5万元、不满5000元情节较重，修改后的三个量刑档次分别为数额较大或者有其他较重情节、数额巨大或者有其他严重情节、数额特别巨大或者有其他特别严重情节，与此相对应，每个量刑档次内的刑罚幅度也有所调整，如原来的是从高到低：第一个量刑档次为10年以上有期徒刑或者无期徒刑，可以并处没收财产（情节特别严重的，处死刑，并处没收财产），第二个量刑档次为5年以上有期徒刑，可以并处没收财产（情节特别严重的，处无期徒刑，并处没收财产），第三个量刑档次为1年以上7年以下有期徒刑（情节严重的，处7年以上10年以下有期徒刑；数额在5000元以上不满1万元，犯罪后有悔改表现、积极退赃的，可以减轻处罚或者免予刑事处罚，由其所在单位或者上级主管机关给予行政处分），第四个量刑档次为2年以下有期徒刑或者拘役（情节较轻的，由其所在单位或者上级主管机关酌情给予行政处分）。现在的则从低到高：第一个量刑档次为3年以下有期徒刑或者拘役，并处罚金；第二个量刑档次为3年以上10年以下有期徒刑，并处罚金或者没收财产；第三个量刑档次为10年以上有期徒刑或者无期徒刑，并处罚金或者没收财产（数额特别巨大、并使国家和人民利益遭受特别重大损失的，处无期徒刑或者死刑，

① 强化对行贿犯罪的打击力度也是《刑法修正案（九）》强化反腐的一个重要内容，其中就包括对行贿罪的三个量刑档次都增加并处罚金的内容，当然，也包括对行贿犯罪的特殊自首制度作了从宽处理的限定。

② 例如，有学者指出：我国的财产刑与自由刑并科的比重太大，而不是作为自由刑的替代刑或减轻自由刑的替代措施，这样非但没有达到刑罚轻缓化的立法初衷，反而雪上加霜，使刑罚更趋严厉；附加于死刑的没收财产刑，更是过度的刑罚，无辜的犯罪人家属被法律剥夺了继承权，而这种继承权的剥夺与犯罪的惩治和预防没有任何关系。李洁：《论中国罚金刑的改革方向》，载《吉林大学社会科学学报》1997年第1期；李洁：《质疑：死刑并科财产刑的实质根据》，载《净月学刊》2012年创刊号。

并处没收财产）。实事求是地讲，原来的规定分档太多，尤其是前三档均档内含档更加剧了混乱的局面（其中第三档竟然又包含了三种情形），相比而言，修改后的逻辑要更加严谨一些，层次也更加分明一些，这对于便利司法的适用应当有积极的作用。而且，在此量刑档次的基础上，把具体关于量刑数额的规定由司法解释来进行，这种做法既保证了刑法条文的稳定性，同时又通过司法解释保证了条文的明确性。体现了现代立法技术的科学性和先进性。

三是压缩了交叉刑。按原来《刑法》第383条的规定，第1款第1—4项所规定的法定刑均存在刑罚交叉现象：第一档和第二档在10年以上有期徒刑、无期徒刑部分交叉；第二档和第三档在5年以上10年以下有期徒刑部分交叉；第三档的1年以上有期徒刑与第四档的2年以下有期徒刑有交叉；同时，第一档的法定最低刑为10年有期徒刑，第三档的法定最高刑也为10年有期徒刑。对于此种交叉刑的立法方式，尽管学界也不乏肯定的声音，[①]但笔者更倾向于反对的声音，即这种交叉式立法模式弊多利少，其弊端主要表现在：违背罪责刑相适应原则和刑法平等原则的要求，破坏贪污受贿刑罚结构的梯度性，导致法官的自由裁量权不适当地扩大。[②]确实，既然设立了不同的量刑档次，每个量刑档次之间又有较大的弹性，那就还是以彼此衔接的法定刑立法模式为好，否则就会造成不同的量刑档次之间缺少必要的刑罚幅度和梯次之分，而且实务中“贪污受贿不到5万元，鲜见有在5年以上量刑的，而不到10万元，在10年以上量刑也基本被虚置”。[③]《刑法修正案（九）》对这种交叉式的法定刑立法方式进行了较大调整，原则上不同量刑档次之间不再交叉（第一档为3年以下，第二档为3年以上10年以下，第三档为10年以上），[④]笔者认为是可取的，有利于理顺不同量刑档次之间的条理和逻辑，也更加便于法律的适用。当然，《刑法修正案（九）》也并没有彻底废除贪污受贿罪的交叉刑，而是在第44条第1款第3项将无期徒刑作为该项两种情形的交叉刑来

① 如周光权教授认为：“法定刑档次之间互有交错，给司法活动留有的余地更大，在今后的立法中，应当注意适当增加类似规定。”周光权：《法定刑研究——罪刑均衡的构建与实践》，中国方正出版社2000年版，第187—188页。

② 张兆松：《“交叉式”法定刑不利于司法公正》，载《中国社会科学报》2015年3月9日。

③ 孙国祥：《贪污贿赂犯罪刑法修正的得与失》，载《东南大学学报（哲学社会科学版）》2016年5月。

④ 顺便说一句，原来的量刑档次是由高到低，《刑法修正案（九）》改为由低到高，我觉得后者更符合定罪判刑的逻辑，即首先从起刑点看是否构成犯罪和是否需要处刑，然后再逐次根据数额的升高决定刑罚的上涨幅度。

规定，[①]这主要是由于《刑法修正案（九）》把原来贪污受贿罪的绝对确定死刑改为相对确定死刑，因而增加了一个无期徒刑的选项。将来在制定具体的量刑规范化指南时，恐怕还要解决如下问题：如何在两项不同的情形下处理无期徒刑的交叉适用？笔者的基本思路是：为了贯彻罪责刑相适应的原则，既然情形更严重的后者可以适用无期徒刑，那么情形相对轻一些的前者就要尽量少用无期徒刑。这也是2016年《办理贪污贿赂案件解释》中的思路，在该解释第3条采取数额+情节的认定方式，在有期徒刑和无期徒刑的选择适用条款，对“特别严重情节”和“数额特别巨大”分级规定，避免无期徒刑的滥用。

四是删除了原来条款中的行政处分内容。原来规定，“个人贪污受贿五千元以上不满一万元，犯罪后有悔改表现、积极退赃的，可以减轻处罚或免予刑事处罚，由其所在单位或者上级主管机关给与行政处分；个人贪污受贿不满五千元，情节较轻的，由其所在单位或者上级主管机关酌情给与行政处分”。之所以这样，是因为在《刑法修正案（九）》草案的起草和审议过程中，有意见认为，给予行政处分的内容不是刑法调整的范围，将行政处分写入刑法，不利于对贪污受贿犯罪的打击。[②]笔者赞成这一思路，让刑法的归刑法，行政法的归行政法，[③]以免给人一种可以用行政处分来出罪的错觉，甚至事实上造成这样一种后果。而且，删除这种规定也不妨碍有关单位或者上级主管机关按照行政法律法规的规定来对相关责任人给予行政处分。

结　语

《刑法修正案（九）》和之后的《办理贪污贿赂案件解释》对推进贪污受贿犯罪立法、司法改革的作用值得肯定，比如对定罪量刑采取数额加情节的模式并进一步明确二者的关系，对贪污、受贿犯罪中与犯罪故意认定相关的问题，如赃款赃物的事后处分故意的认定以及国家工作人员的特定关系人收受财物、接受请托

---

①《刑法修正案（九）》第44条第1款第3项规定：贪污数额特别巨大或者有其他特别严重情节的，处十年以上有期徒刑或者无期徒刑，并处罚金或者没收财产；数额特别巨大，并使国家和人民利益遭受特别重大损失的，处无期徒刑或者死刑，并处没收财产。

② 郎胜：《〈中华人民共和国刑法〉的理解与适用》，中国民主法制出版社2015年版，第703页。

③ 由刑法来规定行政处分内容确实有点不伦不类，因为行政处分的主体、程序和救济途径等完全是另一套规制。例如，刑法规定“酌情给予行政处分”就不合适，要否给予行政处分，不应由刑法来酌情，而应根据有关行政处分的法律法规来定。

后，国家工作人员知情与否的定罪问题作出进一步的明确等。从《办理贪污贿赂案件解释》颁布后的实施情况来看，法律效果和社会效果都比较好。

当然，仍有不尽如人意的地方，比如前文提到的对于针对贪污受贿犯罪规定的从宽处理的专门规定是否合适的问题；贪污受贿犯罪入罪门槛提高，出现的与其他罪名的衔接问题以及《办理贪污贿赂案件解释》在关联罪名上没有同步更新规定导致的体系化偏差等，这都需要我们在理论反思、实践反馈的基础上进一步完善立法的体系化，解决司法中存在的难题和困惑。

同时，《刑法修正案（九）》和《办理贪污贿赂案件解释》还提出了包括贪污受贿罪在内的不少刑法理论和刑法适用的新课题，如刑法可否在总则没有规定终身监禁的情况下，直接在分则规定这样一种制度？[①]尤为吊诡的是，对于有的修改内容，竟然有不同甚至截然相反的解读，如对于终身监禁，有的人认为是对贪官从严打击的表现，但有的人却认为，它是作为死刑的一种替代措施而设置的，因而是一种从宽处理；又如，对从宽处理制度，有的人认为这是贯彻宽严相济的宽的一面，但另有的人却认为，相比《刑法修正案（九）》前，对贪污受贿罪的从宽处理制度更严了。

本节的初步结论是：《刑法修正案（九）》在贪污受贿等腐败犯罪的规制问题上总的来讲还是体现了我国当前的基本刑事政策即宽严相济刑事政策的理念。所谓严，既体现在其废止9个死刑罪名但却未触及贪污受贿罪的死刑问题上，也体现在增设不得减刑、假释的终身监禁制度上；[②]所谓宽，是因为严惩不是单线的，更不是任性的，它还要受到其他一些价值追求的制约，如减少死刑是国际上大势所趋，也是党的十八届三中全会的要求，所以这次把贪污受贿罪的绝对死刑条款改成了相对死刑条款。

最后要说的是，由于刑法修正案的局限性，我们也可以从本文对贪污受贿罪的修改解读中看到刑法立法的碎片化现象。在新刑法已经颁行20多年、对这部刑法典的局部修改已达11次的情况下，建议立法机关把启动对刑法的系统修改列入工作议程，以进一步理顺刑法体系，创新刑法制度，优化刑罚结构。

---

① 总则中的减刑、假释并没有作例外规定。

② 如前所述，最高人民法院近年来已经没再核准过贪污受贿罪的死刑（立即执行），在这种情况下，再增设不得减刑、假释的终身监禁制度，还是一种严惩。当然，这种严惩又可以给民意一个交代，有利于巩固贪污受贿罪事实上废止死刑的局面，并为最后从立法上取消贪污受贿罪的死刑创造条件。

第二节　举棋若定：论贿赂犯罪刑法博弈模型的完善及扩建

由于贿赂犯罪具有对合性、隐蔽性、无明显的被害人、行贿和受贿的证据需要相互印证等特点，犯罪侦查工作对口供的依赖性较强。为了瓦解两者的攻守同盟，我国刑法建立了贿赂犯罪博弈模型。本节对其进行考察并进行重构，旨在遏制贿赂犯罪。基于论证的需要，本文的研究范畴仅限于受贿罪和行贿罪，旨在研究国家工作人员所涉的贿赂犯罪防治。

“博弈是对许多人在一个策略相互依存的构架中相互作用这种情况的正式表述。策略相互依存表示每个人的福利不仅依赖于他自己的行动，而且依赖于其他人的行动。而且，他采取的最优行动也许要求依赖于他所预期的其他参与人会采取的行动。”博弈的四个要素分别为参与人、规则、结果和支付。参与人：谁参与了博弈？规则：谁在什么时候行动？当他们行动时，他们知道什么？他们能做什么？结果：对于参与人行动的每一个可能的集合，博弈的结果是什么？他们能做什么？支付：参与人在可能结果上的偏好是什么？[①]囚徒困境是所有模型博弈中最著名的一个。“囚徒困境的故事原型发生在芝加哥，地方检察官知道亚当和夏娃合伙犯了一宗大罪，但除非其中一人坦白，否则就无法给任何一人定罪。检察官下令逮捕了两人，并向他们提供了下面的选择：如果你坦白而你的同伙没有坦白，你就会被释放。如果你不坦白而你的同伙坦白，则你将被定罪并会受到最高量刑标准的处罚。如果你们双方坦白，那么双方都被定罪，但不会判最高标准刑法。如果双方都不坦白，那么两人都被按较轻微的逃税罪处罚。”[②]

一、贿赂犯罪刑法博弈的建模现状

理论必须要有前提，有其适用的条件。博弈论理论亦其理论假设。必须明确这些作为理论发挥作用的前提，才能更好地体现该理论的指导意义。对于囚徒困

①［美］安德鲁·马斯-克莱尔、迈克尔·D.温斯顿、杰里·R.格林：《微观经济学（上）》，刘文忻、李绍荣译，中国社会科学出版社2001年版，第311页。

②［英］肯·宾默尔：《博弈论教程》，谢识予等译，格致出版社2010年版，第2—3页。

境来说，其理论前提就是理性人假设、信息不对称假设、行为人偏好假设。虽然这些假设不能涵盖所有的社会现象，但还是能够代表主流方向的。人性的假设有道德人假设、复杂人假设、社会人假设等多种观点，但是理性人还是占据较高的涵盖性。虽然在贿赂犯罪的侦查中，由于检察机关侦查措施，如看审分离制度、审录分离制度、纪检部门监督制度等扩大了了解案件情况的工作人员数量，可能不能完全保证侦查保密制度，但是这只是特殊情况，工作人员违反保密规定只是特例。行为人对减免刑期的偏好同样是人避苦求乐的本性，其中不乏其他可能，但只是个别现象。虽然以上假设都有特例存在，但是我们只能抓住主要矛盾，解决主流问题。

博弈的三个要素是考察博弈建模的重点。笔者将从三个要素来考察当前我国对贿赂犯罪博弈的刑法建模现状。

（一）参与人的考察

根据我国刑法的规定，参与博弈的只有受贿罪和行贿罪行为人。我国与美国、英国等国不同，检察官并不参与博弈。

（二）规则的考察

1.采取行动的时间

受贿人在被提起公诉之前可以行动，行贿者在被追诉之前可以行动。

2.当他们行动时他们知道什么

囚徒困境的重要假设就是信息不对称原则。根据侦查阶段的保密原则，正常情况下，双方无法得知对方的策略。

3.他们能采取什么行动

受贿者和行贿者可以采取坦白策略（以下简称鹰策略），也可以选择抗拒策略（以下简称鸽策略）。鸽策略比较简单就是拒不坦白。根据我国刑法，鹰策略可以采取的行动如下：受贿者如实供述自己罪行、真诚悔罪、积极退赃，避免、减少损害结果的发生；行贿人主动交代行贿行为的，检举揭发重大案件、重大立功的。

（三）结果的考察

假定没有对方的证据检察机关无法认定犯罪。正是由于贿赂犯罪的对向性、隐蔽性，无明显的受害人、行贿和受贿的证据需要相互印证等特点，侦查破案的重点就是瓦解行贿和受贿人的攻守同盟。因此刑法为贿赂犯罪设置了极宽的坦白制度。

1.是受贿人的得益结果

（1）采取鸽策略的结果

a.行贿人采取鹰策略，则根据我国《刑法》第383条规定："……（一）贪污数额较大或者有其他较重情节的，处三年以下有期徒刑或者拘役，并处罚金。（二）贪污数额巨大或者有其他严重情节的，处三年以上十年以下有期徒刑，并处罚金或者没收财产。（三）贪污数额特别巨大或者有其他特别严重情节的，处十年以上有期徒刑或者无期徒刑，并处罚金或者没收财产；数额特别巨大，并使国家和人民利益遭受特别重大损失的，处无期徒刑或者死刑，并处没收财产……"

b.行贿人采取鸽策略，则受贿人被无罪释放。

（2）采取鹰策略的结果

无论行贿人采取鹰策略还是鸽策略，受贿人的结果都一样，即受贿者在提起公诉前如实供述自己罪行、真诚悔罪、积极退赃，避免、减少损害结果的发生，受贿数额较大或有其他较重情节的，可以从轻、减轻或者免除处罚；受贿数额巨大、特别巨大或者有其他严重、特别严重情节的，可以从轻处罚。

2.是行贿人的得益结果

（1）采取鸽策略的结果：

a.受贿人采取鹰策略，则根据我国《刑法》第390条规定，对犯行贿罪的，处5年以下有期徒刑或者拘役，并处罚金；因行贿谋取不正当利益，情节严重的，或者使国家利益遭受重大损失的，处5年以上10年以下有期徒刑，并处罚金；情节特别严重的，或者使国家利益遭受特别重大损失的，处10年以上有期徒刑或者无期徒刑，并处罚金或者没收财产。

b.受贿人采取鸽策略，则行贿人被无罪释放。

（2）采取鹰策略，则无论受贿人采取什么策略，行贿人被追诉前主动交代行贿行为的，可以从轻或者减轻处罚。其中，犯罪较轻的，检举揭发行为对侦破重大案件起关键作用，或者有其他重大立功表现的，可以免除处罚。

通过博弈得益矩阵图可以很直观地了解博弈模型。图2-1表示受贿者的博弈得益矩阵，图2-2表示行贿者的博弈得益矩阵。鹰策略是坦白策略，鸽策略是抗拒策略。受贿者的策略由矩阵的行表示，行贿者的策略由矩阵的列表示。矩阵的每个单元代表博弈中的一种可能结果。

	鸽	鹰
鸽	无罪	按照法定刑处罚
鹰	从轻、减轻或免于处罚	从轻、减轻或免于处罚

图2-1　受贿者的博弈得益矩阵

	鸽	鹰
鸽	无罪	从轻、减轻或免于处罚
鹰	按照法定刑处罚	从轻、减轻或免于处罚

图2-2　行贿者的博弈得益矩阵

支付：基于受贿者和行贿者对于减免刑罚的偏好，支付刑罚从轻、减轻、免除刑罚的利益。

二、贿赂犯罪博弈的刑法建模评价

立法者建立博弈模型的目的是打破受贿者和行贿者的攻守同盟，促使双方都选择鹰策略。最终目的是遏制贿赂犯罪。因此，我们在评价刑法建立的博弈模型必须以此为标准来进行优良的评价。

（一）对参与人的评价

我国刑法构建的贿赂犯罪博弈模型的参与人仅为受贿人和行贿人，而美国则通过辩诉交易制度将检察官引入博弈中。辩诉交易是有罪答辩与罪刑利益的交易，根据《美国联邦刑事诉讼规则》的规定辩诉交易包括三种，即有罪答辩与刑期的交换，有罪答辩与较轻之罪的交换，有罪答辩与罪数的交换。[①]我国这种模型可以防止辩诉交易引发的司法腐败现象，但同时也丧失了辩诉交易这种博弈方式的灵活性。基于我国当前量刑规范化的背景，同时考虑司法腐败的预防，检察官的自由裁量权不宜过大，当前这种参与人的设置是比较符合我国国情的。

（二）对规则的评价

1.行动的时间

受贿者采取行动的时间是被提起公诉以前。这一时间点是较为明确的。而行为者采取行动的时间被确定为“被追诉前”。对于“被追诉前”的认定，则众说纷纭、各执己见。有的学者认为被追诉前是指在立案侦查之前[②]，有的学者认为是在被提起公诉之前[③]。既然刑法的表述分为“被追诉前”和“提起公诉之前”，两者肯定有区别，2013年施行的最高人民法院、最高人民检察院《关于办理行贿刑事案件具体应用法律若干问题的解释》第13条规定：被追诉前是检察机关对行贿人的行贿行为刑事立案之前。

将受贿者采取行动时间规定在提起公诉以前，不利于对贿赂犯罪的打击。治理腐败问题最重要的是能够发现贿赂犯罪，而不是在立案之后能够成功追究犯罪嫌疑人的刑事责任。如果把采取行动的时间规定在提起公诉之前，无法真正解决贿赂犯罪猖獗的问题。因为如果查处率不高，再严厉的刑罚也无法达到心理强制的作用。刑罚设置的公式应为刑罚之苦>犯罪之乐/查处率。过低的查处率导致了最严厉的刑罚死刑的威慑力都大打折扣。刑法立法在此时是明显无力的。

2.行为人知道什么

正如前文所述，有些检察机关的侦查措施间接地扩大了了解案件情况的工作人员数量，对确保囚徒困境的信息不对称原则有一定的影响。虽然笔者假定保密原则不被打破，但是不能忽视对影响保密原则的因素。

---

① 李元端：《辩诉交易述评》，中国政法大学2007年硕士学位论文。

②《论行贿罪从宽处罚制度的司法适用》，载《法学专论》2016年第1期。

③ 参见孙国祥：《被追诉前主动交待行贿行为的认定》，载《检察日报》2013年6月17日。

3.行为人可以做什么

双方可以采取坦白等策略，也可以采取抗拒的策略。《刑法修正案（九）》为受贿者鹰策略，扭转了“重打击受贿、轻打击行贿”的刑事政策，从而实现了双方策略的对称性。

（三）对结果的评价

囚徒困境系非合作博弈。根据经济学家非合作博弈理论，理性的博弈结果就是鹰鹰策略。《刑法修正案（九）》新增了受贿人从宽处罚的规定，从而平衡受贿罪和行贿罪刑罚的不对称性，增加了可博弈性。否则受贿者无论采取什么行动，其得益结果都是一样的。如果没有受贿人从宽处罚的规定，受贿人的理性选择是鸽策略。因为行贿人选择鸽策略，受贿人选择鸽策略则双方无罪；受贿人选择鹰策略，则按照法定刑处罚。如果行贿人选择鹰策略，无论受贿人选择鸽策略还是鹰策略，都是按照法定刑量刑。《刑法修正案（九）》施行后，受贿人的理性选择是鹰策略，从立法上为打击贿赂犯罪提供了更优的博弈模型。“囚徒困境博弈表明，就定罪而言，对行贿和受贿的惩治应当采取严格的对称模式。”①美国刑法对受贿罪和行贿罪配置了同等的刑罚。②虽然我国受贿罪的刑罚重于行贿罪，但是两者差距不大。经过《刑法修正案（九）》的修改，两者的从宽处罚制度也基本均衡，但是，我们在确定结果时，不仅要考虑立法，即纸上的结果，还要考虑司法及实际的结果。从立法上来看，刑法构建的贿赂犯罪博弈模型应该实现经济学家所指出的囚徒困境的鹰鹰策略，从而达到遏制贿赂犯罪的目的。然而司法实践中，行贿和受贿的惩治存在严重的不对称性。刑法建立的贿赂犯罪博弈模型的实效不佳。

---

① 叶良芳：《行贿受贿惩治模式的博弈分析与实践检验——兼评〈刑法修正案（九）〉第44条和45条》，载《法学评论》2016年第1期。

② 参见《美国模范刑法典》第240.1条的规定：“向他人提供、给予、同意给予，或者向他人索要或者收受、同意收受下列利益的，构成三级重罪的贿赂：（1）以公务员、政党职员或者投票人的决定、意见、劝告、投票或者其他裁量权的行使为对价的任何经济利益；或者（2）以司法或者行政程序中作出的决定、投票、劝告或者其他公务上的裁量权的行使为对价的任何利益；或者（3）以公务员或者政党职员一项已知的法律职责为对价的任何利益。行为人所意图影响的对象，如果因其尚未就任、欠缺权限或者其他理由而无资格以行为人期待的方式行动的，不得作为抗辩事由。”

三、贿赂犯罪刑法博弈模型的完善

根据前文所述，当前刑法对贿赂犯罪的博弈建模不利于实现鹰鹰策略、不利于打击贿赂犯罪的主要缺陷是：行动时间的不合理；刑法的司法实践无法实现博弈模型的得益矩阵。应从以下两个方面进行修缮和扩建。

（一）将受贿人行动时间提前

绝对黑数是没有进入立案程序，但现实存在的贿赂犯罪，为了提高贿赂犯罪的发现率，减少犯罪黑数，我们必须将行为人行动的时间提前。我国刑法应当将受贿人行动的时间提前到立案侦查之前，这样既有利于减少犯罪黑数，也实现了受贿人和行贿人宽大政策的对称性。

（二）设置新的模型博弈

刑法立法基本上已经使出浑身解数，但是刑法的运行出现了问题。当前这种司法现状很难通过刑事立法来解决。在这种情况下，刑法立法应当谦抑。根据刑法谦抑的原则，刑法应当穷尽一切前置措施才能够被动用。无论是受贿人还是行贿人基本上都是贪利的。受贿人收受财物的行为很明显地体现了其贪利性。行贿人“行贿是一种一本万利的投资，受利益的驱动，行贿人往往积极主动地寻找权力寻租的机会”[①]，受贿人基本上也是贪利的。根据贿赂犯罪贪利性，可以设置新的模型博弈（toy games），在《刑法修正案（九）》设立的国家工作人员对行贿人的钳制手段之后，在刑法的前措施中建构模型博弈。笔者认为应当设立国家工作人员廉政基金，将廉政基金作为支付的内容，迎合他们贪利的偏好，从而建立如下新的模型博弈。本模型主要针对的是国家工作人员拒绝贿赂的情形，旨在约束行贿行为，解决行贿肆无忌惮的情况，从而从源头上降低犯罪黑数，同时也通过廉政基金的奖励促使国家工作人员选择合法的贪利，而不是选择接受贿赂。如果国家工作人员接受贿赂，完全可以纳入刑法的模型博弈中予以调整。新的模型博弈的要素如下：

① 陈金林：《通过部分放弃刑罚权的贿赂犯罪防控——对〈刑法修正案（九）〉第45条的反思》，载《法治研究》2017年第1期。

1.参与人：行贿人、受贿人。

2.规则：a.行动时间：贿赂犯罪被纪委、监委发现之前。两者的行动没有规定先后。通过对鹰策略设置抢占先机的模式促使他们采取告发的鹰策略。b.他们知道什么：由于抢占先机模式的设置，如果采取鹰策略，行动者不会让对方知道他的决策。c.他们能做什么：他们可以采取告发和不告发的策略。

3.结果：

（1）国家工作人员的得益结果

a.采取鸽策略的结果

（a）行贿人采取鹰策略，国家工作人员受到纪律处分。

（b）行贿人采取鸽策略，国家工作人员无廉政基金奖励，无纪律处分。

b.采取鹰策略的结果

由于我们对鹰策略采取行动时间采取的是抢占先机的设置，由于失去了先机行贿人只能采取鸽策略。国家工作人员将得到廉政基金奖励。

（2）行贿人的得益结果

a.采取鸽策略的结果

（a）国家工作人员采取鹰策略，按照行贿罪未遂对行贿人追究相关的法律责任。

（b）国家工作人员采取鸽策略，无收益，也无损失。

b.采取鹰策略

由于我们对鹰策略采取行动时间采取的是抢占先机的设置，由于失去了先机国家工作人员只能采取鸽策略。行贿人将得到廉政基金奖励。

4.支付：廉政基金奖励

从以上的模型博弈要素来看，无论对方采取什么策略，采取鹰策略都是最佳选择，且通过抢占先机的方式，有利于及时发现贿赂犯罪，减少犯罪黑数。这种模型博弈符合我们对鹰鹰策略的要求和遏制贿赂犯罪的目的。

第三节　诫莫若豫：预防功能导向下我国贿赂犯罪立法创新

自1952年4月21日发布的《惩治贪污条例》首次将贿赂犯罪纳入刑法规制范围以来，中国贿赂犯罪刑法立法经历了从单行刑法、法典化（1979年）、法典专章制（1997年）以及刑法修正案的发展历程，“惩治法”的立场定位始终主导着刑法规制贿赂犯罪的方向。党的十八大以来，中国进入“全面反腐时代”，[①]腐败治理取得重大进展，“压倒性态势”已经形成，[②]而“惩治法”模式所造成的治理困局也随之显露，[③]如何破解刑法供剂与优化腐败治理能力需求之间的矛盾，全面提升刑法参与腐败治理的能力成为关键所在。《刑法修正案（九）》虽在立法修正模式上实现了由“外延扩张式”向“内涵修复式”的调整，[④]缓解了极度紧张的罪刑关系，然而，囿于“惩治式”立场依旧，贿赂犯罪刑法评价基点、构成要件内容、犯罪规制原理尚未更新，贿赂犯罪整体规制能力也无法随修法得到根本提升。加快完善中国反腐败立法是中国法治国家建设的重要方面，基于反腐体制与治理之现实，合理借鉴世界反腐刑事立法改革的重要经验，推进以优化预防功能为导向的立法更新，是实现中国刑事反腐立法“内涵式”发展的重要选择。

一、贿赂犯罪传统刑法立法模式之考察

腐败，是一个为中西方所共同关注的悠久性历史话题。传统社会，专制盛行，权力私有、专断，集权政治与专制主义的叠加效应，造就了权力腐败的遗传基因。肇因于公共权力的诞生，现代腐败借助于公权对国家公共资源的管理与支配权力，滥用国民授权实施改变资源占有关系或分配模式的行为，成为制度交替中无法根除的痼疾。

腐败治理与国家的诞生相同步。基于腐败之于政治统治的危害，腐败很早即成为君国治理的重点。传统社会法制资源匮乏、治理理念简朴，决定了刑法对腐败惩治无可替代的地位，而以刑法应对贿赂犯罪，首当其冲的是要确定作为刑法评价对象、具有危害本质的行为，因传统国家大多将官员出卖权力后获取收益的多寡作为对腐败危害的认定根据，由此形成的根据交易结果配置刑罚的立法定式，孕育出结果本位主义的导向与模式，成为人类腐败治理机制依赖的基础。在现代化进程中，“内生型”现代化国家首先遭遇了现代腐败的围剿，凭借传统刑

① 魏昌东：《积极治理主义提升立法规制腐败的能力》，载《中国社会科学报》2014年10月31日。

② 朱基钗：《反腐败斗争压倒性态势已经形成》，载《北京晚报》2017年1月7日。

③ 刘艳红：《中国反腐败立法的战略转型及其体系化构建》，载《中国法学》2016年第4期。

④ 魏昌东：《〈刑法修正案（九）〉贿赂犯罪立法修正评析》，载《华东政法大学学报》2016年第2期。

法机制应对腐败的同时，基于深化的腐败衍生机理认识，国家腐败治理策略发生了根本转型，“扼腐”优于“惩腐”的观念成为立法体系转型的基础，社会对刑法惩腐依赖度下降，非刑法机制获得空前发展。反观“应激型”现代化国家，因深陷转型治理困局的现实，“惩治式”立法仍占据主流机制的地位，贿赂犯罪治理陷入重重困局。“惩治法”为中心的刑法支配着现代化前后国家的腐败治理进程，其最典型的特征在于：

（一）责任根据选择上的“权钱交易”定位

腐败侵蚀公权廉洁性，而对廉洁性侵害的认识而言，传统观点认为，腐败是国家公职人员为谋取个人利益而违反公认准则并损害公众福利的行为，大都涉及政治行为与经济财富之间的交易。[①]腐败的本质是权力滥用，交易权力是最显见的滥用结果。在治理机制体系中居于后位的刑法，以“权钱交易”的实际发生作为干预根据，“结果本位”成为支配刑法立法体系建构的支柱。表现为：一是刑法对贿赂犯罪行为要素的选择强调权钱交易特征，[②]通常将“职务便利”与“收受贿赂”“给予贿赂”要素，分别规定于受贿罪、行贿罪的罪刑规范之中，而“贿赂”一词本身即指向于权力出卖与交易的对象，交易事实成为行为构造的核心。二是刑法重视交易行为定量评价要素设定。为合理评价权钱交易的程度、区分可罚性程度的标准，刑法通常引入数额或情节因素，作为犯罪化或配刑标准。

（二）责任机理设定上的“个体行为”定位

腐败是公职者的滥权行为。传统刑法的责任机理设定，采权力结构个体责任原理。[③]表现为：一是贿赂行为模式被限定于“作为”。传统观点认为，贿赂是个人违反受托信任而滥用公权之结果，行为人在意志自由支配下的权力交易构成刑事责任之基础。贿赂是权力支配者的个人行为，基于意志自由和罪责自负原理，应由个人对所实施的交易行为承担责任，由此刑法的评价范围被限于行为环节。治理目标的局限性相当突出。二是偏重对滥权者的直接惩治。传统观点认为，

---

① 张宇燕、富景筠：《当代美国的腐败：数据、案例与机理》，载《国际经济评论》2006年第11期。

② 魏昌东、周亦扬：《论交易性本质对受贿罪构成的影响》，载《南京大学学报（哲学·人文科学·社会科学版）》2002年第6期。

③ 钱小平：《积极治理主义与匈牙利贿赂犯罪刑法立法转型》，载《首都师范大学学报（社哲版）》2014年第6期。

无论是贿赂双方积极达成的交易，还是在某种程度上存在受贿者与行贿者之间结构不平衡的交易，导致公权廉洁性受到侵害的主要原因均在于权力支配者（受贿者）本身，因为保持权力廉洁性是权力支配者本身的法定义务。据此，传统贿赂犯罪刑法立法更为重视规制受贿罪，对行贿罪则相对宽松，如行贿罪的入罪标准更高，刑罚配置轻于受贿罪，或在追诉机制上给予行贿人更多的法定从宽处罚事由，等等。[①]

（三）责任模式选择上的“重刑主义”倾向

滥权者违背公权本性的行为就应当承担法定责任，然而，囿于传统国家将责任机制局限于刑罚制裁的形式，加重了刑罚应对腐败犯罪的负担，基于国家反腐资源总量的有限性，造成了刑法供剂与需求的尖锐矛盾，在国家无力大幅投入惩治资源的背景下，传统刑法只能通过增设限制性要素、收缩刑法规制范围，确保刑法适用于最严重的腐败行为，并基于对腐败犯罪严重社会危害性的认识及工具主义的影响，采取重刑主义的立场，提升刑罚厉度，强化刑罚威慑，弥补前置性预防制度的功能缺失，形成了以刑法为中心的惩治体系。传统国家刑法贿赂犯罪的刑罚配置中，长期自由刑乃至生命刑是刑事责任的主要手段。例如，中国、泰国、越南刑法中受贿罪的法定最高刑均为死刑；保加利亚、古巴刑法中受贿罪法定最高刑分别达到30年、20年。

贿赂犯罪传统刑法立足于报应刑论的基本立场，将刑法评价聚焦于实然的贿赂损害，以此确立以权钱交易后果为评价对象、以腐败权力的支配者为惩治对象、以严刑峻法为常态手段的立法模式，通过增加构成要件要素，构筑刑事犯罪与普通违法间的“缓冲带”，在司法政策上避免刑罚泛化和因打击面过宽而导致的过重司法负担。但是，局限于对犯罪后果实施刑法干预、过分倚重刑罚报应，而忽视规范的预防功能，难以确立公权者对规范的普遍遵守意识，对群体性、环境性腐败难以产生积极治理效果。

二、贿赂犯罪现代刑法立法模式之转型

贿赂犯罪刑法立法的革命来自“内生型”现代化国家的积极探索，其核心在

---

① 参见《俄罗斯刑法典》第291条（附注）；《波兰刑法典》第229条第6款；《保加利亚刑法典》第306条；《斯洛文尼亚刑法典》262条第3款。

于，以腐败的预防与控制为治理目标，将腐败治理纳入社会公共治理体系，建构科学、完备的立法体系。“诱因本位”取代“结果本位”成为预防性立法构建的首要目标，强调权力制约系统建设，最大限度地压缩腐败生成空间，刑法功能配置中着力强化预防功能，促使刑法治理的焦点向腐败衍生环节聚集，治理成效明显提升。

（一）“预防中心主义”导向下贿赂犯罪法律治理体系与理论变革

现代公共权力体系生成与发展中，“内生型”现代化国家率先认识到以刑法为中心的后端惩治模式所存在的根本缺陷，对传统腐败治理机制实施以“外扩内修”式的改革，建构起“预防中心主义”导向的法治体系。一是推进非刑法机制为中心的前置性、防范性立法体系建设，以优化的法律机制取代刑法在贿赂犯罪治理中的主导地位。面对开启现代化之际因公共权力极度扩张而泛滥成灾的腐败，英国人没有简单地选择使用并仰赖于最具威慑性的刑法，而是选择了与现代国家治理相同步的“双轨并进型”反腐立法体系建设道路。腐败预防法体系由“选拔”“透明”“制衡”“问责”“保障”“五大支柱”体系构成，并率先创立了堪称“世界反腐杰作”的财产申报法。以“治官”和“治权”为中心的反腐法治体系，着力于以减少腐败发生机会与增加腐败发现机会，确立了腐败治理立法的现代发展道路。第二个进入现代化进程的美国，积极移植英国的腐败治理经验，腐败治理法律体系实现了根本转型。二是刑法腐败治理功能的内部改造，刑法的腐败预防功能受到前所未有的重视。对刑法实施由单纯的惩治定位向复合的预防与惩治定位的功能性改造，依赖于刑法理论的自我更新基础。注重刑罚的预防功能，本是现代刑罚观念生成与确立的标志，预防犯罪是刑法的重要功能，其来自刑罚的预防功能。通过规范实现刑罚威吓，就意味着应当在罪刑法定原则的指导下，建立严密的刑法规范体系。①刑法通过发挥预防犯罪的功能，避免了社会秩序受到犯罪的破坏，显示出其秩序维护机能。②“作为刑法规范的规制机能，在结果上也抑制了这种行为的发生（犯罪预防机能），并进而维护了社会伦理的秩序以及法的秩序。”③构建于刑法预防原理之上，贿赂犯罪刑法立法从“结果本位”转向

---

① 陈兴良：《一般预防的观念转变》，载《中国法学》2000年第5期。

②《当代刑法学》，中国政法大学出版社2009年版，第13页。

③［日］野村稔：《刑法总论》，全理其、何力译，法律出版社2001年版，第39页。

“诱因本位”，将权力配置和运行过程中的贿赂诱因，作为刑法的评价对象，围绕法益、行为类型、对象主体、刑罚配置等因素，以前移刑法评价基点、严密法网、提升犯罪成本为特征，强化刑法的预防功能。

（二）强化刑法贿赂犯罪预防功能之立法尝试

预防导向下的腐败治理促使刑法围绕强化预防的目标实施罪刑规范的积极改造，贿赂犯罪刑法立法的修正重点逐步被聚焦于：

1.贿赂行为刑事责任根据的转型

（1）“利益冲突”作为贿赂犯罪法益侵害的判断标准

传统贿赂犯罪的法益判断，无论是“不可收买性说”“职务行为的公正性说”还是“信赖性说”，均以权力交易作为法益侵害的基本判断，继而在构成要件上要求必须有具体交易行为，在收取或索取财物与出卖权力之间须存在对价关系。然而，从现代政治学“委托-代理”原理角度，作为公共利益受托人的公职人员在行使公共权力时，需要以公共原则行事，坚持公共利益最大化，其收受来自第三方的财物，即意味着公职人员的个人利益与其所代表的公共利益可能发生矛盾和冲突，公职人员抵抗减弱，从而产生以权谋私、损害公共利益的高度风险。若能有效遏制利益冲突的发生，则会产生预防“交易型”贿赂犯罪发生的对应效果。法益来自社会生活，法益的判断标准也随着社会发展而变化。法益是否受到侵害与威胁，应当独立于实体法之外进行判断。[①]在英美刑法中，通常认为贿赂的本质是将公共权力出卖给个人利益（the sale of public authority to private interests），[②]以权力的不可交易性作为贿赂犯罪的法益。然而，基于预防贿赂犯罪的现实需要，美国在20世纪60年代将“利益冲突”作为法益判断标准，将刑法干预的基点从贿赂结果的发生前置至可能引发贿赂的利益冲突阶段，拓展了权力不可交易的内涵。1962年《美国法典》第18篇第11章“贿赂、贪污与利益冲突”，在贿赂犯罪之外规定了“利益冲突型”贿赂犯罪，将公职人员在申请、决定、合同、争议、控告等任何程序中涉及部分、直接或实质与美国利益有关的事项时，直接或间接地（同意）接受或索取报酬的行为犯罪化。[③]该罪与普通贿赂犯罪相比，

① 张明楷：《法益初论》，中国政法大学出版社2003年版，第39页。

② Paul H. Robinson，Michael T. Cahill，*Criminal law*（*second edition*），Wolters Kluwer law & Bussinessm，2012，p.634.

③ 参见1962年U.S. Code第18篇第11章第203条。

无须特定的交易性犯罪目的，只要具有违反利益冲突的行为即可。[①]也即只要出现了利益冲突状态，即具有了侵害权力不可交易性法益的高度危险，从而具有了刑事可罚性。由此将"在事件发生之前阻止罪恶发生，针对潜在的损害"[②]的禁止利益冲突原则延伸至刑事领域，创新了贿赂犯罪治理原理，在世界反腐刑事治理领域内确立了预防型的犯罪化立场。

（2）违背组织体保证责任的犯罪化

现代社会中的贿赂犯罪，其衍生已不再是权力支配者的个人独立行动，而与组织结构内部的权力运行、监督不均衡存在密切关系，后者对贿赂行为的鼓励、放纵、默许或监督不足，成为贿赂泛滥的重要原因。组织结构理论基本原则，要求组织者应承担对权力组织体内成员的监督责任，怠于行使责任而放任贿赂发生的，须承担刑事责任。据此，英国2010年《贿赂法》（Bribery Act，2010）第7条创造性地规定了"商业组织预防贿赂失职罪"，规定商业组织对于疏于构建行贿预防机制而导致行贿行为发生承担必要的刑事责任。[③]将针对实行行为的封闭式治理转化为针对组织管理的开放式治理，实现贿赂犯罪立法防卫基点由行为环节向监管环节的前置化革新。[④]匈牙利刑法更是将公职人员举报贿赂犯罪设定为其法定义务，确立了公职人员对环境系统内的公职廉洁性的保证责任，将公职人员定位为维护权力廉洁运行的保证人，施加以监督体制内腐败的积极义务，[⑤]体现出刑法预防性治理之特征。

---

① 美国普通贿赂犯罪要求具有钱权交易的目的，并要求行为有"腐败性"特征。例如，行贿罪：直接或间接地，腐败性地给予、提供或承诺任何有价之物给公共官员或已经被选为公共官员的；或向任何公共官员或已经被选为公共官员提出或承诺给予第三人或实体任何有价之物，具有以下目的：（1）意图影响任何官方行为；（2）意图影响官员或已经被选为公共官员的人实施或帮助实施，或共谋实施任何针对美国政府的欺诈；（3）意图引诱上述官员或已经被选为公共官员的人员实施或不实施任何违反其法律职责；受贿罪：作为公共官员或已经被选为公共官员的人员，直接或间接地，为自己或第三人腐败性地要求、索要、接受或同意接受任何有价值之物，以作为以下交换：（1）使其官方行为受到影响；（2）实施、帮助实施、共谋实施或允许实施任何针对美国政府的欺诈或制造欺诈机会；（3）被引诱实施或不实施任何违反其职责的行为。参见1962年U.S. Code第18篇第11章第201条第2款、第3款：

② Robert N. Roberts，White House Ethics，the History of the Policies of Conflict of Interest Regulation，p.17.

③ Bribery Act 2010，sec.7（5）.

④ 魏昌东：《英国贿赂犯罪刑法治理：立法发展与制度创新》，载《学习与探索》2013年第2期。

⑤ 2012年匈牙利新刑法典第297条（知贿不报罪）（misprision of bribery）规定：公务人员应当知晓未被发觉的贿赂行为，却没有立刻向权力机关报告的，构成重罪，判处3年以下有期徒刑。

2.加大贿赂犯罪人的犯罪成本

根据公职犯罪特征，提高刑罚厉度，发挥刑法威慑功能，是贿赂犯罪预防性治理的重要特征。表现为：一是设置资格刑。剥夺公职资格意味着公职人员政治生命的终结，是提升刑罚一般预防能力和防止再犯的有效手段。二是确立加重责任的裁量等级。根据责任要素的不同设置法定刑，实现罪责刑相适应，增强刑罚一般预防功能。三是建立具有威慑性的非刑罚措施。以《联合国反腐败公约》为代表的国际公约倡导建立腐败利益消除、被害人损失赔偿等制度，前者是在法律程序中将腐败视为废止或者撤销合同、取消特许权或撤销其他类似文书或者采取其他任何救济行动的相关因素，依法剥夺第三方从腐败行为中获得的利益；后者是指因腐败而遭受损失的主体向责任人提出损害赔偿请求。尽管两项制度并非典型意义上的刑罚制度，但却从保护社会整体利益角度出发，以特定的经济制裁方式修复因贿赂而受损的社会关系，属广义的犯罪矫正制度，同样具有犯罪预防功能。

3.推进追诉机制的便利化

刑事一体化原理，要求刑法上的实体性要素要在诉讼中得以证明，刑法实体要素的设置对诉讼便利性具有直接影响。贿赂犯罪的隐秘性，造成犯罪证据的取得困难与“犯罪黑数”，降低了犯罪成本，并诱发了犯罪。通过合理的刑法实体要素设置，提高诉讼便利性，确保犯罪追诉的不可逃脱性，是实现贿赂犯罪预防性治理的又一重要途径，在立法上则表现为：一是简洁的构成要素设计。不仅犯罪构成要件无冗余要素，而且无数额、犯罪对象的限制，只要贿赂行为与职务关联，即属犯罪，并应受到刑罚制裁。二是设置主观要素推定规则。基于主观罪过证明的困难，《联合国反腐败公约》第28条规定了主观要素的诉讼推定制度，即缔约国对于根据本公约确立的犯罪所需具备的明知、故意或者目的等要素，可以根据客观实际情况予以推定。当然，被告人也有权就推定事实进行反驳和辩解，只有在被告人未能提出有效证据进行反驳的情况下，推定的事实才能成立。[①]《澳大利亚联邦刑法典》在贿赂犯罪（第142.1条）中规定，对不能证明犯罪人的主观意图但可以认定其行为对公职人员履行职责产生影响的犯罪行为进行处罚。[②]三是重视上游犯罪治理。美国、德国、意大利、西班牙等国规定行贿与受贿的同罚

① 陈学权：《〈联合国反腐败公约〉与中国刑事法完善》，载《法学》2004年第4期。

② 张旭等译：《澳大利亚刑法典》，北京大学出版社2006年版，第6页。

制度，匈牙利、葡萄牙等国则基于“囚徒困境”原理，同时规定受贿与行贿人的特别自首制度，以破解贿赂犯罪的“攻守同盟”及证据来源的单一性困境。

（三）预防中心主义贿赂犯罪刑法立法之基本评价

刑法就贿赂犯罪治理实施由惩治向预防的功能转型，有其复杂的原因：一是基于腐败后果严重性的考虑。现代国家发展中，政治腐败与经济腐败的双重扭矩，加剧了对国家政治安全与经济稳定的破坏力，贿赂犯罪造成的国民对公权正当性的信赖危机无法恢复，需要刑法立法积极向前拓展，发挥预防功能。二是基于腐败治理定位的“抑欲”需要。腐败根源于人类对利益的原始欲望，抑制欲望是深化腐败治理层次的关键，需要采取“内抑性”治理原理，[①]扩大腐败者对其行为应承担刑事责任的范围与形式，最大限度地遏制个人贪欲。三是基于公共产品经济秉性之驱动。反腐制度属于消耗公共资源的公共产品，犯罪追究成本属于公共产品的运行成本，构建预防性刑法治理机制，有助于降低腐败犯罪的追诉成本，符合现代国家治理的经济性要求。

贿赂犯罪预防性立法构建中，刑事责任根据的转型，较之其他修正更为重要。将利益冲突作为法益受损的判断标准，不仅更新了贿赂犯罪法益的判断标准，更是首次在刑法中关注了人性问题。当然，从腐败治理系统的协调性角度，更新贿赂行为刑事责任根据仍然需要考虑一国反腐刑事政策的诉求、公职人员道德伦理标准的宽严、前置法的构建、刑法原理的限制等因素，进行选择性的规范构建。

三、中国贿赂犯罪刑法立法困境及其更新

中国的贿赂犯罪治理具有典型的“惩治法”中心主义的传统。尽管修法频仍，但因均未触及刑法治理原理与模式之根本，使贿赂犯罪陷于治理困境之中。

（一）贿赂犯罪刑法立法之困境

1.贿赂犯罪刑法立法之发展

新中国成立之初，贿赂犯罪直接危及新生政权的稳定。1952年《惩治贪污条例》采包容性立法模式，将受贿罪规定为贪污罪的一种行为方式。1979年刑法

① 孙国祥、魏昌东：《反腐败国际公约与贪污贿赂犯罪立法研究》，法律出版社2011年版，第35页。

实现了受贿罪规范的独立化，并在构成要素上增加“利用职务上便利”的内容。1982年《关于严惩严重破坏经济的罪犯的决定》将“利用职务上便利”要素删除。而1988年《关于惩治贪污罪贿赂罪的补充规定》将“利用职务上便利”“为他人谋取利益”纳入受贿罪构成要素之中，并被1997年刑法所确认。其后，《刑法修正案（六）》（2006年6月29日）修正“非国家工作人员受贿罪”和“对非国家工作人员行贿罪”，扩大两罪主体范围；《刑法修正案（七）》（2009年2月28日）和《刑法修正案（八）》（2011年2月25日）增设利用影响力受贿罪、对外国公职人员、国际公共组织官员行贿罪等新罪名。

《刑法修正案（九）》（2015年8月29日）聚焦贪贿犯罪刑罚体系的完善，并增设对有影响力的人行贿罪。

2.贿赂犯罪刑法立法扩张与运行效果之背离

1997年刑法颁布后，贿赂犯罪刑法立法总体上处于扩张状态。然而，“刑法规范的设计与实际运行之间却并非绝对的契合关系，组成罪刑规范的犯罪构成要件要素体系、刑罚体系以及罪刑配置关系，直接决定对犯罪规制能力的大小，是影响罪刑规范犯罪规制能力的基本要素”。[①]犯罪主体、主观方面及客观要件，均影响到立法对犯罪的规制能力，尤其是行为要素，更是罪刑规范的核心，行为要素的繁简、多寡，直接决定刑法的评价范围和评价能力。尽管贿赂犯罪刑法立法不断扩张，但均围绕犯罪主体类型的增加而展开，行为要素并未有任何修正，决定了立法规制能力难以得到有效提升，立法扩张与运行效果背离已经成为贿赂犯罪治理的现实困境。

（二）强化贿赂犯罪立法预防功能之路径：“利益冲突”定位的导向选择

党的十八大以来，中国进入反腐战略机遇期，腐败治理向“治本”过渡。在此时代背景下，贿赂犯罪刑法立法革新应当摆脱单一的主体扩张模式，将立法修正的重点转向有助于提升预防能力的犯罪构成上来。当然，创新贿赂犯罪刑法立法必须符合本国反腐之现实，确保腐败治理体系的协调性是实现立法更新的重要前提。对此，必须高度重视：一是以解决现实问题为导向。中国贿赂犯罪刑法立

① 魏昌东：《中国刑法惩治贪污贿赂犯罪罪刑规范立法运行效果考察》，载《刑法论丛》（第20卷），法律出版社2009年版，第231页。

法的根结问题在于以“权力交易”作为“职务行为廉洁性”的判断标准，刑法介入迟滞且构成要素限制较多，在“行为+数额/情节”的层层过滤、择重打击的限缩模式之下，容易导致腐败的“蓄水池效应”，不利于清廉文化的形成。二是充分考虑腐败治理体系的“二阶性”。“将纪律挺在前面”不仅要求党内法规发挥重要的预防功能，也要求刑法区别于党内法规，在犯罪构成要件上采取“数额/情节”等限制性要素，形成“递进式”评价体系，在犯罪构成上直接采取“去数额”化的简洁性标准，不符合中国反腐现实。三是确保刑法立法的正当性。构建特定主体的保证责任要求前置法就贿赂预防的作为义务加以规定，在目前《公务员法》《公司法》等法律规范未做规定的前提下，刑法不能逾越前置法而单独进行创新。

基于上述要求，加强中国贿赂犯罪刑法立法的预防功能，首先应当对贿赂犯罪的法益受损判断标准进行修正。贿赂犯罪的法益设定，是贿赂犯罪立法中带有基础性、关键性的问题，对贿赂犯罪构成要件的设计具有重要筛选功能。在维持“职务行为廉洁性”法益的前提下，应当回到腐败衍生与治理的基本原理，构建具有预防性功能的法益判断标准。腐败就其实质而言是公共权力的私利化和异化，而利益冲突则是公共权力私利化和异化的基础性表现形式和根源。[①]尽管利益冲突并不必然导致腐败，但却具有导致权力交易及侵害公益的高度风险。目前防止利益冲突尚未上升为国家法，在前置法缺乏规定的情形下，无法直接增设“利益冲突型”贿赂犯罪，但并不妨碍将“利益冲突”作为“职务行为廉洁性”的法益受损判断标准，对原有规范进行修正，将利益冲突所产生的法益损害危险作为犯罪化的标准。其积极意义在于：一是根据腐败治理的现实需要进行理论更新，提前预防权力滥用之消极后果，发挥刑法在构建清廉社会中的积极功能；二是最大限度地扩张刑法规制范围，消除犯罪人试图绕开犯罪构成要件的侥幸心理，提高犯罪成本和刑罚威慑效果；三是改变立法运行边际效益递减的困境，提升公众对公职刑法的敬畏之心，确保刑法预防功能的有效发挥。

（三）“利益冲突”定位导向下的贿赂犯罪立法修正

“利益冲突”定位导向下贿赂犯罪的犯罪化标准，体现为三个层次：一是要求贿赂与职务行为有关（公共利益）；二是具有使自己或他人获得利益之可能

---

① 聂资鲁：《防止公职人员利益冲突立法的理论与实践》，载《中国法学》2013年第6期。

（私人利益）；三是对职务行为的履行产生影响（利益冲突之结果）。三者全部具备，即符合贿赂犯罪的构成标准。“利益冲突”定位导向下，对受贿罪应进行如下修正：

1.将“利用职务上的便利”修正为“与职务有关的行为”

2003年最高人民法院《全国法院审理经济犯罪案件工作座谈会纪要》（以下简称《纪要》）对“利用职务上的便利”进行了具体解释，将其规定为利用本人职务上主管、负责、承办某项公共事务的职权，也包括利用职务上有隶属、制约关系的其他国家工作人员的职权。然而，规范要素限定了解释范围，在现代社会事务管理越发复杂、公力作用范围越发广泛的前提下，“利用职务上的便利”反而成为扩张刑法规制能力的阻碍因素。例如，对于利用上级领导、监督地位或利用职前状态等是否符合利用职务上的便利，在理论与实务上均产生了诸多争议。对此，有观点提出“利用职务上的便利”本身没有体现出权钱交易的特点，应当从受贿罪构成要素中删除。①也有观点认为，为避免刑罚面过于扩大，“职务”仍是受贿罪不可缺少的要素，但可以对其进行适度扩张解释，只要索取或收受与职务行为有关的财物，就可以认定为利用职务上的便利。②前一观点确实存在打击面过宽的问题，难以将日常人情往来与贿赂区分开来，导致刑法干预公民自由的过度化。后一观点的扩张解释采取推定方式，将与职务行为有关推定为利用职务上的便利，具有诉讼上的便利性，但推定本身具有可推翻性，在有证据证明行为人不具有利用职务便利之意思时，则无法将非人情往来的单纯收受贿赂的行为认定为构成受贿罪。但是，若基于“利益冲突说”之立场，由于职务行为代表了公共利益，只要与其职务行为相关，即具有了利益冲突之可能，即使不具有利用职务便利的意思，单纯的收受贿赂也可以构成受贿罪。

2.删除“为他人谋取利益”要件

“为他人谋取利益”是受贿罪中争议最大的一个要素。从要件属性角度，存在“客观要件说”“主观要件说”和“双重要件”之争。《纪要》对“为他人谋取利益”进行了扩张解释，包括承诺、实施和实现三个阶段的行为，只要具备其一，即符合为他人谋取利益之要求，实则是站在“客观要件说”立场。从要件存

① 李希慧：《贪污贿赂罪研究》，知识产权出版社2004年版，第225页。

② 孙国祥：《贿赂犯罪的学说与案解》，法律出版社2012年版，第354页；张明楷：《刑法学》（第五版），法律出版社2016年版，第1204页。

废角度，存在保留说和废止说之争。前者认为，刑法规定该要素的目的在于限制受贿罪的处罚范围，将接受正当的馈赠与受贿区分开来。[①]后者则认为，权钱交易强调的是受贿和职务的关系，与是否为他人谋取利益没有必然联系；该要件的存在增加了证明负担；利用职务上的便利本身就具有为他人谋取利益的推定功能，取消该要件有助于严密贿赂犯罪的法网。[②]“为他人谋取利益”在受贿罪中处于极为尴尬的境地，一方面，其承担着缩小打击范围的历史使命，另一方面，腐败形式的潜伏化和隐蔽化又迫使司法对该要素进行扩大解释，在“明知他人有具体请托事项而收受财物”的情形下，被认定为是默示的承诺，已经使得该要素完全依附于收受行为而不具有实质的独立性。正如有观点认为，推定默示承诺的大量运用，实际已经取消了“为他人谋取利益”要件的定罪功能。[③]从防止利益冲突角度，显然，“废止说”更为合理，但理由可进一步补充：当行为人收受了与职务相关的贿赂，即具备了出卖公共利益及产生利益冲突之可能，至于是否为他人谋取利益，只是社会危害性程度的量的增加，与犯罪构成本身无关。

3.增加“可能对职务履行产生影响”之要素

在行为人收受财物的前提下，已经出现了公共利益向私人利益的转化状态，但为区别于前置规范中的利益冲突，还需增加“可能对职务履行产生影响”之客观后果，以确保刑法干预的必要性与正当性。

（1）“对职务履行产生影响”之内涵。任何公职均来源于国民授权，被希望以诚实、公正、信任的方式实施，贿赂则形成了对公权行使的不良干扰，导致权力行使偏离原来的行驶轨迹，违背权力设立之初衷，从而具有被滥用之可能。贿赂对职务履行产生的影响包括两个方面：一是实体性影响，导致职务履行违反法律规定而被不公正地实施；二是程序性影响，导致职务履行违反法律规定而被提前或滞后，如给予“好处费”加快行政审批进程。职务履行，既包括基于职务行为的作为和不作为，也包括基于本职职务行为而衍生出的影响力行为，如斡旋受贿中利用本人职务影响力的情形。

---

① 刘明祥：《规定为他人谋取利益系现实所需》，载《检察日报》2003年7月23日；熊选国、苗有水：《如何把握受贿罪构成要件之“为他人谋取利益”？》，载《人民法院报》2005年7月6日。

② 孙国祥：《受贿罪构成要素在司法中的扩张与虚置》，载《南京大学学报（哲学·人文科学·社会科学版）》2015年第4期。

③ 杨兴培、李翔：《经济犯罪和经济刑法研究》，北京大学出版社2009年版，第424页。

（2）“可能性影响”之判断标准。“可能性影响”属诉讼上的事实推定，如何推定对职务履行产生影响之事实存在，应当考虑以下因素：一是受贿人明知他人有请托事项；二是受贿人与行贿人之间存在上下级隶属、监督、制约等关系；三是受贿人作出谋取利益的承诺；四是受贿人明知存在利益冲突的其他情形。其中，前三项在司法解释已经有了规定，本质上均属于利益冲突之情形，而第四项兜底性规定则需要具体分析。为确保道德操守和行为的公正性，公职人员应当构建私生活空间的“防火墙”，基于生活特定事项的人情往来（如婚丧嫁娶等）属于防火墙之内的安全事项，但非基于生活事项的人情往来或不合常理的生活事项的人情往来（如存在潜在请托可能性的人情往来、人情往来的数额巨大、次数频繁），则存在着利益冲突之可能，属于可能对职务履行产生影响之范畴。

（3）“可能性影响”之特殊情形分析。“可能性影响”要素属客观要素，并非行为人自身的内心确信，而是社会公众的一般判断。通过“可能性影响”要素，可以扩大受贿罪的规制范围，将原本存在争议的一些特殊情形涵盖进来。其一，对于“职前受贿”，行为人在收受贿赂时具有将来职务履行之可能，符合“可能对职务履行产生影响”之条件，可直接构成受贿罪，而不必确定获得公职人员身份之后。其二，对“职后受贿”，无论何时产生利益冲突，只要发生的原因与公职履行有关，即可构成受贿罪。其三，对“虚假承诺型受贿”，即使受贿人内心并不打算为请托人谋取利益，但只要据其职位、职权或与请托人的关系而使得公众产生公共权力存在被滥用之可能，依然符合“可能性影响”标准。

基于上述分析，“利益冲突”定位导向下《刑法》第385条受贿罪应修正为：国家工作人员索取或非法收受与职务相关的财物，可能对职务履行产生影响的，是受贿罪。第388条斡旋受贿应修正为：国家工作人员索取或非法收受与职务相关的财物，通过其他国家工作人员职务上的行为，对职务履行产生影响的，以受贿论处。与普通受贿不同的是，斡旋受贿要求对其他国家国家公职人员职务履行产生实际影响，而不仅仅是影响的可能性，如已经开始对其他国家公职人员实施了现实影响，或者是已经为请托人谋取了利益，无论这种利益是否非法。同样，第389条行贿罪应当进行对应性修正：实际或允诺给予国家工作人员财物，意图对职务履行产生影响的，是行贿罪。

第四节 置水不漏：私营贿赂犯罪立法模式的选择与罪名体系的完善

中国刑法中的私营贿赂犯罪，系指《刑法》第163条规定的非国家工作人员受贿罪和《刑法》第164条规定的对非国家工作人员行贿罪。尽管自1995年的《关于惩治违反公司法的犯罪的决定》新增私营贿赂犯罪以来，立法机关对私营贿赂犯罪的立法进行过两次修订，[①]满足了实践中惩治私营贿赂犯罪的基本需要，但无论是从与现行刑法中公务贿赂犯罪的规定及《联合国反腐败公约》的相关规定相协调，还是从惩治私营贿赂行为的现实需要等方面看，中国刑法中的私营贿赂犯罪规定，都有进一步完善的必要。对此，刑法理论界和法律实务界已在商业贿赂犯罪立法完善的范围内[②]有许多讨论，但其中歧见纷呈，仍需就一些问题进一步辨析。故本节将对私营贿赂犯罪的立法模式的选择与罪名体系的完善问题略做探讨。

一、私营贿赂犯罪立法模式的选择

在我国，对于具体犯罪，虽然在1998年12月29日全国人民代表大会常务委员会颁行的《关于惩治骗购外汇、逃汇和非法买卖外汇犯罪的决定》之前，除了刑法之外，曾经出现过以单行刑法、附属刑法的方式规定的情况，但自此之后，立法机关一直采用刑法修正案的方式修改完善刑法的规定或在刑法中增设新的犯罪规定。但在理论界，对于某些类型的犯罪的规定，是维持现行的刑法规定的模式，还是采用其他模式，则有过较多的讨论。就私营贿赂犯罪而言，理论界曾提

---

① 中国私营贿赂犯罪的立法始于1995年。在1995年2月28日全国人大常委会通过的《关于惩治违反公司法的犯罪的决定》第9条规定了公司董事、监事或者职工受贿罪。随后在1997年3月14日通过并于同年10月1日起施行的修订的《刑法》第163条和第164条分别规定了公司、企业人员受贿罪和对公司、企业人员行贿罪；2006年又基于对公司、企业之外的非国有单位工作人员受贿、行贿行为惩治的需要，在《刑法修正案（六）》中将公司、企业人员受贿罪的主体修改为公司、企业或者其他单位的工作人员，将对公司、企业人员行贿罪的行为对象修改为公司、企业或者其他单位的工作人员。

② 就私营贿赂犯罪整体而言，理论界鲜有专门的探讨，而基本上是将其纳入商业贿赂犯罪的范畴内进行讨论。为行文方便，本节在引用有关商业贿赂犯罪的论著时，将以“私营贿赂犯罪”代替论著中“商业贿赂犯罪”的称谓。

出过单行综合法规定、[①]刑法典规定、[②]附属刑法规定、[③]刑法典与附属刑法相结合规定、[④]刑法典与单行综合法相结合规定[⑤]五种模式。

众所周知，刑法是国家的基本法律，刑法典则是刑法规范的主要载体。为了保证刑法的目的和任务的实现，必须赋予刑法典足够的权威性。为此，需要满足一系列条件：刑法典的制定主体必须是国家的最高权力机关、刑法典的制定和修改的程序必须严格、刑法典必须内容全面完备和体系结构科学合理、刑法典必须具有相当的稳定性、刑法典的受众必须足够广泛、刑法典必须为司法提供足够的便利。试想，如果出于某些考虑，对于一些为数不少的经济犯罪、行政犯罪等仅在非刑事法律中规定，而在刑法典中缺失，那么不仅有损刑法典内容的全面完备性和体系结构的完整性，而且也由于诸多非刑事法律中规定的罪刑条款数量众多、种类繁杂，而难以从整体上对这些罪刑条款进行科学分类，进而损害国家整个刑法体系结构的科学性；同时，刑法典的受众面会在相当程度上缩小，也会给司法机关适用法律带来诸多不便，因而其后果就是淡化、削弱刑法典应有的权威性，最终不利于刑法目的和任务的实现。当然，如果把所有犯罪只规定在刑法典中，则会使刑法典为因应社会、政治、经济、文化等情况的发展变化而修改，影响到刑法典的稳定性，进而使国民对某些刑法典修改涉及的行为之法律后果缺乏预测性，这样也会影响到刑法典的权威性。需正视的是，这个问题在非刑事法律中也同样存在。虽然从表面上看，没有修改刑法典，修改的只是非刑事法律中

① 该种观点主张，应制定一部单行法律如《反商业贿赂法》或《反贪污贿赂法》，集中规定有关贿赂犯罪的民商、经济、行政、刑事实体法与程序法、行政罚、商事罚与刑罚等内容。参见屈学武：《完善我国打击商业贿赂法治体系的法律思考》，载《河北法学》2006年第6期。

② 该种观点主张只在刑法典中设置专门的商业贿赂犯罪。参见宋冀峰：《我国商业贿赂犯罪刑事立法的现状与完善》，载《中国商界》2010年第6期。

③ 该种观点主张只在非刑事法律中规定商业贿赂犯罪。参见陈家林：《日本刑法中的商业贿赂犯罪及对我国的启示》，载《山东警察学院学报》2006年第3期。

④ 该种观点主张，附属刑法应在刑法典对一般商业贿赂犯罪的总体立法设计的指导下，对各自领域可能发生的具体商业贿赂犯罪行为进行较详细的表述，即罪状部分应明确具体，避免“构成犯罪的，依法追究刑事责任”这样的笼统处理方式，而刑罚部分也应根据社会危害性的差异作出轻重不同、种类各异的设计。至于“刑法典对一般商业贿赂犯罪的总体立法设计”的内容，论者没有具体说明。参见李朝霞：《商业贿赂犯罪立法比较研究》，载《山西省政法管理干部学院学报》2009年第2期。

⑤ 该种观点主张既制定统一的《反商业贿赂法》，又在刑法典中设专节规定商业贿赂犯罪。至于两者如何协调，论者没有说明。参见葛柯壮、张亚杰：《论惩治商业贿赂的制度缺失及完善》，载《政治与法律》2007年第3期。

的刑法条款，但谁能说这样做没有损害到包括刑法典在内的整个国家刑法的形象呢？为此，我们能够做的就是，制定增设新罪和加重罪责的刑法条款必须足够慎重，而且这种新的法律通过之后必须为国民留下足够长的时间来了解。基于以上考虑，本文主张所有犯罪的条款必须在刑法典中规定，但并不反对为了有利于一些专业领域或行业从业者了解该领域或行业的刑事规范而在有关的非刑事法律中规定刑法条款，或为了整合、协调各方面的资源和力量而在制定的单行综合法律中规定刑法条款。当然在这些刑法典之外的法律中规定的刑法条款并不是对刑法典规定的原样照搬，而是将以往非刑事法律中规定刑法条款的“……构成犯罪的，依法追究刑事责任”的模式，修改为“……构成犯罪的，依照刑法第 × × 条 × × 罪的规定追究刑事责任”的模式。

就私营贿赂犯罪的立法模式而言，上述单行综合法规定、刑法典规定、附属刑法规定模式不值得采用，刑法典与附属刑法相结合规定、刑法典与单行综合法相结合规定的思路值得肯定。本文主张在刑法典中规定所有私营贿赂犯罪的罪刑条款，在相关涉及私营贿赂犯罪的非刑事法律中以“……构成犯罪的，依照刑法第 × × 条 × × 罪的规定追究刑事责任”的模式做链接性规定即可。

二、私营贿赂犯罪罪名体系的完善

对于私营贿赂犯罪，学界普遍认为其罪名体系存在一定的缺陷，并主要从与公务贿赂相协调的角度提出了诸多完善的建言，但学者间的意见不尽一致，①概括起来看，学界提出应增设如下罪名：公司、企业及其他单位受贿罪，对公司、企业及其他单位行贿罪，公司、企业及其他单位行贿罪，介绍商业贿赂罪，单位介绍贿赂罪，间接贿赂罪（商业斡旋受贿罪）。

本节认为，无论是私营贿赂犯罪还是公务贿赂犯罪，其核心行为均为受贿行为和行贿行为，因而其罪名体系均须围绕受贿行为和行贿行为来架构；尽管私营

---

① 例如，有的学者提出增设介绍商业贿赂罪，公司、企业及其他单位行贿罪，公司、企业及其他单位受贿罪，对公司、企业及其他单位行贿罪（参见冯殿美、李璐：《论商业贿赂犯罪及其刑事法规制》，载《河南社会科学》2007年第5期）；有的学者提出增设斡旋贿赂罪、非国有单位受贿罪，对非国有单位行贿罪（参见张俊英：《论商业贿赂的刑事规制》，载《商场现代化》2008年11月上旬刊）；有的学者提出增设公司、企业、单位受贿罪，公司、企业或者其他单位人员间接受贿罪（葛柯壮、张亚杰：《论惩治商业贿赂的制度缺失及完善》，载《政治与法律》2007年第3期）；有的学者提出增设介绍贿赂罪，单位介绍贿赂罪，对单位行贿罪（李秋芳：《我国治理商业贿赂立法及其缺陷》，载《科技创业月刊》2008年第6期）。

贿赂犯罪与公务贿赂犯罪侵犯的客体有所不同，但其核心行为相同且其行为性质及特点都是权与利的交易，因此，两者的罪名体系应当保持协调一致。在此前提之下，有两个完善方案可供选择：第一是实然层面的完善方案，即在私营贿赂犯罪中增设与现行刑法规定的公务贿赂犯罪相一致的罪名。现行刑法对公务贿赂犯罪规定有受贿罪、单位受贿罪、利用影响力受贿罪、行贿罪、对有影响力的人行贿罪、对单位行贿罪、介绍贿赂罪、单位行贿罪8个具体罪名，那么相应地，在现行刑法对私营贿赂犯罪规定的非国家工作人员受贿罪、对非国家工作人员行贿罪的基础上，尚需增加非国有单位受贿罪、利用对非国家工作人员的影响力受贿罪、对非国家工作人员有影响力的人行贿罪、对非国有单位行贿罪、向非国家工作人员介绍贿赂罪。第二是应然层面的完善方案，即正视现行刑法对公务贿赂犯罪的罪名体系规定的不足，在对其罪名体系修改完善的同时，在私营贿赂犯罪中增设相应的罪名。

笔者认为，目前学界就私营贿赂犯罪罪名体系的完善的各种建言，是在基本上没有考虑现行公务贿赂犯罪罪名设置的缺陷之基础上提出的，因而不具有科学性。本文主张，应在修改完善现行公务贿赂犯罪罪名体系的基础上完善私营贿赂犯罪的罪名体系。

结合我国刑法中公务贿赂犯罪的有关规定的比较、相关刑法理论及司法实践情况来看，笔者认为，现行刑法对公务贿赂犯罪的罪名设置主要存在着如下缺陷：

第一，现行刑法对公务贿赂中涉及单位犯罪的危害程度的判断及价值取向不当。刑法对国家工作人员受贿罪规定的法定最高刑为死刑，而对国有单位受贿罪规定的法定最高刑则只有5年有期徒刑；刑法对个人向国家工作人员行贿罪规定的法定最高刑是无期徒刑，而对单位向国家工作人员行贿罪规定的法定最高刑则只有5年有期徒刑；刑法对向国有单位行贿罪规定的法定最高刑只有3年有期徒刑。我们从这种情况得到的信息是：立法者认为，同一犯罪行为，单位实施比个人实施对社会的危害要轻得多；对单位实施比对个人实施对社会的危害也要轻得多。循着这一逻辑思路，我们应可以得出为什么立法者没有在私营贿赂犯罪中规定非国有单位受贿罪、对非国有单位行贿罪的结论：大概立法者认为，国有单位受贿、对国有单位行贿危害社会的程度尚轻，最重只能判处5年和3年有期徒刑，那么非国有单位受贿、对非国有单位行贿即使具有社会危害性，但其对社会的危害也还没有达到要作为犯罪给予刑罚的程度。但是，上述逻辑前提是错误的，因而结论也自然欠妥：首先，同一犯罪行为，单位实施不比个人实施对社会的危害轻。由于单位比个人的能量大，因而其实施的犯罪行为通常比个人实施同样的犯罪行为更容易完成且对社会造成的危害更大；就单位中参与犯罪的个人而言，不仅明知单位比个人的能量大且犯罪的危害更严重，而且虽然其实施犯罪表面上是为了单位的利益，但不能排除其有为了捞取成绩等个人利益的考虑，因而无论是基于犯罪的客观危害还是单位中个人的主观恶性考虑，都不能认为单位犯罪比个人犯罪的罪行或社会危害性轻。[①]其次，同一犯罪，对单位实施也不比对个人实施对社会的危害轻，这应属社会常识。有谁能说抢劫、盗窃、诈骗单位财产的行为比抢劫、盗窃、诈骗个人财产的行为的罪行轻呢？而且就行贿犯罪而言，由于单位的能量通常大于个人的能量，因而接受行贿的单位通常比接受行贿的个人更容易为行贿人谋取到不正当利益。再者，就国家工作人员与非国家工作人员在社会中的地位和担负的职责而言，无论是个人还是单位，在行为对社会的危害程度上，对国家工作人员行贿要重于对非国家工作人员行贿，相应地刑法对前者规定的法定刑应重于对后者规定的法定刑。在个人行贿方面，《刑法》第390条对向国家工作人员行贿罪规定的法定最高刑是无期徒刑，《刑法》第164条对向非国家工作人员行贿罪规定法定刑是10年有期徒刑，尽管一些学者认为两者刑罚的轻重相差过于悬殊，但至少立法者在对两者罪行孰轻孰重判断的方向是正确的。但在单位行贿方面，《刑法》第393条对单位向国家工作人员行贿罪规定的法定最高刑是5年有期徒刑，而《刑法》第164条对单位向非国家工作人员行贿罪规定的法定最高刑却是10年有期徒刑，这种法定刑的规定完全颠倒了两者罪行的轻重。基于以上考虑，本文认为，在公务贿赂犯罪中，应取消单位受贿罪、单位行贿罪的罪名，只在规定受贿罪、行贿罪的同一条文中增加“单位犯前款罪的，对单位判处罚金，并对其直接负责的主管人员和其他直接责任人员，依照前款的规定处罚”的规定，使单位受贿罪、单位行贿罪适用与个人受贿罪、个人行贿罪同样的法定刑。

第二，公务贿赂中的介绍贿赂罪不具有独立存在的必要。《刑法》第392条规定的介绍贿赂罪，是指在行贿人与受贿人之间沟通、撮合条件，使贿赂行为得以实现，情节严重的行为。尽管从表面上看，介绍贿赂与受贿、行贿在整个贿赂过程中各自角色明确、性质清楚，但实际上，介绍贿赂者或者应行贿方之请代其

① 参见《刑法争议问题研究》(上册)，河南人民出版社1996年版，第320页。

和受贿方联系，或者领受贿方之意代其和行贿方沟通，或者唆使行贿方行贿或者受贿方索贿，无论哪种情况，介绍贿赂者都是帮助或者教唆行贿或受贿，因而对介绍贿赂者完全可以按照行贿的共犯或者受贿的共犯处理。否则，若按照介绍贿赂罪处理，则不仅难以划清介绍贿赂行为与贿赂共犯的界限，而且由于刑法对本罪规定的法定刑过轻而存在着惩治不力的问题。[①]事实上，在长期的司法实践中，也鲜见有处理介绍贿赂罪的案件，介绍贿赂罪几乎属于备而不用的罪名。因此，本文认为，公务贿赂中的介绍贿赂罪不具有独立存在的必要，应予取消。

基于如上分析，笔者认为，经过修改完善后的公务贿赂犯罪包括受贿罪、行贿罪、对国有单位行贿罪、利用国家工作人员的影响力受贿罪、向对国家工作人员有影响力的人行贿罪五个罪名，其中，在规定受贿罪、行贿罪、对国有单位行贿罪的同一条文规定单位犯罪的内容，但不再将其规定为独立的罪名。相应地，对私营贿赂犯罪，在保留现行刑法关于非国家工作人员受贿罪、对非国家工作人员行贿罪及其单位犯罪规定的同时，增加非国有单位受贿罪（将其置于非国家工作人员受贿罪同一法条，作为第2款并规定适用同一法定刑）、对非国有单位行贿罪及其单位犯罪、利用非国家工作人员的影响力受贿罪、向对非国家工作人员有影响力的人行贿罪的规定。

第五节 矫过革新：论反腐败犯罪司法解释的瑕疵与完善

近年来，腐败犯罪呈现高发态势，引起了党中央的高度重视。我国已将“标本兼治、综合治理、惩防并举、注重预防”确立为反腐败的方针。习近平总书记强调，要以猛药去疴、重典治乱的决心，以刮骨疗毒、壮士断腕的勇气、坚决地将腐败斗争进行到底。最高人民法院、最高人民检察院《办理贪污贿赂案件解释》虽正式实施，但绝非尽善尽美。通过对《办理贪污贿赂案件解释》的整体梳理，针对现有疏漏，在刑事政策的引领下，探求解决对策，已然成为刑事法律妥善治理贪污、贿赂犯罪的有效路径。

① 参见赖早兴、张杰：《介绍贿赂罪取消论》，载《湖南社会科学》2004年第5期。

一、《办理贪污贿赂案件解释》因现实的司法困境应运而生

成文法自颁布之日，就滞后于瞬息万变的社会现实，针对愈演愈烈的犯罪态势，司法实践难免束手无策，《刑法修正案（九）》虽然对反腐败犯罪作出部分修订，但尚有疏漏，诸如数额采用笼统标准，致使司法实践无所适从；犯罪者出于对法律的畏惧将贪贿财产用于捐赠或公务，裁判有失公正，这些混乱的局面亟须司法解释作出统一厘清，《办理贪污贿赂案件解释》应运而生。

（一）鉴于法律适用的严峻形势

惩治贪污、贿赂犯罪的司法实践存在主刑与数额不成比例、部分犯罪者将不法财产用于捐赠或公务支出，裁判有失公正等问题，由于司法对社会百态具有公正评判的作用，这些严峻形势有待新的解释予以纾解。

1.所判刑期与犯罪数额不成比例

随着《刑法修正案（九）》的正式实施，对于贪污、受贿犯罪的惩处分为“数额较大或有其他较重情节”“数额巨大或者有其他严重情节”“数额特别巨大或者有其他特别严重情节”三个档次，一改往昔以单一数额为主要衡量尺度的惯常做法，运用“数额”加“情节”双重标准对贪污犯罪者的性质恶劣程度加以评判。但是标准过于笼统，无法深纠司法实践中不同案件判决结果却不约而同，或类似案件最终裁判却大相径庭的混乱局面。

纵观我国司法实践中大量关于贪污受贿的案件，无论是同一量刑幅度还是不同量刑幅度内的犯罪数额与所判刑期并不呈任何比例关系。贪污、受贿犯罪均侵犯了职务行为的廉洁性，是一种非物质性利益，国家工作人员非法获取财物数额的多少恰切体现了权钱交易的实际程度。[①]在具体的司法操作中，过高权重的数额标准，无法有效打击犯罪，亦不能准确体现贪污、贿赂犯罪的本质危害，如果入罪数额标准过低，又难以对危害程度不同的行为作出区分。虽然数额不能作为量刑时的唯一标准，但在犯罪主体同属国家工作人员，均不存在其他量刑情节时，犯罪数额与主刑刑期杂乱无序，则暴露出在案件裁判环节中，主刑判处的随意性，判决结果无法做到公正平允，也难以使民众信服。

---

① 李希慧：《贪污贿赂罪研究》，知识产权出版社2004年版，第203页。

2.将不法财产用于捐赠或公务的裁判有失公正

某些贪污受贿者在利用职务便利，非法敛取财物之后，为了回赎内心的罪恶，将部分财物捐赠，或是听到纪委部门的风吹草动，立即将赃款赃物用于单位公务开支或者捐献给贫困山区，这样的情景在司法实践中数见不鲜。有的司法机关鉴于犯罪者将赃款用于单位公务开支，就不追究其刑事责任，有些地区将捐献的款项予以扣除，判处犯罪分子轻刑，甚至缓刑，使此类贪财利己者，抱着最后一根"救命稻草"而得逞。

（二）司法解释对贪贿类犯罪引领之体现

《办理贪污贿赂案件解释》呼应了司法实践的恰切需要，聚焦于"数额"和"情节"是本次司法解释的显著特征。运用双重标准定罪量刑、确定贪污、贿赂犯罪新的入罪数额标准以及不法财物排除私用不影响定罪，量刑时可酌情等是《办理贪污贿赂案件解释》引人注目的亮点。

1.运用"数额"和"情节"双重标准定罪量刑

面临"数额"与"情节"在实践操作中的纠葛，《办理贪污贿赂案件解释》采取"两套标准""三个档次"。标准之一为"数额标准"，分为"数额较大""数额巨大""数额特别巨大"三个层级，依次由轻至重配置三档法定刑。标准之二为"情节标准"，或"情节+数额标准"，区分为"其他较重情节""其他严重情节""其他特别严重情节"三个档次，根据情节的严重程度配置轻重有序的法定刑。通过司法解释的方式对犯罪数额和案件情节方面的内容进行积极调整，确实在相当程度上实现刑事法律的与时俱进以及刑罚与社会发展、秩序维护间的协调一致。

在"数额+情节"模式下，如果犯罪人的行为契合《办理贪污贿赂案件解释》第1条中"其他较重情节"的规定，则大体上犯罪数额采取减半标准予以适用，从而使得除"数额"外的"情节"成为影响定罪量刑的重要因素。由此可见，数额标准与情节标准（或"情节+数额"标准）是并行不悖、彼此独立的两套衡量体系，形成互补关系且均明确具体具有可操作性。另外，此处的"数额减半适用标准"与最高人民法院、最高人民检察院《关于办理盗窃刑事案件适用法律若干问题的解释》第2条中确定盗窃罪"数额较大"的标准不谋而合，符合刑法体系性思维。如果没有统一标准，不同地域的法律工作者在司法实践中难免缩手缩脚甚至停滞不前。双重标准模式的运行不仅使司法工作者有法可依，而且给予其一定的自由裁量权，能够满足司法实践复杂现实的需要。

2.贪贿财物排除己用不影响定罪，量刑时可酌情

贪污、贿赂犯罪的行为人一旦实施利用职务之便非法攫取公私财物的贪占行为或索取、收受请托人财物为他人谋取利益或承诺谋取利益的行为，职务行为的廉洁性和公私财产所有权被侵害的后果就不可逆转，犯罪形态也即完成。贪污贿赂犯罪属于结果犯，法定的犯罪结果发生即为犯罪既遂，一旦行为人将公私财物的控制权转移就构成犯罪，而不论之后用于自我消费抑或其他用途。行为人捐献贪占的财物或改变收受财物的用途都是犯罪的后续行为，不会改变贪污、贿赂犯罪的性质，也不应与其他构成要件一并予以评价。

《办理贪污贿赂案件解释》第16条规定，“将赃款赃物用于单位公务支出或者社会捐赠的，不影响贪污罪、受贿罪的认定，但量刑时可以酌情考虑”。将非私用部分予以扣除会给职务犯罪的侦查活动带来诸多不便，也会使犯罪人心存幻想，即将赃款赃物用于符合“常理”的用途便不被追究刑事责任。在这种心理预期的支配下，行为人即可高枕无忧，一旦情势不妙，制造出用于“合理”场合的假象即可免于刑罚制裁，难免给犯罪分子预留脱罪空间并助长其犯罪动机。纵观我国对盗窃罪中赃物的处理，无关犯罪构成要件，不影响罪名的成立。以此类推，将贪贿赃款用于公务支出，只是犯罪既遂后赃款去向的一种，无论行为人如何处理赃物都不能改变犯罪行为已经完成、法定结果已经形成、法益已被侵害的事实。

二、反思处理贪贿类案件司法解释的瑕疵

在反腐政策的高压态势以及刑事立法紧紧跟进的双重作用下，我国反腐败工作已卓有成效，《办理贪污贿赂案件解释》对司法实践中的已有问题作出部分解决，但尚有重重迷雾亟待厘清。

（一）“坦白”“退赃”等量刑情节适用紊乱

“法律必须靠原则的公正及国民对它感兴趣才能获得支持。”[①]纵观一些案件，被告人面对相差无几的情节，判决却是如此悬殊，量刑情节使用混乱，实则置法律的公正平等于不顾。一般认为，自首制度在贿赂犯罪中的应然作用在于分化、

① [英] 潘恩：《潘恩选集》，马清槐等译，商务印书馆1991年版，第265页。

瓦解行贿和受贿的利益共同体，从而使二者之前建立的信任关系不攻自破。自首制度也是衡量犯罪人认罪悔罪的重要标准，在一定程度上可以节约司法资源，提高诉讼效率。虽然腐败分子主动投案率较低，但司法实践中却存在自首认定率高的现象，贪污、贿赂犯罪者不是主动自首，而是“被自首”。

以往司法实践中相当部分腐败犯罪案件是在纪检监察机关案件突破后移送司法机关处理的，但对于调查期间如实供述罪行能否被视为自首的问题，最高人民法院、最高人民检察院《关于办理职务犯罪案件认定自首、立功等量刑情节若干问题的意见》坚决否定。[①]司法实践中对“自首”的认定大打折扣，法律的宽容并非无止境地容忍，宽容亦有其自身的边界和底线。法律一旦被善举利用，难免意味着自毁长城。

（二）追诉时效制度使诸多犯罪者遁于无形

根据《办理贪污贿赂案件解释》的规定，贪污或受贿金额在3万元以上，不满20万元的，如果没有其他情节，依法应当判处3年以下有期徒刑或拘役；贪污或受贿金额在20万元以上不满300万元的，没有其他量刑情节，判处3年以上10年以下有期徒刑。结合刑法总则关于追诉时效的规定，即犯罪数额在20万元以下，若没有其他加重量刑情节，距今已超过5年，公安机关将不再追诉。贪污或受贿金额在20万元以上不满300万元的，也无其他加重量刑情节，若距今已愈10年，之前的罪行也被豁免。在《刑法修正案（九）》生效之前，根据原《刑法》第383条的规定，个人贪污数额在5000元以上不满5万元的，追诉时效为10年；个人贪污数额在10万元以上的，追诉时效为20年。

随着《办理贪污贿赂案件解释》的出台及正式实施，很多审而未决的案件，或者尚未被抓获、发现贪贿迹象的犯罪分子，在追诉时效的护佑下将有诸多理应被剥夺人身自由者逍遥自在，之前的不法举止被束之高阁，先前的恶劣行径也失去法庭审理的必要，可能致使社会公正坍塌，民众普遍不满。贝卡里亚认为：“对于犯罪最强有力的约束力量不是刑罚的严酷性，而是刑罚的必定性。”[②]对于曾经犯下的罪行，仅仅因为司法解释的出台而不再追究，将有损刑法长久建立的威

① 最高人民法院、最高人民检察院《关于办理职务犯罪案件认定自首、立功等量刑情节若干问题的意见》明确指出：“在办案机关调查谈话、讯问、采取调查措施或强制措施期间，犯罪分子如实交代办案机关掌握的线索针对的事实的，不能认定为自首。”

② [意] 切萨雷·贝卡里亚：《论犯罪与刑罚》，黄风译，北京大学出版社2008年版，第59页。

严。基于此，对犯罪分子触犯法律的恶行，绝不能因追诉时效的庇佑而听之任之，放任自流。

（三）终身监禁制度有失合理

《办理贪污贿赂案件解释》第4条第3款规定："符合第一款规定情形的，根据犯罪情节等情况可以判处死刑缓期二年执行，同时裁判决定在其死刑缓期执行二年期满依法减为无期徒刑后，终身监禁，不得减刑、假释。"至此，我国出现三种最为严厉的刑罚措施：死刑立即执行、普通死刑缓期执行、死刑缓期执行且终身监禁。从特殊预防的角度观之，死刑立即执行和终身监禁均属于永久隔离排害的、根除犯罪条件的严厉措施。终身监禁制度不仅完全堵塞犯罪人回归有期徒刑的自新之路，而且经不起人道主义的拷问。对于被告人立功的行为不予褒奖，不但会使其负隅顽抗，而且不利于深挖犯罪、追查余犯，对被告人和国家而言都毫无益处。

终身监禁所彰显的报应与预防的刑罚功能毋庸置疑，我国刑罚的特殊预防主要体现在改造、消灭肉体、剥夺犯罪条件三个方面，对于贪污贿赂者动用特殊预防措施价值不大，且有重刑主义倾向。而对极端主义犯罪、暴力袭击犯罪者实施终身监禁则更为可取。因此，仅因身份的特殊性，对贪污、贿赂犯罪者适用酷刑终身监禁制度且不得减刑假释实乃小题大做。

现代刑事政策原理主张，刑事政策必须以人为本，理解人、关心人、帮助人，满足和解决人的需要，尊重人格尊严，促进人的发展，注重人权保障，实现刑事政策的人文关怀。学者袁彬认为终身监禁制度本身存在着不人道、不公平、剥夺罪犯改造计划和浪费司法资源的缺陷，①学者张明楷教授认为终身监禁制度严重背离以教育改造为目的现代刑罚价值观，不应该成为死刑的替代刑。②终身监禁制度可能使犯罪者丧失对未来生活的希冀，增加犯罪人与国家和社会的对立，在高墙之下得过且过，惹是生非，或是惶惶不得终日，给监狱管教工作徒增困扰。

终身监禁制度有违刑法总则第50条、第81条中"不得减刑、假释"的规定，

---

① 袁彬：《中国刑法立法改革的新思维——以〈刑法修正案（九）〉为中心》，载《法学》2015年第10期。

② 张明楷：《死刑的废止不需要终身刑替代》，载《法学研究》2008年第2期。

刑法总则中并未明文规定“对被判处死刑缓期执行的腐败犯罪者，限止减刑”，因此终身监禁制度的设立难免有过于草率之嫌。减刑假释作为服刑人员的一种正常期待，从心理学的角度讲，人对美好生活的追求才使其更好地融入社会，被判处死刑缓期执行且终身监禁的犯罪分子，在依法执行无期徒刑之后，怀揣对恢复自由的向往，会促使其更好地遵守监规，痛改前非。终身监禁制度的设立严重侵蚀司法正义的主题，被终身监禁者在无期徒刑执行期间因重大立功而具有“可以”甚至“应当”获得减刑的权利。

（四）体系性矛盾有待商榷

体系性思维强调组成法律体系的各类法律以及同一部法律的各个组成部分之间在结构上应当排列有序，在内容上做到协调一致，在目的上理应相互配合。《办理贪污贿赂案件解释》在体系上、全局上存在考量欠妥的情形。

1.职务侵占罪与盗窃罪二者呈现宽严失衡

《办理贪污贿赂案件解释》第11条规定“职务侵占罪中的‘数额较大’‘数额巨大’的数额起点，按照本解释关于受贿罪、贪污罪相对应的数额标准规定的二倍、五倍执行”。那么职务侵占罪中“数额较大”的标准为“6万至40万元”，“数额巨大”的标准为“100万至1500万元”，即职务侵占若不足6万元，则因未曾达到刑法的制裁标准，不会受到法律追究，职务侵占近百万元人民币，则最高判处5年有期徒刑，职务侵占存在入罪标准过高的嫌疑，有违罪责刑相适应原则。

纵观最高人民法院、最高人民检察院《关于办理盗窃刑事案件适用法律若干问题的解释》中关于盗窃入罪数额与量刑标准的规定，盗窃公私财物“数额较大”“数额巨大”“数额特别巨大”的标准依次为“1000元至3000元以上”“3万元至10万元以上”“30万元至50万元以上”。因此，在职务侵占罪与盗窃罪都无其他酌定情形时，盗窃1000元即可入刑，而职务侵占罪的入罪标准是6万元人民币；盗窃3万元可被判处3年有期徒刑，盗窃30万元可能被判处10年以上有期徒刑，职务侵占100万元尚有可能仅被判处5年以上有期徒刑。

职务侵占罪和盗窃罪的关键区分在于行为人是否利用职务之便，公司、企业或单位工作人员利用工作便利，将财物据为己有，定职务侵占罪。“法者，公天下持平之器。”[①]职务侵占和盗窃罪的数额标准明显存在不公，盗窃微小财物即可

---

① 王为国：《新资治通鉴》，光明日报出版社1997年版，第486页。

入刑，非法占有巨额公共财产，尚才入罪。从动用刑罚制裁的角度考量，职务侵占罪的入罪标准是盗窃罪的近六十倍。职务侵占的入罪门槛提高，是否会导致企图利用此举侵吞财物者蠢蠢欲动，内外人员相互勾结，非法敛财，使此类犯罪较短时间内泛滥成灾，岂不是给工作人员利用身份之便私吞公司、企业或单位财物开以方便之门？

2.行贿罪和受贿罪之间的矛盾难以协调

（1）法定刑配置不合理

根据《办理贪污贿赂案件解释》第7条的规定，行贿数额达到3万元的标准，或在1万元以上3万元以下，且具有特定情形，即可被判处5年以下有期徒刑。[①]相比之下，受贿罪与行贿罪的起点数额均为3万元，或特定情节下的“1万元至3万元”，但是行贿罪的最低量刑档次的最高刑罚为5年有期徒刑，受贿罪却仅为3年有期徒刑。如果没有其他量刑情节，行贿数额达到100万元人民币即可被判处5年以上有期徒刑，而受贿满100万元，则有可能只被判处3年徒刑；行贿数额满50万元且具有特定情节，即可被判处5年以上10年以下有期徒刑，受贿满50万元，尚且判处3年至10年有期徒刑，行贿与受贿之间存在量刑不均衡的嫌疑。

贝卡里亚认为，犯罪行为的阶梯应该和刑罚的阶梯相符合，[②]根据罪行的恶劣程度配置轻重有别的刑罚标准。行贿罪和受贿罪互为对合犯，但二者犯罪数额与量刑标准之间却存在极大的不协调，犯罪数额作为行贿罪和受贿罪量刑时重要的参考标准，前者侵犯的法益为职务行为的不可收买性，而后者侵犯的法益为职务行为廉洁性和公私财产所有权，由于身份的特殊性，受贿罪的社会危害性要远远大于行贿罪，但行贿人被科处刑罚时，受贿人却可能丝毫不受牵连，面临同样的犯罪数额，行贿人可能较受贿人判处更为严重的处罚，依此看来，两罪的法定刑配置显得荒谬而不合常情。

（2）对情节的解释不利于查处对合犯

《办理贪污贿赂案件解释》对《刑法》第390条中行贿人减轻或免除处罚的情节作出特殊规定，其中对“重大案件”和“对侦破案件起关键作用”界定较为严

---

① 以此类推，行贿数额在100万元以上，或50万元以上100万元以下，但具有特定情节，即可被判处5年以上10年以下有期徒刑。行贿数额在500万元以上，或250万元不满500万元，具有特定情节者，即可被判处10年以上有期徒刑。

②［意］切萨雷·贝卡里亚：《论犯罪与刑罚》，黄风译，北京大学出版社2008年版，第18页。

苛，“重大案件”在刑罚方面的衡量标准为“已经可能被判处10年有期徒刑以上刑罚的”，另外，即使行贿人在被追诉前如实交待、且犯罪较轻、对重大案件的侦破有关键作用、可重大立功，也只是“可以减轻或免除处罚”。司法解释作出较为严厉的规定，行贿人若想获得减轻或免除处罚的评判标准将会更为复杂，其减轻或免除处罚的概率将会降低。

司法实践中大量贪污、贿赂犯罪案件的查处，依赖行贿人的投案自首，基于功利主义的价值考量，行贿人选择主动归案，是为谋求内心的踏实及刑罚的宽宥，而后者在风险与收益的衡量中，占据举足轻重的地位。由于贪污贿赂犯罪手段较为隐秘，且犯罪人之间利益关联密切，行贿人与受贿人之间必然存在一定的信任基础，不到万不得已，不会轻易出卖同伙。倘若不从犯罪人中寻找突破口，则很难获得确实的证据，给司法机关查处案件徒增困难。今非昔比，对行贿人的奖励情节作出如此苛刻的要求，难免会使许多愿意自动投案以求得刑罚奖励的行贿者，面临即将到来的严厉惩处踌躇不前、望而却步，也使大量的受贿犯罪者侥幸脱于法网之外。

三、以刑事政策为导向对《办理贪污贿赂案件解释》进行完善

社会日趋发展，刑法自应因势而变，但应在多大程度上回应变迁，又与刑事政策自然勾连。法律有时入睡，但绝不死亡，认为刑法可以毫无遗漏，是荒唐的幻想，希望刑法做到毫无缺憾是苛刻的要求，承认刑法必有疏忽才是明智的观点。[①]以刑事政策为导向，对《办理贪污贿赂案件解释》进行完善，使古老的成文法律享用着新鲜的食物。

（一）严格把控“自首”“退赃”等量刑情节

在任何立法状态下，自由裁量权都是必不可少的，人不是机器，不可能保持一面投材料，一面出产品的机械运作状态，因此，自由裁量权不是有无的问题，而是将其限制在何种程度为宜的抉择。[②]随着宽严相济刑事政策的推行，以及刑法理论发展与实务界需求的变化，酌定量刑情节发挥着日渐重要的作用。因为我国刑事立法相对粗疏，对于法定量刑情节规定得较为简单，尚且不能适应新形势

① 张明楷：《刑法格言的展开》，北京大学出版社2013年版，第7页。

② 陈兴良：《刑法的人性基础》，中国方正出版社1996年版，第564页。

的需要。虽然司法机关有一定的自由裁量权，但是并不能随意使用而逾越法律界限，而应当在量刑时做到罪刑相当，不宽不纵。随着刑事政策的不断变化，刑事立法也应作出相应调整，对量刑情节作出相应改观也是题中之义。

面临司法实践中各地法官对量刑情节评判不一的情况，可以选择将部分酌定量刑情节在刑法总则中法定化。如实供述、真诚悔罪、积极退赃等酌定量刑情节具有普适性，并非仅存于贪污受贿等少数个罪中，在侵财类犯罪、渎职类犯罪中也有体现，因而在分则个罪中规定酌定量刑情节既不合理，也无必要，可在刑法总则中以原则性或指导性的语句说明酌定量刑情节的作用，纵观刑法演进的历史可以发现，人们对量刑情节的认识和应用经历了从无到有、从粗到细、从少到多、由酌定向法定的渐进过程。①随着刑法理论和司法实践的发展，必然还会有更多酌定量刑情节被法定化。

可以把刑法中的量刑情节看成一条随时有活水注入的溪流，已经存在但不合时宜的量刑情节，大自然会自动涤除，符合实践所需的新型情节如同源头活水般不断流入，从而实现整条溪流的空明澄澈。另外，为了避免酌定量刑情节适用时以假乱真情形的出现，司法工作人员在具体量刑时应写明退赃的具体情形，并尽可能找被害人或被害单位加以核实，使量刑越来越公正和精细。另外，自首、坦白的时间早晚对于量刑也有重要的参考作用，犯罪分子尽早自首、坦白对于节省办案成本有着不可估量的价值。因此，犯罪分子自首、坦白的时间早晚在量刑时也须适当考虑。

（二）引入保安处分，纾解追诉时效带来的隐忧

成文法律在一定时期理应保持稳定，若是朝令夕改，将使普通民众感到无所适从。但是作为上层建筑，必然需要应时而变，在新法和旧法之间不可避免存在不被处罚的边缘地带，这亦是修法的代价。因为《办理贪污贿赂案件解释》的出台，贪污、贿赂犯罪的入罪标准徒然增加数倍，纵观司法实践，亦有诸多案件被判处缓刑或免予刑事处罚。但是如何对曾经犯下的仅因新法出台就免予处罚的罪行合理惩处，做到法律的平止如水，也是不能回避的现实问题。

我国《公务员法》虽然规定曾因犯罪受过刑事处罚的人员不得担任公务员，但是因为《办理贪污贿赂案件解释》的出台，一些触犯贪污、贿赂类犯罪的人员

---

① 卢建平、朱贺：《酌定量刑情节法定化的路径选择及评析》，载《政治与法律》2016年第3期。

可能免罪亦免刑，公务人员的任职标准对其并不适用。非刑事法律中类似于资格刑的规定，其实是“行资格刑之实，却无资格刑之名”。对基本权利的剥夺只能通过刑罚手段实现，刑罚只能通过法院的审判程序适用，在法院判决并未判处犯罪人资格刑的情况下，却以其他法律为名剥夺犯罪人的基本权利，实乃越俎代庖。因此，可以引入保安处分措施，使腐败犯罪者在一定时期被隔离于可以运用职权贪占钱财的环境之外。

“保安处分”在《刑法修正案（九）》“职业禁止”中已有规定，[①]“职业禁止”在德国刑法中是指对那些滥用职业或行业，或者严重违反有关义务作出违法行为而被判处刑罚者，认为其继续从事某一职业或行业部门的业务，仍会引起违法行为危险的行为人，在一定期间或永久性禁止其从事某种职业或行业。[②]在我国对免予刑事制裁的贪污、贿赂犯罪者，可以适当增设并合理运用腐败犯罪的资格刑，限止其一段时间内不得享有担任国家公职人员的权利，来打击因为修法而幸免于法律制裁的犯罪者。

首先，增设部分腐败犯罪尤其是贪污、受贿、挪用公款等主要罪名的资格刑，明确规定对此类犯罪者可以单独或附加适用。其次，妥当完善资格刑的内容，资格刑在我国现行刑法中主要为剥夺政治权利，其中包括剥夺“担任国家机关职务”和“担任国有公司、企业、事业单位和人民团体领导职务”的权利。在当前我国反腐败的严峻形势下，此种职务限定显得弱不禁风，应当考虑增设新的内容，诸如剥夺从事特定职业的权利，以及剥夺犯罪单位荣誉称号、一定期限内从业资格、限其停业整顿、宣告刑事破产等。[③]再次，也有必要实行资格刑分立制，规定此类刑种可以分解适用，即根据惩罚和预防犯罪的需要，剥夺罪犯一项或多项资格。最后，也有必要规定对于犯罪者可以单处或并处资格刑。[④]发挥资格刑在预防犯罪方面的特殊作用，使企图违法犯罪者因利益得失的考虑，收起拨动的心弦，谨慎行事。

---

① 在第37条后增加一条，作为第37条之一：“因利用职业便利实施犯罪，或者实施违背职业要求的特定义务的犯罪被判处刑罚的，人民法院可以根据犯罪情况和预防再犯罪的需要，禁止其自刑罚执行完毕之日或者假释之日起从事相关职业，期限为三年至五年……”

②《外国刑法原理（大陆法系）》，中国人民大学出版社2000年版，第86页。

③《论我国反腐败刑事法治的完善》，载《当代法学》2016年第1期。

④ 刘晓梅、于阳：《〈联合国反腐败公约〉框架下我国惩治贿赂犯罪刑事立法之完善》，载《江苏警官学院学报》2009年第2期。

（三）改良终身监禁制度

最高人民法院、最高人民检察院《关于办理受贿刑事案件适用法律若干问题的意见》强调在惩治受贿案件时应正确贯彻宽严相济的刑事政策，即根据刑法关于受贿罪的有关规定和权钱交易的本质特征，惩处少数，教育多数。现代刑罚不能重蹈重刑苛责的覆辙，它的危害历历在目，对于刑罚动辄伤人的利剑，不可不慎用，更不能滥用。虽然终身监禁制度的设立有诸多缺陷，但其已尘埃落定且成为整个刑事法律躯体的一部分，因此有必要对其进行改良，通过被终身监禁者对其自身利益的追求，更方便快捷地实现社会利益，达致预防犯罪、惩罚腐败的目的。立足国情贯彻刑法的谦抑化思潮，只有对极少数无法矫正、不堪改造的罪犯，才能切断其重归社会之路。

终身苦役与死刑立即执行的残酷性相当，甚至是有过之而无不及。在废除一种残酷刑罚的同时，增设另一种残酷程度相当的处遇，就意味着刑罚永远不能或者难以轻缓，不符合刑罚的发展趋势。[①]对于终身监禁的适用范围应当严格控制，不能在短期内普遍适用，此条款的意义在于未来，现阶段不到万不得已不能动用此种酷刑，毕竟是“可以”而非“应当”挥舞此种重罚利剑杀一儆百。如果刑事政策是灵魂，是统帅；刑事法律是躯体，是肉身；那么刑事司法可谓灵魂统帅下的肉体之用。终身监禁是一种穿肠毒药，不当使用就会产生致命的严重后果，因此，务必要考虑此种酷刑和待处理事件之间的对应性。

毋庸置疑，轻刑化是世界刑法发展的潮流，也是整个社会摆脱重刑束缚的折射，我国刑法理应顺势而行。在国际上盛行刑罚轻缓化思潮的情形下，从刑事司法的角度限止终身监禁的适用实乃锦囊妙计，也是我国在限止酷刑适用与惩罚犯罪之间的重中之重。纵观美国司法控制死刑的模式，在立法保留死刑的条件下，加强对死刑的司法控制是减少死刑适用的有效途径。[②]以此类推，通过刑法的合理解释，在司法上寻求严格控制终身监禁制度的适用从而达到降低此种酷刑的适用频率是现实可行的选择和较为优化的路径。

《刑法》第61条规定量刑“应当根据犯罪的事实、犯罪的性质、情节和对于社会的危害程度，依照本法的有关规定判处”，仅有原则性的提示作用，具体操

① [美]杰罗姆·科恩：《死刑司法控制论及其替代措施》，法律出版社2008年版，第477页。
② 杨诚：《死刑司法控制的美国模式之研究与借鉴》，载《政治与法律》2008年第11期。

作还需要发挥司法人员的主观能动性和自由裁量权。《办理贪污贿赂案件解释》第4条第3款中“犯罪情节等情况”太过抽象缺乏具体的衡量标准，在具体适用时极易掺加办案人员的主观判断，由于个人价值观、法律思维等方面的不同，这种主观评判难免存在差池，因此在司法实践中对“犯罪情节等情况”的标准应从紧控制，对不是必须适用终身监禁制度的应当放宽标准，通过严格司法将此种极严酷刑法的适用限制到极少数。[①]对贪污、贿赂犯罪者适用终身监禁的条件进行统一把握是司法控制的关键点，确保同类型的法定量刑情节和酌定量刑情节在案件裁量时起到相同的量刑效果，只有对此种重刑的适用条件达成共识，才能制定统一适用的裁量规则，达到司法控制的目的，实现法律效果和社会效果兼优的公众期待。

（四）增设妥当举措，弥合法律之间的罅隙

1.适用“从一重罚”，缓和职务侵占与盗窃罪之间的冲突

盗窃罪与职务侵占罪的差别在于主体、犯罪对象、是否“利用职务之便”方面存在差异，与盗窃罪相比，职务侵占罪存在更高的入罪门槛与更低的处罚刑期，但是两者都存在“非法侵吞公私财物”的客观行为，难免会出现竞合的可能。因此，对于非法侵占本公司、本企业、本单位财物的行为，在某种程度上亦符合盗窃罪的构成。当两种行为竞合时，因先因行为的不法性导致职务权源存在瑕疵，即便实行阶段符合职务侵占罪的构成要件，亦完全有可能成立其他类型的财产性犯罪。在对职务侵占罪理解适用的同时，对经济组织与其员工间的信赖利益予以保护也是题中之义，理应引起足够重视。因此，为了避免“监守自盗”情形的猖獗，可以规定如果同一行为符合职务侵占罪的特征，但同时契合盗窃罪的犯罪构成，选择处罚较重的罪名定罪量刑，以实现罪刑均衡。在日趋开放自由的市场经济环境中，对经济组织信赖法益的保护在某种程度上比财产法益更为迫切，因此对于“监守自盗”的行为，能否按照一般法条进行处置，司法实践中尚存争议。张明楷教授认为应当按照普通法条进行评价，刑法分则中存在特别法条原本应科处重刑实际上却规定轻刑的现象，所以不能照搬法条竞合原则，如果绝对地采取特别法条优于普通法条的使用标准，就会造成罪刑不均，因此，只要刑

① 储槐植：《死刑司法控制：完整解读刑法第四十八条》，载《中外法学》2012年第5期。

法没有禁止适用重法条，就应按照重法条优于轻法条的原则定罪量刑。[①]如对于诈骗犯罪如果没有达到金融诈骗的犯罪标准，则按照一般诈骗处理，此种类似规定，在我国《刑法》第149条第2款中亦再现，佐证了在两种罪名竞合时，如果重罪处罚较轻，则按轻罪的重处罚论处的存在价值。

2.引入“囚徒困境”，构建行贿罪与受贿罪二者的平衡

从刑事法律和司法实践可以看出，我国一贯坚持非对称性的刑事政策，即宽恕行贿，严惩受贿。根据最高人民法院、最高人民检察院《关于办理行贿刑事案件具体应用法律若干问题的解释》第7条和第8条的规定，特别自首制度的重点在于通过减轻对行贿行为的处罚以换取行贿行为人对受贿行为人的揭发，从而打击受贿行为。而我国刑法规定的受贿罪的罪量（犯罪严重性程度）与刑量（法定刑严厉程度）是一致的，而行贿罪的刑量相对于其罪量是偏重的，显然不利于行贿者坦白犯罪事实，面对内心的道德谴责以及未知的严厉处罚，更倾向于选择守口如瓶而非浪子回头。

行贿和受贿属密室犯罪，法律应当奖励行贿者，以打破事先构建的利益共同体。可根据“囚徒困境”模型重新设置行贿罪的特别自首制度，将《刑法》第390条行贿人特别自首制度中“可以减轻或者免除处罚”改为“行贿人在被追诉前主动交代行贿行为的，不以犯罪论处”或“不追究刑事责任”，从而置贿赂者于囚徒困境，之前的信任关系亦不复存在。在犯罪行为实施之前，公职人员不敢轻易收受贿赂，行贿者即送贿无门；在犯罪行为达成之后，行贿者因担心遭受身陷囹圄之灾，会主动坦白罪行，使得贿赂犯罪暗数大大降低，受刑事追诉的概率亦随之提高，在实现公职人员不敢受贿的同时又达到预防犯罪的目的。

诚如柏拉图所言：“不管为着好事还是坏事，都不应当接受礼物。”[②]在《办理贪污贿赂案件解释》中受贿罪“为他人谋取利益”既包括明示的行为，也容纳暗示的承诺，实际上虚化“为他人谋取利益”这一要件，使其俨然成为“皇帝的新装”。实际上，受贿罪中无论是“利用职务上的便利”，还是“为他人谋取利益”等构成要件，最终目的都是证明收受或索取财物与职务行为的对价关系。[③]“为他人谋取利益”之规定，徒增司法认定的难度，浪费大量的司法资源，应当予以取

① 张明楷：《刑法学》，法律出版社2011年版，第424—425页。

②［法］孟德斯鸠：《论法的精神》，张雁深译，商务印书馆1982年版，第57页。

③ 张明楷：《刑法的私塾》，北京大学出版社2014年版，第141页。

消。因此基于司法实践的高效便利角度考量，只要国家工作人员就其职务行为索取或收受的财物，不是其依法应当取得的利益，就是其职务行为的不正当报酬，侵犯了受贿罪的法益，即受贿行为。[①]

越来越多的例证表明，在市场经济条件下，行贿人多是自愿的“寻租者”，是“加害人”。[②]因此，对受贿者也可以设立特别自首制度，在《刑法》第386条中增加一条：“受贿者在被追诉前主动交代罪行的，可以从轻处罚，情节较轻的，可以减轻处罚”，以实现对行贿行为的查处和惩治。多种举措并驾齐驱，成为预防和治理贪污、贿赂犯罪的灵丹妙药。

第六节　精准界定：贪污贿赂犯罪的罪数问题

司法实践中，渎职犯罪经常与受贿行为交织在一起，此种情况如何处理备受争议。在渎职罪中，有的渎职罪主体同时构成受贿罪的，刑法明文规定依照处罚较重的罪处罚。但是，对大部分渎职罪如果与受贿罪并发如何处罚没有明确的法律依据，只能根据刑法理论来处理。如果国家机关工作人员构成渎职罪时，其受贿行为达不到成罪条件的，受贿行为应作为渎职罪量刑时的情节从重处罚。如果受贿行为符合受贿罪的构成，对行为人应从一重罪处罚还是以数罪并罚呢？在司法实践中和理论上都存在不同的认识。传统刑法理论一般认为，这种情况属于牵连犯形态，对牵连犯应当从一重处断。在我国刑事立法和司法解释中，对于牵连犯的处罚，既有按照从一重罪来处罚的，也有实行数罪并罚的。理论上对于渎职罪与受贿罪并发时如何处理，既有主张按牵连犯从一重处罚的，也有主张数罪并罚的。[③]如此等等，在理论和实践中出现了莫衷一是的局面。从实际案例来看，以数罪并罚的较多，并且也没有考虑到不同的渎职罪有着不同的犯罪构成（有的渎职罪包含“徇私”要件，有的不包含“徇私”要件），这种笼而统之的认定为数罪，显出了定罪的粗疏。如果说，我们认定渎

① 张明楷：《刑法学》，法律出版社2011年版，第1064页。

② 卢建平、张旭辉：《美国反海外腐败法解读》，中国方正出版社2007年版，第73页。

③ 周光权：《受贿后徇私舞弊原则上应当数罪并罚》，载《检察日报》2003年10月8日；肖中华：《渎职罪中的牵连犯该怎么处理》，载《检察日报》2001年3月19日；陈和民：《渎职受贿行为的罪数认定》，载《检察日报》2002年11月28日。

职罪与受贿罪并发时就是牵连犯，那么，是从一重罪处断还是数罪并罚只是处罚原则的选择问题，关键问题在于，这种情况是不是牵连犯？或者说，这不仅仅是处罚原则的选择问题，更是一个罪数形态的判断问题。因为在渎职罪的罪状中，有的包含“徇私”，有的没有规定，有的把“徇私”作为加重处罚条件，总之，各个渎职罪的罪状不一，不结合刑法的实然规定，笼统地讨论渎职罪与受贿罪并发时的处罚原则，是没有太大意义的。本节拟结合渎职罪的具体构成要件，分析这种情况是实质数罪还是何种非典型一罪，并在此基础上讨论其处断原则。

一、“徇私”是否为渎职罪的构成要件

渎职罪与受贿罪并发的情况主要表现为：一是在徇私情节为某种渎职罪犯罪构成的法定要件的渎职罪（如徇私舞弊不征少征税款罪）中，行为人因收受贿赂而渎职犯罪，同时收受贿赂的行为也构成受贿罪；二是在徇私情节为某种渎职罪加重处罚的构成要件（如滥用职权罪）时，行为人因收受贿赂而渎职犯罪，同时收受贿赂的行为也构成受贿罪；三是行为人因收受贿赂而实施的渎职行为，同时构成受贿罪和没有徇私罪状规定的渎职罪（如环境监管失职罪）。理论和实践中对“徇私”的理解，或者说它是不是渎职罪的构成要件是一个有争议的问题。

罪状中包含“徇私”时，徇私是否为其构成要件，理论上存在肯定论与否定论两种观点。肯定论认为徇私是罪状中包含“徇私”的渎职罪构成要件，属于法定的构成要件要素。[①]其中，对于“徇私”属于主观要素还是客观要素存在不同观点。第一种观点认为，徇私既是客观的构成要件要素，也是主观的构成要件要素；[②]第二种观点认为，徇私是客观的构成要件要素；[③]第三种观点认为，徇私是犯罪目的；[④]第四种观点认为，徇私属于犯罪动机。[⑤]否定论认为虽然罪状中包含“徇私”，但徇私不是其构成要件。徇私是渎职罪的主观要件，属于犯罪动机，徇私的动机是各种各样的，有的是贪赃受贿，有的是徇亲友私情等，但无论动机如

① 张明楷：《渎职罪中“徇私”、“舞弊”的性质与认定》，载《人民检察》2005年第12期。
② 李文生：《关于渎职罪徇私问题的探讨》，载《中国刑事法杂志》2000年第4期。
③ 王福生：《浅谈徇私枉法罪客观方面的认定》，载《人民检察》2001年第3期。
④ 刘生荣：《施刑范典》，中国方正出版社1998年版，第1243页。
⑤ 高兵：《徇私枉法罪疑难问题分析》，载《人民检察》2003年第1期。

何，不影响本罪的成立。根据刑法理论，犯罪动机不属于构成要件，只能作为量刑时考虑的情节。另外，最高人民检察院1999年颁布的《直接受理立案侦查案件立案标准的规定（试行）》，在规定徇私舞弊型渎职犯罪的立案标准时，将徇私表述为“为徇私情、私利”。显然，司法机关将徇私认定为一种特定的主观意图，而不是客观行为。①

笔者认为，否定论的观点不符合立法实际。渎职罪的主体是国家机关工作人员，其从事公务的重要特征是具有一定的裁量性。有些裁量性事务，要求国家机关工作人员具备较高的法律素质、政策水平、技术能力；有的裁量性事务，对这些素质的要求则相对较低，或者说这种事务一般不会出差错。那些规定了徇私要件的渎职罪，其职责内容一般是需要国家机关工作人员有较高素质、政策水平的裁量性事务；从立法目的看，应该是为了将国家机关工作人员因为政策水平或技术能力不高而出现差错的情形排除在渎职罪之外。例如，为了避免将司法工作人员因水平不高而把有罪认定为无罪或者相反的情形认定徇私枉法罪，刑法条文就将徇私规定为要件，以限制罪的成立范围。而私放在押人员罪则不要求徇私，因为具备什么条件与程序可以释放在押人员是不难判断的，所以，不必以徇私作为要件，来排除业务水平低的情况。总之，刑法分则条文要求部分渎职罪出于徇私动机，是为了将因政策水平、技术能力低而出现差错的情况，排除在渎职罪之外。另外，分则既然把“徇私”明确规定在某些渎职罪的罪状中，它就应该是法定的构成要件。如果只把它作为犯罪动机，而犯罪动机不能成为犯罪构成要件，从而不影响犯罪的成立来理解，就失去了刑法分则明确规定“徇私”的意义。因此，否定“徇私”为这类渎职罪的犯罪构成要件的观点是不能成立的。

在肯定论中，第一种观点的缺陷在于，既然将徇私作为客观的构成要件要素，就不能同时将其作为主观的构成要件要素。因为在故意犯罪中，除客观的超过要素外，客观的构成要件要素都是需要行为人认识的要素。例如，追诉无罪的人或者包庇有罪的人使之不受追诉，是徇私枉法罪的客观行为（客观要素）。因此，司法工作人员要成立徇私枉法罪，就必须明知是无罪的人而使他受追诉，或者明知是有罪的人而故意包庇不使他受追诉。虽然客观的构成要件要素是故意的认识内容，但不能认为客观的构成要件要素同时属于主观的构成要件要素。另外，

① 侯启舞：《论渎职罪中“徇私”定位》，载《牡丹江大学学报》2009年第1期。

既然认为徇私不是故意的内容，而是犯罪的动机，那么，就不能要求有与徇私相对应的客观事实。所以，第一种观点存在自相矛盾之嫌。第三种观点的不妥之处在于，如果将徇私作为犯罪目的，会得出“以徇私为要件的渎职罪均属于直接故意犯罪”的结论。因为在我国刑法理论中，目的犯都是直接故意犯罪。但事实上，以徇私为要件的渎职罪，可以出于间接故意；司法实践中，以间接故意实施徇私类的渎职罪的实例并不鲜见。刑法也没有否认间接故意可以构成徇私类的渎职罪。第四种观点承认徇私是徇私类渎职罪的犯罪构成要件，但却把它定位成犯罪动机，而按照传统刑法理论，犯罪动机不属于犯罪构成要件，不影响犯罪成立，这实际上使“徇私”失去了界定罪与非罪界限的功能，同样抹杀了刑法分则明确规定“徇私”的意义。

笔者赞同第二种观点，即徇私是客观的构成要件要素，是徇私类渎职罪的行为特征之一。这类渎职罪的客观特征包括：一是徇私行为，即国家机关工作人员利用职务之便，为谋取私利或者其他个人目的而实施的行为；二是渎职行为，即行为人实施了滥用职权、徇私枉法等致使公共财产或者国家和人民利益遭受重大损失的行为。二者构成复合行为。理由在于：多数学者所持的观点——徇私是犯罪动机，会导致徇私在认定罪与非罪时起不到应有的作用，对于因水平或能力问题造成差错的情况与为了徇私而渎职的行为区分不开，因为动机是不影响定罪的。“徇私”就无法起到限缩犯罪成立范围的作用。

二、罪状含“徇私”的渎职罪与受贿罪并发时的定罪处罚

如果行为人因受贿而实施了渎职行为，且属于“徇私”类渎职罪，如司法工作人员收受贿赂后，对不符合减刑、假释、暂予监外执行条件的罪犯，予以减刑、假释或者暂予监外执行的，就可能涉及两个罪名。假如其中一个罪名不够定罪起点，自应按另一罪（符合定罪条件）处理；如果受贿行为和渎职行为都达到构成犯罪的条件如何定罪处罚？有三种观点：第一种观点认为，行为人构成两个罪，即受贿罪和徇私舞弊减刑、假释、暂予监外执行罪，实行数罪并罚；第二种观点认为，行为人虽然实施了两个行为，触犯了两个罪名，但两者之间具有牵连关系（受贿是目的行为，渎职是手段行为），应按处理牵连犯的原则择一重罪处罚。第三种观点认为，这种情况应定为徇私舞弊减刑、假释、暂予监外执行罪。理由主要是：《刑法》第401条中的“徇私”包含受贿内容，受

贿应作为徇私的情节，在量刑时从重处罚。[①]笔者认为，为他人谋取非法利益的渎职行为虽然可以由渎职罪的构成要件所单独评价，但是该行为的一部分又与收受财物行为相结合被立法者纳入受贿罪的犯罪构成之中，由受贿罪的犯罪构成作出了整体评价。“为他人谋取非法利益”行为作为一个整体为渎职罪所评价，而作为该行为的一部分即许诺为他人谋取利益或为他人谋取利益的预备行为阶段又为受贿罪所评价，如果将其分别定罪，无疑违背了禁止重复评价的原则。究其性质，这种情况应该属于法条竞合。“法条竞合犯亦称法规竞合犯，是指由于法律规定的错综复杂，以致一个犯罪行为同时触犯数个法条，而其中一个法条的构成要件的内容与另一法条的内容相重合或者相交叉，触犯该法条则必然触犯另一法条，但只能适用其中一个法律条文定罪量刑，排除可能适用其他条文的情况。”[②]《刑法》第385条第1款规定：“国家工作人员利用职务上的便利，索取他人财物的，或者非法收受他人财物，为他人谋取利益的，是受贿罪。”据此，以受贿罪的客观要件来看，司法工作人员徇私舞弊减刑、假释、暂予监外执行的渎职行为是受贿罪的有机组成部分，是为他人谋取利益的行为（收受财物行为和为他人谋取利益的行为是一个复合行为）。从徇私舞弊减刑、假释、暂予监外执行罪的构成要件来看，受贿行为（属于徇私）既是行为人实施渎职行为的动机，又与渎职行为构成一个法定的复合行为。因此，这种情况实际上是一个行为，同时满足两个不同的犯罪构成，触犯了两个罪名，属于法条竞合。“法条竞合，在本质上，为数个刑罚法规相互之间之竞合适用问题，其重点完全决定于某犯罪事实是否仅依一个刑罚法规为一次之评价，至其行为数究系一个或数个，并非法条竞合之重点所在，亦与可否成立法条竞合无关，易言之，行为人所实施之行为，不论系一个行为或数个行为，依犯罪之本质理论，如认其仅应依一个刑罚法规加以一次评价时，均有可能成立法条竞合。”[③]法条竞合是实质上的一罪。日本学者泷川幸辰将法条竞合分为逻辑性的法条竞合和评价性的法条竞合，逻辑性的法条竞合是指特别关系的竞合，其特征是实施一行为必然触犯两个法条的规定。评价性的法条竞合是指其他关系的竞合，在认定这种法条竞合时，要考虑具体情况，其特征是实施一行为并不必然触犯两个法条的规

① 龚培华：《渎职罪立法及司法适用研究》，载《犯罪研究》2000年第5期。

② 林亚刚：《论想象竞合犯的若干问题》，载《法律科学》2004年第1期。

③ 甘添贵：《罪数理论之研究》，元照出版公司2006年版，第99—100页。

定。[①]在非特别关系的法条竞合下，不法行为的复杂形态决定了有关法条的交叉关系很难判断，当某个类型的不法行为闯进了法条之间本身存在的交叉领域，使得有关法条之间本身存在的交叉关系得以显现出来。[②]在徇私型渎职罪中，渎职罪与受贿罪就属于非特别关系的法条竞合。具体在受贿罪与徇私型渎职罪的关系中，两者在构成要件上存在交叉关系。从主体上看，受贿罪的主体国家工作人员包含徇私型渎职罪的主体国家机关工作人员；从客观方面看，受贿罪的为他人谋取利益，包含渎职行为，即为他人谋取非法利益。但是徇私在内涵上包含徇私情、私利，而受贿罪法条中受贿的内涵只限于私利，且表现为财产性利益。因此，受贿罪与徇私型渎职罪存在交叉重合关系。在法条竞合情况下，从外观上看有数法条可以同时适用该行为。但根据一定的原则，只能适用其中一个法条定罪处罚。具体说来，对为收受财物进而渎职（为他人谋取利益）的行为，或者将两个部分视为一个整体行为定受贿罪处罚，或者就其行为的主要危害性方面按具体的渎职罪处罚（收受财物只作为一个量刑情节考虑）；不允许对该行为既定受贿罪又定具体的渎职罪数罪并罚，否则即犯了“一行为二罚”的大忌。法条竞合的适用原则包括“特别法优于普通法”“复杂法优于简单法”以及“重法优于轻法”等。具有徇私型渎职罪与受贿罪之间，既不属于特别法与普通法的关系，也不属于复杂法与简单法的关系，依据罪刑相适应原则，应采“重法优于轻法”的原则，择一重罪处罚。

三、“徇私”为加重处罚条件的渎职罪与受贿罪并发时的定罪处罚

在渎职罪中，滥用职权罪和玩忽职守罪是把“徇私”作为加重处罚条件的，并规定了独立的法定刑。《刑法》第397条第1款规定：“国家机关工作人员滥用职权或者玩忽职守，致使公共财产、国家和人民利益遭受重大损失的，处三年以下有期徒刑或者拘役；情节特别严重的，处三年以上七年以下有期徒刑。本法另有规定的，依照规定。”第2款规定：“国家机关工作人员徇私舞弊，犯前款罪的，处五年以下有期徒刑或者拘役；情节特别严重的，处五年以上十年以下有期徒刑。本法另有规定的，依照规定。”如果国家机关工作人员徇私舞弊的行为表现

---

① 陈兴良：《刑法竞合论》，载《法商研究》2006年第2期。

② 周建军：《法条竞合犯抑或想象竞合犯》，载《刑事法评论（第22卷）》，北京大学出版社2008年版，第484页。

为受贿，但没有达到受贿罪的犯罪标准，自应按照第2款的规定以滥用职权或者玩忽职守罪的加重刑处罚。如果受贿行为达到定罪的标准，又实施了滥用职权或者玩忽职守犯罪行为的，如何定罪处罚有两种观点：一种观点认为，收受贿赂行为和滥用职权或者玩忽职守行为是两种行为，构成两种犯罪，应当按照受贿罪和滥用职权或者玩忽职守罪数罪并罚；另一种观点认为，虽然受贿行为和滥用职权或者玩忽职守行为构成两种犯罪，但两罪之间具有牵连关系，因此应按牵连犯的处罚原则“择一重罪从重处罚”。[①]

《刑法》第397条第2款将“徇私”作为该条罪状的构成要件，同该条的第1款规定相比，多了徇私情节的规定，也提高了法定刑幅度。可以看出，第2款是把“徇私”作为对实施该渎职行为的行为人加重处罚的条件的，即徇私情节已经作为该罪特征和法律适用的要件之一。笔者认为，尽管《刑法》第397条是在第2款中将“徇私”作为滥用职权罪或者玩忽职守罪的加重处罚条件，但其实质与上述第一种情况的性质是相同的，即“徇私”是滥用职权罪或者玩忽职守罪的加重犯罪构成的要件之一，依然是滥用职权罪或者玩忽职守罪一罪，而不是数罪，这还是法条竞合，理由如上所述。如果滥用职权罪或者玩忽职守罪的“徇私”表现为受贿，当受贿行为达不到定罪标准的，认定为滥用职权罪或者玩忽职守罪，根据第2款规定的法定刑直接处罚。当受贿行为达到定罪标准时，应依据“重法优于轻法”的原则，择一重罪处罚。理由在于：如果受贿数额巨大，受贿罪的最高刑可以达到死刑，而具有徇私情节的滥用职权罪或者玩忽职守罪即使情节特别严重的，最高刑也不超过十年，因此，单从它们的法定刑的设置上看，第397条第2款也是不可能涵盖受贿罪的，只能按照法条竞合中的“重法优于轻法”的原则处理。

四、罪状不含“徇私”的渎职罪与受贿罪并发时的定罪处罚

如果行为人因受贿而实施了没有“徇私”的要件的渎职罪，如《刑法》第417条规定的帮助犯罪分子逃避处罚罪，行为人可能触犯受贿罪和帮助犯罪分子逃避处罚罪两个罪名，假如这两个行为都构成犯罪，如何处罚？是牵连犯还是数罪？笔者认为，这种情况认定为牵连犯不太合适，而应该认定为数罪。理由在于：第一，如果先后发生的两个犯罪行为不仅表面上符合多个犯罪构成，实质上

① 李文生：《关于渎职罪徇私问题的探讨》，载《中国刑事法杂志》2002年第4期。

也具有复数犯罪的罪质，则属于典型的数罪。受贿罪是指国家工作人员利用职务上的便利，索取他人财物，或者非法收受他人财物，为他人谋取利益的行为，其中所说的“为他人谋取利益”，并非指受贿人实际为他人谋取利益的行为或结果，而是指受贿人的一种许诺，只要受贿人索取或收受他人财物并许诺为他人谋取利益，即满足受贿罪的客观要件，构成受贿罪。同时，帮助犯罪分子逃避处罚罪不包括徇私或受贿，只要有查禁犯罪活动职责的国家机关工作人员，向犯罪分子通风报信、提供便利，帮助犯罪分子逃避处罚的，就构成犯罪，这也是一个独立的犯罪，它与受贿行为没有包容和交叉关系，属于刑法上的两种行为，构成实质的数罪，应分别以受贿罪、帮助犯罪分子逃避处罚罪实行数罪并罚。第二，虽然这种情况也可以认为是牵连犯（受贿是原因行为，渎职是结果行为），但实际上牵连犯也是实质数罪，如果按照一重罪处罚，如按照受贿罪论处，就无法显示出对渎职行为的否定评价。国家机关工作人员利用职务之便收受贿赂，实施渎职行为，触犯了两种职务犯罪，从严惩职务犯罪的角度说，应该数罪并罚。另外，只按一罪惩处，难以全面评价这类行为。第三，牵连犯的牵连关系太宽泛，存在诸多争议和诟病。第四，受贿罪包括索取型受贿罪和收受型受贿罪。索取型受贿罪只要求行为人有索取贿赂的行为即可，而不要求为他人谋取利益。只要行为人利用职权索取贿赂即构成受贿罪，其为他人谋取利益的行为又构成渎职犯罪的，应认定为新的犯罪，对其数罪并罚不存在对同一行为的重复评价问题。在收受型受贿罪犯罪构成中，不仅要求收受他人财物，还要求为他人谋取利益，而其为他人谋取利益的方式又构成渎职犯罪，就存在受贿罪与渎职罪的交叉问题。那么，如何理解“为他人谋取利益”是解决此类受贿型渎职犯罪的关键之一。

对于如何界定“为他人谋取利益”，主要有三种观点：一是旧客观要件说。认为为他人谋取利益是客观要件，只有具备为他人谋取利益的客观行为才构成受贿罪。[①]该说的缺陷在于，大大提高了受贿罪的门槛，放纵了一部分犯罪分子，不利于打击腐败。二是主观要件说。认为“为他人谋取利益”只是行为人的主观意图，只要证明行为人具有利用职权收受财物，为他人谋取利益的意图，就构成受贿罪。[②]为他人谋利又构成其他犯罪的，成立新的犯罪，应数罪并罚。该说扩

---

① 高铭暄：《中国刑法学》，中国人民大学出版社1989年版，第604页。

② 熊选国、苗有水：《如何把握受贿罪构成要件之“为他人谋取利益”》，载《人民法院报》2005年7月6日。

大了犯罪成立范围。在收受型受贿罪的罪状中，利用职权，非法收受，为他人谋利，三者构成其行为特征，都是客观要件。主观要件如果想要表述，一般放在前面，用“明知”“以……为目的”等词表示。另外，主观要件认定困难，随意性强。三是新客观要件说。认为为他人谋取利益是受贿罪的客观要件，包括承诺、实施和实现三个阶段的行为，只要具有其中一个阶段的行为，就具备了为他人谋取利益的要件。国家工作人员收受了他人财物，虽没有利用职务便利为他人谋取利益，但其在收受他人财物时，根据他人提出的请托事项，承诺为他人谋取利益的，或者明知他人有具体的请托事项而收受他人财物的，应当认定为受贿。[①]这种观点已成为通说。笔者也赞同新客观要件说，该说能够弥补前两种学说的不足。行为人利用职权，非法收受他人财物，只要承诺为他人谋取利益，即构成受贿罪既遂。为他人谋取利益的实施、实现行为不是受贿罪的必备要件，如果谋取利益的方式又构成渎职等犯罪的，成立新的犯罪，数罪并罚，不存在同一行为重复评价的问题。

总之，在索贿型受贿罪中，存在着分别可以认定为两罪的两种行为，定两罪不存在重复评价问题。在收受型受贿情形下，普遍接受的观点是，为他人谋取利益的成立以口头承诺甚至默认为条件，后续的渎职行为（非徇私型）是独立于受贿罪构成要件之外的，因而也不存在一行为重复评价的问题。因此，对受贿并有渎职（没有徇私情节）的行为应认定为数罪，实施并罚。

第七节 自首考量：贪污贿赂犯罪中自首的适用问题

自首是一项法定的刑罚裁量制度，是宽严相济形势政策的具体化、法律化，在预防和惩治犯罪中起到了重要作用。《刑法》第67条用“犯罪以后自动投案，如实供述自己的罪行的，是自首”和“被采取强制措施的犯罪嫌疑人、被告人和正在服刑的罪犯，如实供述司法机关还未掌握的本人其他罪行的，以自首论”两句话高度概括总结了自首和准自首的定义。但面对纷繁复杂的社会事件，对于自首尤其是在职务犯罪中的自首适用问题，出现了不少问题。1998年4月6日最高人民法院出台了《关于处理自首和立功具体应用法律若干问题的解释》（以下简

① 张明楷：《论受贿罪的客观要件》，载《中国法学》1995年第1期。

称《解释》)；2009年3月12日，最高人民法院、最高人民检察院出台了《关于办理职务犯罪案件认定自首、立功等量刑情节若干问题的意见》(以下简称《职务犯罪自首意见》)；2010年12月22日，最高人民法院出台了《关于处理自首和立功若干具体问题的意见》(以下简称《自首意见》)。但实践中，职务犯罪的自首认定仍面临很多难题，仍值得我们深入探讨。

一、《解释》《职务犯罪自首意见》的效力问题

有观点认为《职务犯罪自首意见》出台晚于《解释》，根据新法优于旧法的原则，对于职务犯罪分子接受纪检监察等办案机关调查谈话时，就已经不能成立自首。[①]笔者对此有不同意见。

首先，“新法优于旧法”这一特殊规则是针对两个具有同等级别效力的法律时所适用的规则。[②]《解释》的编号为“法释〔1998〕8号”，其性质为司法解释；《职务犯罪自首意见》的编号为“法发〔2009〕13号”，其性质为司法文件。两者之间处于不同级别效力，因此不适用“新法优于旧法”的规定，而应当适用法的效力层次的一般规则，即《解释》等同于法律的效力，应当高于《职务犯罪自首意见》的效力。

其次，除了将纪检部门认定为办案单位而言，《职务犯罪自首意见》与《解释》内容无冲突之处。

二、一般自首

按照《刑法》第67条规定，犯罪以后自动投案如实供述自己罪行的，是自首。刑法学界将其称为一般自首，包括“自动投案”与“如实供述”两个要件。[③]

(一)自动投案

根据《解释》规定：自动投案，是指犯罪事实或者犯罪嫌疑人未被司法机关发觉，或者虽被发觉，但犯罪嫌疑人尚未受到讯问、未被采取强制措施时，主动、直接向公安机关、人民检察院或者人民法院投案。《职务犯罪自首意见》则

① 高峰志：《自首与立功制度及司法适用》，中国人民公安大学出版社2012年版，第43页。

② 张文显主编：《法理学》，法律出版社2004年版，第76页。

③ 有观点认为“接受审查和裁判”是自首的第三个要件。参见高峰志著：《自首与立功制度及司法适用》，中国人民公安大学出版社2012年版，第17—19页。

规定：犯罪事实或者犯罪分子未被办案机关掌握，或者虽被掌握，但犯罪分子未被宣布采取调查措施或者强制措施时，向办案机关投案的，是自动投案。

1.投案时间

投案时间，是指投案的时限。各国及各地区的刑法对自首均作出了时间性的限定。如日本和我国台湾地区均规定自首须于犯罪未发觉之前自动投案。相比较而言，我国刑法对投案时间规定较为宽松。根据《解释》规定，虽被发觉，但犯罪嫌疑人尚未受到讯问、未被采取强制措施时，主动、直接向公安机关、人民检察院或者人民法院投案。由此可知，我国刑法规定的投案时间应当是在犯罪人尚未归案之前投案。于是，我国刑法规定的自动投案可以分为以下三类：A.犯罪事实未被发觉时的投案；B.犯罪事实虽被发觉，但没查清犯罪嫌疑人时投案；C.犯罪嫌疑人未受到讯问、未被采取强制措施、未被群众扭送时的投案。

针对A、B两项规定的未被发觉可以参考借鉴我国台湾地区的司法原则。我国台湾地区“1983台上判例指出”：“刑法”第62条[①]所谓发觉，固非以有侦查犯罪权之机关或者人员确知其人犯罪无误为必要，而对于其发生嫌疑时，即得谓为已发觉；但此项对于犯人之嫌疑，仍需有确切之根据。又如，我国台湾地区“1937渝上1839判例”，“刑法”第62条所谓未发觉之罪，凡有搜查权之官吏，不知有犯罪之事实，或虽知有犯罪事实，而不知犯罪人为何人者，均属之。“1986台上1634判例”，“刑法”第62条之发觉，系指有侦查权之公务员已知悉犯罪事实与犯罪人而言，而所谓知悉，故不以确知其为犯罪人之必要，但其犯罪事实确实存在，且为该管公务员所确知，实属相当。如犯罪事实并不存在而怀疑其已发生，或虽已发生，而为该管公务员所不知，仅系推测其已发生而与事实巧合，均与以发生之情形有别。[②]

针对C项规定的投案，投案时间应当严格限定于犯罪嫌疑人未受到讯问、未被采取强制措施之前（含被群众扭送之前）。对于被采取强制措施的犯罪嫌疑人逃跑后再投案的，对于被采取强制措施的犯罪而言，不能认定为自动投案。但对于新犯罪仍能认定为自动投案。例如，甲犯抢劫罪后被逮捕，脱逃后又投案的，只成立脱逃罪的投案，不成立抢劫罪的投案；再如，乙因盗窃罪被取保

① 我国台湾地区现行“刑法”规定：对于未发觉之罪自首而受裁判者，得减轻其刑。但有特别规定者，依其规定。

② 陈子平：《刑法总论》，中国人民大学出版社2008年版，第493—494页。

候审，逃亡外地时又犯抢劫罪，然后向司法机关投案，如实供述抢劫事实的，只成立抢劫罪的自动投案，不成立盗窃罪的自动投案。[①]之所以这样理解，是因为如果认为被采取强制措施的犯罪是自动投案，无异于鼓励犯罪分子逃跑。例如，同样是两个犯罪的人，甲被逮捕后逃跑，而乙没有逃跑，结果对甲认定自动投案，予以从轻处罚；而没有逃跑的反而不能受到从轻待遇。这无疑是鼓励犯罪分子逃跑。

而《解释》中规定的犯罪后逃跑，在被通缉、追捕过程中，主动投案的；经查实确已准备去投案，或者正在投案途中，被公安机关捕获的，应当视为自动投案。应当理解为投案前没有被讯问、没有被采取强制措施。

2.如何理解尚未受到讯问、被采取强制措施

《刑事诉讼法》关于“讯问”一词共出现34处，均是针对犯罪嫌疑人、被告人、罪犯来讲的。例如，第34条规定犯罪嫌疑人自被侦查机关第一次讯问或者采取强制措施之日起，有权委托辩护人；第86条、第94条、第166条规定对被采取拘留、逮捕的犯罪嫌疑人或者被逮捕的被告人讯问；[②]第191条规定，公诉人在法庭上宣读起诉书后，被告人、被害人可以就起诉书指控的犯罪进行陈述，公诉人可以讯问被告人；第263条规定，指挥执行的审判人员，对罪犯应当验明正身，讯问有无遗言、信札，然后交付执行人员执行死刑。而对于证人、鉴定人、被害人均使用“询问”一词。

当一个人被讯问或者被采取强制措施，不言而喻，其一定在办案单位的控制之下。《刑事诉讼法》第34条规定，犯罪嫌疑人自被侦查机关第一次讯问或者采取强制措施之日起，有权委托辩护人。其立法原意是为了尽可能早地保障犯罪嫌疑人的辩护权。当一个人被讯问或者被采取强制措施时，被视为确定犯罪嫌疑人身份的开始。而实践中，讯问和采取强制措施很多时候并非同步而是先后进行的。哪个在先，哪个时间点即确定犯罪嫌疑人身份的开端。在实务中，以刑事立案（即确定某人为犯罪嫌疑人）为节点来区分“询问笔录”与“讯问笔录”。

应当注意的是，《刑事诉讼法》第34条因为要保障犯罪嫌疑人的辩护权，所

---

① 张明楷：《刑法学》，法律出版社2016年版，第563页。

②《刑事诉讼法》第86条规定，公安机关对被拘留的人，应当在拘留后的二十四小时以内进行讯问。第94条规定，人民法院、人民检察院对于各自决定逮捕的人，公安机关对于经人民检察院批准逮捕的人，都必须在逮捕后的二十四小时以内进行讯问。第166条规定，人民检察院对直接受理的案件中被拘留的人，应当在拘留后的二十四小时以内进行讯问。

以在“第一次讯问”与“采取强制措施”之间使用了“或者”一词，只要一个发生，即可聘请辩护人。而《解释》因为要求归案的主动性，故在“受到讯问”与“被采取强制措施”之间用了“、”连接，表示两个都不能被实现，否则就不具有归案的主动性。由此可知，不管是“尚未受到讯问”还是“尚未被采取强制措施”，均指尚未被动归案。

3.如何理解“尚未受到调查谈话”与“未被宣布调查措施”

《职务犯罪自首意见》规定，犯罪分子尚未受到调查谈话、讯问，或者未被宣布采取调查措施或者强制措施时，向办案机关投案的，是自动投案。最高人民法院、最高人民检察院有关部门负责人就《关于办理职务犯罪案件认定自首、立功等量刑情节若干问题的意见》答记者问[①]中明确强调指出，《职务犯罪自首意见》中规定的犯罪事实、犯罪分子是否被掌握，犯罪分子是否被采取调查措施或者强制措施，是相对于办案机关而言的。这里的办案机关仅限定为纪检、监察、公安、检察等法定职能部门。

根据《中国共产党纪律检查机关案件检查工作条例》第25条规定，调查开始时，在一般情况下，调查组应会同被调查人所在单位党组织与被调查人谈话，宣布立案决定和应遵守的纪律，要求其正确对待组织调查。调查中，应认真听取被调查人的陈述和意见，做好思想教育工作。

为什么将纪检、监察与公安、监察等部门并列作为办案单位，并将纪检监察部门采取的“调查谈话”“宣布调查措施”与“受到讯问”“被采取强制措施”并列，《职务犯罪自首意见》出台后，权威解释为：纪检监察部门的办案活动虽然不属于司法活动，但其所采取的调查谈话、调查措施与司法机关的讯问、强制措施的内容、目的、效果基本相同、两者具有可比性。[②]因为一旦“受到讯问”“被采取强制措施”，犯罪嫌疑人就已经置身于办案单位的控制之下，丧失了主动归案的可能性。而对应的“调查谈话”“采取调查措施”，被调查人也应置身于办案单位的控制之下，丧失了主动归案的可能性。质言之，“尚未受到调查谈话”与“未被宣布调查措施”与“尚未受到讯问”“被采取强制措施”一致，均指尚未被动归案。

---

① 最高人民法院、最高人民检察院有关部门负责人就《关于办理职务犯罪案件认定自首、立功等量刑情节若干问题的意见》答记者问，http://www.chinacourt.org/article/detail/2009/03/id/350232.shtml。

② 刘为波：《〈最高人民法院、最高人民检察院关于办理职务犯罪案件认定自首、立功等量刑情节若干问题〉的理解与适用》，载《最高人民法院自首、立功司法解释：案例指导与理解适用》，法律出版社2012年版。

“调查谈话”不同于诫勉谈话，一般指的是立案后依照有关调查程序进行的谈话，考虑到办案实践中立案情况较为复杂，为方便实践部门根据案件情况作出更为合理的认定，故《职务犯罪自首意见》对此未作进一步明确。

《中国共产党纪律检查机关案件检查工作条例》第28条规定了八种调查措施，但对于自动投案来说，只有第3项“要求有关人员在规定的时间、地点就案件所涉及的问题作出说明”的调查措施影响主动归案的主动性，其他调查措施均属于对证据的搜集、财产的扣划等问题。故对《职务犯罪自首意见》中的“调查措施”应当做限缩解释，专指“要求有关人员在规定的时间、地点就案件所涉及的问题作出说明”这一项调查措施。

有观点认为“纪检、监察机关办案程序一般是先初步核实，后立案，再调查，因此，这里的‘调查’，指的是措施意义上的调查，非程序意义上的调查”。笔者对此持相反意见。《中国共产党纪律检查机关案件检查工作条例》第12条规定，初步核实的任务是，了解所反映的主要问题是否存在，为立案与否提供依据。也就是说在初步核实阶段，对于犯罪事实是否存在，犯罪事实是否为接受调查者所为，均处于不确定状态，犯罪事实或者犯罪分子尚未被办案机关掌握。也正因为如此，《中国共产党纪律检查机关案件检查工作条例》第14条规定了“反映问题失实”和“有违纪事实，但情节轻微，不需追究党纪责任”情形的处理方法。初步核实时采取的调查，恰恰如普通犯罪尚未掌握犯罪事实或犯罪嫌疑人时的“询问”。因此《职务犯罪自首意见》所指的“调查”应当是立案之后程序意义上的调查。因此“初步调查结束”成为区分犯罪分子是否被掌握的临界事件。

4. 电话通知到案算不算主动到案

在职务犯罪中，电话通知到案的情况十分普遍，各个法院对于是否认定自首问题出现分歧。第一种观点认为，电话通知到案具有强制性，电话通知的目的是调查讯问，将直接导致强制措施的发生。如果电话不通知就不会到案，故应当认定为被动到案。第二种观点认为，即便犯罪线索被发觉，但尚未收到讯问，也没有采取强制措施，在接到办案单位的电话后没有逃避，来到办案单位，具有投案的主动性。第三种观点认为，是否认定自动投案，应根据办案单位对犯罪分子犯罪事实掌握的程度来判断。尚不能证明犯罪事实的存在，就应该认定自首；如果已掌握的证据足以认定犯罪事实，就丧失了自动投案的机会。

笔者认为，对于电话通知算不算主动到案的问题，应当比照《职务犯罪自首意见》规定认定。首先，对于“初步核实结束（犯罪分子未被掌握）”之前的电话通知后到案情形的，毫无疑问应当构成自动投案；其次，对于“初步调查结束”之后（犯罪分子已经被掌握）的电话通知的立案，不能将电话通知混同于调查谈话与调查措施。也不能将电话通知认定为调查谈话或采取调查措施的开始。根据前面论述可知，“调查谈话”和“调查措施”具有与“讯问”“强制措施”一样的强制效力，从“调查谈话”“采取调查措施”伊始，犯罪分子的人身即在办案单位的控制之下，丧失了自动投案的主动性。电话通知不具有强制性，电话通知后犯罪分子的人身自由并未受到任何限制；犯罪分子接到电话通知后是置身于办案单位还是逃跑，具有选择余地，其是否将自己置身于办案单位具有自主性；而对于第三种观点，显然没有搞清楚“调查谈话”“采取调查措施”的“犯罪事实和犯罪分子被办案机关掌握”适用前提，因此应根据办案单位对犯罪分子犯罪事实掌握的程度来判断是否成立自动到案的说法不能成立。

如果电话通知后到案后又如实供述，不认定自首，电话通知后未到案，相隔一段时间后自己主动到案的，则可以按照法律规定认定自动到案，必然出现司法不公平。

对于“电话通知”到案不认定自动到案，矫枉过正，不符合自首制度确立的宗旨。韩忠谟教授指出：“自首之制，为中国故律之特色，远在汉唐，即已行之，其用意在与奖励犯人之悔过自新，但近代文明进步，社会关系日趋反复，发现犯罪之方法、容有未周，自首减刑，并足使侦查机关易明犯罪之真相，不致连累无辜，且免追究之烦，固不仅奖励悔改而已。”①

认定电话通知到案属于自动投案符合《解释》《职务犯罪自首意见》的规定。《职务犯罪自首意见》权威解释是：在纪检监察机关采取调查措施期间交代罪行的自首，同样应当以法律规定的要件为准……没有自动投案的，在办案机关调查谈话、讯问、采取调查措施或者强制措施期间，犯罪分子如实交代办案机关掌握的线索所针对的事实的，则不能认定为自首。权威解释的意思指明职务犯罪的自首同样要以法律构成要件为准，在调查谈话或者强制措施期间，犯罪分子能否成立自首，在于是否具有自动投案情节，而不在于办案单位对犯罪分子供述的事实的掌握程度。因此第三种观点不能成立；《解释》规定，并非出于犯罪嫌疑人主动，而是经亲友规劝、陪同投案的；公安机关通知犯罪嫌疑人的亲友，或者亲友主动报案后，将犯罪嫌疑人送去投案的，也应当视为自动投案。只要不是以亲友

① 韩忠谟：《刑法原理》，中国政法大学出版社2002年版，第301页。

捆绑的方式，即可被视为自动投案。举重以明轻，电话通知到案的应当认定为自动到案。

（二）如实供述自己的罪行

如实供述，即犯罪人自动投案后，如实交代自己的主要犯罪事实。

1.如何理解“罪行”

犯罪分子投案自首后应当如实供述自己的罪行。而如何界定“罪行”的内涵，涉及供述的内容与范围。关于“罪行”的内涵，刑法理论界有多种观点：第一种观点认为，罪行是指犯罪事实，即客观存在的犯罪的实际情况的总和。某一具体罪行的范围应当以犯罪人所知为限，并且是犯罪的主要事实，只要这一事实足以使司法机关查明犯罪真相就可以成立自首。①第二种观点认为，罪行貌似规范评价的范畴，实质上是指行为事实。所谓行为事实，是指客观存在的犯罪实际情况的总和，至于这一事实在法律上应当受到何种评价，不在供述之列，因为行为是否构成犯罪，是司法机关判断的内容，而非犯罪嫌疑人承认的内容。②第三种观点认为，《刑法》第67条规定的如实供述“自己的罪行”，侧重于客观犯罪事实。当然，如果行为人隐瞒了表明其真实内心的重要客观事实的，则不能认定为如实供述自己的罪行。③笔者认为这里的主要犯罪事实，是指影响定罪量刑的主要犯罪事实，对于犯罪嫌疑人多次实施同种犯罪的，根据最高人民法院2010年《自首意见》规定，认定是否如实供述主要犯罪事实的主要标准，是已交代的犯罪事实与未交代的犯罪事实的危害程度，并规定如实交代的犯罪情节重于未交代的犯罪情节，或者如实交代的犯罪数额多于未交代的犯罪数额，一般应认定为如实供述自己的犯罪事实。但对此应当考虑法定刑升格的情形，如某甲多次贪污，供述了290万元的大部分贪污情节，而未供述1笔15万元的贪污行为，该种情形不能认定为如实供述。

2.如何理解“如实”

“如实”的实质是既不缩小也不扩大自己的罪行。笔者认为，所谓如实供述，如实参照的对象，应当是犯罪嫌疑人对犯罪的记忆。如实供述的主体是犯罪嫌疑

---

① 陈兴良：《本体刑法学》，商务印书馆2001年版，第795页。

② 张明楷、黎宏、周光权：《刑法新问题研究》，清华大学出版社2003年版，第122页。

③ 张明楷：《刑法学》，法律出版社2016年版，第563页。

人，而犯罪嫌疑人的如实供述只能依赖于自己的记忆，如实供述首先符合犯罪人的记忆，其次才是符合案件的客观事实。犯罪嫌疑人往往也处于高度紧张中，基于犯罪时所处的特殊环境，记忆中的犯罪发生的情况可能与实际情况发生误差，应当认为犯罪嫌疑人能够按照自己的记忆（而非故意隐瞒）供述其实施的行为，即便有些许误差，也应当如实供述了主要犯罪罪行。

有学者提出了“概括性自首”的观点，“所谓概括性自首是指犯罪嫌疑人在向司法机关承认自己实施多起犯罪行为，但是由于某些客观因素无法准确地供述所有犯罪细节，只能概括性地供述大体的犯罪行为，但提供了较为具体、清晰的案件线索供司法机关侦查，并最终查证属实的自首行为”。[①]学者高仰止认为：“足以使侦查人员凭以查明该犯罪之中行为以足，并不以完全与实施相符为必要。”[②]

如实供述还应当允许犯罪嫌疑人、被告人辩解。首先，应当正确区分翻供与正当辩解。所谓翻供是指，犯罪人就犯罪构成的主要事实先前做了承认而后进行否认的行为。因此，对不影响犯罪构成的次要事实先后做不同供述的不能认定为翻供。其次，如实供述与犯罪嫌疑人、被告人行使辩解权并不冲突。只要犯罪嫌疑人如实供述了罪行，对于其行为与主观认识是否符合犯罪，犯罪嫌疑人、被告人自己如何看待自己行为的性质，甚至是否认罪、认错，均不影响自首的成立。因为我们不能要求犯罪嫌疑人、被告人对自己的行为性质作出与司法机关认定结果一致的结论。

3.如实供述时间

（1）如实供述最晚时间是在一审判决前

最高人民法院《办理贪污贿赂案件解释》规定，犯罪嫌疑人自动投案并如实供述自己的罪行后又翻供的，不能认定为自首；但在一审判决前又能如实供述的，应当认定为自首。相应地，被告人在一审阶段翻供、二审阶段又如实供述的，不能认定为自首，一审认定为自首，被告人在二审阶段翻供的不能改变自首的认定。

---

① 罗猛、章文巍：《多起贪污记不清，提供线索算不算自首》，载《检察日报》2008年9月17日。

② 高仰止：《刑法总论之理论与实用》，五南图书出版公司1986年版，第200页。

（2）认定自首不必要求首次讯问供述主要犯罪事实

在司法实践中，有些犯罪行为人自动投案后，基于某种原因往往没有立即如实供述自己的罪行，但是在司法机关的讯问调查中，行为人最后又如实供述了自己的罪行，对此行为是否能够认定为自首争议较大。

首先，对于如实供述的开始时间，法律并没有要求自动投案后必须立即如实供述；其次，犯罪行为人自动投案以后，往往因为趋利避害的人性特征，如实供述之前可能有一个思想斗争过程；最后，自首制度设置的价值基础，是为了减少侦查、审判的难度、鼓励犯罪分子改过自新，使被犯罪行为破坏的社会秩序在一定程度上得到恢复。对于投案以后没有立即如实供述的，是否构成自首，关键要看供述时行为人第一次如实供述是否减少了侦查、审判的难度，是否节约了司法成本，以判断是否构成自首。也就是说，首次如实供述前，侦查机关是否已经掌握了行为人实施犯罪的证据和线索，而标志性的时间点为刑事立案。因此行为人在投案后立案之前如实供述自己罪行的，应当认定为自首，如果行为人投案后在立案之前都没有如实供述自己罪行的，不能对其认定为自首。

第八节　死刑慎用：贪污贿赂犯罪的死刑适用

随着有关死刑问题讨论的不断深入，有学者对我国死刑的废止做了更加具体的划分，认为就算不能一次性废除全部死刑罪名，也可先行废除非暴力犯罪的死刑设置，作为非暴力犯罪的贪污贿赂犯罪应当首先被考虑废除死刑。随着《刑法修正案（九）》对贪污贿赂犯罪“终身监禁”的规定，贪污贿赂犯罪死刑的适用问题再次成为关注的焦点。

一、贪污受贿罪死刑研究背景分析

（一）当前反腐败形势

反对腐败一直是国家层面比较重视的问题，新中国成立之初百废待兴，我国就颁行了《中华人民共和国惩治贪污条例》。党的十九大报告中指出：“夺取反腐败斗争压倒性胜利。人民群众最痛恨腐败现象，腐败是我们党面临的最大威胁……当前，反腐败斗争形势依然严峻复杂，巩固压倒性态势、夺取压倒性胜利的决心必须坚如磐石。”可见，中央反腐败斗争的决心和信心。而当下我国正处于社会转型期，信仰缺失、道德滑坡、私欲膨胀在国家工作人员群体中也还存在着，更加需要充分发挥刑法的反腐功能。

（二）贪污受贿罪的社会危害性

一直以来，我国刑法学者对贪污贿赂犯罪的社会危害性的理解并不统一。目前学界多数学者将贪污受贿罪归类为经济性、贪利性犯罪，这样理解贪污受贿罪并没有看到贪污贿赂犯罪的后续和潜在社会危害性，使贪污贿赂犯罪的社会危害性不能得到全面的评价。对贪污贿赂犯罪定罪量刑仅考虑贪贿数额已经为我国立法者所摒弃，但当下既考虑贪贿数额又考虑犯罪情节的立法现状在司法实践仍然存在却出现了贪污受贿罪轻刑化的不良趋势，归其原因仍是对贪污贿赂犯罪的社会危害性没有作出科学、合理的评价。因为司法官员在对犯罪情节进行评价时仍然没有跳出偏重对经济损失和其他物质损害进行评价的“窠臼”，对贪污受贿罪的间接和潜在的对人民群众生命健康的损害基本不做评价，使得贪污贿赂犯罪的责任范围被主观做了缩小。这既不利于发挥刑法反腐的全部功力，又使立法者的立法意图在司法实践中因得不到贯彻而落空，更使民众对反腐败的信心大打折扣，使民众心中的朴素正义感得不到满足，从而导致民众对贪污贿赂犯罪判处死刑更加迷恋。对贪污贿赂犯罪社会危害性的评价在考虑犯罪情节时应该引入其他考量因素：一是贪污受贿行为直接对民众生命健康带来危害的行为。例如，贪污扶贫款、物，导致孤寡老人冻饿。二是贪污受贿行为间接或者潜在对民众生命健康带来危害的行为。例如，受贿行为导致监管不力，使水、大气、土壤严重被污染的，医学实验表明其污染会对人身体健康带来间接或潜在危害的。对贪污受贿罪危害性做这样的理解，就使“犯罪情节”的评价有其实质意义，而非对贪贿数额的再次评价。这就使得是否需要立即废除贪污受贿罪死刑需要进行更深入的讨论。

二、贪污贿赂犯罪死刑立即废除的理由

国内很多学者认为现阶段应该立即废除贪污贿赂犯罪的死刑设置。主张立即废除贪污贿赂犯罪死刑的学者就其主张展开了深入的研究讨论，其主要理由有以下几点：

（一）贪污受贿罪保留死刑没有意义

第一，贪污贿赂犯罪保留死刑不能实现一般预防的目的。很多学者在主张废除死刑时都引用意大利刑法学家贝卡里亚的论述：严峻的刑罚造成了这样一种现象：犯罪人所面临的恶果越大，也就越敢于规避刑罚。为了摆脱对一次罪行的刑罚，人们会犯下更多的罪行。[①]也有学者认为死刑之所以缺乏威慑力，除因为犯罪人存在侥幸心理外，基于冲动犯罪也是很大的原因，所以，死刑难以起到一般预防的作用。[②]

第二，贪污贿赂犯罪保留死刑不能起到对犯罪人的特殊预防功能。认为贪污贿赂犯罪属于特殊主体才能实施的犯罪，只要剥夺其能实现犯罪的身份即剥夺了其再犯罪能力，即可实现特殊预防的功能，没有适用死刑这一严酷惩罚的必要。[③]

第三，死刑并不比自由刑有更大的威慑力。有学者认为死刑对潜在犯罪人来说并不比自由刑有更大的威慑力，正如常识告诉我们火炉不可碰，但没有告诉我们300度的炉子的威吓比200度的威吓大多少。[④]犯人就像是患者，刑罚就像是治病的药物，一定剂量的药能治病，超过这个剂量服药也不会有更好的效果，若是过分过量服药反而会带来其他的副作用，从而认为死刑并不比徒刑有更大的威慑力。

（二）贪污受贿罪保留死刑不符合刑法人道性、公正性价值

第一，贪污贿赂犯罪保留死刑不人道。死刑废除论者认为生命权是人的最高权利，是任何人不能剥夺的；天赋的生命是神圣不可侵犯的。因此，人的生命只能自然结束，而不能人为地加以剥夺，不管以任何形式剥夺人的生命都是不人道的。[⑤]

第二，贪污贿赂犯罪保留死刑不公正。贪污贿赂犯罪从本质上而言属于一种贪利性犯罪，是经济犯罪的一种具体类型。犯罪人只是侵害了国家廉政制度、侵

---

①［意］贝卡里亚：《论犯罪与刑罚》，黄风译，商务印书馆2017年版，第47页。

② 张明楷：《刑法格言的展开》，北京大学出版社2013年版，第489页。

③ 司伟攀：《试论在刑法中废除死刑——以〈刑九〉终身监禁制度的设置为视角》，载《知与行》2016年第12期。

④ 邱兴隆：《死刑断想——从死刑问题国际研讨会谈起》，载《法学评论》2004年第5期。

⑤ 陈兴良：《刑法的价值构造》，中国人民大学出版社2007年版，第314页。

害了财产所有权，却为此付出了生命的代价，不符合刑法的公平原则。更有学者认为相对于杀人罪而言，死刑也不一定能够实现公正，越严厉的法律往往最不公正，不同年龄阶段的犯人被判处同等的死刑是不公正的，杀一个人被判处死刑相对于杀5人、10人来说是不公正的。[①]贝卡里亚在《论犯罪与刑罚》也论述道："人们凭借怎样的权利来杀死自己的同类呢？这当然不是造就君权和法律的那种权力。君权和法律，它们仅仅是一份份少量私人自由的总和，它们代表的是作为个人结合体的普遍意志。然而，谁愿意把对自己的生死予夺大权奉于别人操纵呢？"[②]这也成为贪污受贿犯罪死刑立即废除论者的金科玉律，从而认为贪污受贿保留死刑没有正当性可言。

（三）贪污受贿罪保留死刑不利于反腐败国际合作

第一，主张贪污贿赂犯罪应该废止死刑的学者无一例外都举起了"死刑犯不引渡"国际原则的大旗。认为受制于"死刑犯不引渡"的国际规则，不少国家以我国《刑法》规定了贪污贿赂犯罪死刑为由，拒绝将外逃腐败犯罪分子引渡回国，[③]导致大量腐败分子不能接受法律的惩罚。有学者指出死刑问题无疑成为我国与其他国家在签订双边引渡条约时以及在具体引渡过程中一个不可避免的问题。因此，要解决这一难题，根本的做法还在于取消我国刑法关于贪污贿赂犯罪乃至所有经济犯罪的死刑。[④]

第二，世界范围内大部分国家已经废除死刑，我国保留贪污贿赂犯罪死刑规定与世界刑法发展潮流背道而驰。[⑤]而反腐败国际化的背景下，国家之间密切配合的需要也倒逼我国尽快废除贪污贿赂犯罪的死刑设置。

三、贪污贿赂犯罪死刑立即废除理由之辩驳

贪污贿赂犯罪废除死刑是大势所趋，笔者也并不反对等各方面条件成熟时废除包括贪污受贿罪在内的全部死刑设置，但是对当下立即废除贪污贿赂犯罪死刑的主张笔者不敢从流，亦认为其主张理由多有需要进行商榷的地方。

---

① 张明楷：《刑法格言的展开》，北京大学出版社2013年版，第486页。
② [意]贝卡里亚：《论犯罪与刑罚》，黄风译，商务印书馆2017年版，第57页。
③ 胡江：《贪污贿赂犯罪死刑废除论》，载《净月学刊》2016年第3期。
④ 刘仁文：《贪污贿赂犯罪的刑法规则》，社会科学文献出版社2015年版，第215页。
⑤ 姚万勤：《刑法反腐：价值、问题及完善对策》，载《兰州学刊》2017年第9期。

（一）贪污受贿罪保留死刑没有意义辩驳

讨论贪污贿赂犯罪保留死刑是否有意义从刑罚的预防功能来论证是无可挑剔的，如果某一刑罚措施真的实现不了刑罚的功能，那将其废除也是恰当合理的。但是，贪污贿赂犯罪保留死刑是否真的不能实现刑罚的预防功能是值得讨论的。

第一，死刑是以剥夺犯罪人生命为手段的刑罚措施，中国有谚：“人死万事休。”人的一切活动都以活着为前提，连生命都没有了试想犯罪人如何继续去实施犯罪？刑罚的特殊预防得到实现不需要过多论证，除非你相信灵魂的存在。如果仅仅以剥夺贪污受贿犯罪人的犯罪身份来考量特殊预防，是否意味着国家工作人员身份是矗立在刑罚和贪污受贿犯罪人之间的隐形保护膜，是否给人贪污贿赂犯罪人的官职也是可以拿来作为减轻刑罚处罚的考量因素的假想？既然剥夺贪污贿赂犯罪人身份已经实现了刑罚特殊预防的功能，是否意味着对贪污受贿罪来说任何刑罚手段都是不必要的呢？

第二，贪污贿赂犯罪保留死刑真的对遏制贪污贿赂犯罪没有意义吗？姑且认为死刑保留与遏制贪污贿赂犯罪之间的内在联系能得到刑法学者的有效论证，并得出科学结论。如果作为最严厉处罚措施的死刑都不能震慑潜在犯罪人，那么刑罚的存在已经失去了意义，即刑法只是为了刑罚而存在，再无其他任何意义。而且，贪污受贿犯罪人在实施犯罪前多是经过深思熟虑的，少有冲动犯罪的案例发生。减少潜在犯罪人的侥幸心理也只能作为提高刑法威慑力需要考虑的一个方面，不能作为证明贪污贿赂犯罪死刑没有威慑力的理由，因为如果持肯定观点，那么就等于否定了任何刑罚的威慑力。至于死刑是否比徒刑具有更大的威慑力，不能只从经济学角度进行机械分析；因为威慑力不能像药物一样可以对其剂量和作用效果进行量化，威慑力是一个抽象的、主观的东西，可能一年有期徒刑的威慑力就会让有些人发誓：“我这辈子都不会违反刑法”，从大部分社会人一生都没有受过刑罚处罚即可得出结论；也有可能无期徒刑对有些人来说也不是多么具有震慑力，从我国判处无期徒刑的贪污受贿人数如此之多，贪污受贿犯罪者仍存在即可看出。因此，认为死刑并不比徒刑具有更高威慑力的结论是值得考证的。

第三，人天生都是趋利避害的，具有理性的人都有就愉快避痛苦、计较利害轻重的本性；[①]当人们认为犯罪带来的快乐小于刑罚的处罚时，理性的人是不愿意

① 张明楷：《刑法格言的展开》，北京大学出版社2013年版，第39页。

去犯罪的。在经济落后、人们可支配的财富较少的社会，犯罪人可被剥夺的权益较为单一，死刑的过多适用恰恰可能减弱了其威慑力。因为，当生存对人们是种煎熬，生活毫无幸福可言时，生命既宝贵又廉价。然而，贪污受贿犯罪者在犯罪前大部分为领导干部，无论从社会地位还是掌握的财富数量，都处于社会的中上等水平，从心理学的角度分析：人在生活富裕、安逸的情况下往往会更加贪恋自由、平和的生活方式，且这种向往和财富的数量呈正比例关系。所以得出大部分贪污受贿犯罪人对自由和生命的重视程度要高于普通人，死刑对其存在的威慑力要大于普通人的结论是有说服力的。

（二）贪污贿赂犯罪保留死刑不人道、不公正辩驳

笔者认为人道、公正都是较为抽象的原则性概念，将其作为立即废除贪污贿赂犯罪死刑的理由实在不能让人信服。更不能将不人道、不公正作为废除贪污贿赂犯罪死刑的理论支撑。

第一，人道是个抽象的、颇具争议的概念，至今没有一个公论的定义；有学者概括认为人道主义是一种以人为中心和目的，关于人性、人的价值和尊严、人的现实生活和幸福、人的解放的学说。[①]德国刑法学家李斯特也曾说道："刑法既是犯罪人的大宪章，也是善良人的大宪章。"新华字典中对"人"下的定义是指由人猿进化而成的能制造和适用工具进行劳动、并能运用语言进行交际的动物。因此，将刑法保障的人权的范围包括犯罪人也包括被害人是成立的。那么如果说贪污贿赂犯罪保留死刑不人道，支持论者是否将不人道中的"人"的概念的外延有意缩小，将人仅仅概括为"因贪污受贿犯罪被判处死刑的人"，而没有包括因为贪污贿赂犯罪人的贪腐行为引起的其他行为或因素导致的严重危害后果承担者的人。如果司法官员收受贿赂作出不公正判决导致被告人被执行死刑，而该司法官员却因为贪污受贿犯罪没有死刑规定而免死是否人道？按照支持论者的观点这是符合人道的；若是认为这是人道，这样的判决对那个本不该判死刑而被判处死刑的人是否人道呢？被枉法判死的人的人权从何得到保障？是否让人产生官员的生命比普通人的生命更高贵的误解？所以，保护人权不能为废止死刑提供支撑。[②]

① 陈兴良：《刑法的价值构造》，中国人民大学出版社2007年版，第356页。

② 夏勇：《人权概念起源——权利的历史哲学》，中国政法大学出版社2002年版，导言。

第二，公正即正义，是刑法的首要价值，如果贪污贿赂犯罪保留死刑不公正，那么废止其死刑设置刻不容缓。公正不是一个明确的概念，人类关于正义的讨论和探索一刻都不曾停息。在当代法理学界，正义包括自由和平等两大基本内容是没有争议的，陈兴良教授将刑法的公正价值理解为正当性、公平性、平等性。[①]认为贪污受贿罪保留死刑不公正，首当其冲就是认为贪污贿赂犯罪从本质上而言属于一种贪利性犯罪，是经济犯罪的一种具体类型。犯罪人只是侵害了国家廉政制度、侵害了财产所有权，却为此付出了生命的代价，不符合刑法的公平原则。笔者认为若将贪污贿赂犯罪的社会危害性仅仅理解为侵害国家廉政制度、财产所有权，可能只考虑到了一般的贪污贿赂犯罪的情形，没有考虑到贪污贿赂犯罪的特殊情形，没有将贪污受贿行为间接和潜在的对人民群众生命健康的损害纳入评价范畴。而支持废除死刑论者动辄引用贝卡里亚的观点来论证对贪污贿赂犯罪处以死刑不存在正当性，更是牵强附会。西方也有不少思想家都拥护死刑，康德反对贝卡里亚的死刑无用论最为经典有力：认为人是在其尊严中体现其目的的。人的这种尊严要求有罪者受到惩罚，不是因为能带来什么社会政治利益，而是因为他有可罚之处。[②]思想家卢梭也不赞同刑法应该废除死刑，认为国家的刑罚权来源于个人在社会契约基础上建立的国家。而在近代自然法学者看来，人之所以离开自然状态是因为自然状态带来的是丛林法则，最终将带来战争状态，而战争状态带来的只有所有人的死亡。[③]所以，国家拥有判处犯罪人死刑的权力是正当的。

（三）贪污贿赂犯罪保留死刑不利于反腐败国际合作辩驳

科技发展所带来的不仅仅是政治、经济的全球化，还包括法律的全球化。具体到反腐败领域就是加强与其他国家的反腐败合作，不可避免地要遵循一些国际原则和惯例，同时在国内立法中也要尽可能实现与国际条约的接轨。但是，并不意味着我国贪污贿赂犯罪保留死刑就会阻碍反腐败国际合作。

第一，“死刑犯不引渡”国际原则并不影响我国加强与其他国家及其国际组织的反腐败合作。首先，“死刑犯不引渡”国际原则在1957年《欧洲引渡公约》

① 陈兴良：《刑法公正论》，载《法学研究》1997年第3期。
② 田禾：《论死刑存废的条件》，载《法学研究》2005年第2期。
③ 付子堂：《法理学进阶》，法律出版社2016年版，第16页。

中就有所体现，该公约第11条规定：“如果按照请求方法律，引渡请求所针对的犯罪可能判处死刑，并且就该项犯罪而言，被请求方法律未规定死刑或通常不执行死刑，则可拒绝引渡，除非请求方作出使被请求方认为足够的有关不执行死刑的保证。”1984年联合国经社理事会通过《关于保护面对死刑的人的权利的保障措施》，之后“死刑犯不引渡”原则开始普遍适用于国内立法、国际条约。1990年联合国通过的《引渡示范条约》第4条第4款规定，按请求国的法律作为请求引渡原因的罪行应判处死刑，除非该国作出被请求国认为充分的保证，表示不会判处被引渡人死刑，或者即使判处死刑也不会执行；否则可拒绝引渡。可见“死刑犯不引渡”原则主要是基于保护被引渡人的生命权而设置。然而，我国《刑法》第48条第1款规定：“死刑只适用于罪行极其严重的犯罪分子。对于应当判处死刑的犯罪分子，如果不是必须立即执行的，可以判处死刑同时宣告缓期二年执行。”此条文说明在中国刑法中“死刑”包括死刑立即执行和死刑缓期两年执行，其概念和国外刑法中死刑即指死刑立即执行有本质的区别。其次，体现“死刑犯不引渡”原则的各国国内法规、国际条约都以保护被引渡人的人权为原则，即只要请求国承诺不判处被引渡人死刑，被请求国将不会以“死刑犯不引渡”原则拒绝引渡请求。因此，在引渡外逃腐败分子时我国完全可以通过保证不执行死刑来满足引渡请求国的要求。我国现阶段保留贪污贿赂犯罪死刑并不会影响到反腐败国际合作的有效开展。最后，以“死刑犯不引渡”原则为依据主张废除我国贪污贿赂犯罪死刑规定，是没有将罪名中保留死刑和对触犯该罪名的具体个案犯罪嫌疑人适用死刑之间做区分。“死刑犯不引渡”原则也并不是说只要该罪名保留死刑的刑罚处罚措施就拒绝引渡，而是以具体个案犯罪嫌疑人所犯罪行是否可能被判处死刑或者已经被判处死刑为适用与否的标准。

第二，世界范围大部分国家已经废除死刑并不能作为我国需要废除贪污贿赂犯罪的死刑设置的充分依据。人云亦云，不顾国情的盲目跟风可能带来不好的刑法立法结果。反腐败的国际合作需要我国加快国家间双边引渡条约的签订，以及尽快加入一些国际性反腐败的条约。

四、现阶段中国不适宜废除贪污贿赂犯罪死刑设置

笔者认为立即废除贪污贿赂犯罪死刑设置在当下中国社会是不合时宜的。对贪污贿赂犯罪死刑的讨论不能局限于“是否应该废除死刑”的命题窠臼，打破“不合理=需要废除”的逻辑，而就当下我国废除贪污贿赂犯罪的死刑具有可能

性进行论证。笔者认为，当下我国完全有保留贪污贿赂犯罪的死刑设置的现实需求。

第一，中国有保留贪污贿赂犯罪死刑的传统法律文化基础。法律文化是人类在漫长的历史发展过程中从事法律实践活动所创造的智慧结晶和精神财富，是社会法律现象存在与发展的文化基础。[①]法律文化在个体的意愿与如何发挥法律制度功能之间起着协调作用。正如梁治平教授所说，法律文化就是把法律作为一种文化现象来把握，任何一种有效的法律，都必定与生活于其下的人民的固有观念有着基本协调的关系。[②]传统的法律文化会长时间地影响其治下的民众思想，这也是各国刑法立法必须考量的因素。中国封建社会统治者能有效统治一个疆域辽阔的多民族国家很大程度上是依靠官僚政治，即依靠官僚对国家进行有效管理。选官用官一直是统治者很重视的大事，从汉朝的“察举制”到魏晋时期的“九品中正制”，再到后来的“科举制”，无论哪种选官制度都要求官员必须德才兼备，长期以来官员在老百姓心中往往是有德者的形象，不仅仅要公正而且要清廉。古代的官员也往往被称为“父母官”，可见民众对官员的情感与期望，而当官员出现谋私利行为时民众的感情心理受到了极大的打击，反过来就会对贪官怀有极大的憎恨。为了巩固统治，历代统治者往往采取“重典治吏”的刑事政策，对贪污受贿罪的处罚极其严厉，以达到官员维持良好形象的目的，这样的传统法律文化在中国传承了千余年，并非一朝一夕能改变的。我国在刑法立法与国际接轨，在学习别国法律经验时必须充分考虑本国传统法律文化，避免“南橘北枳”的立法失败。

第二，保留贪污贿赂犯罪死刑在中国符合民众的法律认知心理。中国古代统治者都有尊重民意、顺从民意的传统治国理念，古代大哲学家多有关于统治者应该敬畏民意的论断。孟子曰：“民为贵，社稷次之，君为轻。是故得乎丘民而为天子。”[③]《荀子·哀公》篇曰：“君者，舟也；庶人者，水也。水则载舟，水则覆舟。”新中国成立之后，民意一直也是党的基本政治取向，毛泽东、邓小平都一直强调“群众路线和群众观点”的重要性。贪污受贿罪死刑废除与否必须重视民意，“徒法不足以自行”，违背民意的立法活动只能制定出“不接地气”的法律，最终也

① 夏勇：《法理讲义——关于法律的道理与学问》，北京大学出版社2010年版，第175页。

② 曾宪义：《法律文化研究第二辑》，中国人民大学出版社2006年版，第473页。

③《孟子·尽心下》。

逃脱不了被民意“束之高阁”的悲剧。我国目前正处于社会转型期，各种矛盾较为多发。与废除贪污受贿罪得到的社会利益来说，带来的社会问题将是更加巨大的。在民意对贪污受贿罪死刑的态度没有发生转变之前不宜逆民意废除死刑。

主张立即废除贪污受贿罪死刑设置的理由禁不住质疑，当下我国保留贪污受贿罪死刑设置有充分的理由。不过，仍需要引以注意的是：

第一，我国虽然保留了贪污受贿罪的死刑设置，但是生命刑的残酷性、不可恢复性也是客观存在的。司法实践中也不能滥用死刑立即执行，必须严格贯彻“少杀、慎杀、避免错杀”的死刑政策。

第二，既然我国当下刑法保留了贪污受贿罪的死刑设置就不能让死刑立即执行的刑罚虚置化。“法律的权威来自法律的有效实施”，过于罕见的死刑适用更加会削弱死刑的威慑力。针对罪行极其严重、社会危害性巨大、给国家人民和社会带来严重损失的贪污受贿犯罪分子应该果断适用死刑立即执行，绝不姑息。

第三，当前腐败形势是民众迷信贪污受贿罪死刑设置的重要因子。若想转变民众对贪污受贿罪死刑的心理认知，在司法实践中严格有效地适用刑法，使大部分贪污受贿犯罪分子能受到应有的刑罚处罚是关键所在。

第三章

厘定权力界桩：贪污贿赂犯罪司法适用的激浊扬清

第一节　曲突徙薪：我国贿赂犯罪之“贿赂”范围再界定

腐败犯罪是现代社会的公害，是全人类共同面对的问题。为了预防和打击腐败犯罪，全球性和区域性的国际法律文件不断出台，继美洲国家组织1996年3月29日《美洲反腐败公约》、欧洲联盟理事会1997年5月26日《打击涉及欧洲共同体官员或欧洲联盟成员国官员的腐败行为公约》、经济合作与发展组织1997年11月21日《禁止在国际商业交易中贿赂外国公职人员公约》、欧洲委员会部长委员会1999年1月27日《反腐败刑法公约》、欧洲委员会部长委员会1999年11月4日《反腐败民法公约》、非洲联盟国家和政府首脑2003年7月12日《非洲联盟预防和打击腐败公约》和联合国2003年9月29日《联合国打击跨国有组织犯罪公约》之后，[①]2003年10月31日，第58届联合国大会第51次全体会议通过《联合国反腐败公约》（以下简称《公约》）面世，并于2005年12月14日正式生效。[②]毫无疑问，《公约》将会有效地规范和推动世界范围的反腐败斗争。

一、《公约》：国际社会意愿的体现

腐败对社会稳定与安全构成了严重的威胁。涉及腐败案件的巨额资产，可能占国家资源的很大比例；腐败对民主体制及先进的价值观、道德观和正义感具有巨大的破坏力，并危害着国家的可持续发展和法治建设；随着世界经济一体化的发展及人员的流动，腐败已经不再是某一个国家的内部问题，而是一种影响国际社会和世界经济的跨国毒瘤。虽然腐败产生的原因由于各国不同的政治、经济、文化背景而有所差异，但作为现代社会的一种痼疾，对腐败进行预防和根除则是各国的共同责任。《公约》正是在这种背景下，在国际社会的强烈需求中应运而生。它是全球期盼的国际性的专门反腐倡廉的法律文件，它是全球反腐败斗争的

① 《联合国反腐败公约》序言部分。

② 根据《公约》第68条第1款的规定，《公约》应当自第30份批准书、接受书、核准书或者加入书交存之日后第90天起生效。

重大突破，它是各国政府反腐败决心的彰显，它预示着全球反腐败法律机制的成功建立。

腐败问题事关执政党的生死存亡。对于任何一个国家的执政党来说，如果不坚决防范和惩治腐败，任凭腐败现象蔓延，最终都必将导致经济衰退、政治动荡、文化颓废、社会混乱，从而失去人民群众的支持。党的十八大对新时期中国特色的反腐倡廉建设作出了科学而系统的部署，为新时期反腐败理论和实务的研究明确了方向。党的十八届四中全会通过的《中共中央关于全面推进依法治国若干重大问题的决定》是新的历史时期下我国社会主义法治建设的里程碑，该决定不仅明确地提出了建设中国特色社会主义法治国家的总目标和法治体系内容，更强调了要将法治作为我们党和国家治国理政的根本方略，而且也为今后我国反腐败工作提供了更加明确的方向指引，为我国反腐败工作实现标本兼治提供了最重要的遵循。反腐败国家立法不仅是一个发展中大国的现实急需，更是实现国家长治久安的重要保障，对此，国内很多学者从不同角度对反腐败国家立法的现实重要性进行了探讨。鉴于这种严峻的形势，我国不仅在国内掀起了一次又一次的反腐败浪潮，还积极参与了《公约》起草的全过程，并在2003年12月10日开放签署的第一天，率先签署了《公约》；[①]2005年10月27日，十届全国人大常委会第十八次会议审议并批准了该《公约》。我国学界亦对《公约》给以高度评价，认为《公约》是联合国历史上通过的第一个指导国际反腐败斗争的法律文件，也是迄今为止国际社会关于治理腐败最为完整、全面，且兼具全球性、综合性和创新性的一部国际法律文件。[②]《公约》在反腐败方面体现了透明性、国际合作性以及预防为先、打击为主等特点，并强调实体法与程序法相结合、公权机构与私权机构相结合、民事责任与刑事责任相结合，不仅具有立法、司法理念上的突破，而且还具有许多制度、机制上的创新。[③]

---

① 任建明、孙晖：《中国反腐走向国际化之路》，载《决策》2005年第10期。

② 王作富、但未丽：《〈联合国反腐败公约〉与我国贿赂犯罪之立法完善》，载《法学杂志》2005年第4期；万金冬、郎俊义：《〈联合国反腐败公约〉关于私营部门内腐败犯罪的规定及启示》，载《中国人民公安大学学报》2005年第1期；朱立恒：《〈联合国反腐败公约〉中有关私营部门内的贿赂犯罪及与我国相关规定之对比》，载《前沿》2005年第2期。

③ 卢建平、郭健：《中国贿赂犯罪立法之缺陷与完善——以适用〈联合国反腐败公约〉为视角》，载《河北法学》2006年第12期。

二、《公约》：贿赂范围宽于我国《刑法》规定

值得注意的是，《公约》关于贿赂范围的规定明显宽于我国刑法的规定。当然，《公约》如此规定是有许多国家的立法渊源为基础的。在大陆法系的典型代表德国，贿赂犯罪中的贿赂指“利益”（advantage），法院对贿赂所指的“利益”进行了宽泛的解释，认为贿赂不限于金钱或其他物质性利益，只要能满足公职人员需求的均可成为贿赂；[①]在日本，根据司法判例，贿赂犯罪中的贿赂指“各种利益”（every kind of advantage），无论它们是物质性的利益还是非物质性的利益，只要能满足人的需要或者欲望即可。日本学者也持有这种观点。[②]在奥地利，贿赂犯罪中的贿赂指“各种利益”（every kind of advantage），而不限于金钱性利益；[③]在美国，贿赂犯罪中的贿赂指“任何有价值的东西”（any thing of value）；[④]在希腊，贿赂犯罪中的贿赂指“行为人无权拥有的赠品或其他利益”（gift or other benefits）；[⑤]在匈牙利，贿赂犯罪中的贿赂指“不正当的好处”（undue advantage）。[⑥]不难看出，以上国家不论它们属于大陆法系的国家还是英美法系的国家抑或前社会主义国家，虽然它们表述贿赂时遣词用语各异，但其实质内涵却并无二致，其共同的特点在于，都未将贿赂范围限于金钱或物质性利益，而是采用将金钱、物质性利益和非物质性利益全部涵括在内的贿赂概念。正如日本学者

---

① Thomas Weigend, “German report at the Preparatory Colloquium for the XVIIth International Congress of Penal Law held in Tokyo on 11–12 November 2002”, *International Review of Penal Law* (2003), p.73.

② Atsushi Yamaguchi, “Japan report at the Preparatory Colloquium for the XVIIth International Congress of Penal Law held in Tokyo on 11–12 November 2002”, *International Review of Penal Law* (2003), p.339.

③ Ernst Eugen Fabrizy, “Austrian report at the Preparatory Colloquium for the XVIIth International Congress of Penal Law held in Tokyo on 11–12 November 2002”, *International Review of Penal Law* (2003), p.118.

④ Peter Henning, “American report at the Preparatory Colloquium for the XVIIth International Congress of Penal Law held in Tokyo on 11–12 November 2002”, *International Review of Penal Law* (2003), p.171.

⑤ Zoe Konstantopoulou, “Greek report at the Preparatory Colloquium for the XVIIth International Congress of Penal Law held in Tokyo on 11–12 November 2002”, *International Review of Penal Law* (2003), p.261.

⑥ Katalin Ligeti, “Hungarian report at the Preparatory Colloquium for the XVIIth International Congress of Penal Law held in Tokyo on 11–12 November 2002”, *International Review of Penal Law* (2003), p.261.

释义日本刑法对贿赂的规定时所言，“除金钱、物品、不动产等有形物之外，诸如代为偿还债务、金融利益、给艺伎的‘花钱’等招待、高尔夫俱乐部会员权、以公开价格获得确实会涨价的尚未公开的股票而获取的利益等物质性利益，以及诸如就斡旋就职的约定、异性之间的肉体关系等也属于贿赂”。①

以上这些国家的法律作出了如是规定，那么《公约》又呈现出了一种什么样的图景呢？在《公约》的相关条款中，贿赂被描述为“不正当好处”（undue advantage）。综观整个《公约》文本，涉及“不正当好处”的条款共有6条，涵括7个罪名，它们分别是第15条的贿赂本国公职人员罪、第16条的贿赂外国公职人员或者国际公共组织官员罪、第18条的影响力交易罪、第19条的滥用职权罪、第21条的私营部门内的贿赂罪和第25条的妨害司法罪。虽然《公约》并未对“不正当好处”予以界定，但从“不正当好处”之语境及其语词搭配上看，如果借用我国目前学界关于贿赂范围争议观点的狭义的财物说、②物质性利益说③和利益说④来进行比照，“不正当好处”显然等同于我国最广义的利益说。详言之，《公约》规定的贿赂不以金钱和物品在内的财物为限，也不是仅仅将贿赂扩大到包括金钱和物品以外的可以直接用货币计算的物质性利益，而是将贿赂的范围及至于能满足人的各种生活需要和精神欲望的一切物质性利益和非物质性利益，只要其具有不正当的或不应得的属性而能与公职人员的合法所得相区别即可。我们也许会感到奇怪，《公约》为什么不对“不正当好处”予以界定呢？是“不正当好处”无须界定、无法界定抑或在给缔约国预留一定的空间自行决定呢？如果是无须界定，这就意味着《公约》的缔约国对这个术语的含义本身不存在异议。那么，这个术语的含义本身是什么呢？虽然考察研究所有缔约国的有关规定对我们而言实属不能，但通过上文对几个有代表性国家的有关规定之比较，基本的判断还是可以做出的，那就是“不正当好处”指不正当的或不应得的能满足人的各种生活需要和精神欲望的一切财物、物质性利益和非物质性利益。当然，如果是无法界定，那么缔约国在具有达成一致的良好愿望和已经做出共同努力之前提下，恐怕没有

---

① 陈家林：《日本刑法中的商业贿赂犯罪及对我国的启示》，载《山东警察学院学报》2006年第5期。原文载于［日］西田典之：《日本刑法各论》，刘明祥、王昭武译，武汉大学出版社2005年版，第342—343页。

② 即认为除金钱和物品外，不包括除金钱与物品外的物质性利益、非物质性利益。

③ 即认为除金钱和物品外，还包括其他可以用金钱计算的物质性利益，但不包括非物质性利益。

④ 即认为凡是能满足人的物质和精神需要的一切有形或无形、物质性利益或非物质性利益。

对“不正当好处”予以界定的原因只能归结为缔约国各自的有关规定差异性太大，无论大家多么真诚地相互妥协各让一步，也无法达成共识而不得不放弃概念的界定。可是，我们已经看到具有不同法律传统的以上国家的有关规定存在惊人的内涵一致性，而这正好说明这种推理无立论之根基。实际上，《公约》没有对贿赂的范围作出具体规定且未在《公约》的最后文本作出说明乃有意为之，[①]即旨在避免列举式规定可能出现的挂一漏万现象。2002年6月17日至28日《公约》谈判工作特设委员会第二届会议通过的《审议联合国反腐败公约草案》指出：“一些代表团赞成本款中对关于不应有的好处的事项所作的具体说明，其他代表团则认为，试图在法律文案中汇编清单往往会导致遗漏，因此主张应拟定较一般的行文。”还有一点值得注意，《公约》在第3章定罪与执法中明确要求各缔约国采取必要的立法和其他措施将《公约》规定的相关行为规定为犯罪。那么，既然《公约》已明确将贿赂范围表述为“不正当好处”，显然，公职人员因作为或不作为而谋取不正当好处的行为应当规定为犯罪。

我国现行《刑法》对贿赂犯罪作了详细规定，主要集中在分则第八章“贪污贿赂罪”中，包括第385条至第393条的规定；分则第三章“破坏社会主义市场经济秩序罪”中第163条规定了非国家工作人员受贿罪和第164条非国家工作人员行贿罪。其中，第385条与第389条对受贿罪和行贿罪作出了定义，概括出了一切受贿行为和行贿行为的基本特征，其余种类受贿罪和行贿罪则是其特殊形式。[②]第385条第1款规定：“国家工作人员利用职务上的便利，索取他人财物的，或者非法收受他人财物，为他人谋取利益的，是受贿罪。”第389条第1款规定：“为谋取不正当利益，给予国家工作人员以财物的，是行贿罪。”而从这两条定义式的规定我们知道，我国《刑法》规定的贿赂是指“财物”。何谓刑法意义上的“财物”？我国刑法理论的通说认为，我国现行《刑法》和司法实践对贿赂范围限定为“财物”，不包括金钱与物品以外的物质性利益和非物质性利益。[③]可见，我国《刑法》规定的贿赂较之《公约》，范围要小得多。

---

① 许健：《论“权色交易”当入罪》，载《江西公安专科学校学报》2007年第11期。

② 吴益民：《〈联合国反腐败公约〉与我国贿赂犯罪刑事立法比较探析》，载《上海大学学报（社会科学版）》2008年第3期。

③ 高铭暄、马克昌：《刑法学》（下），中国法制出版社1999年版，第1137页。

三、《公约》：我国抉择的应然标准

前文介绍了几个国家的法律对贿赂的规定，探讨了《公约》有关贿赂的用语，从中我们可以看到，世界各国利益博弈之结果的《公约》在贿赂范围的规定上采用了最广义的利益说，体现了国际社会的共同意愿。针对我国《刑法》贿赂范围明显窄于《公约》规定的情况，笔者认为，可以根据《公约》精神从以下几个方面完善我国《刑法》：

首先，严密我国刑事法网。在当前的社会生活中，实施贿赂犯罪的手段、形式多种多样，且以为第三方提供服务、代为付款、提供交通工具、调动工作、职务升迁、提供性服务等非物质性利益的贿赂开始成为当前贿赂犯罪的一个新特点。而这些贿赂方式，其实质都是权力与私利的交易，都侵犯了职务行为的廉洁性和不可收买性，与以金钱、物品进行的贿赂行为并无区别，其社会危害性有时甚至更大。有人认为，如果把物质性利益之外的其他一切不正当利益均纳入贿赂犯罪范围之内，不仅笼统和不易掌握，难以协调、平衡收受不同性质贿赂之间的刑罚轻重程度，而且缺乏可操作性，势必给司法认定造成很多困难。[①]对此，我们难以完全赞同。众所周知，我国《刑法》对犯罪的规定模式是定性又定量，其价值追求在于以具体体现明确。[②]诚然，财物较之物质性利益和非物质性利益在量化上体现出简单统一性，贿赂范围只限于财物在司法认定上较为容易，“以赃计刑”的方式也不易造成贿赂犯罪案件处理上的失衡；而与此同时，物质性利益和非物质性利益由于其表现形态的多样和评价观念的因时因地之差异，势必存在量化困难，进而导致司法实践中的操作困难。从这个角度看，如上担心并非没有道理。但是，对于物质性利益和非物质性利益不易或不能量化可能引发的难题，可以通过考察行为的其他情节，结合贿赂对象以及行为人所追求的不正当利益，综合平衡考量以确定行为是否构成犯罪，进而选择适当的刑罚。实际上，以受贿财物数额决定受贿罪的刑罚并不完全科学，“应当建立以情节为中心的处罚标准

---

① 高博：《影响力交易罪若干问题研究》，载《中国地质大学学报（社会科学版）》2005年第11期。

② 具体较之概括而言，一般能够较好地体现明确。但具体不等于明确，明确也不一定只有通过具体才能体现。以盗窃罪为例，构成本罪除要求秘密窃取外，还要求秘密窃取数额较大，否则不构成犯罪。这种规定不可谓不具体，但正是这种具体却反映了法律规定的不明确。因为，这种规定容易给人一种错觉，即不可以实施盗窃数额较大的行为，却可以实施盗窃数额较少的行为。有关《刑法》之明确性的具体论述，可参见李洁教授发表在《法学评论》2002年第6期上的《罪刑法定之明确性要求的立法实现——围绕行为程度之立法规定方式问题》一文。

体系”。[①]因为“受贿罪数额不能反映受贿案的本质和贿赂内容的多样性”“受贿罪的本质在于，掌握权力的一方通过出卖权力而获取行贿者的财产性利益或非财产性利益，是一种‘权利’交易行为，而受贿数额只能量化不法交易中的钱财，不能表现因不法交易给国家利益造成的损失”。[②]司法实践中的不少案例也告诉我们，在“个人受贿一粒芝麻、国家损失一个西瓜”的情况下，对受贿罪“计赃量刑”势必造成法网的疏漏。况且，在其他国家，能够将贿赂罪中收受物质性利益和非物质性利益的行为一律纳入法网，为什么我们反而网开一面呢？如果我们能够认真地检讨，得出的结论恐怕是这其中的缘由不在于司法操作困难，而是我们的理念出现了偏差，致使我们的法律和腐败犯罪的现实严重脱节。定罪量刑上的困难只是法律适用上的困难，它不能成为行为无法入罪的原因，不能为此而疏漏刑事法网，放纵犯罪分子。在此还应当指出，《公约》第65条第2项明文规定：“为预防和打击腐败，各缔约国均可以采取比本公约的规定更为严格或严厉的措施。”因此，应尽量弥补反腐法网的这一疏漏，进而符合《公约》“宜严不宜宽”之原则。

其次，开展与其他国家的刑事司法合作。腐败已经不再是局部问题，而是一种影响所有社会和经济的跨国现象，因此，开展国际合作预防和控制腐败至关重要。对中国而言，开展针对腐败犯罪的国际刑事司法合作尤为重要，然而从贿赂范围的角度审视，我国《刑法》规定的贿赂犯罪在构成要件上比《公约》窄，这样就会出现《公约》认定为是犯罪的行为根据我国《刑法》的规定可能就不能认定为犯罪。显然，这一情况不利于我国与其他国家开展全球性反腐败斗争的合作，不利于更好地打击腐败分子的犯罪行为。虽然有人认为，《公约》关于引渡的规定在很多方面突破了现代国际法，规定引渡可以不考虑“双重犯罪”原则。[③]但是我们并不赞成这样的说法。所谓“双重犯罪”原则是指，只有当请求国与被请求国双方都认为某种行为构成犯罪并应加以处罚时，才提供刑事司法协助。[④]《公约》第43条第2款规定：“在国际合作事项中，凡将双重犯罪视为一项条件的，如果协助请求中所指的犯罪行为在两个缔约国的法律中均为犯罪，则应当视为这

① 马长生：《经济犯罪热点问题研究》，湖南师范大学出版社2005年版，第403页。

② 马长生：《经济犯罪热点问题研究》，湖南师范大学出版社2005年版，第402页。

③ 吴益民：《〈联合国反腐败公约〉与我国贿赂犯罪刑事立法比较探析》，载《上海大学学报（社会科学版）》2008年第3期。

④ 贾宇：《国际刑法学》，中国政法大学出版社2004年版，第385页。

项条件已经得到满足，而不论被请求缔约国和请求缔约国的法律是否将这种犯罪列入相同的犯罪类别或者是否使用相同的术语规定这种犯罪的名称。”解读《公约》的此款规定，我们可以发现该款有两层含义：其一，《公约》认为刑事司法合作的被请求缔约国和请求缔约国可以选择将“双重犯罪”视为它们之间提供刑事司法协助的一项前提条件；其二，《公约》所指的“双重犯罪”，只要求协助请求中所指的犯罪行为在两个缔约国的法律中均为犯罪，而不要求被请求缔约国和请求缔约国的法律将这种犯罪列入与《公约》相同的犯罪类别或者使用相同的术语规定这种犯罪的名称。可见，《公约》规定的法律框架下的国际刑事司法合作，不但没有突破“双重犯罪”原则，反而是对该项原则的加强，是该项原则原本内容的细化。自古以来，刑事司法合作都从某种程度上体现了国家之间的一种国际礼让，它是以对国家之间的相互价值观念的尊重为前提的，是国家主权自主的表现，反映了保障基本人权的需要。只有在合作的双方彼此都认为某个行为构成犯罪时，刑事司法合作才具有可行性。当然，都认为构成犯罪并不是指犯罪的罪名及构成要件的完全一致，只要是刑事司法合作的双方或多方的法律都规定为犯罪即可。

最后，向《公约》规定义务靠拢。腐败是整个人类社会经济和政治生活中的一颗毒瘤，而非某一个国家的内部现象；它危害的是整个国际社会的稳定，而非单纯某一个国家的稳定；它是整个国际社会需要治理的犯罪现象，而非单纯某一个国家需要治理的犯罪现象。《公约》是联合国历史上通过的第一部用于指导国际反腐败斗争的法律文件，其制定和产生在国际社会倡导了治理腐败的科学理念和策略，为国际社会反腐败提供了基本的法律指南和行动准则，是国际社会治理腐败的基石。我国政府为了加强反腐败国际合作，非常迫切地希望出台一部全球性的国际公约共同对付腐败犯罪。关于这一点，从我国政府积极参与《公约》的起草并率先签署，且《公约》很快在我国生效便可洞见。然而，我国迄今尚未对贿赂范围作出修改，2009年2月出台的《刑法修正案（七）》仍然将贿赂规定为财物。《公约》是包括我国在内的国际社会共同意愿的体现，《公约》的有效性和履约秩序的稳定性，在很大程度上取决于各国认真遵守其规范，以及忠实履行其自愿承担的国际义务。我国作为一个负责任的大国，没有任何理由在成为《公约》的缔约国后不去完全践行并未声明保留的《公约》条款内容。

第二节　公正合理：明晰我国贪污贿赂犯罪中的数额与情节

职务犯罪尤其是严重贪污贿赂犯罪在我国社会中的存在，对于和谐社会的发展极为不利，严重破坏了党和国家的形象，对执政党的健康发展产生巨大冲击，具有很大的社会危害性。党的十八届三中全会中强调：国家要想稳定和谐发展，必须做好反腐工作，只要有腐败就坚决打击、坚决肃清、坚决反对，防止社会主义建设过程中出现不积极因素，为社会的发展营造和谐的氛围。《刑法修正案（九）》进一步明确了贪污贿赂犯罪的定罪量刑依据，改变了定罪量刑唯一数额的立法模式，取而代之的是概然性的数额要求并辅之以其他情节的规定。根据《刑法修正案（九）》的规定，贪污罪和受贿罪仍统一在共同的法定刑之下，这使得非数额情节在贪贿犯罪的定罪量刑中具备了标准化的功能。2016年4月18日，最高人民法院与最高人民检察院发布《关于办理贪污贿赂刑事案件适用法律若干问题的解释》（以下简称《办理贪污贿赂案件解释》），进一步明确了概然性数额规定的具体标准，对其他情节进行了进一步细化。《办理贪污贿赂案件解释》最引人注目的是其对贪污贿赂案件定罪量刑数额标准的调整。为了统一数额加情节模式在司法实践中的具体运用，《办理贪污贿赂案件解释》对贪贿犯罪的入刑标准、量刑档次做了相应的数额规定，同时还确认了部分非数额情节具有标准化入罪门槛和选定法定刑幅度的两大功能。从司法实务角度看，定罪量刑标准的明确和统一值得肯定；从理性立场看，解释依然存在许多有待完善的地方。本节拟从《办理贪污贿赂案件解释》中贪污贿赂犯罪的数额与情节两方面入手，结合相关法律文本，企图寻求、探讨数额加情节规定模式下两者的合理配比关系，并对《办理贪污贿赂案件解释》加以评析。

一、关于对贪污贿赂犯罪数额的规定

（一）《办理贪污贿赂案件解释》的意义

出台《办理贪污贿赂案件解释》的目的之一就是明确界定、规范贪污贿赂犯罪的数额和情节。情节与数额属于刑法中的核心环节。我国《刑法》对情节显著轻微、危害性较小的行为，不作为犯罪对待。对于符合《刑法》总则规定的犯罪构成要件的行为，分则对一定的犯罪情节与犯罪数额进行细化，使之成为入罪或者法定刑的升格条件。实际上这种立法体例比较特殊，大陆法系其他国家的立法体例，基本上没有对数额与情节进行如此明确的限制。我国的数额与情节的模式决定了贪污贿赂犯罪必须严格接受情节与数额的制约，与此同时，给未达到犯罪标准的贪污贿赂行为予以党纪、行政处分的空间，实现纪法衔接。因此，根据社会实际情况适度提高贪污贿赂犯罪的入罪标准，与国家坚持的犯罪零容忍的策略精神相符合，两者之间并无冲突。

显而易见，数额犯由于其自身的局限性，在很多情况下不考虑其他因素仅仅按照数额定罪量刑，已经逐渐淡出立法视野。1997年《刑法》实施以后，我国刑法逐渐采用刑法修正案的形式改变数额入刑这种传统单一的立法模式，逐渐采用数额与情节相结合的立法模式。对贪污贿赂罪而言，以往主要参照《刑法》中规定的具体数额定罪，且没有充分体现情节在定罪量刑中的作用，使之缺乏结合性。司法实践表明，若对数额进行硬性绝对的规定，罪刑之间的合理匹配就会相当困难，也就不能对贪污贿赂进行有效、灵活的预防和惩治。例如，以往的司法实践中，当贪污贿赂金额达到10万元时，根据《刑法》第383条规定，处以10年以上的有期或者无期徒刑，而若受贿金额超过50万元，其所判处的刑罚与受贿金额刚超过10万元的罪犯几乎相当。这就破坏了量刑的平衡性。[①]基于这样的问题，我国立法机关对贪污贿赂犯罪立法中硬性的数额限制进行了废除，分别以贪污金额的较大、巨大、特别巨大三种判别层次取而代之。《刑法修正案（九）》对刑法做了较大幅度的修订，其中涉及贪污受贿罪修改的是《刑法修正案（九）》第44条。对贪污受贿罪的修订包括三项重要内容：废除了贪污受贿罪的具体数额，而代之以数额较大、数额巨大和数额特别巨大分别对应原来具体数额的三个量刑档次；单独规定了对贪贿犯罪的特别从轻、减轻或者免除处罚情节；对贪贿犯罪判处死缓执行期满减为无期徒刑的，对其终身监禁，不得减刑、假释。以上三点修订充分地反映了对贪贿犯罪的刑事政策是宽严相济的。这一刑事政策精神在《办理贪污贿赂案件解释》的其他相关内容中也得到了有效的贯彻。另外，在贪污贿赂犯罪的社会危害性方面，既针对所受贿的数额予以考虑，也对国家工作人员权利滥用以及对国家所造成损失等方面进行衡量。对严重的影响社会和政策秩序、

① 周道鸾、单长宗、张泗汉：《刑法的修改与适用》，人民法院出版社1997年版，第774—775页。

损害国家和人民的利益的，该类罪犯所造成的危害是非常巨大的。[①]在这样的前提下，贪污贿赂犯罪在我国的法律规定表现为数额为主、情节为辅的表现形式。这对提高定罪的准确率，实现均衡量刑，促进社会和谐发展有着重要意义。

（二）定罪数额与量刑数额

犯罪的具体数额是定罪量刑的基本依据，其初衷或许是为保证在司法实践中能有一个统一的司法标准，防止法官拥有过大的自由裁量权，出现同罪不同罚的现象。但所采取的精准规定数额的立法模式很难适应社会发展要求，法律的稳定性要求和社会环境变化导致的对法律条款的修改需求冲突日益尖锐。以至于在刑事司法实践中遇到越来越多的问题，主要表现在法律适用模糊、结果显失公平、惩治效果有限，这跟立法者的初衷越发背离。

定罪数额对于裁判至关重要，决定了处罚的范围。定罪数额就是指达到犯罪最低标准的数额。在原《刑法》第383条的规定中，只要存在情节较重的条件时，定罪数额并不会影响到犯罪的成立。按照社会、经济发展水平，1997年《刑法》给出的5000元标准基本上满足当时的实际情况。但随着经济、社会的发展，原有的单一的数额规定已经明显滞后于急剧发展的社会、经济形势。适当抬高贪污贿赂行为的定罪数额已经成为社会发展的必然要求。

对犯罪的惩治力度和其定罪数额标准间有着直接的关系。入罪的数额应考虑贪污贿赂犯罪与其他类型财产犯罪的关联性，不能大幅提高相近犯罪中某一类犯罪的入罪数额幅度。比较稳妥的做法是先做小程度调整，之后结合社会情势通过司法解释的途径进行调整。《办理贪污贿赂案件解释》中明确规定：贪污贿赂入罪的最低数额标准为1万元—3万元。[②]现行的1万元与原来贪污贿赂5000元入罪标准还是保持了稳妥的衔接和对应。虽然从5000元提升到3万元，看似定罪数额有了大幅度提高，不过在以往的司法实践过程中，对于3万元以下的贪污贿赂案件几乎很少被追究刑事责任。所以，上述定罪数额的提升并不会影响到对贪污贿赂犯罪的惩治效果。

量刑数额实质上是法定刑升档的数额。一定的数额只有被限制在一定的法定

---

① 郎胜：《中华人民共和国刑法释义》（第六版），法律出版社2015年版，第654页。

②《办理贪污贿赂案件解释》确定的贪污贿赂犯罪的数额较大标准是3万元，并且在具有其他较重情节的情况下，数额标准下降到1万元。

刑幅度内，才能对量刑产生作用。当数额达到一定标准时就会导致法定刑升格。比如，对于1997年《刑法》中10万元以上，法定刑10年以上有期或者无期徒刑、死刑等受争议的规定。实际判决中，既可能会出现1万元对应1年有期徒刑，也可能出现达到10万元对应1年有期徒刑的情形。这样处罚的极度不平衡与不合理和刑法原理中的罪刑相适应要求不能不说是相去甚远。《办理贪污贿赂案件解释》将量刑数额及对应法定刑调整为：20万元到300万之间的判处有期徒刑3年到10年；贪污受贿金额超过300万元以上的，判处10年以上有期徒刑、无期徒刑或死刑。虽然调整幅度较大，但是这样的数额标准调整切合实际，相对合理。其合理性表现在解释规定既考虑了通胀因素对贪贿数额标准的影响，同时使不同档次间的数额平稳递进，无缝对接，避免了判处10年以上刑罚的量刑数额过低进而带来的刑罚相关配置的不合理。起刑点在调整后基本保持了立法上的稳定性，而在3年以上10年以下刑期和10年以上刑期、无期徒刑或死刑这两个量刑档次中，解释规定将5000元调整为20万元，将10万元调整为300万元反映了对这两个层次的贪贿犯罪相对宽缓的处罚空间。

（三）犯罪层次的划分

仅用数额作为评判犯罪的唯一标准是极不妥当的，在定罪量刑中唯数额论的标准具有先天性的缺陷。贪污罪与受贿罪具有不同的性质特征，故数额对定罪量刑影响也有相当的差异。将两者置于相同的角度研究发现，贪污罪受到数额的影响更大。实际上贪污罪本质上属于财产性犯罪；而受贿罪则不同，其所要保护的法益更多的是职务行为的不可收买性及廉洁性。实际处理中，即便是仅仅考虑数额，对于相同的犯罪行为，最终的判决结果也存在差异。因此，数额对于定罪量刑的合理性也是相对而言的。①

可以将我国刑法规定的财产性犯罪分为三大层次：较轻犯罪、较重犯罪以及特别严重犯罪。所以，根据等级划分对应的有三个法定刑幅度，分别为：3年以下有期徒刑，3年—10年的有期徒刑，10年以上有期徒刑、无期徒刑或死刑。这三档标准应当具有一定的实证根据，并科学设置，通过分档对刑罚资源进行合理配置，以实现立法和司法的刑罚均衡。刑罚分配的比例是可以进一步商讨的，具体数额标准不能以人的主观标准来设定，需要依据具体案件的实际情况，借助一

① 陈兴良：《贪污贿赂犯罪司法解释：刑法教义学的阐释》，载《法学》2016年第5期。

定的数学工具予以论证、确定。对于如何将犯罪三个数额档次加以划分，刑罚按何种比例较合理地配置在同一犯罪下的不同层次，还需综合考虑社会发展，并借助一定数学模型来进一步分析、研究。例如，我国最高司法机关在关于盗窃罪的司法解释中明确指出，如果数额达不到“数额巨大”“数额特别巨大”，但是满足50%的刑罚标准时，而且拥有特定情节的，也可以按照刑法规定的升档法定刑处罚。对达到一般数额50%这种一刀切的规定固然便利了司法，但在实现罪责刑相适应方面还有待商榷。数额值较大时，量刑也应较重，为了保证不同量刑档次刑罚的区分度和打击贪污贿赂犯罪的力度，在数额加情节的模式下适用较高量刑档次时，尝试使用数额所占定罪量刑中比例递减的模式，或许更符合人们的直观感受和公正评价。

二、关于贪污贿赂犯罪情节的规定

情节通常作为在我国刑法中独立于数额的罪量要素。《刑法修正案（九）》针对贪污贿赂犯罪行为引入数额结合情节的立法模式，这种模式的出现，改变了传统单一的定罪量刑标准。数额与情节并列的情况在当下的立法中渐渐成为普遍现象，并且情节并不是完全独立于数额的要素，而是对数额标准的补充。[①]仅仅研究其表层含义，情节指的是数额之外，影响量刑的所有因素。《办理贪污贿赂案件解释》中有关贪污贿赂的情节规定实际上就是采取上述定义。通常情况下，基于规定数额值前提下，下调一半，进而设定特定的情节，为其他情节制定标准。《办理贪污贿赂案件解释》在体现宽缓性的同时也体现了严厉性。对贪贿犯罪定罪标准在一定程度上的放宽就是严厉性的主要体现。《办理贪污贿赂案件解释》在对《刑法修正案（九）》“其他严重情节”规定的解释就是在规定数额基础上降低一半或者三分之一的标准。其中，数额较大且有“其他严重情节”的，量刑数额可降到1万元；数额巨大且具有“其他严重情节”的，量刑数额可降到10万元；数额特别巨大且具有“其他严重情节”的，量刑数额可降到150万元。同时，《办理贪污贿赂案件解释》第12条、第13条、第16条等都采取了较为宽泛的规定。

① 陈兴良：《贪污贿赂犯罪司法解释：刑法教义学的阐释》，载《法学》2016年第5期。

（一）其他情节在贪污罪和受贿罪中的分布

站在全局的角度考虑，受贿罪行与贪污罪行两者之间具有很多相同点。《办理贪污贿赂案件解释》中有关贪污贿赂罪行情节解释中，贪污罪行的情节与受贿罪行的情节之间经常性地出现交叉，仅仅有很少情节属于受贿罪特有。且每个规定最后都有兜底性条款，即造成恶劣影响或者其他严重后果。在对贪污罪和受贿罪的“其他情节”具体化之时，《办理贪污贿赂案件解释》综合考虑交叉与独立特性，方便准确区分两罪的差异，有利于执法者作出正确认定和处罚。

1.贪污罪中的其他情节

贪污特定款物。特定款物是从贪污对象上所作的规定，主要指的是拥有刑法保护、具有特殊性质的款物，如社会救助、救灾抢险、防洪防疫、扶贫等。

《刑法》第384条和相关法律指出：特定款物一般都涉及民生，与民众利益息息相关，所以如果一旦遇到与之相关的犯罪行为时，往往会被处以比较重的处罚。《办理贪污贿赂案件解释》对于其贪污贿赂的相关特定款物进行了其他情节的硬性规定，这样将更有效地去打击对特定款物的贪污贿赂犯罪，体现出对特定款物的特殊保护。

2.受贿罪中的其他情节

1997年《刑法》对受贿罪与贪污罪规定了相同的法定刑标准。两者虽然都属于职务犯罪，但从案件情节和性质上简单适用同一法定刑的做法是欠妥的。对贪污罪的裁量标准主要取决于贪污数额的多少，而受贿罪的轻重不单单受制于受贿数额，还要兼顾在为他人谋利中是否使国家和人民的利益遭受损失。以下三种情形是受贿罪专有的，体现了受贿罪的特殊性。

第一，为他人谋利的同时造成损失的行为。受贿罪包括受贿枉法和受贿不枉法两种。枉法和不枉法的区分一般根据受贿人在谋取利益的时候是否存在违背职责、为他人谋取不正当利益，前者为请托人谋取的是正当利益，一般不会造成其他损失；后者则可能自己获取小利，而为请托人谋取了非法的重大利益，造成重大损失。《办理贪污贿赂案件解释》只是规定了“遭受损失”，而对该种损失的大小以及是否仅指物质性损失，并没有作出进一步的界定。

第二，多次索贿，应指案发前对同一对象三次以上索贿或对不同对象实施三次以上的索贿。索取是受贿人利用自身职务对他人形成精神强制的便利或职务优势，主动向请托人明确提出或暗示索要财物，请托人处于不利的被动地位，受贿人的行为带借机进行敲诈勒索的行为性质。由于索贿行为人的主观恶性较大，所以《刑法》第386条明确规定：索贿的从重处罚。基于此，《办理贪污贿赂案件解释》在考虑到受贿人的主观恶性、受贿次数等方面，将多次索贿行为规定为受贿罪的其他情形中。

第三，为他人谋取提拔、职务调整等。其中应当包括买卖官位、破格提拔、帮助他人谋取职位、进行职位调整等。而在《办理贪污贿赂案件解释》中均将上述行为划分到受贿罪其他情形中，对上述现象进行严惩可以有效预防腐败犯罪的发生。

3.贪污贿赂犯罪共同的其他情节

不积极配合追缴赃款和赃物。这是从行为人犯罪后的表现所做的规定。可以说查找贪污款项去向对于挽回国家损失有着非常重要的作用。若被告人不配合司法机关的追缴工作，一般很难对其赃款赃物进行收缴和追缴。故《办理贪污贿赂案件解释》针对该项情节，即罪犯不配合相关部门的赃款赃物追缴工作，进而导致追缴行动失败的行为，规定为贪污贿赂犯罪的其他情节。

赃款赃物被用于非法活动。这是从赃款赃物的去向上所做的规定。一般而言，赃款赃物的去向只在某些情况下对量刑会产生一定的影响。罪犯利用贪污贿赂获取了相关的赃款赃物，进而就会将这些赃款赃物有效地使用于自身的经营、投资、消费等合法的事项中，对于类似符合常情的合法用途，法律不作否定性评价。但是如果将其用于非法活动，实际上既是一种可能性的牵连犯罪，也是贿赂犯罪主观恶性的一种继续。本着为对其下游犯罪进行有力打击的宗旨，对于将赃款赃物用到非法活动上面的罪犯应当加大打击力度。

因故意犯罪受过刑事处罚的。即罪犯之前就有过刑事犯罪记录，虽然我国的《刑法》没有关于前科制度的相关规定，但在实践过程中，被告人是否具备前科将会在很大的程度上影响其所应承担的刑事责任，增加对其再犯预防的力度。不过我们应该了解《办理贪污贿赂案件解释》所提出的曾受过刑事追究的情形，若该前科行为属于过失性犯罪，则不会被认定为前科。这是因为过失性犯罪的主观罪过一般缺乏犯意的连续性，其在人身危险性方面与故意犯罪有着较大的差异。因此，《办理贪污贿赂案件解释》只将故意犯罪的前科情节考虑进贪污犯罪其他情形当中。

由于特定行为被党纪或者行政处分，和因故意犯罪受过刑事处罚一样，都属于犯罪前的表现，反映了行为人的人身危险性。尤其是曾因故意犯罪受过刑事追究，作为类似于前科的情节在量刑时是一个从重处罚情节。《办理贪污贿赂案件解释》对有过私用公款、贪污贿赂等而遭受行政党纪处分的，也会判定其为贪污贿赂犯罪中的其他情节。我国刑法使用的是定量与定性结合的模式，如果情节轻微、数额不大、没有构成犯罪的违法行为，一般处以行政党纪处分。如果当事人之前所受的行政党纪处分并没有使其改过自新，则理应给予其更严重的刑事责任追究以起到预防效果。

社会影响恶劣或者产生其他严重后果。该条款属于《办理贪污贿赂案件解释》中最基础的兜底规定，把上述条款中没有涉及或者现阶段仍然没有成形化、普遍性的可能情节全部考虑在内。这种规定方式本身具有很强的包容性和灵活性，也可以保持司法解释的相对稳定性，能够满足社会的变化和犯罪情势的变动，为进一步司法解释预留空间。

（二）非数额情节紧密依附数额

以受贿罪为例，“数额较大或者有其他较重情节”“数额巨大或者有其他严重情节”“数额特别巨大或者有其他特别严重情节”等将非数额情节和数额并列作为定罪量刑标准。在《刑法修正案（九）》的文本中，只要是出现“情节”字眼之处，其前面都会冠以“其他”二字。从语义上可以清晰地得出作为定罪量刑最重要标准的“数额”，其本身也是“情节”要素的一部分。显然在理解法律文本时，应当将《刑法修正案（九）》中的“情节”理解为除“数额”外的情节要素。因此从逻辑的严密性出发，只有表述相对于数额的其他情节时，在“情节”前面加上“非数额”作为前缀，“非数额情节”的表述就明确且顺理成章地不需考虑数额因素。虽然“非数额情节”对于贪贿犯罪的定罪量刑有着举足轻重的地位，但并不能简单地认为非数额情节相对数额就能独立存在。因为非数额情节实际上密切地依附着数额而存在。

其一，对于贪贿犯罪的定罪量刑，数额标准的基础性地位是毋庸置疑的。首先，行为的社会危害性和对法益的侵犯程度在很大程度上反映在数额的大小上，“国家工作人员收受财物数量的大小就反映了国家工作人员出卖职务廉洁性的实行程度”。[①]其次，因为公权力寻租是受贿犯罪的本质，故贿赂行为作为相应的对价表现就是被量化的数额。而“犯罪数额作为表现犯罪对象经济价值的货币金额，

① 李希慧主编：《贪污贿赂犯罪研究》，知识产权出版社2004年版，第203页。

直接反映着犯罪行为的规模及程度，是衡量财产犯罪社会危害的客观标准”，[①]说明“数额”作为关键指标对行为人主观恶性有着真实的反映，对行为的社会危害性以及社会危害后果有着明确的表达。再次，大众对财产犯罪的认知通常是通过对具体的数额或者可以被折价的商品价值来直观判断的。通常情形下，就大众的感受而言，以数额为标准进行定罪量刑符合大众的直观认知和普遍的正义观。最后，德日刑事立法在理论界经常被认为是定性不定量，但“如果将类似盗窃一支铅笔的行为或扇人一耳光的行为也判罪处刑，不仅从刑事司法资源分配角度来看是不现实的，而且也会面临是否违反宪法规定的比例性原则的拷问”，因此“在这种犯罪定义立法例中，犯罪的量化思维也是存在的”。[②]由此可见，“数额”在财产型犯罪的定罪量刑中自始至终都发挥着重要作用。

其二，非数额情节紧密依附数额而存在。受贿数额在《办理贪污贿赂案件解释》中，“一万元以上不满三万元”并具有八种非数额情节之一，即认定为《刑法》第383条第1款规定的“其他较重情节”；“数额在十万元以上不满二十万元”并具有八种非数额情节之一的认定为“其他严重情节”；“数额在一百五十万元以上不满三百万元”并具有八种非数额情节之一的认定为“其他特别严重情节”。由此可见，《办理贪污贿赂案件解释》是将一定的“数额”设定为“非数额情节”的依附前提，实际上使其作为前置的条件发挥定罪量刑功能。“非数额情节”不能独自对贪贿行为发挥定罪量刑的功能。因此《刑法修正案（九）》规定的“非数额情节”只有以一定数额起点为基础时才能发挥作用，并非形成了贪贿犯罪定罪量刑标准的数额、情节双轨制结构。可以说如果完全不考虑数额的情形下，非数额情节不能自行发挥定罪量刑功能。

（三）非数额情节的降格升档功能

虽然非数额情节对于数额有着强烈的依附性，但在《办理贪污贿赂案件解释》出台后，非数额情节在贪贿犯罪定罪量刑时，如果满足了特定的数额要求，在定罪上非数额情节就能发挥降格入罪的功能。例如，《办理贪污贿赂案件解释》规定了受贿行为在通常情形下的入罪数额为3万元。但《办理贪污贿赂案件解释》又规定了受贿数额在1万元以上不满3万元时，并具有八种特定非数额情节之一的

---

① 丁英华：《确定犯罪数额标准的原则与方法》，载《法律适用》2008年第12期。

② 土莹：《情节犯之情节的犯罪论体系性定位》，载《法学研究》2012年第3期。

情形。由此可见，即便受贿行为人的犯罪数额只有入刑数额标准的三分之一，但一旦兼具八种特定非数额情节之一便可入刑。因此《办理贪污贿赂案件解释》起到了降低入刑门槛的作用，使得通常情形下的3万元入刑标准在特定非数额情节面前降低到了1万元。非数额情节在具备降格入罪功能的同时，也具备了提升量刑档次的作用。对于量刑而言，根据《办理贪污贿赂案件解释》规定：受贿数额超过20万元不足300万元时，适用《刑法》第383条“依法判处三年以上十年以下有期徒刑，并处罚金或者没收财产”，即使用第二个档次量刑。同时《办理贪污贿赂案件解释》还规定：受贿数额超过10万元不足20万元且兼具八种非数额情节之一时，应也按照“依法判处三年以上十年以下有期徒刑，并处罚金或者没收财产”的档次量刑。基于同样的规定，《办理贪污贿赂案件解释》规定：受贿数额超过300万元时适用《刑法》第383条“依法判处十年以上有期徒刑、无期徒刑或者死刑，并处罚金或者没收财产”进行量刑，即第三个量刑档次。而《办理贪污贿赂案件解释》中与此对应的提格升档的规定为：受贿数额超过150万元不足300万元且兼具八种非数额情节之一时，对其量刑应也适用“依法判处十年以上有期徒刑、无期徒刑或者死刑，并处罚金或者没收财产”的第三档量刑档次。综上所述，只要受贿犯罪行为人具有了《办理贪污贿赂案件解释》所规定的八种非数额情节之一，且受贿数额达到一般情节入刑数额标准的一半时，在第二量刑档次达到10万元和第三量刑档次达到150万元的前提下，也可以在判处刑罚上进行升格。从上面这一结论出发，非数额情节具有重要的理论意义和实用价值，其实质上起到了对受贿行为人进行升格适用刑罚、提高量刑幅度的作用。如果具备特殊的情节，即便犯罪数额未达到升档适用刑罚的标准，也可以适用加重量刑数额所对应的法定刑。正是因为非数额情节的存在，才可以使得受贿金额尚未达到其法定刑幅度的受贿行为被升档适用较重的量刑档次。其实不管是降低入罪门槛还是提升量刑档次本质上都是一致的，只是对其进行规定的方向不同而已。

三、数额与情节立法模式的进一步探讨

（一）不同犯罪数额标准横向对比的合理性

伴随着经济发展，学界关于提高贪贿犯罪起刑数额以及各档次量刑数额标准的呼声越来越高。通过司法解释落实调整是对这类呼吁最直接的回应，而《办理

贪污贿赂案件解释》数额标准调整幅度之大，却出乎部分学者预料。以受贿罪为例，有学者质疑，“因为受贿罪侵犯的利益并非财产，而是国家工作人员的职务廉洁性，其所侵犯的利益远远大于国家、个人的财产损失。一方面高调反腐，另一方面提高受贿罪数额，这是互相矛盾的……‘数额较大’‘数额巨大’以及‘数额特别巨大’的起刑点，不应以现阶段国家工作人员受贿数额的现状为依据，而应参考盗窃罪的数额，否则，难以体现依法治国的实质和我国政府反腐败的决心”。[①]在2013年时，最高人民法院、最高人民检察院通过了《关于办理盗窃刑事案件适用法律若干问题的解释》，对盗窃罪的裁判标准进行了具体规定，如数额较大指的是1000元—3000元、数额巨大指的是3万元—10万元、数额特别巨大指的是30万元—50万元。贪污贿赂犯罪数额标准的大幅度提高与其他犯罪的数额标准比起来显得如此的不平衡，以至于公众很可能会对所处理过的案件的公平性提出质疑。我们认为以这种直观的对比来质疑贪贿犯罪的数额标准的合理性过于武断，有失理性。

首先，贪贿犯罪和一般财产犯罪相比，其社会侵害性要大许多。财产犯罪是指侵害公民日常经济活动、社会生活的犯罪行为，是与大众切身利益紧密相关的。如果实质性地调高入罪的数额标准，造成的社会影响和公众反应将会很大。然而贪贿犯罪是对国家权力行使的廉洁性、公正性和不可收买性的损害，虽然社会危害性也很大，但毕竟没有像财产犯罪行为那样和公民的日常经济生活紧密联系在一起。其次，贪贿犯罪是“数额加情节”的犯罪。《办理贪污贿赂案件解释》规定即便贪贿数额没有达到相应法定刑的数额起点，但只要达到一定比例且具有相应的弹性量刑情节，就应当认定为符合定罪、量刑情节要素，即可适用相应档次的法定刑加以处罚。如果将贪贿犯罪跟诈骗罪、盗窃罪等一般财产性犯罪建立联系，横向比较，就能发现弹性的量刑情节在贪贿犯罪的定罪量刑中发挥着举足轻重的作用。在适用弹性的量刑情节的贪贿犯罪，举足轻重的是情节要素，而不单单是数额要素。再次，受贿行为的社会危害性的大小更多地取决于受贿人利用职务之便为他人谋利，给国家造成的损失或给社会带来的负面影响，而不是简单取决于受贿数额的多少。因此，仅将诈骗、盗窃罪与贪贿犯罪进行数额方面的简单比较则过于片面，并不代表贪贿犯罪的入罪门槛就低、法网就疏。最后，由于

① 王恩海：《浅析受贿罪的法定刑模式——以〈刑法修正案（九）（草案）〉第39条为视角》，载《法治中国与刑法发展》（下卷），中国人民公安大学出版社2015年版，第983页。

不同犯罪自身的内在规律决定了不同犯罪的数额标准。如果就刑法原理角度分析，贪贿犯罪和财产犯罪相对比属于不同类型的犯罪，因此设置的犯罪数额标准不同本来就是科学合理的。如果把所有涉及财产、物质利益的犯罪都简单施加同样的数额标准加以处罚，就会使刑罚失去本应有的威慑和报应功能，因为这样就等同于取消了刑法的规范结构中合理匹配的罪刑关系与刑罚阶梯。所以，对不同犯罪的数额标准进行横向比较的做法本身就不甚科学。由此可见，《办理贪污贿赂案件解释》对其所涉罪名的数额规定没有笼统地采取区间的模式，而是确立了统一的标准，充分反映了我国打击腐败犯罪的理性而坚决的态度。

（二）数额为主、情节为辅的配比模式

虽然有学者认为数额与情节并重的原则符合定罪量刑标准，具有合理性和科学性。[①]但在进一步梳理数额与情节的关系的过程中仍然存在着一定的分歧。有观点认为，确定数额或者情节作为定罪标准时，只需要选择较重的一项即可。如果伴随有其他严重情节的，要将其作为量刑依据，具体法定刑幅度为3年—10年。[②]但是也有观点认为，必须将数额与情节综合起来考虑，使用数额加情节的二元标准，这种想法也不失为一种好的解决办法，可以增加判决依据的可靠性。“要做到数额与情节并重，既重视数额，又重视情节，综合考量二者之后再做出判断。”[③]作为贪污贿赂的主要评价要素的数额能够作为独立的定罪量刑标准，并且脱离其他情节独立存在。反之，与数额无关的情节要想在定罪量刑中发挥作用，就需要与之结合方能生效。故数额与情节间的关系不能简单地以“数额加情节”或者“数额或情节”进行辨析。如在受贿罪的构成中，要择一选择数额是否较大或者是否情节严重的大前提是要有受贿行为在先，且收受了一定的数额的财物。例如，数额巨大标准是20万元，达到20万元就能独立地构成犯罪，无须依赖其他情节。仅仅在未达到数额巨大，即10万元到20万元的特殊情况下，才需要考虑情节比较严重的情形。所以对于定罪而言，定量的数额具有其独立的意义，特别是在贪污罪中定罪主要还是看数额的多少。横向比较情节与数额对定罪的影响力，可以发现情节的作用比较偏弱。故仅在数额未达到定罪标准，而情节严重的

① 《贪污贿赂犯罪定罪量刑标准问题研究》，载《中国法学》2015年第1期。

② 周滨、李豪：《刑法修正案九终身监禁切断严重贪腐犯罪退路》，载《法制日报》2015年9月8日。

③ 沈德咏：《〈刑法修正案（九）〉条文及配套司法解释理解与适用》，人民法院出版社2015年版，第383页。

情况下，情节要素才对定罪有发挥效能的空间和意义。

对于提升相应法定刑幅度而言，数额与情节之间的具体关系有其特殊意义，值得进一步关注和研究。数额巨大或者伴随其他严重情节时，具体法定刑幅度为：3年以上10年以下的有期徒刑，并处罚金或者没收财产；数额特别巨大或者有其他特别严重情节时，具体判决为：10年以上的有期徒刑或者无期徒刑，并且判处罚金或者没收财产；若其贪污贿赂数额属于特别巨大类型，另外还严重损害了人民和国家的利益的，判处死刑或无期徒刑，对其自身财产进行全部没收。按照上述规定，如果数额巨大或特别巨大时，可以单独作为判定依据。而其他严重情节或者其他特别严重情节虽然是独立的，但其独立性仅仅表现在形式上，要想完整地实现独立，离不开数额的约束。有期徒刑3年到10年属于中等幅度的法定刑，一般适用于数额较大且具备其他严重情节的罪犯；而无期徒刑或有期徒刑10年以上则属于重刑，都是对于有着巨大数额且具备其他严重情节的罪犯进行判处死刑或无期徒刑的，属于最高的法定刑，不能简单地利用数额来单独生效，还应伴随特别巨大的数额，且对人民和国家利益造成巨大损失。

值得注意的是，《刑法》第390条关于行贿罪的处罚并没有规定数额与情节或数额、情节同时具备而被判处“无期徒刑，并处罚金或者没收财产”。把受贿罪和行贿罪的法定刑相比可以发现，受贿罪法定最高刑是死刑，行贿罪的最高法定刑是无期徒刑，显然受贿行为的社会危害性重于行贿行为。而数额较大或者有其他严重情节作为条件貌似抬高了受贿入罪门槛，但实际上对无此限制的行贿罪惩治力度就会显得轻些。并且受贿罪前两个量刑区间是3年以下和3年以上10年以下有期徒刑；而行贿罪则是5年以下和5年以上10年以下有期徒刑。在这种情况下就需要在具体的司法实践中将两罪的定罪量刑条件加以平衡，使之保持协调、均衡。第390条没有规定行贿罪的入罪数额标准，由《办理贪污贿赂案件解释》对行贿罪规定了入罪的数额标准，并将起刑数额与受贿罪的数额保持一致，提高到3万元。可见对受贿罪与行贿罪，立法机关表现出同等重视的态度，明显加重了处罚力度。对于行贿罪中情节严重的规定主要表现在行贿数额的多少。行贿罪的数额标准对比受贿数额巨大的标准要高出其数倍以上。如果被告人受贿或行贿90万的情况下，根据《办理贪污贿赂案件解释》规定，90万元对于受贿罪属于数额巨大，应处3年以上10年以下有期徒刑；而对行贿罪则应处5年以下有期徒刑。这时两者的法定刑间就会存在一定的重合部分，这就可能出现受贿、行贿在一定数额基础上同罚，甚至行贿重于受贿的情形。因此，通过适当、有区别的、精细的数额配比，可以在一定程度上弥补两罪法定刑在刑法规定上所表现出的不均衡。

（三）《办理贪污贿赂案件解释》内部的体系性瑕疵

虽然《办理贪污贿赂案件解释》规定的大多数内容具有合理性，但其调整的罪名并非涉及全部贪贿犯罪，就面向同一类型的犯罪的司法解释而言，其定罪量刑标准从体系化的角度应当有合理的分布和互补性。所以，为了进一步完善贪贿犯罪的定罪量刑标准，以求得司法解释体系的科学性和平衡性，对《办理贪污贿赂案件解释》有关贪贿犯罪的调整范围和幅度上的失衡、贪贿犯罪数额标准盲目追求一致等问题，仍进行进一步商榷、探讨的价值。

首先，翻阅我国刑法文本可以得出，不同的贪贿犯罪对应着不同的数额标准，相应的司法解释又使得不同贪贿犯罪的数额标准间在体系上构成了一定比例的关联。《办理贪污贿赂案件解释》只调整了部分常见高发犯罪的数额标准，这可能造成犯罪数额标准体系的不平衡性和不合理性的产生，进而在实践中引发数额标准适用和体系性紊乱。比如，《办理贪污贿赂案件解释》给出明确定罪量刑标准的有权钱交易、非法占有和挪用型职务类犯罪。但在权钱交易类型的职务犯罪中并未对单位受贿、行贿犯罪和介绍贿赂罪等进行进一步规制。受贿罪和行贿罪是自然人犯罪而非单位犯罪，《办理贪污贿赂案件解释》将受贿罪的数额起点分别提升了6倍、4倍和30倍。而单位受贿的数额标准却并未随着受贿罪的调整而作出相应的调整。在体系上是否适当值得探讨；受贿罪、行贿罪的起刑数额低于介绍贿赂罪的起刑数额。受贿罪、行贿罪的定罪量刑数额都是3万元，而介绍贿赂罪则依旧是2万元就予以立案。作为对合犯，行贿人和受贿人的中间人，介绍受贿人在其中起着牵线搭桥的重要作用，但其不是钱权交易的直接对象，对其采用相对更宽松的入罪标准未免有失平衡；在挪用类型的犯罪中也没有提及挪用特定款物罪，这致使挪用公款罪和挪用特定款物罪的起刑数额差距变的更大。

其次，《办理贪污贿赂案件解释》调整的罪名之间是有关联性的，在体系内具有横向的可比性，且同一罪名下纵向比较不同档次的法定刑和量刑情节的调整幅度也应当在统一的标准之下。然而《办理贪污贿赂案件解释》并没有完美地解决定罪量刑的平衡性问题。一是受贿罪的定罪量刑标准此次增幅远超过行贿犯罪的相应标准，有违刑法把受贿犯罪作为一贯的重点打击对象的宗旨。虽然最终行贿罪提高入罪门槛看似和受贿罪保持了起刑数额的一致，均是3万元，但两罪的法定刑对应数额相对增幅差别过大。如果单纯地把数额起点的增幅看作对历史相对增长态势的反映，一致的起刑数额反映出立法者对两罪持有同样严厉的打击思路。从社会危害性的角度来看，因为死刑是受贿罪的法定最高刑，而行贿罪的法定最高刑则是无期徒刑。受贿行为在立法者看来其社会危害性明显大于行贿行为；从刑事政策角度看，对于对合犯进行有效打击，需采取突出重点、有的放矢的刑事政策。法律越不加区别对待受贿人和行贿人，其越会形成牢不可破的犯罪同盟。贪贿犯罪社会危害性的本质是侵害了公职人员的职务廉洁性，受贿、行贿的主体不同造成了前者的社会危害性远远大于后者。不仅如此，刑法对行贿人采取相对较轻的打击策略，有助于行贿人为了获得从宽处罚机会进而主动交代犯罪事实，这样做很大程度上能起到节约司法成本的作用，同时受贿人也会因为对行贿人心存戒备不敢轻易受贿。

最后，对贪污罪和受贿罪不分彼此地调整，淡化客观属性的不同，简单地将贪贿犯罪的定罪量刑数额标准做相同处理的问题较为明显。《办理贪污贿赂案件解释》是对1997年《刑法》的延续，继续采取将法定刑的数额起点和定罪量刑标准进行不加以区分的规定模式。《刑法修正案（九）》对受贿罪、贪污罪规定的法定刑是一样的，但如此规定并不意味着对法定刑的数额起点和定罪量刑标准在执行中也要做到完全相同。由前面论述可知，贪污罪和受贿罪在构成要件和社会危害性上均存在较大的差异：贪污犯罪属于非法占有型的犯罪，所以其社会危害性通过犯罪数额来衡量是适当的，数额越大社会危害性越大。而受贿犯罪作为权钱交易类型的犯罪，受贿罪的本质在于受贿行为侵害了国家公务人员职务的廉洁性，相应的社会危害性更多表现在受贿人利用职务之便为他人谋利所导致的社会公平被破坏、公众利益受到侵害等方面。所以，对贪污罪、受贿罪的情节评价标准应当是有所区别、明确加以区分的。将其定罪量刑标准进行同等数额的设置从体系化的角度来看是存在进一步完善的空间的。

结　语

我国对贪贿犯罪的惩治应当坚持严厉的刑事政策，这样有助于对犯罪分子形成法律威慑，形成不敢贪贿的心理预期，对进一步形成不想贪的政治风气打下基础。同时应该意识到，权力过于集中，缺乏有效监督必然导致贪贿犯罪。刑罚只是治标之策，彻底杜绝贪腐犯罪还需要从源头进行顶层设计和制度建设。因此刑法虽然要保持对贪贿犯罪的高压态势，但由于腐败滋生的原因复杂，刑罚作为最后的惩治手段应当规定合理的限度。正因如此，对于贪贿犯罪应当与其他犯罪一样，实行宽严相济的刑事政策。《刑法修正案（九）》确立的“数额+情节”的定罪量刑模式，《办理贪污贿赂案件解释》对八种非数额情节进行了细化，以此使得这些情节具有了入罪降格和量刑提升的功能，为刑事司法者准确用法、有效惩治犯罪提供了有效依据。立法和司法解释的颁布规范、细化了贪污贿赂犯罪的定罪量刑标准，较好地解决了传统刑法规定下刑法配置等难题，将刑法的功能较为完整地发挥出来，体现了刑法的适时性价值追求。实际上刑法的安定性与适时性具有天然的冲突，只不过在不同的发展时期，其冲突程度存在差异而已。为了有效地解决刑法规定与现实犯罪的天然矛盾性，基于国家法律、法规、党政纪规范体系与刑法的衔接机制，《办理贪污贿赂案件解释》给出了明确的定罪量刑的标准，明确了刑法的适用范围，具有较强的包容性和明确性，刑事司法的针对性和灵活性得到了较大的提升。当然，《办理贪污贿赂案件解释》也存在需要在未来实践基础上进一步完善的地方。面对社会转型和信息技术突飞猛进的发展趋势，贪贿犯罪行为也必将出现意想不到、千奇百怪的新形态。法律作为一种不断完善的实践，在今后治理贪贿犯罪的司法过程中有必要根据实践中犯罪行为的新变化不断总结、丰富、充实相应的非数额情节，使其更加适应不断发展变化的贪贿犯罪新情况，充分发挥其被赋予的、有效的定罪量刑功能。

第三节　修省反思：受贿罪中犯罪情节的应然地位

2015年11月1日，《刑法修正案（九）》正式施行。在国家反腐利剑出鞘的时代背景下，《刑法修正案（九）》中对贿赂犯罪的刑法规定所作的修改自然引人瞩目。自1997年刑法修订以来，刑法条文中对受贿罪明确的数额规定让受贿罪的司法越来越依赖于犯罪数额，实践中唯数额论的倾向越来越严重，受贿犯罪司法实践中的罪刑失衡问题也愈加凸显。在诸多理论界学者和实务界专家的反思与呼吁下，《刑法修正案（九）》对受贿罪的定罪量刑规定作了较大的修改，将确定的数额标准改变为概括的数额标准。这一刑法修改被认为是立法的一大进步，顺应了民意，对严惩腐败犯罪，缓解受贿犯罪司法罪刑不均有着重大意义。

一、受贿罪立法理念之缺陷

（一）对受贿犯罪对象理论的误识

从刑法历史来看，从古代各王朝始，无论是立法还是司法，对受贿罪都采用计赃论罪。将行为人的罪刑轻重与受贿数额的大小紧密联系。如《唐律》就规定，官员受赃一尺杖九十，每两匹加一等，三十匹加役流。这种计赃论罪的司法传统影响至今，加之我国刑法对受贿定罪量刑的标准参照贪污罪，令贿赂在受贿犯罪中的立法与司法地位突出。在此背景下，无论是刑法学界还是司法实务界都将贿赂作为受贿罪的犯罪对象。在这样的理论支撑下，立法自然也对贿赂的数额存在着一种偏爱，无论是1997年《刑法》还是《刑法修正案（九）》都将受贿的数额作为受贿罪定罪量刑的标准。这样的刑法规定恰恰显示出了我国刑法对受贿罪立法的第一个缺陷——对受贿罪犯罪对象理论的认识错误。

传统刑法理论在犯罪构成理论中，通说一直强调，犯罪客体与犯罪对象是本质与现象的关系，犯罪对象反映犯罪客体。作为犯罪对象的具体物是具体社会关系的物质表现；作为犯罪对象的具体人是具体社会关系的主体或者参加者。[①]按照通说的观点，犯罪对象作为犯罪所侵害的具体社会关系的物质承担者，其是该具体社会关系的具体表象，则必定体现着该社会关系。

具体到受贿罪这一罪名，受贿罪的犯罪客体，我国刑法学界曾有过激烈的争论。虽然在早期，我国传统的刑法理论中曾一直把国家机关的正常活动作为受贿罪的犯罪客体。[②]但后来刑法通说将受贿罪的客体界定为国家工作人员的职务廉洁性。[③]从通说对犯罪对象的概念，即犯罪对象是人或物的观点来看，贿赂在表现形式上作为受贿罪的犯罪对象，是与通说的观点一致的。但是如果严格依照通说关于犯罪对象与犯罪客体是本质与现象、反映与被反映之关系的观点，那么贿赂这一具体物作为受贿罪的犯罪对象，必然是国家工作人员职务行为的廉洁性这一客体的物质体现。但是，贿赂或者财物本身与该罪的客体即刑法设定该罪所要保护的社会关系或社会利益并不处在本质与现象的关系中。[④]财物也根本不具有反映国家工作人员职务行为的公正性与廉洁性受损的作用，因为受贿罪并非侵财

① 高铭暄、马克昌：《刑法学》，北京大学出版社2010年版，第64页。

② 郝力挥、刘杰：《对受贿罪客体的再认识》，载《法学研究》1987年第6期。

③ 马克昌：《论受贿罪》，载《中国法学》1991年第6期。

④ 李洁：《犯罪对象研究》，中国政法大学出版社1998年版，第28页。

性的犯罪，受贿数额也只是说明对犯罪客体即职务行为的廉洁性或职务的公正及其的信赖受侵害的因素之一，而不是犯罪客体受侵害的直接表现。

由此观之，我国刑法理论中对受贿罪的犯罪对象是存在错误认识的，贿赂并非受贿罪的犯罪对象。正是由于对受贿罪的犯罪对象认识存在着错误，在立法上才会出现受贿罪的定罪与量刑都要求具备相应的受贿数额标准。

（二）对贪贿两罪犯罪本质差异的无视

从立法沿革来看，自封建社会以来，在立法上我国就长期存在着贪贿不分的立法传统。如明清两代的律例都将受贿规定为“六赃之罪”，在六赃中，监守盗与受财枉法和受财不枉法都统一适用计赃论罪。新中国成立后，在立法上同样采用贪贿不分的立法模式，1952年颁布的《惩治贪污条例》中规定，“国家工作人员收受贿赂的，以贪污论”。1997年修订的刑法中，虽然将受贿罪从贪污罪中独立出来，但在对受贿罪的定罪量刑上，却规定依照贪污罪的规定处罚。《刑法修正案（九）》依然未能对受贿罪的定罪量刑作出独立的规定。可以说，在我国立法史上，无论是封建时期还是当代，立法者对贪污罪和受贿罪在立法理念上都是等同视之。但这种立法理念从根本上就是一种错误。长期以来，当我们谈及腐败犯罪，就会很自然地想到贪贿犯罪。的确，贿赂犯罪是一种腐败，但受贿罪的本质在于行为人将国家公权力作为对价与行贿人所进行的不正当的利益交易。“这种腐败所造成的代价并非贿赂本身，而是贿赂导致的低效行为所造成的损失。”①与贪污罪不同，受贿本身并不具有侵财性，行为人所获得的财物，并不侵害财产所有人的所有权。众所周知，贪污罪是一种财产犯罪，行为人通过窃取、骗取等方式实现对国家所有之财物的非法占有。而受贿罪，我们认为属于一种渎职犯罪。受贿人通过与行贿人之间的不正当交易，利用公共权力谋取私利的行为违背了国家工作人员应尽职无私、公正地履行其职务的职业要求，从本质上讲这是一种渎职。不得不说的是，在1979年《刑法》中，立法者显然是看到了受贿罪与贪污罪的本质区别。在1979年《刑法》中，第185条规定的受贿罪隶属于刑法分则的第八章渎职罪中，第155条规定的贪污罪则隶属于刑法分则的第五章侵犯财产罪中。但出于某些原因，在此后的1997年《刑法》中，受贿罪与贪污罪被同时规定在刑法的第八章贪污贿赂罪之中，直至《刑法修正案（九）》施行，这样

---

①［美］罗珊·罗斯·艾克曼：《腐败与政府》，王江、程文浩译，新华出版社2000年版，第304页。

的立法体例仍未转变。

（三）对非数额犯罪情节之地位的忽视

如果我们认真地去查阅刑法，就会发现无论是1997年《刑法》的规定还是刑法修正案的规定，在对受贿罪的定罪量刑进行规定时，《刑法》第386条“受贿罪的处罚”中都明确规定“对犯受贿罪的，根据受贿所得的数额及情节，依照本法第三百八十三条的规定处罚”。对于刑法条文的这一表述，我们不禁要问，在受贿犯罪中难道数额不是情节的一种，是独立于情节之外的其他吗？如果数额是受贿罪情节的一种，那么为什么刑法又要将数额这一情节独立于犯罪情节之外？如果数额不是受贿犯罪情节的一种，那么数额在受贿罪中到底是哪一要素呢？所谓情节，是犯罪情节的简称，指犯罪过程中的各种事实情况。①

受贿数额作为受贿人犯罪的事实情况，当然属于受贿罪的情节。从理论上来说，情节与数额之间应该是一个包含与被包含的关系，但在受贿罪的刑事立法中，立法者似乎出现了逻辑上的混乱，将一对种属关系的事物相互剥离，使数额独立于情节之外。而且，从语言表述习惯上看，我们在描述一事物时，往往将我们最为关注、认为最重要的信息置于其他信息之前优先表述。立法同样是一种言语表达，而且是一种极为精准的表达。那么，通过上述分析，我们不禁揣测，对于受贿罪的定罪与量刑，立法者在制定刑法时，对数额有着一种特殊的“偏爱”，不仅将本身是包含关系的情节与数额分别独立阐述，而且在表达上优先表述数额。这说明在立法者心中，很可能数额在受贿罪的定罪与量刑中的地位要高于其他非数额情节。在立法上，受贿数额已然是一种凌驾于其他情节的情节！不难看出，在受贿罪的定罪量刑中，立法对其他非数额情节的地位存在着一种忽视！这种忽视导致虽然立法肯定非数额情节对受贿罪定罪量刑的作用，但实际上非数额情节在受贿罪的定罪量刑标准中的地位已经被虚置。

二、受贿罪司法实践之窘境

实事求是地讲，虽然中国是大陆法系成文法国家，不承认判例法，不存在“法官造法”。但不可否认，在中国司法反哺立法的事实是存在的。回溯受贿罪的立法史，我们就会发现数额标准的存在，并非立法之首创，而是司法经验的倒

---

① 姜伟：《犯罪形态通论》，法律出版社1994年版，第122页。

逼。曾经的1979年《刑法》中，法律对受贿罪定罪量刑并未规定数额标准。第185条规定："国家工作人员利用职务上的便利，收受贿赂的，处五年以下有期徒刑或者拘役。赃款、赃物没收，公款、公物追还。"但是由于我国司法机关不善于司法定量，没有数额标准的存在，司法实践中就难以准确地把握受贿罪的量刑标准。1979年《刑法》中由于对受贿罪的定罪与量刑没有规定具体的数额标准，司法机关不便把握。旋即在1988年全国人大常委会颁布的《关于惩治贪污罪贿赂罪的补充规定》中就对受贿罪的量刑规定了具体的数额标准。该规定第5条规定："对犯受贿罪的，根据受贿所得数额及情节，依照本规定第二条的规定处罚；受贿数额不满一万元，使国家利益或者集体利益遭受重大损失的，处十年以上有期徒刑；受贿数额在一万元以上，使国家利益或者集体利益遭受重大损失的，处无期徒刑或者死刑，并处没收财产。索贿的从重处罚。"立法进行如此规定的主要理由是"《刑法》中对受贿罪的量刑标准，没有具体数额规定，各地感到不好掌握。根据几年来的审判实践经验，草案按照受贿的不同数额分别规定了不同的量刑标准"。[①]

固然，数额标准的存在，让司法部门办案更为方便，但是数额标准令受贿罪的司法产生了惰性，随即而来的就是受贿罪的司法实践深陷唯数额论、罪刑不均的泥潭。受贿罪司法实践开始面临失衡的窘境。受贿罪司法的失衡主要表现为司法实践中过度关注受贿数额，受贿罪司法严重依赖受贿数额，定罪量刑中受贿数额的权重过高，这种态势尤其表现在2016年司法解释出台之前；虽然新的司法解释出台后，受贿犯罪处罚中对数额的依赖度或许会略有降低，但并未从根本上改变数额的决定性作用。《刑法修正案（九）》的颁布实施前，受贿罪司法之后天失衡主要在于"计赃论罪"传统、"数额中心主义"甚至"唯数额论"倾向导致受贿罪罪刑严重失衡。

由于1997年《刑法》对受贿罪的定罪量刑采取具体数额的规定，具体的论罪数额有着司法可操作性强的优势，司法人员只需对受贿人的受贿金额按照刑法规定的具体数额标准进行论罪处罚即可。但是这种"计赃论罪"的做法又使得受贿案件出现"数字司法"的现象，司法中过度依赖受贿金额，在对受贿罪的定罪量刑中数额权重过高。首先，在定罪方面，根据《刑法修正案（九）》出台前的刑法规定，受贿罪的起刑点为5000元，因此就造成了司法中受贿金额低于5000元

① 高铭暄：《中国刑法规范与立法资料精选》，法律出版社2013年版，第152页、第400页。

的案件极少进行刑法评价。其次，我们都知道“法律要有所规定时，应当尽量避免用银钱做规定。无数原因可以促使货币的价值改变，所以改变后同一金额已不再是同一的东西了。”①由于1997年《刑法》中规定的5000元的起刑点早已不适应经济高速发展的社会现状，所以在《刑法修正案（九）》颁布实施前，为了办案需要，各地的司法机关又在刑法规定的定罪数额之外设置了立案标准。

虽然《刑法修正案（九）》取消了原刑法中对受贿罪定罪量刑的具体数额标准，代之以概括性的数额标准，试图以概括的数额标准来尝试扭转受贿罪司法中数额权重过高的尴尬局面。但是，很快司法机关就以司法解释的形式对数额标准作了具体规定。2016年4月18日最高人民法院、最高人民检察院公布了《办理贪污贿赂案件解释》。在该解释中，受贿数额在3万元以上不满20万元的，认定为“数额较大”；受贿数额在20万元以上不满300万元的，认定为“数额巨大”；受贿数额在300万元以上的，认定为“数额特别巨大”。这样新瓶装旧酒的做法，加之受贿数额具有直观可操作性的优点，让司法机关在办理受贿案件时紧盯着3万元的数额红线。《办理贪污贿赂案件解释》不仅化“概括数额”为“具体数额”，而且将立法确立的“数额+情节”罪刑标准实际上调整为“数额为主，情节为辅”的定罪量刑标准。

无论是在司法解释中还是受贿罪的现实司法中，情节的定罪作用都是被矮化了的。虽然刑法修正案的规定让情节成为受贿罪定罪量刑的标准之一，但是目前无论是新闻报道还是法院判决都尚未看到受贿3万元以下被追究刑事责任的案例。同时，由于实践中的贿赂犯罪多是一对一犯罪，具有很强的隐秘性，犯罪中的其他情节认定存在着难度，而受贿数额作为一个直观的标准更能引人注目。实践中即使贿赂不能够直接体现具体数额，也一定要在进行价格鉴定，折合为具体数额之后，才进行定罪和量刑。如此，也就不难理解，为什么在《刑法修正案（九）》确定了受贿罪“数额+情节”的定罪标准后，实务中受贿案件的办理依然依赖于能否确保受贿数额达到追诉的标准了。

相较于1997年刑法中规定的数额标准，在《办理贪污贿赂案件解释》中受贿罪的定罪量刑数额标准被大幅提高。对于受贿罪数额标准的提高，最高人民检察院的主要理由是：1986年制定贪贿犯罪的立案标准为千元，当时的人均可支配收入为800余元，1988年将该标准提高至2000元，当时的人均收入为千余元，1997

① [法] 孟德斯鸠：《论法的精神（上卷）》，许明龙译，商务印书馆2009年版，第297页。

年《刑法》规定受贿罪数额标准为5000元，与之对应的人均可支配收入为4800余元。在2015年，我国城镇人均可支配收入已经增长至30000余元，参照以往的做法，提高受贿罪的数额标准至30000元是符合社会实际的。[①]刑法学界对于司法解释提高受贿罪定罪量刑数额标准的做法，主流声音是表示支持的。有学者认为，贪污受贿此类腐败行为对社会的危害程度并非一成不变的，它会随着社会经济水平的发展相应地产生变化。因此，适当地提高贪污受贿犯罪的起刑点是时代发展的需要，是势在必行的，而且提高幅度太小了也解决不了问题。[②]但是，如果人均GDP和人均可支配收入是司法机关确定受贿罪数额标准的决定性依据，那么可以预见，多年以后受贿罪的数额标准一定仍会提高。如此，假如人均可支配收入提高10倍或者100倍以后，贪污贿赂罪的定罪数额标准岂不是要提高到30万元和300万元。这简直是匪夷所思！有学者就曾质疑司法解释提高受贿罪数额标准的合理性，认为发达国家从未提高过贪污贿赂罪的数额标准，相反，经济发展水平远远高于我国的发达国家，其贪污贿赂犯罪的定罪数额标准要远远低于我国，为什么发达国家的贪污贿赂罪数额标准与人均GDP和人均可支配收入之间没有任何联系，在我国二者却有着如此明显的关联？二者的这种联系是必然的，还是只是一种假象呢？[③]受贿罪数额标准的提高，直接意味着受贿犯罪圈的缩小，但这显然是不利于打击腐败犯罪的。

三、受贿罪犯罪对象之重构

无论是立法还是司法，其种种问题的症结在于受贿数额的地位问题。立法中过度拔高受贿数额在受贿罪定罪量刑标准中的地位，司法中过度依赖受贿数额在受贿罪定罪量刑中的作用。如果不予受贿数额以科学的定位，我们不能不担心未来刑法对受贿罪定罪与量刑的修正再次面临历次刑法修正所陷入的周期性循环往复的怪圈。[④]

受贿数额的定位问题，本质上就是贿赂在受贿罪犯罪构成中的定位问题，因为受贿数额就是贿赂在具体的受贿犯罪中所呈现的数量样态。传统通说一贯

① 万春等：《〈关于办理贪污贿赂刑事案件适用法律若干问题的解释〉的理解和适用》，载《人民检察》2016年第10期。

②《略谈最新司法解释中贪污受贿犯罪的定罪量刑标准》，载《人民法院报》2016年4月19日。

③ 张明楷：《贪污贿赂罪的司法与立法发展方向》，载《政法论坛》2017年第1期。

④ 梁云宝：《回归上的突破：贪污犯罪数额与情节修正评析》，载《政治与法律》2016年第11期。

认为，贿赂是受贿罪的犯罪对象，并坚持这一观点在刑法学界和实践部门都没有异议。[①]但是，正如前文所说依据传统刑法理论中犯罪对象与犯罪客体（法益）之关系，贿赂并非受贿罪的犯罪客体。虽然受贿罪的犯罪客体（法益），刑法理论上存在着争议，有着信赖保护说、廉洁性说以及不可收买性说等各种观点。[②]我国通说观点采用廉洁性说，认为受贿罪的犯罪客体是国家工作人员职务行为的廉洁性。但是无论何种学说，信赖保护抑或廉洁性和不可收买性，都不过是对公职人员职务行为属性的一个说明。各种学说间的争议不过是对职务行为所具有的属性的争论罢了。毫无疑问的是，受贿罪的犯罪客体（法益）必然是国家公职人员职务行为的某种特质!因此，依据我国传统刑法理论犯罪对象与犯罪客体之间表征与本质、反映与被反映之关系。贿赂作为受贿罪的犯罪对象必然要体现国家公职人员职务行为的某种属性。但遗憾的是，“贿赂或者财物本身与该罪的客体即刑法设定该罪所要保护的社会关系或社会利益并不处在本质与现象的关系中”。[③]

事实上，尽管理论通说一直宣称贿赂是受贿罪的犯罪对象的观点是毋庸置疑的，但是仍有部分学者曾明确指出贿赂不是受贿罪的犯罪对象。如李洁教授，早在20世纪90年代就曾提出贿赂不是受贿罪的犯罪对象，在受贿罪的犯罪构成中它没有容身之地，受贿罪中对职务廉洁性侵害是通过行为人的受贿行为令其正当的职务行为受到影响而实现的。[④]薛瑞麟教授也曾撰文指出，受贿罪的犯罪对象应为国家工作人员的职务行为。[⑤]

我们认为与传统通说观点相比，两位学者提出的受贿罪犯罪对象“职务说”这一新界说有一定的科学性，但必须注意到的是二人的观点都是建立在对传统刑法理论中犯罪概念的颠覆之上的。传统理论认为犯罪对象是犯罪行为直接指向或者影响的人或者物。李洁教授认为，犯罪对象是指作为犯罪构成客体要件内容的对象。同时，李洁认为“人的具体行为也可以成为具体的犯罪对象”。[⑥]

① 王作富：《刑法分则实务研究》（第五版），中国方正出版社2013年版，第1619页。

② 张明楷：《外国刑法纲要》（第二版），清华大学出版社2007年版，第732—735页。

③ 李洁：《犯罪对象研究》，中国政法大学出版社1998年版，第28页。

④ 李洁、林菲：《论贿赂在受贿罪犯罪构成中的地位——兼论受贿罪立法及认定中的几个问题》，载《法制与社会发展》1998年第3期。

⑤ 薛瑞麟：《受贿罪的犯罪对象应为国家工作人员的职务行为》，载《检察日报》2007年2月16日。

⑥ 李洁：《犯罪对象研究》，中国政法大学出版社1998年版，第55页。

与李洁教授的观点一致，薛瑞麟教授认为，从我国刑法的立法实际来看，刑法分则中实际上将人的活动也作为犯罪的对象，因此犯罪概念的外延中应当包含人的活动这一内容。[①]这也就意味着受贿罪的犯罪对象是国家工作人员的职务行为这一观点并非与传统理论所坚持的贿赂是受贿罪犯罪对象的观点是在同一基调下得出的！这无疑是新兴的“职务说”理论的“阿喀琉斯之踵”，因为这种受贿罪犯罪对象的新界说是在自己的基调之上对另一理论前提下的观点进行的“自说自话”的批判！

我们认为对受贿罪犯罪对象的理论重构应在坚持传统理论的犯罪概念前提下进行。因此，我们认为受贿罪的犯罪对象既不是贿赂（财物）也不是国家工作人员的职务行为（活动），而只能是也应当是国家工作人员的职务。首先，国家工作人员的职务作为受贿罪的犯罪对象符合通说犯罪对象是客观具体的物的要求。与将国家工作人员的职务行为作为受贿罪犯罪对象的观点立足于对犯罪对象传统概念的颠覆不同，我们所认为的国家工作人员的职务是受贿罪犯罪对象的观点完全坚持了传统刑法理论关于犯罪对象是犯罪行为直接指向或者影响的人或者物的定义这一理论前提。《现代汉语词典》将职务定义为“职位规定应该担任的工作”。[②]职务，不同于职务行为或者职务活动，它是一种客观存在，是人的实践活动的对象，是一个具体的事物。职务作为一种工作，从静态上其体现于工作单位具体的规章制度以及人事安排等书面文件之中；在动态上工作人员日常中履行工作的活动也同样是职务的外在表征。无论是从静态还是动态上来说，职务都是一种客观存在的，能够被人们所感知的事物，它完全符合传统理论中对犯罪对象的属性要求。

刑法意义上的职务，不同于我们日常中所说的职务，应当在语义上进行限缩，不是任何职位规定要求承担的工作都是受贿罪中的“职务”。受贿罪中的职务至少应当满足三个要求：第一，职务的主体只能是国家工作人员；第二，职务是国家工作人员依照国家规定或者职业规定应当承担的工作；第三，职务是赋予了国家工作人员主管、负责或者承办某项公共事务职权的工作。概言之，职务，是指国家工作人员基于其地位而应当作为公务处理的以公共权力的行使及公共义务的履行为核心内容的一切事务。

---

① 薛瑞麟：《关于犯罪对象的几个问题》，载《中国法学》2007年第5期。

② 薛瑞麟：《关于犯罪对象的几个问题》，载《中国法学》2007年第5期。

其次，职务作为受贿罪的犯罪对象符合通说犯罪对象是犯罪行为直接指向或者影响的对象的要求。正如前文所述，受贿罪中的犯罪行为是国家工作人员出卖公共权力进行不正当交易，以公权谋取私利的行为。而这一行为直接指向或者影响的对象正是国家工作人员的职务。具言之，在受贿罪的整个犯罪过程中，行为人正是通过出卖权力的行为使得国家工作人员的职务不能够正当履行进而侵害到了国家工作人员职务行为的廉洁性这一刑法所保护法益。行为人出卖公权力的行为所直接指向的对象就是其正当的职务，其犯罪行为所造成的结果就是国家工作人员的职务不能正当履行。

最后，职务作为受贿罪的犯罪对象符合刑法通说理论中犯罪对象与犯罪客体之间现象与本质、反映与被反映之关系。刑法理论通说认为受贿罪的犯罪客体是国家工作人员职务行为的廉洁性。而表现受贿罪犯罪客体的，正是国家工作人员的职务，只有通过国家工作人员的职务这一媒介才能够对国家职务行为的廉洁性造成损害。受贿罪就是通过出卖权力的不正当交易行为使得国家工作人员应为的职务行为发生变化，进而导致公众对国家工作人员职务行为的廉洁性以及国家声誉产生不信任感。质言之，廉洁性作为国家工作人员职务行为的一种属性，是依附于法令所规定的国家工作人员的职务之上，通过国家工作人员的职务履行行为体现的。

四、受贿罪中犯罪情节的应然地位

我们必须“善待”受贿罪的犯罪情节，犯罪情节在受贿罪的定罪量刑中必须得到应有的地位！传统刑法理论认为，刑事责任的根据是行为的社会危害性与人身危险性的统一，而衡量社会危害性与人身危险性大小的唯一根据就是犯罪构成。判断某一行为是否属于犯罪，必须判断行为是否符合犯罪构成。行为是否符合犯罪构成则必须通过犯罪的各种事实情况，即犯罪情节来判断。在尊重现行立法的前提下，受贿罪的司法必须尊重犯罪情节的定罪量刑作用。

第一，无论是单纯的数额情节还是单纯的非数额情节均可决定受贿罪的定罪量刑。当受贿金额达到刑法要求的数额较大时，受贿行为入罪；当受贿人的犯罪符合刑法要求的有其他较重情节但受贿金额却未达到刑法规定的数额要求时，受贿行为仍应当入罪。

第二，当行为人的受贿犯罪既有非数额情节又有数额情节，且数额情节和非数额情节均在同一量刑幅度的，其处罚应重于仅有非数额情节或数额情节的情形。例如，赵甲受贿15万元人民币，且存在多次索贿行为。钱乙受贿18万元，但不存在索贿行为。从数额上看，赵甲和钱乙两人受贿数额均属于数额较大，但因为赵甲存在着多次索贿这一情节，所以即使仅从数额上看赵甲受贿数额比钱乙低，但对赵甲的刑事处罚应重于钱乙。

第三，如果数额情节与非数额情节不在同一个量刑幅度的，应当依据属于高量刑幅度的情节选择量刑的档次，但对低于该量刑幅度的数额或非数额情节可以在选定的法定刑幅度内依法对受贿人从轻或者从重进行处罚。

相对于数额情节的确定性而言，非数额情节具有不确定性的特点，一个案件所包含的非数额情节可能数十个甚至上百个，这就意味着在依据非数额情节对受贿罪的定罪量刑时，我们必须对众多的非数额情节进行筛选和考察。并非所有的犯罪情节在受贿罪的定罪量刑中都有地位。只有那些体现受贿罪犯罪构成要素犯罪情节才应当作为受贿罪定罪量刑的依据。根据传统刑法理论对犯罪构成的分类，我们认为在受贿罪的定罪量刑中，应依据犯罪情节所体现的犯罪构成要件要素来赋予其地位。

首先，体现受贿罪犯罪客体要件要素的情节。如前文所述，国家工作人员职务行为的廉洁性是受贿罪的犯罪客体。这种廉洁性应当包含两个侧面：一是国家工作人员所得报酬的合法性。作为国家工作人员，作为公共权力的行使者，其基于职务地位所获得的报酬必须具有合法性，除国家发放的薪酬与福利外，不得再因为其职务地位获取任何组织或者个人给予的报酬。二是国家工作人员履行职务的正当性。作为国家工作人员，代表国家行使公共权力，管理社会公共事务，其应当严格按照国家制定的法律、法规和制度履行其职务，恪尽职守。拒绝贿赂，依法依规办事，是其职责所在；受贿之后违规枉法行事，则是对其职务廉洁性的进一步侵害。我们认为，在具体的受贿犯罪中，行为人违反第一个层面，收受或者索取非法报酬的事实是认定犯罪成立的基本事实，是定罪情节；行为人违反第二个层面，受贿且枉法履行职务的事实是影响其行事责任的基本事实，是量刑情节。质言之，行为人受贿后有无枉法的，直接影响其刑罚程度。毫无疑问，受贿且枉法的行为是对职务行为的廉洁性这一保护客体的进一步侵害，其社会危害性更大，应当对之从重处罚。

其次，体现受贿罪犯罪客观方面要件要素的情节。犯罪客观方面要件的内容主要包括犯罪对象和犯罪行为、犯罪时间和犯罪地点，具体案件中存在的用以说明犯罪对象、犯罪行为以及犯罪时间和犯罪地点的客观事实就是体现受贿罪犯罪客观方面的情节。在“职务说”的立场下，我们坚持国家工作人员的职务是受贿罪的犯罪对象。因此，能够体现犯罪对象的情节就是具体案件中行为人所具有的职务。国家工作人员职务性质的不同，也影响到行为人刑事责任的大小，在量刑时应当予以考虑。具言之，对其职务关乎国计民生，对社会公共利益影响重大的受贿罪行为人，在量刑时应当考虑从重处罚。因为由于其职务对国家、社会的意义重大，其职务的履行状况也就相比一般职务对国家与社会的稳定起到更大的影响，行为人受贿的行为所造成的社会危害性也就更大。

作为犯罪行为内容的表现，行为人有无索贿也是影响其量刑的重要情节，因为索贿的行为显然比被动的收受行为更能加剧国民对职务行为公正性的不信任。行为人实施受贿犯罪行为的时间同样影响其量刑。在不同的时间段行为人实施的受贿行为社会危害性不同，如在某地发生严重的地震，造成重大人员财产损失的时期，该地某国家工作人员收受贿赂，对某食品在该地的销售大开方便之门。在此情节下，该国家工作人员的受贿行为应当从重处罚。因为作为国家工作人员，其在自然灾害造成严重损失的特殊时期，在社会稳定受到严重冲击的情况下，仍然进行犯罪，无论是行为的社会危害性还是其人身危险性都要比一般的受贿罪严重。受贿犯罪发生的地点不同，也影响到其罪刑的轻重。在特定的地点，受贿行为造成的社会影响不同，其行为的社会危害性也有明显差别。如赵甲与钱乙同样作为某省卫健委拥有相同职务的公职人员，赵甲在公共卫生、健康环境良好的丙市收取某企业给予的贿赂，钱乙在禽流感疫情肆虐的丁市收受同一企业给予的相同价值的贿赂。虽然赵甲与钱乙二人职务相同、收受贿赂的价值相同，但是由于二人实施犯罪的地点不同，其行为造成的社会影响也就不同，其行为的社会危害性也就不同，很明显在疫情肆虐的丁市实施受贿犯罪的钱乙其行为性质的恶劣程度远甚于赵甲。

再次，体现受贿罪犯罪主体要件要素的情节。前文我们已经提到，国家工作人员职务的廉洁性这一客体包含两个侧面，其中之一就是国家工作人员所得报酬的合法性，即国家工作人员只能通过其职务获取国家发放的薪酬。因此，我们认为作为受贿犯罪的行为人，其职位的高低也应属于量刑情节之一。原因在于，一般来说，在同一国家机关、同一部门中，职位越高的人其享受的薪酬待遇就越好，那么他就应该更加廉洁，更不应当收受或者索取贿赂。

最后，体现犯罪主观方面要件要素的情节。犯罪主观方面的内容主要包括故意和过失两种心理态度以及犯罪目的和犯罪动机两种心理要素。受贿罪是故意犯罪，行为人实施犯罪行为的目的都是以公权换取私利。应当说在对个案进行对比时，受贿人的犯罪目的对其所受处罚的轻重差异不会有太大的影响。但犯罪动机却是因人而异，因而在受贿罪中，对受贿人的定罪量刑应当考察其犯罪动机。“邪恶的犯罪动机可能加重被告的刑罚，而善良的犯罪动机可能减轻被告的刑罚。”①

结　语

我们始终认为，《刑法修正案（九）》对受贿罪所作的修正只是一种回归上的突破，是在1979年《刑法》祛除1952年《惩治贪污条例》中受贿罪数额标准，1997年《刑法》重回明确的数额标准立法模式后的一次立法突破。但这种突破不会彻底解决实务中受贿罪司法数额权重过高、罪刑失衡的问题，对这一问题，《刑法修正案（九）》所能做到的只是缓解矛盾，而非根治矛盾。我们始终坚持，受贿罪的罪刑标准设置应着眼于受贿罪不正当交易的本质。例如，在拐卖妇女儿童罪中，其法益保护的目的是人的人格尊严与人身权利，其法益侵害的实质是将人作为商品进行买卖，所以行为人拐卖妇女或儿童所获得的财物数额不应作为拐卖妇女儿童罪的罪刑标准。同样的，受贿的定罪与量刑也不需要数额这一情节，受贿的本质在于不正当交易所致的渎职，而非财产所有权的损失。受贿数额不能反映受贿罪所造成的法益侵害与受贿罪法益侵害的本质。也许有人会提出，受贿数额的有无与多少可以体现行为人的主观恶性，因此在定罪量刑中数额情节应有一席之地。但是，我们认为受贿作为一种渎职型的职务犯罪，它不具有侵财性。在受贿罪中，我们所应考察的行为人主观方面的内容应当是他对职务正当履行的一个认知和态度。相对于巨额受贿而言，如果少量数额的贿赂就能够收买行为人，那么说明他对职务行为的正当性和重要性的认识程度可能更低，其主观心理上更为轻视职务背后所蕴含的保护法益。的确，数额越大越能够显示行为人的贪欲，但是贪欲的实质是一种占有目的，是贪污这种侵财型犯罪所应关注的。基于以上原因，我们认为受贿数额不应存在于受贿罪的定罪量刑体系之中。

---

①［美］道格拉斯·胡萨克：《刑法哲学》，姜敏译，中国法制出版社2015年版，第61页。

第四节　程序正义：反腐立法中的以审判为中心刑事诉讼模式之构建

党的十八届四中全会提出："推进以审判为中心的诉讼制度改革，确保侦查、审查起诉的案件事实证据经得起法律的检验。"近年来，全国发现多起影响较大的冤假错案。究其根本原因，一些司法机关存在懒政不作为，该干的事不干，该负的责不负，对侦查的高度信任，对辩护的贬低否定，对定罪的过于强调，以至于庭审的实质审查和独立判断功能没能有效发挥。这与在整个刑事诉讼过程中审判中心地位的缺失有着内在联系。为此，必须在现有刑事诉讼模式的基础上，强化审判中心地位的确立和庭审实质化的落实，从规则上防范不作为的懒政，减少冤假错案的发生。

一、现行刑事诉讼模式存在的弊端

在刑事诉讼中，为求尽快结案，一些案件的审理无视证据不足或案件疑点，强拘、强捕、强诉、强判，甚至采用弄虚作假的手段，且顺利通过审判关的现象时有发生。庭审对抗过程成为审查侦查卷宗中的被告人供述、被害人陈述、证人证言、鉴定意见等书面材料的流程，而这些决定审判结果的关键环节，却是在法庭之外进行的。庭审的时候，绝大多数证人、鉴定人员、侦查人员并不出庭，他们是在什么样的情况下作的言词证据、记录是否完整、是不是原意、对于与其他证据之间的矛盾如何解释等，所有这些应当通过当面询问、质证才能解决的问题，庭审中却无法落实，完全依靠宣读笔录定案宣判。这种诉讼模式，虚化了庭审审查证据、查明事实的基本职能，剥夺了被告人及其辩护人诉讼权利。审判对侦控机构的追诉活动难以实施有效的司法控制，是产生冤假错案的重大隐患。主要表现为：

（一）职权配置不合理

侦查权的行使封闭，侦查措施由侦查机关自行决定、自行执行，缺乏监督制约；公诉机关自行决定公诉，一旦起诉就当然启动审判程序，"带病"案件直接进入审判环节。侦诉机关希望自己的诉讼活动和结果得到庭审的认可，社会公众也习惯性地认为定罪判刑是侦诉活动后的必然结果，法官承受着侦诉机关办案指标和社会公众心理需求的双重压力，宣告无罪面临巨大压力。

（二）审判对象错误

庭审的对象本应是证据，却被错误地认为是被告人。被告人成了当然的犯罪承担者，权利地位被忽略，甚至被公诉人还有审判人员严厉讯问和训斥，庭审本应发挥控辩双方出示证据、对证据质证和认证的功能丧失殆尽。

（三）审判角色变异

庭审查明并据以定罪的事实应是证据证明的法律事实，而非应然状态的客观事实。当公诉机关提交证据不能充分证明所指控的犯罪事实时，审判机关有时承担起侦控职能，去搜集固定证据，脱离了中立裁判者的地位。审判机关应承担的唯一责任应为是否依法审判、是否根据证据认定事实。

（四）审判思维错位

法庭是根据起诉书指控的犯罪事实，通过庭审活动审查是否有证据予以证明，然后作出裁判。这种先有结果的审判模式易导致法官先入为主，使庭审成为对侦查卷宗的审查和对侦查结论、起诉结果的确认过程，忽视被告人的权利保障，往往导致冤假错案的发生。

（五）庭审控辩失衡

公诉机关以国家强制力为后盾提起公诉过于强势，辩方因信息不对称、取证权受限制而明显处于弱势，不能形成有效抗衡。检察官在法庭上的法律监督者身份，造成在法庭上控辩双方事实上的地位不平等，从而影响庭审中立性和公正性。

二、审判中心诉讼模式的要求

《最高人民法院、最高人民检察院、公安部、国家安全部、司法部关于推进以审判为中心的刑事诉讼制度改革的意见》明确提出，要规范法庭调查程序，确保诉讼证据出示在法庭、案件事实查明在法庭，通过高质量的庭审确保司法公正，提高司法公信力。司法人员应当准确理解和把握以审判为中心的诉讼制度改革的科学内涵，抓住庭审实质化这个关键，努力实现惩治犯罪和保障人权的有机统一，努力让人民群众在每一个司法案件中都感受到公平正义。

（一）证据展示在法庭

侦诉都要围绕庭审进行，服从于庭审对证据的要求。所有证据都要在庭审中出示、质证、认证。原则上“一证一质”，只有证明事项确实存在关联的证据，才可作为一组出示。简易程序可简化举证、质证程序，但不能省略。非法证据必须经过庭审程序才能予以排除。言词证据原则上应由本人到庭陈述作证。

（二）事实调查在法庭

庭审之外没有证据，证据之外没有事实。罪与非罪、此罪与彼罪、罪轻与罪重，只能根据庭审中提交并经过质证的证据予以确认。《刑事诉讼法》恢复了案卷移送制度，目的是让法官开庭前更好地知悉案情，把握焦点和争议问题，提升庭审针对性、有效性，但绝不能因此搞有罪推定，先定后审，导致法庭事实调查走过场。

（三）控诉辩护在法庭

庭审必须体现公正，而公正在庭审中应当是具体的，因为正义“随时可呈现不同形状并具有极不相同的面貌”①，而“法律应当是客观的，这一点是一个法律制度的精髓”②。法庭要真正平等看待控辩双方，确保双方有平等的发声机会，目前要特别注意不能随意打断、制止辩护律师的发言，做到不偏不倚、兼听则明、居中裁判。

（四）裁判说理在法庭

裁判理由要公之于众。不但要将事实认定、证据采信、法律适用、定罪量刑的依据和理由说清楚、说透彻，而且也要对控辩双方提出的意见特别是辩解辩护意见一一作出合法、合理、合情的评判，把是否采纳的情况和理由说清楚。只讲结论，不讲理由，或者表述得过于笼统，会导致当事人和社会公众对本来公正的

---

①［美］E. 博登海默：《法理学：法律哲学与法律方法》，邓正来译，中国政法大学出版社1999年版，第252页。

②［英］G.D. 詹姆斯：《法律原理》，关贵森译，中国金融出版社1990年版，第50页。

裁判也心存不解甚至不服。

（五）庭审公开透明

把案件存在的问题充分暴露在法庭，解决在法庭。越是重大敏感案件、社会关注案件、媒体炒作案件、具有庭审肇事因素或被纠缠的案件，越要精心组织好公开审判。通过看得见的高质量的庭审，使法官、当事人、旁听人员、社会公众和媒体心中有数，合理预期，让他们看到客观真实的审判，使法庭真正成为澄清事实真相、消除揣摩猜测、展示司法公正的平台。

总之，只有庭审，才能通过听证与辩论有效实现对不同主张和根据的“兼听”；只有庭审，才能保证诉讼的公开性，防止“暗箱操作”；只有庭审，才能贯彻回避制度，防止利益冲突；只有庭审，才能通过集中的、严格的程序安排，保证诉讼的公正与效率。在各种刑事诉讼活动中，庭审无疑应当成为中心环节。

三、审判中心诉讼模式的现实构建

刑事诉讼的事实认定和证据采信，应以审判为中心，即以庭审、一审为中心，而不应以庭前程序、庭下活动、上级审为中心。这就需要在现有司法运行模式的基础上作出相应的制度安排与可行性调整。

（一）优化刑事力量，强化基层基础工作

公安、检察、法院在刑事诉讼过程中，都要围绕庭审进行，以确保案件能“诉得出、判得了”。一是在侦查、起诉、审判的行为链中，以审判为事实认定的决定性环节；二是在侦查、起诉、受理、审理、裁判等诉讼行为中，以庭审实质化为共同目标；三是在一审与二审、复核审、再审的审级体制中，以一审为中心，一审庭审是最合理、最有效的事实发现空间，具有认定事实的亲历性和直接性，如果一审质量不能保障，二审调整和救济作用是有限的；四是遵循司法规律，加强合议庭尤其是主审法官的职责、权力与责任，院长、副院长、庭长、副庭长应参加合议庭审理案件，逐步实现“审理者裁判，裁判者负责”。

（二）警惕庭前程序的可错性

为防范侦查的偏向与取证人员在品质和专业能力上的弱点，庭审对侦查内容

及侦查结论采取以实质性审查为原则，同时兼顾程序性审查，需要控方在法庭上重演取证过程。要严格庭前会议的适用范围、启动方式、会议流程、参加人员、会议效力及效力衔接。通过庭审中的控辩审三方组合及其互动，公开审判过程，落实回避、管辖、非法证据排除、证人鉴定人警察出庭作证等审判制度，发现事实真相，切实实现庭审纠错功能。

（三）区分案件的争议性与严重性，区别对待

日本田口守一教授在列举不同的刑事案件形态后指出："对应上述多种多样的刑事案件特点，必须建立多样化的刑事司法体系。"[①]对大多数事实清楚、争议较小、比较轻微的案件，仍采用侦查中心诉讼模式，以信任侦查取证和控诉意见为基础，简化审理，提高效率。对较为严重、争议大的案件，必须实现庭审中心主义的要求，即侦查活动的成果主要是为公诉所利用，控诉方在法庭上必须提供原始性证据，对案件事实作出陈述者到法庭陈述并接受质询，从而阻断侦审连接，实现审判实质化及庭审实效性。

（四）强化庭审质证，发挥庭审对于心证形成的关键作用

对于庭下发现的未经庭审质证的证据材料作为定案依据，或者证据有问题需要进一步调查核实的，必须再次开庭。为了防范未举证质证的案卷材料影响法官心证，必须展开心证形成的过程，即以经验法则和逻辑法则对单个证据、证据组及整体证据进行必要的分析，进而说明事实认定的依据。这种心证展开的过程，可以促使法官自我审视心证的内容、依据及其合理性并作适当调校。同时，也使控辩双方、上级法院、诉讼当事人以及公众能够对法官心证进行检查和监督。

（五）将一审作为案件事实审的基础

"案件未经当事人上诉时，只有第一审之审判，并无第二审之审判，此所以应特别重视第一审之审判。"[②]二审对一审事实审方面是有限救济。无论是英美法系还是大陆法系，凡是严格遵循正当程序的重罪案件审判，如美国的陪审团审判

---

① ［日］田口守一：《刑事诉讼法》，刘迪等译，法律出版社2000年版，第1页。

② 蔡墩铭：《刑事审判程序》，五南图书出版公司1992年版，第166页。

的一审案件、英国的刑事法院审理的一审案件、德国州法院和州高等法院审理的一审案件，其二审审理都不再进行事实审。[①]在法国，对重罪法庭判处的案件和部分违警罪案件不能上诉，因为重罪法庭是由3名法官和9名陪审员共同审判的，是人民的审判，且该判决不需要说明理由。[②]这就要求：一是关键证人、鉴定人、警察在一审原则上要出庭，一审已经出庭作证、质证，二审可以不出庭，以一审记录作为证据。只有在一审应出庭证人未出庭的情况下，才需要在二审要求其必须出庭。二是对于具有普遍法律适用意义的案件，下级法院可以根据当事人的申请或者依职权报请上级法院审理。上级法院经审查认为符合条件的，可以直接审理。禁止下级法院就证据和事实问题向上级法院请示汇报，禁止上级法院干涉下级法院对案件事实的认定。如果下级法院证据采信和事实认定有问题，应通过二审审理程序解决，而不应当在一审期间以非程序的方式处理。三是依法尊重一审法院的事实判断，慎用发回重审和二审改判。规范发回重审制度，明确发回重审的具体条件，建立发回重审案件的沟通协调机制。

（六）将庭审笔录作为最重要的证据材料

以庭审记录中反映的证据材料、而非以庭前形成的案卷材料为判案依据，就要求高度重视并认真制作完整可靠的庭审笔录。每一个经验丰富的公诉人和辩护律师在开始其刑事诉讼之时便认识到其可能在审判中败诉……所以他们必须尽一切可能制作出能向复审法院表明下级法院未主持正义的审判记录。[③]不过，庭审笔录的重要性是以庭审的实质化为条件的，如果庭审成为宣读各种笔录的场所，庭审笔录大量记载的是“参见侦查案卷第某卷第某页至某页”，那么，庭审笔录的意义就明显降低。

（七）审判委员会成员以及院长、庭长亲自审理案件

院长、副院长和审委会委员入额后必须履行审判职责，自行组成或者与其他法

---

① 由于美国司法制度中复杂的遴选陪审员制度、集中“开庭日”审判和以言辞辩论为特征的证据制度，决定了美国的审判活动高度集中在一审。《美国宪法修正案》第7条规定：“任何业经陪审团审判之事实，除依照习惯法之规定外，不得在合众国任何法院中重审。”

② 宋建潮、耿景仪、熊选国：《德国、法国司法制度之比较》，载《人民司法》2000年第3期。

③［美］乔恩·R.华尔兹：《刑事诉讼证据大全》，何家弘译，中国人民公安大学出版社1999年版，第32—33页。

官组成合议庭，审理重大、疑难、复杂或者具有普遍法律适用意义的案件。应当全程参与阅卷、庭审、合议、撰写文书等。贯彻“事实判断出自庭审”的审判原则，建立健全事实认定由合议庭负责，而法律适用及案件处理由审委会把关的制度。

四、审判中心诉讼模式的前景展望

刑事诉讼是一个动态过程，包括侦查、公诉、程序的展开以及心证的形成，目的和落脚点在于法官建立心证，而法官建立心证的主要空间是法庭。针对现行刑事诉讼模式存在的弊端，应当以审判为中心，以庭审为重点，以一审为基础，从完善立法、健全体制、规范行为等方面综合施策，建议通过修改《刑事诉讼法》从根本上加以推动。

（一）加大审判对起诉、起诉对侦查的监督控制

对人身权、财产权等实体权利的剥夺或限制，决定权统一由审判机关享有。检察机关引导侦查机关围绕公诉目标展开有针对性的侦查活动；对侦查活动中违法收集的证据，及时予以排除；对于卧底侦查、特情侦查以及其他秘密侦查措施的适用，应当经检察机关批准，以确保侦查活动的程序合法化。

（二）设立独立的监督制约机构

针对目前既有“司法一体化”，又有公安的强势，还有控诉机关兼法律监督的制度，有必要设立独立于公安、司法机关之外，不存在管理、领导、指导关系的机构专司法律监督。将检察机关的监督与公诉功能适度分离，控诉方应尊重审判权威，维系控辩平等，从而保证公正合理的审判空间的形成。

（三）建立庭前预审制度

为了解决检察机关的起诉具有当然启动审判程序的弊端，应将刑事案件受理审查的关口前移，在法院内部专门设立预审法庭，对检察机关的起诉进行一定程度的审查。对于定罪证据明显不足甚至侦查机关没有侦破的案件，可以不予受理，退回检察机关，作为人民法院审理后直接宣告无罪制度的一个过渡性措施。

（四）修改完善证人出庭作证制度

明确法院认为证人、被害人等有必要出庭的审查标准，规定远程视频作证、

隐蔽作证等出庭作证新方式。有争议的重要证人、被害人必须出席一审法庭，而不能采用宣读书面陈述的方式代替，以保证一审庭审对重要证据的有效质证，实现事实审理者对证据的直接感知。证人在一审出庭陈述并经质证后，原则上可以采用法庭记录代替其二审出庭。降低证人、被害人二审出庭率。应当出庭作证的侦查人员，由检察机关通知其到庭，无正当理由拒不出庭的，由检察机关强制其到庭。

（五）建立以审判结果为依据的责任追究制度

侦查人员严重不负责任，未及时收集关键证据，或者滥用侦查权导致非法证据被排除；公诉人员未能严把事实、证据关，存在较为严重的滥用职权或玩忽职守行为，从而导致被告人被宣告无罪的，要追究侦查、公诉人员的责任，从而倒逼侦查机关、公诉机关切实提高执法办案水平。

第五节　刺穿面纱：“雅贿”数额认定标准及惩防对策

贪污贿赂犯罪是我国刑法惩治的重点，也是反腐败的重点和难点。由于社会经济的发展变化，除了传统的金钱贿赂以及新型的贿赂的犯罪以外，当前涌现出了大量的以文物、古玩、字画等艺术品作为贿赂对象的贿赂犯罪，此即雅贿。所谓雅贿，就是行为人为了谋取不正当利益，利用古玩书画等艺术品进行贿赂，把权钱交易掩盖在文人雅趣的面纱之下，使其表面上看起来更为高雅但实质却是更为隐蔽的一种贿赂形式。雅贿作为贿赂犯罪的手段方式之一，鉴于其隐蔽性、增值性和高雅性的特点，使文物、艺术品成为继权钱交易、权色交易之后腐败的新变种——权艺交易，即权力与文物艺术品的交易。由于我国刑法规定的贪污贿赂犯罪的定罪量刑标准是“犯罪数额”或者是“犯罪数额加犯罪情节”的模式，雅贿数额大小直接决定了行为人的刑事责任的轻重。

但是鉴于当前我国实践中对雅贿的认定困难，或者说雅贿的数额大小并没有引起反贪侦查人员足够的重视，究其原因，一方面是由于我国司法实践历来秉持着重定罪轻量刑的司法理念；另一方面是由于古玩艺术品市场混乱，鱼目混珠真假难辨；另外我国司法鉴定机构中没有专门鉴定文物艺术品价格或价值的机构或组织；更为纠结的是司法实践中对文物艺术品价值价格认定的标准也存在分歧：

究竟是按照鉴定价格认定？还是应当按照行贿人实际支付的金钱数额认定？抑或应当按照艺术品标注的数额或者说是受贿者收受的数额认定？众说纷纭，莫衷一是。司法实践中，法官的判决也没有一个统一的标准，随意性较大，按照上述三种情况判决的判例都有发生过，这对于审判的统一性和刑罚的公正性是极为不利的。笔者认为对雅贿数额的认定既不能一概按照鉴定的数额认定，也不能一概按照行贿人实际支付的数额认定，而是要在罪责刑相适应原则的指导下，按照主客观相统一的原则确定雅贿的认定标准和数额，既不放纵犯罪，又不冤枉无辜。

当前学界对雅贿的研究主要集中在探讨雅贿的行为方式及其危害性上，也有实务专家谈及雅贿的认定标准，但是由于没有相关的法律或司法解释的指导和约束，致使实务中的判决也是因人因案而异，没有权威的认定标准和模式，笔者对此问题进行探讨，以寻求认定雅贿数额的最合理的模式及标准。另外，雅贿之所以能够在当前高压反腐下依旧悄然进行，其原因除了由于自身的隐蔽不易被发觉、保值增值、易于逃避处罚以外，我国目前对于雅贿惩治措施的消极滞后也是主要原因，本节试对这些问题进行探讨，以期对我国反腐败法治建设有所启示和借鉴。

一、雅贿的发展演变及其危害

雅贿自古以来就是官场内部的高级润滑剂，只不过在古代用的是“媚赂”一词，“雅贿”的称呼是近几年才开始使用的。“雅贿”有稽可考的开端来源于《史记》记载的周文王姬昌因对商纣的荒淫享乐不满而被纣王囚禁时，一个叫闳夭的人用金银珠宝、良马、美女等通过纣王的宠臣费仲去贿赂纣王以便救出姬昌，纣王收受这些贿赂后不仅释放了姬昌回其封地，而且对其倍加信任，[①]至此周文王姬昌才有机会招兵买马，招纳贤才姜尚，并最终灭商纣王建立周朝。到了明代，当时的书画既是艺术品又可以充当俸银在市场上流通，所以作为“雅贿”的古玩字画便成为官场交际的利器。明朝嘉靖时的权臣严嵩，在历史上臭名昭著，也收藏了大量的艺术品，其中既有墨刻法贴，也有古今名画手卷，其中的大部分都是下级所赠。清朝乾隆皇帝时期的和珅也是素爱收集古玩字画，他收集字画的目的除了自身喜好以外，更重要的是为了迎合具有同样“雅好”的乾隆皇帝，所以和珅深得乾隆皇帝的喜爱。

---

① 参见《雅贿古与今》，载《收藏·拍卖》2015年第4期。

在当前高压反腐的态势下，“雅贿”已经成了一些贪官隐性腐败的最主要表现形式。越来越多的人避开赤裸裸的权钱交易，转而以玉石字画、文物、古董作为贿赂的对象，或者奉上学历、文凭、著作及各种荣誉称号，如书画家协会会长、名誉教授等，或者请领导题字题词，送上丰厚的“润笔费”，用上述看起来高雅的行为掩盖真实的权钱交易的本质。

与古代的“雅贿”相比，当今的“雅贿”已呈现出三大变化：首先是“雅贿”的对象范围更广，书法、绘画作品、古玩玉石等，官员个人特殊的喜好也可能招来贿赂。其次是官员们多以参加与“雅好”有关的官方或民间协会并获得相关的资格证书为荣，如书画家协会会长、摄影协会会长等。最后是当今官员收受“雅贿”更加直接赤裸。在清朝，有雅好的官员收受“雅贿”时多假手古玩店等中介，或低价买进行贿者放在古玩店中的真品，或高价卖出赝品到古玩店，通过复杂的中介周转以掩人耳目，而当代官员接受的雅贿多是从行贿者手里直接“笑纳”，权艺交易愈加明目张胆、简单直接。

对于大部分贪官来说，热衷收藏，搜刮古董的终极目的还是敛财聚宝，不少贪官获得价格不菲的文物字画之后，一般不敢在国内公开露面，而是寻找机会通过各种渠道将其收藏的“宝贝”悄悄走私出境，或以他人的名义送到国外拍卖公司去拍卖，或与古董商进行私下交易，这已成为我国文物流失的一个不容忽视的祸源。

二、雅贿盛行的原因分析

一是贿赂的方式隐蔽不易被人察觉。行贿人为了掩人耳目，通常假借有共同兴趣爱好的朋友名义，赠与官员价值不菲的文物、字画，除非经过鉴定，一般很难判断物品的实际价值或价格，这在认定是否具有行受贿的主观罪过方面带来了很大的困难。①

二是行贿者及受贿者双方的罪恶感降低。有的人对传统意义的权钱交易、权色交易、权权交易等腐败行为深恶痛绝，却认为雅贿仅仅是一种高雅有品位的兴趣和爱好，和传统的腐败相去甚远。另外，行贿者认为给有不同喜好的领导送书画、古玩、玉石等只是为了得到领导的认同和好感，改善与领导的关系，不同于传统的行贿。这种心理上掩耳盗铃的错觉让行贿者降低了罪恶感。对受贿者来说，

---

① 杜博文：《警惕贿赂犯罪的新形式——雅贿》，载《法制博览》2015年第8期（中）。

他们大多是通晓法纪的高智商人才，收受他人财物时也是忐忑不安，但古玩字画常常能够满足受贿者对贿赂物品的各种欲望，如能够保值增值、安全隐蔽、收藏和精神需要等。[①]其收受雅贿时甚至认为这是为了提高自己的艺术鉴赏力，为了追求更高雅的艺术，相对于金钱、房屋、汽车等贿赂物品，贪官收受雅贿时的罪恶感明显较低，认为能够逃避处罚的侥幸心理明显增加。

三是雅贿便于隐瞒个人财产。由于我国完善各项法律制度加大了反腐败的力度，认真推行公务员个人财产申报制度和个人存款实名制，致使公职人员收受现金的风险加大，受贿者收受大额现金后不敢把钱直接存入银行，也不敢以个人及家庭成员的名义投资办企业或购置房产，于是便倾向于收受便于隐藏、不易暴露但价值不菲的文物艺术品。

四是雅贿容易逃脱法律的制裁。由于艺术作品的来源难以查明、真假难辨，市场价值也不稳定。在查处的部分贪污贿赂犯罪案件中，犯罪数额的认定除非来源清楚明确且数额较大的会计入受贿数额外，大多查不清来源的字画、工艺品等都不再计入受贿数额，至多是按照巨额财产来源不明罪认定。由于巨额财产来源不明罪相比受贿罪来说要轻很多，而且数罪并罚时还要按照限制加重原则选择适当的刑期，所以，巨额财产来源不明罪几乎成了贪官们避重就轻的护身符。

三、雅贿认定难的症结分析

虽然明知雅贿的危害性很大，应当严厉打击，但是由于雅贿艺术品真伪难辨，加上我国对此类贿赂鉴定标准的差异，致使对雅贿犯罪的证据收集和定罪量刑上都存在重重困难。

（一）雅贿物品调查取证难

由于当前公务员法规定官员不得收取古玩字画等贵重物品，因此有相当一部分官员为了逃避处罚，在收受雅贿时通常委托亲友代为收藏和保管，本人并不直接出面，而后为了隐瞒和掩饰贿赂物品的真实来源，又以开办书画、艺术品交易公司的形式进行洗钱，这更增加了查处的难度。另外，目前书画艺术品市场较为混乱，投资者目的各异，有的是基于自身的爱好购买收藏的，他们之间会相互赠送或者交换自己收藏的艺术品；有的是为了炒作、投资挣钱；也有专门买了送给

① 朱中原：《“雅贿”与中国贪官的三次“收藏热”》，载《记者观察》2014年第8期。

别人的。所以，如果没有较为确凿的证据证明官员收受的艺术品是其为他人谋取不正当利益的回报，要想认定收受的艺术品就是贿赂的确存在一定的困难。但是根据犯罪的因果关系原理，认定收受他人给予艺术品的行为属于朋友间基于友情的合法馈赠还是收受贿赂时，主要看他们之间是否有利益交换，因为贿赂犯罪作为一种以职权为中心的交易型犯罪，本质上属于权力寻租，①是一种权力和利益的相互交换，受贿者的行为是否构成犯罪，关键在于其收受财物行为与其已经实施的、正在实施的、将要实施的或许诺实施的职务行为之间是否具有"对价"关系，②如若能证明其为他人谋取利益的行为和收受的雅贿之间存在交易和对价关系，则可以认定收受该艺术品的行为就是受贿犯罪。③

（二）古玩字画真伪难辨导致的定罪量刑难

由于雅贿犯罪中的古玩字画等文物艺术品仅从外观难辨真伪，容易把赝品当成真品出售，犯罪金额难以确定。大多情况下检察机关在起诉时只表述为收到玉石、字画多少件，而不再具体认定其数额；或者在已经查清的涉案金额较大、已经构成犯罪的情况下，不愿费时费力地去鉴定这些只会影响量刑的古玩字画，这自然影响到行为人刑事责任的轻重。

（三）雅贿的价值价格认定标准不统一导致的量刑困难

实际上，艺术品价格的大小是由多种因素决定的，除了受其美学价值影响以外，一定时代的历史文化背景、审美心理、文化传承、经济状况、市场需求以及媒体"炒作"等因素也是影响其价格的重要因素，同样的作品在不同区域和收藏家眼中价格也有差异。另外，不同时期价值也是不同的，价格也存在很大的差异，所以，犯罪金额的认定标准也不统一：如果行为人以真品的价格买到了赝品，或者是行为人明知是赝品而购买，冒充真品行贿，并谋取到了非法利益的如何认定？或者是送的当时价格较低，但过几年价格上升了几十倍甚至上百倍不等，是按照收受贿物时的价格计算还是按照查处时的市场价格计算？也有不同的观点。④

---

① 王鹏祥、张彦奎：《当代中国贿赂犯罪的刑法治理——以〈联合国反腐败公约〉为观照》，载《河北法学》2014年第2期。

② 胡敏：《论受贿罪的主观超过要素》，载《河北法学》2009年第1期。

③ 庄田：《"雅贿"之风缘何愈演愈烈》，载《海南人大》2014年第2期。

④ 庄田：《"雅贿"之风缘何愈演愈烈》，载《海南人大》2014年第2期。

对于主要以犯罪数额大小认定行为人刑事责任的贿赂犯罪来说，这又直接影响了行为人的刑罚的轻重。

四、我国惩治和预防“雅贿”的对策

权艺交易作为权钱交易发展的另一种形态，它的普遍性和隐蔽性对我国全面深入反腐无疑是个巨大的挑战，如何惩治和预防雅贿的泛滥与蔓延是反腐理论和实践都亟须解决的难题。笔者认为可从以下几个方面完善雅贿的惩治和预防对策：

（一）设立专门的文物字画鉴定机构，统一“雅贿”的司法认定标准

实践中，行贿者和受贿者对艺术品价值判断标准并不统一，行贿人根据受贿人的喜好送一些文物艺术品时，有时会明码标价，而大多数情况下则没有标价，行、受贿双方会在心里对贿赂物品有各自的估价，若估价不一致，对于受贿人犯罪主观方面的认定就是一个难题。司法实践中，有的受贿者以其并不知晓贿赂物品的真正价值，不具有主观上的受贿故意而进行免责抗辩。① 由于文物艺术品的真伪及价格通常需要经过鉴定后才能确定，但是由于目前司法部的司法鉴定项目中并不包括对文物艺术品的司法鉴定，当前能够进行鉴定的部门设在物价局的价格鉴定中心，但是其却无法实现对所有文物艺术品的鉴定，所以只能委托文物市场中的鉴定中心进行鉴定，但是市场中的文物艺术品鉴定机构又难以满足刑事诉讼法对证据来源的合法性、权威性要求，因此，我国可以针对雅贿物品犯罪数额认定标准不统一，以及文物艺术品鉴定程序复杂、价格评估随意性大的特点，由司法部组建成立专门鉴定古玩字画真伪及价值的机构，并规定相应的程序，统一各类文物艺术品的数额标准。

（二）完善相关司法解释以明确雅贿的数额认定标准

由于我国刑法对贪污贿赂犯罪采取“犯罪数额”以及“犯罪数额与犯罪情节相结合”的定罪量刑模式，因此，财物价值的大小是决定刑罚轻重的最重要因素。对行为人收受的赃物，要首先将其折算成等值货币，再以所有赃物数额的大小来选择合适的量刑幅度。由于财物的价值认定是一个主观判断和客观鉴定的过程，所以有时候检察机关和审判机关对涉案文物艺术品数额的大小认定不一致，

---

① 马文红：《揭开“雅贿”犯罪的面纱》，载《法律与生活》2013年第8期。

这就使得涉及文物艺术品受贿犯罪的量刑成为一个棘手的问题。[①]实践中，对雅贿物品数额大小的认定通常是按照鉴定价格来认定，这样虽然可以统一认定标准、减少不必要的麻烦，但是所有的案件一律按照鉴定价格来认定，其缺陷也是显而易见的：

首先，如果不考虑行受贿双方的主观认知情况一律按照鉴定价格认定难免会出现有违罪责刑相适应原则的情况发生，如王某，2006年3月至案发任A市环境保护局副局长，分管环境评价、排污监管等工作。应某公司法定代表人林某的请托，王某在环境影响评价、项目申报、排污监管等方面为其谋取利益。2007年12月，王某在北京开会期间，林某专程去北京宴请王某，饭后陪王某到北京某古玩市场。王某和林某一起对看中的物品讨价还价，最后由林某出资共花费63800元买下王某选中的三件物品：明清瓷器一个，购买价18000元；和田玉雕一块，购买价26000元；古木雕一对，购买价19800元。待王某从北京返回本市后，林某将上述物品连同发票一并送给了王某。案发后，王某、林某二人对上述事实均供认不讳，但在对林某送给王某的三件物品进行鉴定时发现，三件物品的鉴定价格合计为10900元，其中明清瓷器鉴定价为1800元，和田玉雕鉴定价为3300元，古木雕鉴定价为5800元。[②]对于王某受贿物品的数额是按照购买价63800元计算还是鉴定后的价格10900元计算，产生了分歧：一种观点认为应当按照文物鉴定部门鉴定的价格计算；另一种观点认为应当按照购买时的价格即63800元计算，因为这是双方都明知的价格，也是行贿人实际支付的数额。[③]

究竟按照哪种数额认定才最符合司法的本意，最能实现刑罚的目的？笔者赞同第二种观点，根据最高人民法院、最高人民检察院《关于办理贪污贿赂刑事案件适用法律若干问题的解释》第20条规定的贿赂犯罪中的“财物”，既包括货币、物品，也包括财产性利益。财产性利益包括可以折算为货币的物质利益以及需要支付货币的其他利益，犯罪数额的大小以实际支付或者应当支付的金额计算。同样，受贿物品如果是具有财产价值或财产属性的财物，计算数额时也不能一概以鉴定的价格认定，因为如果不考察行、受贿双方的主观罪过情况，就容易陷入“客观归罪”的境地；同样，如果仅考虑行、受贿双方主观判断而不考虑雅贿物

① 马文红：《揭开“雅贿”犯罪的面纱》，载《法律与生活》2013年第8期。

② 江苏省南京市纪委案件审理室：《如何认定王某受贿数额》，载《中国纪检监察》2014年第9期。

③ 江苏省南京市纪委案件审理室：《如何认定王某受贿数额》，载《中国纪检监察》2014年第9期。

品的实际价值，又容易导致"主观归罪"，无论是主观归罪还是客观归罪，对当事人而言都可能导致不公正的刑罚。所以，司法实践中绝不能简单地将司法鉴定价格直接认定为行贿、受贿的犯罪数额，即使鉴定价格正确也只能反映物品的客观实际价值，而不能反映行贿人受贿人双方的主观故意内容，确定雅贿物品的数额大小应当综合考察行、受贿双方的主观认识内容、供述情况以及受贿物品的实际价值的大小。

其次，实践中的案件形形色色、千差万别，而且玉石的价格逐年飙升，购买时价格较低，几年后价格翻多倍，此时若按照鉴定价格认定对受贿者勉强可以认定，但是对行贿者也按照鉴定的价格认定行贿数额实属不公，但若是对行贿人按照当时的购买时实际支付的数额认定，而对受贿者按照鉴定价格认定，行贿罪与受贿罪作为对行犯，在犯罪数额的认定上应该是统一的，如此分别认定数额实为不妥。

例如，张某为谋取不正当利益送给某局长赵某一块价值5万元的玉石，但为了提高贿赂的金额，就让售货员将玉石价格打上10万元的标志，赵某不懂玉石，所以将玉石作为价值10万元的贵重物品收下。案发后，这块玉石经鉴定价值是8万元，此时，应当如何认定该玉石的价格？此时是按照鉴定的8万元计算？还是5万元抑或10万元计算？这在司法实践中存在分歧：

一种意见认为，应该按照标识的10万元认定赵某受贿的金额。因为赵某明知是价值10万元的玉石还予以收受，表明其有收受10万元的故意，实际上也收到了标价为10万元的玉石，按照主客观相统一的刑事责任原理，对赵某应当按照受贿10万元来认定。

另一种意见认为，应当按照张某实际支付的5万元认定。因为张某为了谋取不正当利益在给赵某行贿时，明知是价值5万元玉石还给予，具有行贿的故意和行为，鉴于张某实际支付的数额是5万元，所以在认定赵某的刑事责任时应当按照5万元来认定。

还有一种意见认为，应当按照鉴定的8万元认定，由于行贿罪和受贿罪是对行犯，行受贿的数额应当在双方都认可的情况下才能认定，当数额不一致时，应当按照鉴定数额认定比较合适。

上述三种观点都有一定的合理性，但是司法判决具有唯一性，所以对这一玉石价格，笔者认为应当按照5万元认定比较合理。因为行贿人实际支付的是5万元，受贿人收受的也是5万元，对行犯的数额认定具有一致性，另从有利于被告的观点出发，也应当按照5万元认定。

总之，对雅贿物品的数额认定，要考虑两个因素：一是要遵守罪责刑相适应原则的要求，二是要遵循有利于被告的原则。所以，数额认定要遵循的原则：

第一，若有购买时的原始发票等证据时，则按购买时的价格认定，若没有则按照鉴定价格认定。

第二，如果购买时价格较高，而鉴定价格较低时，一般按照鉴定价格来认定，但是如果行受贿双方对购买时的价格知情，按照鉴定价格认定又违反罪责刑相适应原则时，则应当按照购买时的价格认定。

第三，如果收受者以为附有真品的价格标签或专家鉴定书的赝品是真品而收受，但行贿者明知是赝品的情况下，贿赂物品的价格如何认定？由于文物艺术品只有确为真品才有价值、才能构成贿赂犯罪的客体；若为赝品，则要看其本身是否有价值，若属于无任何价值，尽管受贿者有受贿的意图，但因犯罪对象无法满足其受贿需求，即贿赂的对象无价值则不构成犯罪；若赝品也有价值只是价值较低，如果行贿人有原始购买发票证明雅贿物品价格的，则按照购买时的价格认定，若无原始购买发票证明的，则按照鉴定价格认定雅贿物品的价格。

（三）完善国家公职人员财产申报制度

目前我国针对国家工作人员的财产申报制度仅仅要求国家工作人员对个人财产收入进行申报，而且仅限于有形财产。因此，应完善当前的财产申报制度，要求财产申报不仅包括官员本人的财产，还应当包括官员的配偶、子女等直系亲属的财产申报，并扩充财产申报的主体和财产种类，应当包括各种珠宝、书画艺术品、债权、股票期货等，将官员的家庭财产予以公开便于人民群众的监督，从新加坡和我国香港地区的反腐败经验来看，这是有效遏制包括“雅贿”在内的腐败现象发生的最有效的措施。[①]公示公职人员的家庭财产可从新被列为后备干部的官员、新被提拔的官员入手，进而推动公职人员财产公示制度的真正实施。这或许是官员财产申报内容定期公示的突破口，也是我国加大反腐力度、健全反腐制度，消灭“雅贿”等腐败行为的第一步。[②]

---

① 邱春艳：《惩治“雅贿”，法律真的无可奈何吗》，载《检察日报》2013年2月27日，第4版。
② 朱中原：《“雅贿”与中国贪官的三次“收藏热”》，载《记者观察》2014年第8期。

第六节　解析身份：多元身份主体共同贪污定性问题研究

一般来说，只要两人以上相互勾结实施特定的犯罪行为即成立一般的共同犯罪，但是某些罪名的成立要求犯罪主体具备某种特定的身份，有身份者与无身份者之间、不同身份者之间相互勾结实施某一身份犯罪就是多元身份主体共同犯罪。就贪污罪而言，我国现行《刑法》在总则部分并未对其定性作出相关规定，只在分则382条第3款[①]和相关司法解释中对多元身份主体共同贪污作出了规定。长期以来，学者们各执己见，无法达成一致意见。同时，由于我国尚未在刑事立法中对此作出明文规定，司法实务部门在处理此类案件时难免无法可依，对相似的案件可能会作出完全不同的处理，这无疑对法律的权威性形成挑战。

一、多元身份主体共同贪污的基本概念概述

（一）刑法意义上的身份概述

“身份”一词在汉语语境中具有多重含义，如在《新华词典》中，“身份”主要有四种含义：（1）指人的出身与社会地位；（2）人在某种特定情境或事项中所享有的资格；（3）身价；（4）本领，手段。[②]因此，一般意义上的身份是指人的出身、在社会关系中的地位与状态、在法律上享有的权利与承担的义务。当身份成为刑法上某个罪名的成立要件时，它就具有了法律意义，此时的身份即法律身份，包括在主体要件中，是刑法的调整内容之一。

关于身份的概念，我国刑法理论界主要有如下观点：马克昌教授主张，刑法意义上的身份是一种专属于行为人的特定资格或状态，并且能够对定罪量刑产生重要影响。[③]还有一种观点认为：所谓刑法中的身份，是指刑法规定的、决定刑事责任有无或大小的特定的个人要素。[④]而当前理论界的通说认为，刑法意义上的身份指刑法规定的、体现行为人的社会地位或资格，并且能够影响定罪量刑的

---

①《刑法》第382条第3款：“与前两款所列人员勾结，伙同贪污的，以共犯论处。”

② 狄世深：《刑法中身份论》，北京大学出版社2005年版，第57页。

③ 马克昌：《犯罪通论》，武汉大学出版社1999年版，第213页。

④ 杜国强：《身份犯研究》，武汉大学出版社2005年版，第243页。

个人因素，分为定罪身份和量刑身份。[①]

（二）身份对共同犯罪认定的影响

刑法中的身份包括两种：一是真正身份，具有限定某种犯罪是否能够成立的作用，因此又称之为定罪身份；二是不真正身份，不影响罪名的成立只对刑罚的轻重产生影响。[②]身份对共同犯罪认定的影响主要体现在两个方面：

1.刑法中的身份影响共同犯罪的定性

数人实施相同行为时，有特定身份的人成立一种罪名，而没有特定身份的人成立另一种罪名。国家为了维护正常的社会秩序赋予某些人以某种特定的身份，当他们对此进行滥用时，必然会对社会产生严重危害性，故刑法对这种行为予以否定评价和制裁。因此，当身份是犯罪主体的必备要件时，身份决定犯罪的性质，是否具有该身份成为认定犯罪性质的重要因素。

2.刑法中的身份影响共同犯罪的量刑

身份决定量刑，主要体现在：依照刑法的一般规定，即使实行行为相同，对行为人的处罚也会因其是否具备特定身份而不同。我国刑法对此都有规定，如《刑法》第49条规定，“犯罪的时候不满十八周岁的人和审判的时候怀孕的妇女，不适用死刑”。

二、多元身份主体共同贪污定性的研析

（一）我国古代及域外对共犯与身份问题所作的规定

多元身份主体共同实施犯罪行为的现象古已有之，在我国古代刑法与其他域外刑法中均有相关规定：

1.我国古代刑法的规定

《唐律·名例律》规定：“诸共犯罪而本罪别者，虽相因为首从，其罪各依本律首从论。”《唐律疏议》对此解释为：“五服内亲，共同他人殴、告所亲，即侵盗财物，虽是共犯，而本罪各别……此是相因为首从，各依本罪首从论。”根据此规定，官员与非官员共同利用职务之便进行犯罪的，按照官员所犯之罪定罪，

① 参见陈兴良：《共同犯罪论》，中国人民大学出版社2006年版。

② 高铭暄：《刑法专论》，高等教育出版社2002年版，第203页。

这些规定为以后历代封建王朝所沿用。

2.日本刑法中的规定

《日本刑法典》第65条第1款规定："加功于因犯人身份而构成的犯罪行为时，虽无该身份，仍以共犯论。"第2款规定："因身份致刑有轻重时，无身份者科以通常之刑。"关于身份与共犯问题，日本刑法理论讨论的焦点主要集中在如何处理这两款规定的关系上。

3.德国刑法中的规定

《德国刑法典》第28条规定："正犯的法定刑取决于特定的个人要素，共犯（教唆犯或帮助犯）欠缺此特征时，依第49条第1款减轻处罚；法定刑因行为人特定的个人要素而加重、减轻或免除时，其规定只适用于具有此特征的行为人（正犯或共犯）。"

4.意大利刑法中的规定

《意大利刑法》第117条规定："如果由于犯罪认定的人参条件或者身份或者由于犯罪人与被害人之间的关系而对某些共同犯罪人改变罪名，其他人也对相同的犯罪负责。但是，如果这后一犯罪比较严重，对于不具备上述条件、身份或者关系的人，法官可以减轻处罚。"[①]

5.韩国刑法中的规定

《韩国刑法》第33条规定："因身份条件成立的犯罪，其参与者即使没有身份条件，也适用前三条。"前三条是关于共同正犯、教唆犯与帮助犯的规定，可见立法承认了无身份者能构成身份犯的教唆犯或帮助犯。[②]

（二）共犯与身份问题之争议焦点

由于身份与共犯问题与共同犯罪的性质、处罚依据以及由此衍生的立法制度、理论体系等问题息息相关，所以它成为当前理论界研究的重点。各方研究的重心集中于这三个方面：一是身份者和非身份者是否能够成立身份犯的共同犯罪；二是多元身份主体成立共同犯罪的客观联系模式；三是如何对共同犯罪进行定性。[③]

---

① 黄风译：《最新意大利刑法典》，法律出版社2007年版，第45页。

② 李进：《混合主体共同贪污的定性研究》，大连海事大学2016年硕士学位论文。

③ 狄世深：《行为人身份对共同犯罪定罪的影响评析》，载《法商研究》2004年第6期。

针对问题一，学者们的意见比较集中，多数学者持肯定意见。问题二是陈兴良教授提出的一个概念，他指出共同犯罪的客观联结特指实行行为与非实行行为的联系方式，[①]主要体现在三个方面，分别是“无身份者以帮助、教唆的形式与身份者构成共同犯罪”“不具备特殊身份的人是否可以实施真正身份犯的实行行为”“身份者以教唆、帮助的形式与非身份者进行共同犯罪”。

根据我国的共犯制度，对行为人定罪量刑的依据不是行为是否符合某罪的构成要件，而是各个犯罪人互相依存、互相利用，在他们之间形成共犯关系；而对每个行为人的定罪量刑只能依据其发挥的作用分别决定，不能超出共同犯罪的刑罚限度。[②]据此可以看出，当前理论界研究的核心并非在于前文提到的问题一与问题二，而是最后一个问题，即本节的研究中心——如何对多元身份主体共同贪污进行定性，具体又可以分为两大方面：对有身份者与无身份者共同贪污的定性、对不同身份者共同贪污的定性。

三、有身份者与无身份者共同贪污的认定问题

（一）分别定罪说

该学说主张对各共同犯罪人分别定罪处罚，具备身份的人依据其特定的身份定罪处罚，其他人依据各自所犯的罪行定罪处罚。该说的合理之处在于重视各犯罪主体的行为独立性，根据行为人自身的犯罪行为构成进行定罪量刑。但其缺陷也是显而易见的：在实践中无身份者往往利用有身份者的特殊身份实现自己的犯罪意图，他们互相依存，但此学说过分关注身份的特殊性和刑法的例外规定，割裂了各个共犯人之间原本存在的密切联系。

（二）实行犯决定说

该说主张具备特殊身份的人与不具备特殊身份的人共谋实施同一犯罪的性质应根据与实行犯的行为相符的构成要件来决定。马克昌教授提出：“犯罪的性质应当取决于何人实施了符合构成要件的犯罪行为。”[③]这种学说的合理之处在于认

---

① 陈兴良：《刑法适用总论》（上卷），法律出版社1999年版。

② 王志远：《共犯制度模式比较研究——以解读我国共犯制度模式为线索》，法律出版社2008年版。

③ 马克昌：《共同犯罪与身份》，载《法学研究》1986年第5期。

为实行犯在共同犯罪中处于核心地位，并以此为研究重心。但其缺陷也较为明显：第一，当行为人无论是否具有特定身份均为正犯时，需分别对其进行定罪，这就陷入了分别定罪说，与共犯的基本理论自相矛盾。第二，当犯罪还未着手而处于预备状态时或者在实施了预备行为之后自动中止犯罪时，因为实行行为还未着手，因此就无法依据实行犯的行为对各共犯人进行定罪处罚。

（三）身份共犯说

该学说的支持者重视特定身份的作用，认为确定共犯性质的核心之处在于不具备特殊身份的人是否利用了有身份者的特殊身份或职权。[①]以贪污罪为例，普通公民赵某与国有企业中从事公务的人员钱某相互勾结并利用了钱某的掌管公司财务之便，窃取公司财物，则赵某、钱某就贪污罪成立共同犯罪；如果二人虽共谋窃取公共财产，但并未利用钱某的职务之便，则赵某构成盗窃罪、钱某构成贪污罪。

身份共犯说遵循了刑法的基本原理，主张统一定罪，并未忽视共同犯罪的整体性，符合罪责刑相一致的原则，但它在司法实践中并非能够贯彻到底。在我国刑法中，成立纯正身份犯，除上文提到的具备身份且利用了该特定身份的情形外，还存在另一种情形：刑法并不要求行为人事实上利用了身份，而只要求其具备特定身份即可，如叛逃罪。对于这一种情形，如果数行为人无论是否具有特定身份均实施了犯罪行为，而他们的行为在刑法上根据构成要件不同又成立不同的罪名，此时依据身份共犯说就无法准确地定罪量刑。

（四）犯罪客体说

关于犯罪实质的理论学说有社会危害性说、客体侵犯说、义务违反说等，当前理论界以客体侵犯说为通说。例如，李海东教授提出“仅有客体才是犯罪化或非犯罪化的本质根据”，高铭暄教授认为，“只有根据犯罪行为所侵犯的法益才能对共同犯罪进行定罪量刑”。[②]单纯依据行为人的社会危害性和违反义务的程度，是无法将罪与非罪、此罪与彼罪进行区分的，只有犯罪行为侵犯的法益，也

---

①《刑法争议问题研究》（上卷），河南人民出版社1996年版，第458页。
② 高铭暄：《新型经济犯罪研究》，中国方正出版社2000年版，第882页。

即客体，才能决定犯罪的本质属性。但是犯罪客体说仅适用于涉及单独客体的情形，如果犯罪行为涉及多重客体且成立多个罪名时，如普通公民与国家机关工作人员共谋窃取公共财物，分别触犯了盗窃罪和贪污罪，就不能决断究竟该以哪一客体为核心。

笔者赞同犯罪客体说，共同犯罪的性质取决于侵犯的法益，至于上文指出的该学说的缺陷——侵犯双重客体时如何处理，笔者认为可以采取衡量所要保护的法益的大小的方式确定。至于如何比较，应根据其在刑法中的地位来衡量。

四、不同身份者构成共同贪污的认定问题

毫无疑问，不同身份者之间能够成立纯正身份犯的共同犯罪。各行为人为实现自己的犯罪意图互相依存、互相利用，甚至获得了他方身份犯的主体资格，此时如何认定共同犯罪的性质，立法上和学理上存在不同看法。

（一）司法解释上的规定

不同身份者构成共犯的性质认定问题，在刑法中并无明文规定，其法律依据最早见于最高人民法院、最高人民检察院于1985年7月18日颁布的《关于当前办理经济犯罪案件中具体应用法律的若干问题的解答（试行）》，该解答规定："内外勾结进行贪污或者盗窃活动的共同犯罪应按其共同犯罪的基本特征定罪。共同犯罪的基本特征一般是由主犯犯罪的基本特征决定的。如果共同犯罪中主犯犯罪的基本特征是贪污，同案犯中不具有贪污罪主体身份的人，应以贪污罪的共犯论处。如果共同犯罪中主犯犯罪的基本特征是盗窃，同案犯中的国家工作人员不论是否利用职务上的便利，应以盗窃罪的共犯论处。"同时也可以在2000年6月27日《最高人民法院关于审理贪污、职务侵占案件如何认定共同犯罪几个问题的解释》的规定中找到依据，"公司、企业或者其他单位中，不具有国家工作人员身份的人与国家工作人员勾结，分别利用各自的职务便利，共同将本单位财物非法占为己有的，按照主犯的犯罪性质定罪"。然而该解释一经出台即受到各方的批判：首先，当主犯为二人以上时，难以认定究竟以谁的行为为准；其次，先确定犯罪人的分类再确定罪名与刑罚，有本末倒置之嫌；最后，难以确定谁为主犯，单纯地以利用了谁的职务之便就以谁为主犯的做法太过笼统，缺乏灵活性。因此刑法学界针对此司法解释的不足提出各种学说以补正。

（二）学理纷争

1. 主犯决定说

主犯决定说即上文提到的司法解释所显示的观点，按照主犯的实行行为的性质认定共犯的性质。

2. 分别定罪说

分别定罪说基于共犯独立性说，认为共同犯罪的成立并不要求共犯人之间存在共同的故意，并且身份犯源于刑法的特别规定，与犯罪主体具备的身份密切相关，对每个共犯人如何进行定罪处罚应取决于其各自的主观恶性和特定身份的性质。因此，对于身份犯而言，不论其是单独犯还是共犯，均应以刑法规定的各自的罪名论处。①

分别定罪说存在着较为明显的缺陷，主要有以下三点：第一，分别定罪说不要求共犯人主观上具有共同的故意，割裂共犯人主观上的联系，与我国刑法总则规定的共同犯罪的定义、成立要件相矛盾。第二，对每个行为人进行个别化考虑，忽视了在实践中普通公民和国家工作人员共同犯罪时，由于非国家工作人员要利用国家工作人员职务之便实现自己的犯罪意图，故前者的行为往往要从属于后者的行为，因此，将共同犯罪拆分为单独的个人犯罪并不符合罪责刑相一致原则。第三，当多人互相勾结实施犯罪时，其中犯罪主体甲具备此特殊身份、乙具备彼特殊身份，而其余主体不具备特殊身份，在这一情形之下，后者的行为应从属于甲种身份还是乙种身份，难以做出决断。

3. 核心角色说

核心角色说认为，一般而言犯罪的本质取决于行为人所侵犯的客体，但是在共同犯罪中，存在不同身份者时，每个行为人的行为都具有其自身的特殊性，并且侵犯的客体也互不相同。在存在多个行为人的情形下，必定有人处于核心地位，此时就应按照其构成的身份犯对所有共犯人定罪处罚。这一学说的代表人物是张明楷教授，根据他的观点，如果普通公民张三与国家工作人员李四共谋窃取公共财产时，当李四处于核心地位时，二人成立贪污罪的共同犯罪；当张三处于核心地位，明知且利用了李四的职权，此时依据罪责刑相一致原则仍认定二人成立贪

① 杜国强：《身份犯研究》，武汉大学出版社2005年版，第244—245页。

污罪的共同犯罪。[①]要想准确界定核心角色，必须对犯罪主体的身份、动机、目的、行为方式、被侵害的法益等多方面进行考虑。[②]由此可以看出，核心角色说完全是以国家工作人员的身份为核心，可以称之为国家工作人员身份说。但是在以一般公民的实行行为为核心时，按照此说应以其自身具有的身份确定共犯的性质，然而却依旧主张应按照国家工作人员的身份确定，只不过附加了前提条件而已，这样一来该学说就失去了存在的意义。

4. 主职权行为决定说

这种学说主张，在一般情形下，共同犯罪的性质取决于主职权行为，当数种行为无法分清何为主职权行为、何为次职权行为时，依据“就低不就高”原理处理。例如，以职务侵占罪和贪污罪为例，如果分不清职权行为的主次时，就定为职务侵占罪的共同犯罪，此时对于非国家工作人员是罪责刑相适应，对于国家工作人员就是“就低不就高”。[③]

主职权行为决定说的合理之处在于：因为一般情形下可以分清数职权的主次，所以依据此说可以解决绝大多数多元身份共犯问题；没有割裂共犯的联系、坚持了从整体上解决问题；采取的“就低不就高”的原则有利于被告。但其不合理之处也显而易见，简言之主要有：第一，“就低不就高”原则虽有利于被告，但可能会对国家工作人员采取较轻的处罚，违背了法律面前人人平等原则，也会纵容国家工作人员的犯罪。第二，依据行为主体职权的主次决定共同犯罪的性质，与上文提到的主犯决定说类似，容易被贴上“主犯说”的标签，并且在有些情形下难以判断谁是主职权谁是次职权，操作困难。第三，对非国家工作人员的定罪轻重与其在共同犯罪中的作用大小成反比，不能真正做到罪责刑相适应。[④]比如，以职务侵占罪和贪污罪为例，当非国家工作人员的职权行为所起的作用次于国家工作人员时，定为贪污罪的共犯；但是当非国家工作人员的职权行为所起的作用大于国家工作人员时，定为职务侵占罪的共犯。为了体现国家对公务人员犯罪从严、从重处罚的方针，通常而言，相同情形之下对贪污罪的刑罚更为严厉。所以，仅就非国家工作人员而言，其在共犯中的作用小时定重罪、作用大时定轻罪，无疑违背了罪责刑相一致原则。

---

① 张明楷：《刑法学（第二版）》，法律出版社2003年版，第355页、第911—912页。

② 张明楷：《刑法的基本立场》，中国法制出版社2002年版，第281页。

③《共犯与身份问题研究——以职务犯罪为视角》，载《中国法学》2004年第1期。

④ 杜国强：《身份犯研究》，武汉大学出版社2005年版，第254—255页。

5.身份决定说

该内部具体又可以分为两种观点：一是特殊身份决定说。该观点认为：首先应当分清是否是职务犯罪，然后确定是否依据特殊身份进行定罪量刑。①二是国家工作人员身份决定说。该说认为各共犯人之间虽有分工，但他们的行为已结合为一整体，应依据想象竞合犯从一重罪处断。但是想象竞合犯的前提是一个行为，而互为共犯至少有两个行为，此说将完整的共犯行为割裂开来，存在缺陷。②

除上述介绍的五种学说外，还有其他学说，比较重要的有法益衡量说。该主张依据行为所侵犯的法益决定共同犯罪的性质：如果侵犯的是公共财产，按照国家工作人员的身份定罪处罚；如果侵犯的是私有财产，则按照非国家工作人员的身份定罪处罚。③但是，如果既侵犯了公共财产又侵犯了私有财产时该如何进行处理？从一重罪处断说认为，共同犯罪的社会危害性重于单独犯罪，应采取重刑处罚。因此，共犯的定罪量刑取决于具体行为可能被判处刑罚中处罚最重的条款。④但此说可能会严重侵犯被告人的合法权益。职务利用说主张，首先应当分析是否利用了有身份者职务上的便利，如果利用了就将他们均认定为身份犯，反之则分别定罪。

笔者认为，要解决以上问题，首先要弄清共同犯罪的实质是什么，即它究竟要求什么是共同的？对于这一问题，当前理论界有以下争论：部分犯罪共同说、完全犯罪共同说、行为共同说。笔者赞同第一种观点，不同身份的人基于不同的故意实施了不同的行为，虽然行为的具体表现形式不同，但它们之间具有相互补充、相互加担的关系，且在重合的限度内具有相似的故意与行为，因此认定各共犯人在重合的限度内成立共同犯罪。部分犯罪共同说不追求统一定罪，所以对各行为人可以按照其符合的构成要件分别定罪，至于具体应定哪一罪，按照想象竞合犯原理解决。以一案例作具体说明，某甲是某国有企业中从事公务的人员，某乙是普通工作人员，二人互相勾结使用各自的职权非法侵占公共财产。某甲与某乙的身份虽不同，但行为模式相似，都是利用职务之便侵吞共同财产，而且主观上都有非法占有的故意，因此认定其在职务侵占罪的范围内成立共同犯罪。某乙成立职务侵占罪毫无疑问，而某甲既符合职务侵占罪的帮助犯的构成要件，又符

①《犯罪总论问题探索》，法律出版社2003年版，第520—521页。

② 高铭暄：《刑法专论》（下编），高等教育出版社2003年版，第799—800页。

③ 杜国强：《身份犯研究》，武汉大学出版社2005年版，第254—255页。

④ 潘伯华：《混合主体勾结职务犯罪处断原则探讨》，载《人民检察》2000年第2期。

合贪污罪的直接正犯的构成要件，此时依据想象竞合犯择一重罪处理的原理，认定某甲的行为成立贪污罪。

结　语

对身份与共犯问题研究的落脚点在于如何定性，即正确定罪量刑，但是我国刑法总则中对此并无明确规定，刑法理论和司法实践中也未形成一致的见解。当实践中出现难题时，人们往往寻求司法解释，可是司法解释针对的是具体案件，缺乏普遍适用性，并不是解决问题的根本办法。事实上，多数国家在刑法总则中都对这一问题作了规定，如日本、德国等，因此我国可以以本国司法实践为基础，借鉴他国立法经验，在刑法总则中对共犯与身份问题作出规定。笔者建议在立法中对有身份者与无身份者共同贪污的规定可以以犯罪客体说为依据，兼采法益衡量说，对不同身份者共同贪污的规定可以以部分犯罪共同说为依据，同时考虑想象竞合犯原理。

第七节　疏而不漏：特定关系人共同受贿行为的认定

随着我国反腐进程的不断深入，我国的反腐工作取得了极大的进展，但是近年来，在国家工作人员受贿犯罪案件中，特定关系人参与犯罪的现象越来越突出，这些特定关系人对国家工作人员的受贿犯罪起到不可忽视的推波助澜的作用。在学术界，对于特定关系人参与受贿罪的问题还没有在立法中作出明确规定，因此在法律实务界中，对于特定关系人的认定问题、特定关系人在什么情况下可以认定是国家工作人员受贿罪的共犯以及对于特定关系人如何定罪处罚等问题都有不同的处罚判断标准，不同的标准有不同的结果。学术界与实务界各有标准，无法达成一致意见，这不仅直接影响到对受贿罪的惩治和社会预防效果，也对法律的权威性造成了巨大的挑战。因此本节以“罗某案”为切入点，深入探讨了特定关系人的认定范围以及身份犯和无身份犯在什么情况下成立受贿罪的共犯，同时对我国受贿罪共犯中存在的问题给出了一些建议。

一、案情简介

张某，男，曾担任某机关主任、局长等职务。罗某，女，2007年与张某相识并发展为情人关系。

审判后发现，2000年至2011年，张某利用工作之便，为广州某有限公司服务，同时其他13个单位也获得利益。为此，上述单位负责人收到或要求杨某等人总共给予4700多万元。同时发现，2007年上半年至2011年1月，被告罗某认识广州某汽车销售租赁有限公司法定代表人杨某，杨某把自己的一些财物给了罗某，是为了得到张某的帮助，罗某在北京、香港等地多次收到杨某的财物，并在事后得到了张某的同意。因此，在同一时期，张某接受了杨某的请求，利用职权帮助杨某公司在租赁期满后继续使用动车组，并为即将出售的列车空调设备提供了帮助。罗某接受的财产折合人民币共157.686万元。

2015年1月27日，人民法院对张某受贿一案作出一审判决，以受贿罪判处张某死刑，缓期两年执行，剥夺政治权利终身，并处没收个人全部财产。2015年11月24日，人民法院以“特定关系人”受贿罪的罪名，一审判处罗某5年有期徒刑。罗某不同意一审判决，提出上诉并请求改判，高级人民法院作出终审裁定，驳回上诉，维持原判。

二、案件争议与焦点

根据中国裁判文书网公布的与此案有关的文书以及控辩双方的意见，笔者认为，本案争议的焦点问题有两个方面：（1）与国家工作人员有关的特定关系人的认定范围；（2）特定关系人在什么情况下行使受贿行为才与国家工作人员构成受贿罪的共犯。

一种观点认为，根据刑法关于共同犯罪的规定，非国家工作人员与国家工作人员串通受贿，对受贿罪的共犯追究刑事责任。纪要规定，非国家工作人员和国家工作人员是否构成受贿罪范围内的共同犯罪，取决于当事人是否有共同受贿罪的意图和受贿罪的客观意图。国家工作人员的近亲受委托，向国家工作人员转达受托人的照料事项，同时接受请求人的财产，当场或者事后通知国家工作人员收到财产；或者国家工作人员事先知道近亲已经收到他人的财产，按照近亲属的要求，仍然利用职务为受托人谋取利益的，应当将国家工作人员视为受贿罪，其近亲作为受贿罪的共犯予以处罚。实际上，还存在一种情况，即国家工作人员和国家工作人员的近亲以外的其他人通过利用其职位所创造的便利条件，故意和主观地串谋为受邀者获得利益。要求受托人交出财产的，由国家工作人员和同谋的近亲以外的其他人共同占有、使用的，也视为受贿罪的共犯。另外，还有一种情况是，国家工作人员在日常工作中利用职责所形成的便利条件，指定受益人将其财产交给他人，以获取他人不正当的利益，这种情况构成犯罪，应当依照受贿罪的有关规定定罪处罚。①非国家工作人员向国家工作人员代为转达请托事项，主观上有共同受贿的故意以及客观上有收受财物的行为，就是认定行为人成立受贿罪共犯的必要条件，第一种观点是，本国工作人员的近亲亲自转达受托管理人的请求，或近亲要求本国工作人员利用其权力为他人牟利。

另一种意见认为，只要特定关系人明知行贿人的目的且在受贿人知情的情况下，而继续接受行贿人财物的行为，特定关系人不论是否代为转达了请托事由，都可以认定其与受贿人有共同受贿的故意，就应当按照受贿罪的共犯来定罪处罚。

最高人民法院、最高人民检察院在2007年7月8日发布的《关于办理受贿刑事案件适用法律若干问题的意见》第7条第1款②、第2款③中对“特定关系人”这一名词给予了简单的解释说明，并表明国家工作人员与他们的特定关系人在特定条件下可以构成受贿罪的共犯。但是在何种情况下进行正确的判断，来认定特定关系人是国家工作人员构成受贿罪的共犯，是一个具有争议的问题。

三、法理分析

（一）与国家工作人员有关的特定关系人的认定范围

2007年5月29日，中共中央纪委发布《关于严格禁止利用职务上的便利谋取不正当利益的若干规定》，解释“特定关系人”。“特定关系人”是指与国家工作人员有近亲属、情妇（夫）以及其他共同利益关系的人。2007年7月8日，最高

---

① 最高人民法院关于印发《全国法院审理经济犯罪案件工作座谈会纪要》的通知明确指出：“根据刑法关于共同犯罪的规定，非国家工作人员与国家工作人员勾结，伙同受贿的，应当以受贿罪的共犯追究刑事责任。非国家工作人员是否构成受贿罪共犯，取决于双方有无共同受贿的故意和行为，国家工作人员的近亲属向国家工作人员代为转达请托事情，收受请托人财物并告知该国家工作人员，或者国家工作人员明知其近亲属收受了他人财物，仍按照近亲属的要求利用职权为他人谋取利益的，对该国家工作人员应认定为受贿罪，其近亲属以受贿罪共犯论处。近亲属以外的其他人与国家工作人员通谋，由国家工作人员利用职务上的便利为请托人谋取利益，收受请托人财物后双方共同占有的，构成受贿罪共犯。国家工作人员利用职务上的便利为他人谋取利益，并指定他人将财物送给其他人，构成犯罪的，应以受贿罪定罪处罚。”

②《关于办理受贿刑事案件适用法律若干问题的意见》第7条第1款：“国家工作人员利用职务上的便利为请托人谋取利益，授意请托人以本意见所列形式，将有关财物给予特定关系人的，以受贿论处。”

③《关于办理受贿刑事案件适用法律若干问题的意见》第7条第2款：“特定关系人与国家工作人员通谋，共同实施前款行为的，对特定关系人以受贿罪的共犯论处……”

人民法院和最高人民检察院联合发布了《关于办理受贿刑事案件适用法律若干问题的意见》，意见中对5月29日中共中央纪委发布的条例中“特定关系人”的解释，不作任何新的修改。[①]因此，一般认为，国家工作人员在某些情况下及其特定关系人主观上具有主观意图，客观上利用国家工作人员的地位谋取不正当利益的，其特定关系人可以认定为受贿罪的共犯。但理论必须与现实相联系，因此，对“特定关系人”范围的理解存在着不同的观点。

1.情妇（夫）认定标准

关于情妇（夫）的认定标准还未有明确的规定，情妇（夫）在严格意义上来说不属于法律概念的范畴，它属于风序良俗。那么如何定义情妇（夫），每个人都有不同的见解，有可能是有感情的异性、有性关系的异性或者是有性关系的同性等，但是通常认为，已经有配偶的男女之间的一种非法性行为，声称该女子是该男子的情妇，反之亦然。有学者认为维系不适当的关系超过3个月就可以被认定为情妇（夫），而不是以同居作为必要条件，在某些特殊情况下，也可以认定时间较短的不正当关系。[②]笔者认为，以不正当关系发生的时间为3个月，来确定双方是否存在情妇（夫）关系是不合理、不完善的，若按照3个月的时间来规定，则有些过于死板，缺少灵活性，使有心之人钻法律的漏洞，不能很好地打击犯罪，司法解释之所以把情妇（夫）归纳到特定关系人中，是因为对社会危害较大，需要加大惩治和预防，因此评估是否是情妇（夫）关系，应当从其心理依赖程度、感情深浅程度和双方利益捆绑等多方面把握，并不必须以非法同居或同居时长作为判断情妇（夫）的必要条件，即使有不正当关系一次或两次，但此后保持联系或沟通，也不能排除。[③]

2.具有其他共同利益关系人的认定标准

想要理解清楚“其他共同利益关系人”的概念，则必须对“共同利益”有一个全面的理解。“共同利益”在受贿罪中最多的是体现在经济利益上，但是在司法实践中，我们发现，共同利益是一个混杂了各种利益的混合体，因此对于共同利益关系人我们不能仅局限于有共同经济利益。但是将单纯的朋友关系简单地认

① 戚进松、田美妍：《“关系密切人”利用影响力受贿罪之解读》，载《法治研究》2011年第1期。

② 孟庆华：《“特定关系人”构成受贿共犯的界定问题探讨》，载《山东警察学院学报》2009年第4期。

③ 孟庆华：《“特定关系人”构成受贿共犯的界定问题探讨》，载《山东警察学院学报》2009年第4期。

定为共同利益关系或者无差别地将财产关系等同于具有经济利益关系的想法和做法都是有些欠考虑的，但是若在这些关系中掺杂着财物利益往来，便是成立共同利益关系人的基础。[①]笔者认为，在司法实践中想要认定是否是“其他共同利益关系人”，主要注重两点判断，一是看其他共同利益关系是否主要建立在经济利益上，与国家工作人员有关的，纯粹的同学、同事、朋友、战友等关系的，不应当轻易地认定为具有共同利益关系，但是与国家工作人员有关的合伙人、共同投资人等应当认定具有共同利益关系；二是在日常实践中，判断是否具有共同利益关系不应当仅局限于看其是否与国家工作人员具有共同财产，因为只有本国工作人员的配偶才可能与本国工作人员建立共同财产关系，很少有其他人能与本国工作人员建立共同财产关系。若以此为判断标准，则在无形中缩小了特定关系人的范围，不利于全面打击罪犯。因此，对“其他共同利益关系”的认定除了近亲属、情妇（夫）的关系之外，在某种特殊事情、特殊利益的基础上，在国家工作人员与当事人之中衍生出了一种“可靠”的关系，具有这种关系的人便可以看作具有其他共同利益关系，这种“可靠”的关系，不仅包括经济关系，还包括政治利益关系、家庭利益关系以及父子、上下级关系等。

（二）特定关系人在什么情况下行使受贿行为会形成国家工作人员构成受贿罪的共犯

1.认定受贿罪的主体身份问题

受贿罪是一种典型的身份犯罪，只有具有国家工作人员的身份，才能单独构成受贿罪。显然，2007年7月8日最高人民法院和最高人民检察院发布的《关于办理受贿刑事案件适用法律若干问题的意见》第7条第1款、第2款中的“特定关系人”是针对不具有国家工作人员身份的人，因此这些“特定关系人”都不能单独构成受贿罪的主犯，但是相关的“特定关系人”在主观上或者客观上与国家工作人员共同实施了构成受贿罪的要件，则他们可以以从犯身份与国家工作人员共同认定为受贿罪，因为受贿罪的主体属于身份犯，是特殊主体，发生二人以上共同实施受贿行为的时候，虽然不能以所有行为人都必须具有特定身份为定罪标准，但在众多行为人中，必须至少有一个人的身份是国家工作人员，才可以认定是受贿罪。否则，由于该案件的行为人不具备主体要件上的要求，客观上不符合

① 薛津：《如何认定受贿案件的特定关系人》，载《天津市政法管理干部学院学报》2008年第S1期。

受贿罪的构成要素，因而无法构成共同受贿罪。在受贿罪共同犯罪中对犯罪主体的要求是，行为人是两个以上具有国家工作人员身份的人，或者两人以上具有不同身份，但其中至少有一人是国家工作人员，若行为人都达到了刑事责任年龄，并且具有刑事责任能力，在受贿罪中实施了分工配合或者相互联系的行为，并且利用国家工作人员这个特殊身份来达到他们收受财物的目的，便可以看作完成了共同受贿犯罪。由于渎职犯罪中要求行为人有利用职务之便这一客观要件，则在受贿罪中便是实行行为的必要组成部分，国家工作人员的特定关系人不可能单独实施受贿罪的实行行为，也不能与国家工作人员共同实施受贿罪的实行行为，但其可以实施受贿罪的组织行为、教唆行为和帮助行为，构成受贿罪的共犯，按照其在受贿共同犯罪中的作用处罚。①

2003年11月，最高人民法院发布的《全国法院审理经济犯罪案件工作座谈会纪要》明确指出，“非国家工作人员”分局刑法关于共同犯罪的规定，与国家工作人员共谋受贿，对非国家工作人员按受贿罪的共犯追究刑事责任。不具有国家工作人员地位的人是否与国家工作人员一起构成受贿罪，取决于国家工作人员及其特定关系人是否有主观受贿的意图，以及客观上是否存在收受金钱或财产的行为。国家工作人员的近亲属代表请托人向国家工作人员转达请托事项并接受请托人的财产或者在事后通知国家工作人员，或者国家工作人员知道其近亲属收到他人财产，按照其近亲属的请求，利用职权为他人谋取利益的，国家工作人员均视为受贿罪，其近亲属作为受贿罪的共犯予以处罚。与国家工作人员串通的近亲属以外的人，利用职务上的便利为受托人谋取利益，双方共同拥有请求人财产的，构成受贿罪的共犯。②根据2007年7月8日颁布的《关于办理受贿刑事案件适用法律若干问题的意见》第7条，“国家工作人员利用职权谋取受托人的利益”，委托人将财物交给当事人的，将因受贿而受到惩罚。特定关系人和国家工作人员共同实施前款所述行为的，作为受贿罪的共犯予以处罚。当事人以外的其他人与国家工作人员串通的，国家工作人员利用职务上的便利，取得请求受托人的利益，在

---

① 冀茂奇、魏建丽：《浅析非国家工作人员构成受贿罪的共同犯罪问题》，载《中国科技信息》2005年第11期。

② 最高人民法院：《全国法院审理经济犯罪案件工作座谈会纪要》，载《中华人民共和国最高人民法院公报》2003年第6期。

双方共同拥有请求人财产后，作为受贿罪的共犯予以处罚。[①]

2.“通谋”的认定标准

如何从主观上判断国家工作人员与特定关系是否存在“通谋”意图，是决定受贿罪双方是否通谋的关键。[②]笔者认为，应把握好三个方面。一是因为受贿行为是一种复合性的行为，由收受他人财物和为他人谋取利益两个方面构成，因此认定受贿共犯必须从两个方面来考量。二是通常受贿罪事前通谋的居多，但是这并不能够排除有事中通谋或事后通谋的可能。在司法实践中，只要能够证明国家工作人员与其特定关系人有约定，不论是事前还是事中或事后[③]，国家工作人员为了隐蔽自己从而告知特定关系人自己完成的谋利事项的，该特定关系人便能够构成受贿罪的共犯[④]。三是认定“通谋”与否，不仅要从特定关系人的参与积极程度、参与态度考虑，还要从特定关系人与国家工作人员双方的意思联络以及配合的紧密程度来综合把握。司法实践中一般有四种比较常见的情况：①最常见的情况是请托人将财物交于特定关系人，并说明请托事项，特定关系人收下财物后将收受财物情况和请托事项告知国家工作人员，之后国家工作人员为请托人谋取利益[⑤]，这种情况下，应当认定特定关系人与国家工作人员构成通谋。②特定关系人虽然没有参与谋利事项，但是在其明知国家工作人员为请托人谋取利益后仍然积极收受请托人所给财物或者主动索贿的，并在事后将受贿索贿事项告知国家工作人员的，应当认定特定关系人与国家工作人员通谋。[⑥]③特定关系人不知道国家工作人员为请托人谋取了利益，但是基于社会往来从而收受了请托人所给予的财物，事后将收取财物情况告知国家工作人员之后才知道牟利事实的，因特定关系人主观上没有共同受贿的故意，所以笔者认为这种情况下不宜认定为与国家工作人员通谋。④国家工作人员没有将收受财物获取利益的事项告诉其相关的特定关

---

① 中共中央纪委：《中共中央纪委关于严格禁止利用职务上的便利谋取不正当利益的若干规定》，载中国共产党新闻网，http://dangshi.people.com.cn/GB/146570/198302/203179/12747460.html，最后访问于2019年1月11日。

② 张羽：《受贿共同犯罪若干问题探究》，载《法学评论》2009年第1期。

③ 周洪兵：《受贿中特定关系人“通谋”之理解》，载《江苏法制报》2007年12月14日。

④ 李靖：《共同受贿犯罪的认定》，http://bjgy.chinacourt.org/article/detail/2008/05/id/862185.shtml，最后访问于2019年1月11日。

⑤ 周洪兵：《受贿中特定关系人“通谋”之理解》，载《江苏法制报》2007年12月14日。

⑥ 王昊：《混合主体共同受贿犯罪相关问题探索》，载《郑州航空工业管理学院学报（社会科学版）》2014年第5期。

系人，特定关系人也没有将其在请托人处收受财物的情况告知国家工作人员，国家工作人员与其特定关系人之间主观上缺少意思联络和共同受贿的故意，也不宜认定成通谋。[①]

因此，对于特定关系人和国家工作人员在共同受贿罪中通谋的认定，不仅要从客观方面上把握，也要从主观方面去认定，即客观上双方对对方的行为具有一个清晰的认知，知道对方在为请托人谋取利益或者知道该财物是基于谋取利益的基础上所给予的；主观上双方要有故意犯罪的犯意联络，这样才能认定双方之间存在通谋。

四、法院审结特定关系人参与受贿案件存在的问题

（一）定罪罪名不统一

笔者通过搜集资料，查阅“中国裁判文书网”后发现，在职务犯罪中特定关系人被认定的罪名有：受贿罪，行贿罪，掩饰、隐瞒犯罪所得罪，介绍贿赂犯罪，利用影响力受贿罪等。在将特定关系人认定为受贿罪共犯的案件中，特定关系人主观上知道国家工作人员利用职务之便为他人谋取利益，或者利用国家工作人员的特殊地位和职务上的便利为自己谋取利益，并且国家工作人员也意识到这一点，因此客观上分别实施了受贿、为行贿人牵线搭桥同时转达请托事项并收受好处等行为，均是积极地参与到了国家工作人员为他人谋取利益的活动中。在认定特定关系人是受贿罪共犯的案件中，超过百分之八十的案件是特定关系人明知是贿赂款或“好处费”而直接从行贿人处取得，其余的是只转达了请托人的请托事项。在阅读案例的过程中，笔者还发现有些案件因特定关系人在国家工作人员和请托人中间起到牵线搭桥的作用并且从行贿人处代收贿赂款的，直接以介绍贿赂罪定罪处罚；有的案件是特定关系人在国家工作人员已经收受贿赂款并利用职务之便为请托人谋取了利益之后，与该国家工作人员共同向行贿人索要财物、买豪车名表或是要求到请托人公司进行分红；还有一些特定关系人参与受贿案件后以掩饰、隐瞒犯罪所得罪定罪处罚；最后还有一些案件特定关系人转达行贿人的请托事项，并代行贿人转交贿赂款，被认定同时构成受贿罪、行贿罪，最后按想象竞合原则处理，以行贿罪定罪处罚。

---

① 周洪兵：《受贿中特定关系人“通谋”之理解》，载《江苏法制报》2007年12月14日。

（二）特定关系人未被追究的案件占较大比重

笔者在中国裁判文书网上以“受贿罪”为关键词搜出97109例案件，以“受贿罪”“特定关系人”为关键词，搜出564例案件，特定关系人在受贿罪中的占比不是很多。通过阅读案例发现，未追究主要包括两种情况：一是国家工作人员受贿案件中关于特定关系人受贿部分进行了事实查明和证据确认，但是在特定关系人的案件中并没有予以追究，而是只认定了其他事实。二是对特定关系人没有追究刑事责任，一般都以“认罪态度好”“从犯”“坦白”“积极退赃”“初犯”“主观恶性不深”“社会危害性较少”同时“退缴全部赃款”等理由不予追究刑事责任；有些案件在调查中，未能查明特定关系人的主观状态，不能确定是否“明知”以及与国家工作人员“通谋”，因此缺少犯罪构成的主观要件，同时根据疑罪从无和证据不足时有利于行为人的原则，不追究特定关系人的刑事责任；还有些案件的特定关系人经审理查明，客观上参与实施了收受钱财或者代为转达请托事项的行为，应当以受贿罪的共犯定罪处罚的，但是在事发之后自杀或者潜逃，因而无法对其进行定罪量刑。

（三）关联案件认定的事实、罪名不一致

在564件特定关系人受贿罪案件中，有些案件与对应的关联案件存在认定事实不一致的情况，从而导致所得罪名也不相同。在审查国家工作人员受贿案件中认定了特定关系人从请托人处收取财物或者转达请托事项从而参与受贿的事实，但是在审理该特定关系人的时候，并没有认定该部分事实问题，如在某些案件中，已经认定了国家工作人员经过特定关系人牵线搭桥收取贿赂，但是该事实在审理特定关系人的案件中并没有被认定，只是仅仅被认定为该特定关系人到案后揭发国家工作人员受贿的事实，但是该特定关系人其他同样性质的行为却被认定为介绍贿赂犯罪。不仅关联案件之间存在着认定事实不一致的情况，在相同或者相类似的案件中，也存在着同样的事实有些被认定为是犯罪事实，有些未被认定为犯罪事实的情况。

五、对特定关系人参与受贿罪问题的建议

（一）正确界定特定关系人参与受贿行为的性质

一般受贿罪的实行行为是一个复合性行为，客观上在认定时要从国家工作人

员利用职务之便为请托人谋取利益和收受他人财物两个方面进行认定，主观上要查清是否是“明知”的状态。具体来说，想要认定特定关系人构成受贿罪共犯，要对其行为进行定性，主要有以下几个方面：①如果当事人故意向本国工作人员转达照料请求，或者索取或者收受请托人的财产，当场或者事后通知本国工作人员，则有关特定关系人应当作为受贿罪的共犯定罪处罚，但是，如果国家工作人员没有共同受贿的主观意图，则对该特定关系人的定罪按照利用影响力受贿罪的标准来处罚。②特定关系人明知国家工作人员利用职务为受托人谋取利益，仍向受托人索取财产，并告知国家工作人员，对该特定关系人以受贿罪的共犯定罪处罚。[①]③特定关系人事先与本国工作人员共谋，或参与贿赂行为，即使之后没有参与谋利或者后续的受贿行为的，依旧构成受贿罪的共犯。④特定关系人在实施利用影响力受贿的时候，将此事实告知与其有特定关系的国家工作人员的，二者亦可看作在受贿罪的范围内存在共同故意，因此也将特定关系人以受贿罪共犯定罪处罚。⑤特定关系人作为中间人，介绍请托人和国家工作人员取得联系，并且代为转达请托事项，帮助转交请托人财物的，无论该特定关系人是否取得财物，分得赃物，均应当在行贿罪与受贿罪中择一重罪处罚。

通过阅读大量案例之后，笔者认为以下这些情况不宜认定为受贿罪的共犯或者不宜认定为犯罪：①特定关系人事前没有与国家工作人员约定参与事后处置赃款的，仅在国家工作人员收受财物之后，明知是赃款而继续为其提供帮助进行处置的，以掩饰、隐瞒犯罪所得、犯罪所得收益罪定罪处罚。②特定关系人代为转达请托事项，索取或者收受请托人财物的，但是国家工作人员并不知情，没有共谋[②]，则特定关系人没有构成受贿罪的身份，因此应当对特定关系人以利用影响力受贿罪定罪处罚。③特定关系人主观上不知道国家工作人员利用职务之便为请托人谋取了利益，但是在客观上认为是普通的人情往来因而收取了请托人财物，之后告知了国家工作人员的，因其主观上并没有受贿的意识，因此不宜定罪。④特定关系人通过国家工作人员的行为，或利用本国工作人员或离职的本国工作人员的职能或地位所形成的便利条件，通过其他国家的工作人员的行为，要求受托人寻求不正当利益，要求受托人给付财物或接受该请托人的财产的，对该特定关系

---

① 最高人民法院：《全国法院审理经济犯罪案件工作座谈会纪要》，载《中华人民共和国最高人民法院公报》2003年第6期。

② 冯志恒：《贿赂犯罪中间人的刑法处理》，载《兰州大学学报（社会科学版）》2013年第4期。

人以利用影响力受贿罪定罪处罚。⑤特定关系人只是介绍请托人与国家工作人员取得联系，个人没有收受财物的，对特定关系人以介绍贿赂罪定罪处罚。

（二）正确界定特定关系人参与受贿罪的通谋要件

司法实践中，在某些情况下，如果特定关系人没有要求或告诉国家工作人员为受托人寻求利益，而是客观地接受了该人的财物，因此被认定为受贿罪的共犯的，笔者认为，这一特定关系人必然与国家工作人员有串通。由于共同犯罪的故意是共同犯罪的主观要件，共同犯罪意图的形成过程就是共同犯罪意图的意思联系和沟通过程，“通谋”是构成共同犯罪的必要主观条件。无论是纪要还是意见中，均直接作出了“通谋”的规定，特定关系人与国家工作人员构成共同受贿罪的必要主观要件是“通谋”，那么对于未参与为他人谋利，但是参与收受财物的特定关系人，要成立受贿罪的共犯，同样要具备“通谋”这一主观要件。同时，要想界定受贿罪共犯具有“通谋”，还要与受贿罪造成的实际情况相切合。受贿罪客观上是一个复合行为，包括两个方面，即国家工作人员利用职务便利为他人谋取利益以及收受财物，认定是否犯罪时，只有两个部分都达到，才可以全面且准确地反映受贿罪的客观方面，与此相对的，主观方面必须包括对客观部分两方面内容的认识。故未参与为他人谋利，但参与收受财物的特定关系人构成受贿罪共犯时，其与国家工作人员之间的“通谋”不仅必须有参与收受他人财物的共同意思联络，而且必须有国家工作人员利用职务便利为他人谋利的共同意思联络。对于特定关系人来说，构成“通谋”，不仅要求明知自己在参与收受他人财物，而且要求其明知与其相关的国家工作人员利用职务之便为请托人谋取了利益，并且二者之间具有因果关系。并且，刑法中受贿罪的“通谋”还应当包括事前通谋、事中通谋以及事后通谋，而且认定“通谋”的形式也应当多样化，既应当有明确的谋议，也应当有心照不宣和心领神会的密谋，故认定“通谋”，笔者认为应当包括但不等于共同预谋，特定关系人与国家工作人员之间只需要相互明知对方的具体情况和相关事项，便可认定为“通谋”。关于明知可构成“通谋”，2002年7月8日，最高人民法院、最高人民检察院和海关总署联合发布了《办理走私刑事案件适用法律若干问题的意见》[①]。至于作为未参与为他人谋利，但参与收受财物

---

① 该文件第15条规定：通谋是指犯罪行为人之间事先或者事中形成的共同的走私故意。下列情形可以认定为通谋：（1）对明知他人从事走私活动而同意为其提供贷款、资金、账号、发票、证明、海关单证、提供运输、保管、邮寄或者其他方便的；（2）多次为同一走私犯罪分子的走私行为提供前前项帮助的。

的特定关系人构成受贿罪共犯主观要件的“明知”，参照《办理走私刑事案件适用法律若干问题的意见》等文件的规定，包括“知道”和“应当知道”①。最后还有一种情况是，特定关系人参与向行贿人收受财物的，笔者认为不应当按照掩饰、隐瞒犯罪所得、犯罪所得收益罪定罪处罚。因为按照受贿罪的构成要件来看，特定关系人在收受财物阶段参与到受贿犯罪中来时，作为构成要件的受贿行为还没有实施完毕，特定关系人参与收受财物的行为不属于事后帮助收受赃物，而属于在受贿犯罪实施过程中参与，属于承继的共犯，在其主观上存在对国家工作人员为他人谋利的事实明知时，其行为就如同另一人明知他人正在实施盗窃且盗窃行为尚未实施完毕，仍然参与到盗窃过程中共同实施盗窃，对另一人应以盗窃罪共犯处理，对其亦应按照受贿罪共犯处理，而不能按掩饰、隐瞒犯罪所得、犯罪所得收益罪处理。

（三）完善特定关系人参与共同受贿犯罪的罪名

无论是司法实践还是理论界，受贿罪的主体都要求是国家的工作人员。笔者认为，把国家工作人员的身边人即其特定关系人都归入受贿犯罪的体系中，会使得受贿罪的犯罪体系过于庞大冗杂。《刑法修正案（七）》为了适应我国反腐倡廉的政策趋势，规定了“利用影响力受贿罪”，将国家工作人员的近亲属和与其有密切关系的人、离职的国家工作人员及其近亲属和关系密切人②都纳入了受贿罪的主体范围。“利用影响力受贿罪”的成立，为与国家工作人员有密切关系的人单独实施受贿行为提供了法律上的定罪依据，但是依旧还有不够完善的地方。在我国受贿罪的体系中，并没有对国家工作人员的特定关系人的受贿行为设立独立的罪名，而是直接将特定关系人的受贿行为融入法律规定的一些犯罪中去，如非国家工作人员受贿罪、受贿罪、介绍贿赂罪等，这样规定，笔者认为会造成这几类犯罪包含的内容冗杂，不宜公平审判，容易出现同案不同判的情况，违反罪责刑相一致的原则。因此笔者认为，当下非常有必要将特定关系人参与受贿的行为单独立法，设立新的罪名，这是解决特定关系人参与共同受贿行为法律依据混乱的实际需要。在司法实践中，特定关系人参与受贿罪的现象普遍存在，所呈现出来的客观事实也更加复杂，笔者认为在定罪时应当单独将特定关系人拿出来，分析其犯罪构成，将其参与受贿纳入受贿犯罪的体系当中，单独成为一个板块，不

① 张羽：《受贿共同犯罪问题探究》，载《法学评论》2009年第1期。

② 高铭暄、张慧：《论受贿犯罪的几个问题》，载《法学论坛》2015年第1期。

仅能彰显刑法的权威性和明确性，而且还有利于区分特定关系人参与共同受贿行为与一般受贿行为，防止受贿罪体系过于臃肿，使法官能更加明确清晰地对特定关系人进行定罪量刑。

结　语

党的十八大以来，我国加大了反腐倡廉的力度，虽然颇有成效，但是仍有特定关系人参与到与国家工作人员共同受贿的行为中去，依据现有案例以及司法实践，又存在着同罪不同名、多数特定关系人未被追究刑事责任以及关联案件的事实认定不清，罪名不一致的问题。这使得现有的立法及司法解释显得力不从心，不能够很好地打击犯罪。在目前的“苍蝇老虎一起打”的反腐趋势下，更加需要司法机关在打击此类犯罪的时候准确适用法律，绝不放过一个有罪之人，以达到震慑犯罪分子的目的。笔者认为，刑法学界应当正确界定特定关系人参与受贿行为的性质，查清客观方面是否具有受贿的共同行为和主观方面是否有共谋刻意为之，从而确定特定关系人受贿的具体性质。同时完善特定关系人参与共同受贿罪犯罪的罪名，做到准确定罪量刑。在司法实践中，准确界定特定关系人参与受贿罪的通谋要件也是重中之重，从而依据“部分犯罪共同说”，在通谋行为的限度内成立共同犯罪。

第八节　实证解析：职务犯罪司法样态分析及预防研究

腐败问题关系国计民生，司法是民众最后一道防线。因此，关注司法工作人员腐败问题不仅是现实的需要，更是理论和实践义不容辞的责任。近年来随着经济社会的发展，司法工作人员的职务犯罪呈现出哪些趋势，为什么会产生这些趋势等问题对于预防司法职务犯罪具有重要的理论和实践意义。笔者以中国裁判文书网上的判决书为样本，以西南地区2013—2016年的案件事实为实证研究的对象，综合调研分析了西南地区的司法工作人员职务犯罪的司法样态分析、成因以及预防措施，以期更好地解决司法工作人员职务犯罪的问题。

一、司法工作人员职务犯罪的司法样态分析

2013—2016年，西南地区各级法院共审结司法工作人员职务犯罪案件190件

215人。其中，贵州省审结案件数量和判处相关罪犯人数最多，共计67件78人，占西南地区相关犯罪人数的36.28%（见图3–1）。

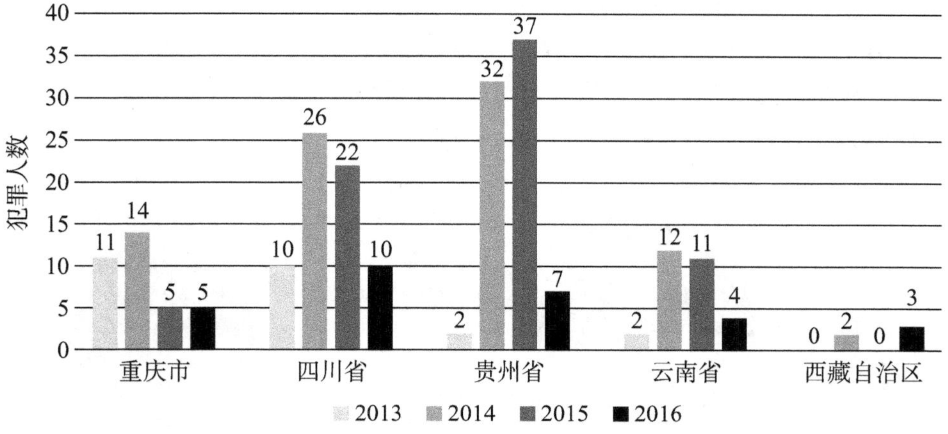

图3–1　案件总体情况表

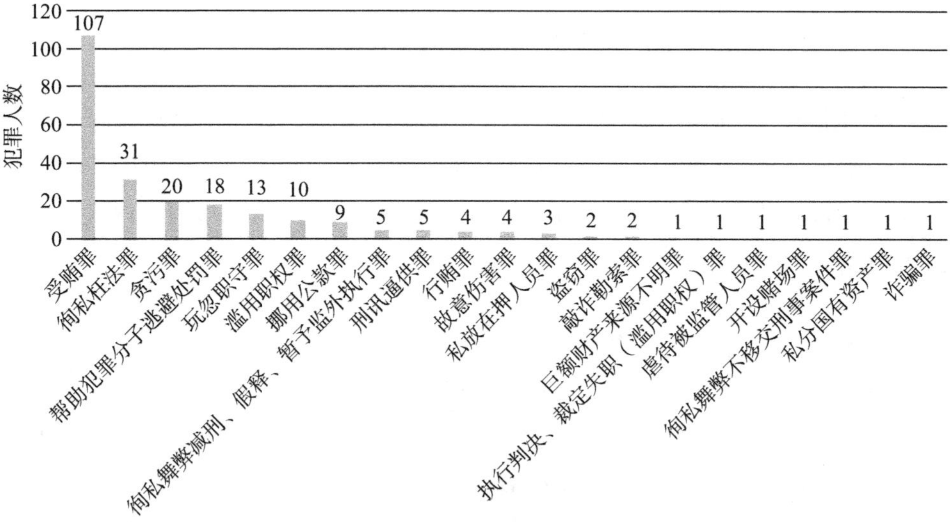

图3–2　涉案罪名

涉及罪名多达21个，但分布相对集中，涉及贪污贿赂类犯罪142人，占西南地区相关犯罪人数的66.05%；渎职类犯罪82人；侵权类案件15人；开设赌场罪1人（见图3–2）。贪渎交织现象突出，其中，受贿占44.58%，徇私枉法罪占14.42%，贪污比例为9.3%，帮助犯罪分子逃避处罚比例为8.37%，玩忽职守、滥用职权分别占6.01%和4.65%，触犯刑讯逼供罪、故意伤害罪以及虐待被监管人员罪三个罪名的犯罪人员合计有10人，所占比例为4.65%。涉案单位中，公安系统比例达到74.42%，涉案人员主要集中于基层派出所、经侦、刑侦等部门，其中57.25%担任着单位或部门领导职务，非编制辅警、协勤等合同制临聘人员比例为12.74%；监所部门涉案比例为9.77%；法院系统犯罪人员主要集中在审判、执行部门，涉案比例为7.91%；检察院与司法行政系统人员涉案人数相对较少，所占比例均为2.79%（见图3-3）。

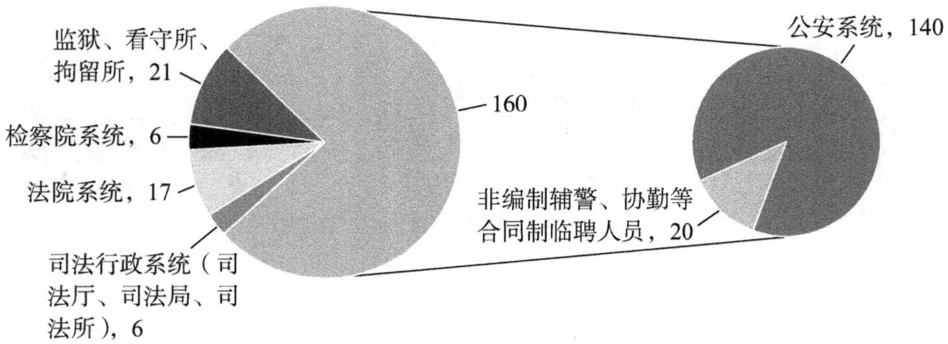

图3-3　所属单位（人数）

从年龄来看，在46—55岁间的人员居多，共51人，占32.69%；其次是25—35岁年龄段人员，共48人，占30.77%；36—45岁共计43人，比例为27.56%；年龄在24岁以下的有6人，其中年龄最小的仅22岁；年龄在56岁以上的8人，年龄最大的为61岁（见图3-4）。

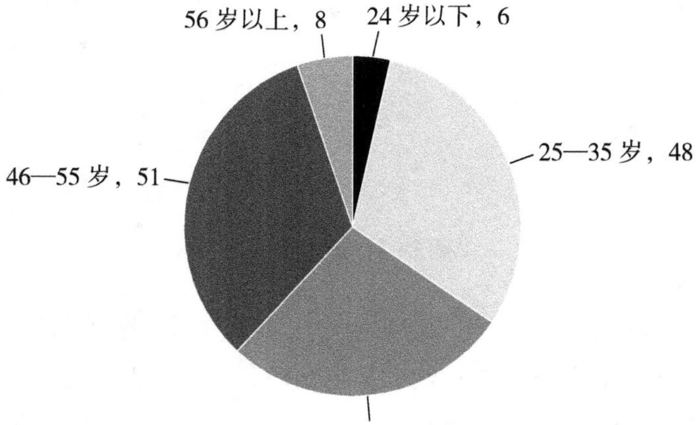

图3-4　年龄段分布

犯罪人员学历在大学文化程度（包括大学专科与大学本科）的共有119人，所占比例为82.64%；初高中及以下学历者仅有21人，占14.58%。硕士研究生及以上学历者4人（见图3-5）。犯罪人员普遍受过高等教育，拥有较为丰富的文化知识背景和法律常识，智能性高，反侦察能力强，社会关系网多。

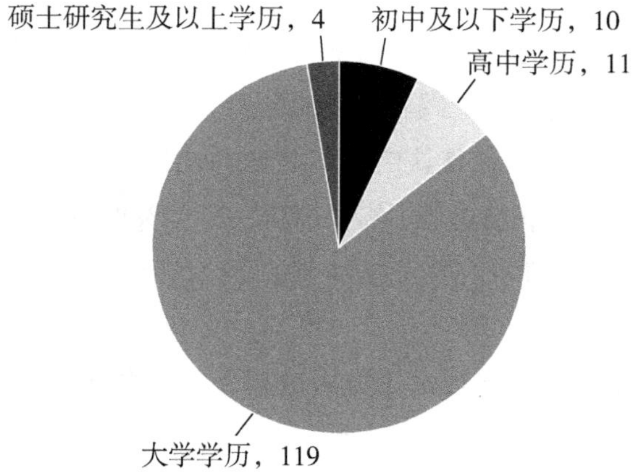

图3-5　学历

涉案金额上，就贪污罪、受贿罪两项罪名来看，涉案金额在3万元至10万元的案件数量最多，占27.87%，另外，涉案金额在20万元至150万元的案件占23.77%，涉案金额在300万元以上的案件有7件（见图3-6）。挪用公款罪中，涉案金额在5万元至50万元案件所占比例为66.67%，200万元至300万元案件所占比例为11.11%。两起行贿罪案件中，行贿数额均在3万元至50万元金额区间。

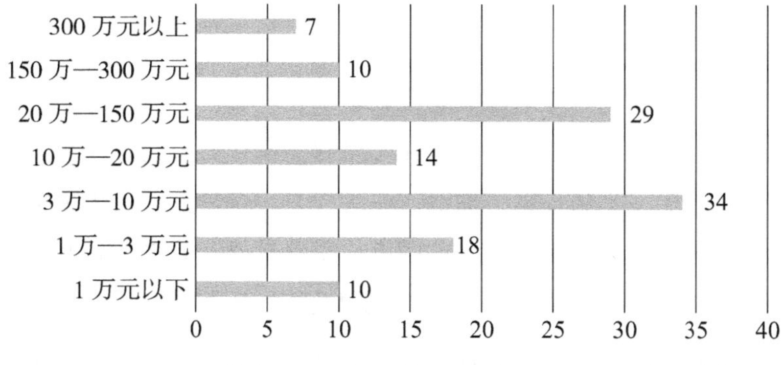

图3-6　贪污、受贿罪涉案金额分布（案件数）

在刑罚上，共有50人被判免予刑事处罚，免予处罚比例为23.26%。被判处有期徒刑3年以下（包括3年）刑罚的有106人，同时适用缓刑的有53人，轻刑率达到了72.56%。被判处10年以上有期徒刑的26人，所占比例为12.09%，被判处无期徒刑的有1人，被判处死刑（缓期2年执行）的有1人。附加刑适用比例为28.37%，其中，适用频率最高的附加刑为并处罚金刑，共有36人被判处主刑的同时，并处了附加罚金刑，适用比例为16.74%；被判并处没收财产刑的有24人；4人被判处剥夺政治权利。

量刑情节上，90%的犯罪人具有法定从轻、减轻处罚情节或酌定从轻、减轻处罚情节，从而获得从轻、减轻或免除处罚。仅19人被认定有法定从重或酌定从重处罚情节。在具体情节认定上，共计83名犯罪人员被认定有自首情节；32.56%的犯罪人员具有积极退赃、悔罪情节，25.12%的犯罪人员具有坦白情节，而被予以从轻或减轻处罚；15人立功情节被予以认定，其中，1人被认定有重大立功情节。

根据以上数据分析得出司法工作人员职务犯罪案件主要呈现出以下特点：1.贪渎交织，受贿、徇私枉法系最主要犯罪类型；2.公安系统的犯罪发生率较高；3.涉案部门相对集中，基层派出所、法院执行部门、监所部门系犯罪“重灾区”；4.犯罪主体普遍为男性，受教育程度高，反侦查能力强；5. 35岁左右、50岁左右领导干部犯罪现象突出；6.涉案金额大、犯罪形式隐蔽、潜伏期长，获利呈现间接化，特点突出。

二、犯罪成因分析

司法工作人员犯罪的原因是什么呢？我们分析有以下原因。

（一）社会因素

中国传统社会的人情文化一直不曾中断，延续至今，但“亲情治近，理法治远，亲情重于理法”① 的人情观念也产生了不少消极影响。以贵州省样本数据为例，在职务履行过程中，实施徇私、徇情、枉法行为，而触犯徇私枉法罪的人员比例达到了20.51%。此外，因“人情、关系、联络情感”等名义而触犯受贿罪、帮助犯罪分子逃避处罚罪等罪名的犯罪人员比例达到了35.90%。

并且，当前社会部分人对于身份、地位、财富的追求欲望相对强烈，虽然一些人会选择通过努力工作来获得应有的回报，但少部分人员在通过正当途径无法

① 韩少功：《人情超级大国（一）》，载《读书》2001年12期。

实现自身需求时，便会借助于犯罪手段来使自己获利。

（二）经济因素

一是司法、行政机构职能转换的滞后性，使部分公权力过多而频繁地介入经济活动中，加之个别经济主体间的不规范竞争行为，部分人员为追求个人或小团体利益，寻求与拥有稀缺资源分配权、纠纷解决权（或裁判权）、监督权、执行权等公权力主体进行有偿交易，造成政治、司法领域内“钱权交易”“权力寻租”“渎职侵权”等情况的涌现。以公安部门为例，作为肩负维持社会治安管理多重职能机构[①]，与广大群众接触最为频繁、广泛、直接，因此部分人员为了逃避法律制裁或为图办事更快更方便而送给钱物或某种好处，以权权、权钱、权物或权色交易等方式达到目的，造成公安系统职权运作的过程中，权力异化的突出，同时其职务犯罪涉及范围变广，涉及人数变多。

二是根据库兹涅茨的“倒U曲线”（Inverted U curve）[②]理论（如图3-7），我国目前属于“中等偏上收入国家”[③]范围之内，但也处于法治拐点期间，市场经济负效应[④]持续发酵，作用于司法工作人员上，具体体现为：司法工作人员工资薪酬偏低，但相较于其他国家公务人员来说，司法工作人员的工作量又相对较大，

---

① 根据《中华人民共和国人民警察法》第6条的规定，公安机关职能包括：1.预防、制止和侦查违法犯罪活动；2.维护社会治安秩序，制止危害社会治安秩序的行为；3.维护交通安全和交通秩序，处理交通事故；4.组织、实施消防工作，实行消防监督；5.管理枪支弹药、管制刀具和易燃易爆、剧毒、放射性等危险物品；6.对法律、法规规定的特种行业进行管理；7.警卫国家规定的特定人员，守卫重要的场所和设施；8.管理集会、游行、示威活动；9.管理户政、国籍、入境出境事务和外国人在中国境内居留、旅行的有关事务；10.维护国（边）境地区的治安秩序；11.对被判处拘役、剥夺政治权利的罪犯执行刑罚；12.监督管理计算机信息系统的安全保护工作；13.指导和监督国家机关、社会团体、企业事业组织和重点建设工程的治安保卫工作，指导治安保卫委员会等群众性组织的治安防范工作；14.法律、法规规定的其他职责。

② 美国著名经济学家库兹涅茨1955年所提出来的收入分配状况随经济发展过程而变化的曲线，是发展经济学中重要的概念，又称作“库兹涅茨曲线”（Kuznets curve）。

③ 世界银行按人均国民总收入（人均GNI）对世界各国经济发展水平进行分组。通常把世界各国分成四组，即低收入国家（1025美元以下）、中等偏下收入国家（1026—4035美元）、中等偏上收入国家（4036—12475美元）和高收入国家（102476美元以上）。从我国经济发展状况来看，2013年我国人均GDP为6995美元，2014年和2015年则分别为7595美元和8016美元，属于中等偏上收入国家。

④ 市场经济负效应主要表现为：贫富两极分化日趋严重，国民收入差距进一步扩大；权力商品化、市场化导致权力寻租、权钱交易现象愈演愈烈；社会分配不公、机会无法均等、阶层逐渐固化等。

并且职级受限，个人晋升空间相对较窄，总体呈现出“两高两低”的特点。[①]所以，在基本工资薪酬达不到合理预期，劳动所得无法与实际工作量相匹配时，心理落差逐渐加大，潜在市场机制便开始发生作用，致使部分司法工作人员受利益驱动出现“为钱办案”“办案为钱”“执法司法为创收”的违法犯罪行为，利用手中的权力来谋求不正当利益。

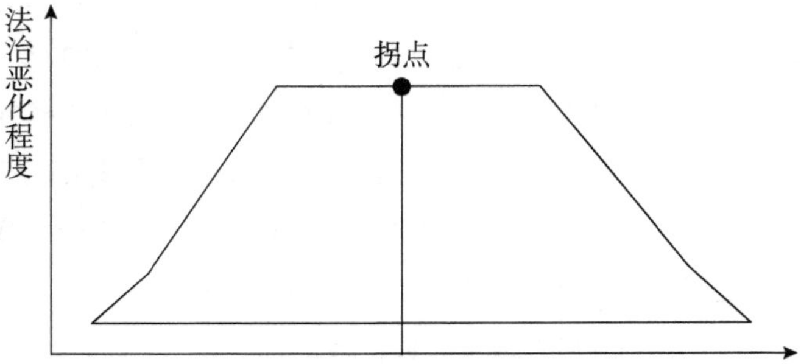

图3-7　法治库兹涅茨曲线

三是司法工作人员的职务犯罪行为在某种程度上可视为一种“经济行为”[②]，司法工作人员通过对“收益—成本”的分析[③]，产生“犯罪成本低”“犯罪收益大于犯罪成本”等预期后，便有可能采取犯罪行为。首先，司法工作人员可以通过职务犯罪而获取利益甚至是高额的不法利益，是其实施该行为的缘由之一。其次，尽管轻刑化是当今世界刑事司法发展的大趋势，但在不适当的环境下或案件中对司法工作人员职务犯罪予以“轻刑化”处理，相当于在反腐、反渎职、侵权的格局中留了“破窗”。当前司法工作人员犯罪判决轻刑化趋势突出的现象，影响了其他司法工作人员的行为决策，间接地纵容了司法工作人员职务犯罪行为。

（三）制度因素

以法院为例，深化司法体制改革前，我国地方法院设置大都与行政区划相对

① “两高两低”即学历高，但职级低；社会地位高，但收入合意度低的特点。

② 根据加里·S.贝克尔（Gary.S. Becker）的“广义经济学”理论，犯罪行为的产生基础是犯罪人员在犯罪实施前对犯罪行为的“收益—成本”经过了理性的计算，即实施犯罪行为是犯罪人的理性选择。此理论可以适用于具有相对法律常识基础和普遍理性的司法工作人员的职务犯罪问题上。

③ 包括“职务犯罪可行性分析”及“效益评估”，即实施职务犯罪行为后，案发的概率大小；案发后能否通过其他途径避免处罚；如果不能免予处罚，那么是否可以“以罚代刑”；若须受到刑事处罚，则刑事处罚的程度怎样。

应，人、财、物受制于地方，司法权的行使易受到地方党政部门的干预，使法院层面出现“审者不判、判者不审”的怪象，间接造成了司法公信力不足的状况。司法体制内外部行政管理色彩浓厚，法官对法院整体具有较强依附性，法院整体独立被强调而法官个人独立性则被相对忽视，因而使得法院整体对法官个人进行干预控制已成为法院工作机制运行的常态。

新一轮[①]司法体制改革，实施司法工作人员分类管理、司法责任制、省以下人财物统管等制度在一定程度上解决了司法行政化的弊端，让司法回归司法，行政回归行政，司法工作人员回归于法律人的本质角色。但“省院统一管理是否可以彻底去除司法地方化也尚存疑虑”[②]，地方能够对司法权产生影响的方面包括但不限于人、财、物的管理因素上，其他许多因素[③]也会对司法工作人员行使职务行为产生一定的影响。并且由于司法改革的大转轨造成部分制度出现漏洞，间接程度上致使司法工作人员职务犯罪机会增加，而现行滞后制度的执行力被当然削弱后，制度约束出现失效的空档期，制度缺陷与制度漏洞，导致司法工作人员职务犯罪情况再次凸显。

此外，在目前立案登记制和法官、检察官员额制的改革下，案件数量日渐攀升，案多人少矛盾更为凸显出来，尤其是员额制下，法官、检察官的有限晋升空间，使得部分青年法官、检察官积极性受到影响，加剧人才流失。同时，对司法工作人员，尤其是法官、检察官独立行使职权和办案责任制的强调，使得部分司法工作人员不敢负责，渎职、不作为等犯罪状况凸显。尽管整体上渎职、侵权类犯罪涉案人数低于贪污贿赂型犯罪，但近年来该类犯罪所占比例有所上升，后果及危害日益严重，在损害国家及人民利益的同时影响了法治的尊严。

（四）个人因素

根据埃德温·萨瑟兰（Edwin Sutherland）的“差异交往理论”[④]，司法工作人

① 第一轮司法改革始于20世纪80年代的审判方式改革和司法职业化改革；第二轮司法改革从2004年开始，从民众反映强烈的突出问题和影响司法公正的关键环节入手启动了统一规划部署和组织实施的大规模司法改革；第三轮司法改革从2008年开始，进入重点深化、系统推进的新阶段。

② 陈卫东：《新一轮司法改革的重点与展望》，载《中国法律》2015年第1期。

③ 如地方司法工作人员的亲属、朋友大都在其所属的行政区划的地方单位内任职，其子女也一般会选择在当地就读等。

④ 亦称不同接触论，是美国犯罪学家萨瑟兰提出来的。这种观点认为，人的犯罪行为是在交往的互动中习得的。犯罪行为的习得主要发生在与犯罪者关系密切的群体中。在这种群体中，群体成员频繁接触，其中良好行为和不良行为都会在互动中被学到，这种接触是不同接触。

员长期与各类犯罪人员频繁接触，一旦交往过度，其思维认识及行为模式在潜移默化中受到影响，无法抵抗住诱惑、人情等，便容易引发腐败、渎职等行为的滋生，与其他犯罪人员达成利益瓜分同盟，组建畸形政商关系圈和绑缚职务犯罪的“利益板块”[①]。

此外，作为拥有一定学历知识背景和社会、政治地位的司法工作人员，其拥有较为光鲜外表的同时，也担负着沉重的心理负荷，复杂的人际关系问题、情绪问题、情感问题、工作压力问题、焦虑障碍等由个人心理问题而诱发的职务犯罪的状况也存在着。根据阿尔弗莱德·阿德勒（Alfred Adler）的人格理论，身体瑕疵、低劣的社会经济条件以及偏差的教育，能够触发强烈的自卑感或是自卑情愫，是引起犯罪的个人心理因素之一。[②]司法工作人员在有着较高的学历和地位的同时，往往对自身也有更高的定位和要求，但部分人员其自身或周遭环境多多少少存在着一些令其自身不称心满意之处，而导致其自我评价降低，同时，试图通过各种努力，通过补偿行为来超越他人。但当一般性的补偿行为受到其个体或周遭环境的影响，无法取得理想的效用时，就会带来更大的心理刺激，而如此巨大的心理刺激无法通过正当合法的途径满足时，就可能促使其进一步选择过度补偿的行为方式，即往往是逾越常规、不契合社会规范、违反社会禁忌的犯罪行为，比如以权谋私、贪赃枉法等，来获取心理平衡和自我满足感。而当其过度补偿的犯罪行为顺利实施后，获得满足与成功的体验会赋予犯罪人员以更多的成就感和补偿感，使其过度补偿心理不断被强化，并且伴随产生更加畸形的生理需求、更加无度的物质需求、极度的官职需求和极强的特权需求等，进而使犯罪人对继续实施犯罪行为的主动性和积极性被调动起来，使犯罪意识不断强化，而其犯罪行为的预谋性、计划性和隐蔽性也会随之提升，由此导致其犯罪活动在深度和广度上的不断扩展。

（五）权力异化

在司法领域，当司法工作人员代表国家行使、履行职权时，其司法活动带有极大的权威性，并得到国家强制力的保障，依靠人民的认可得以实施。绝大部分

---

① 张亚明、苏妍嫄：《“小官巨腐”的定律与防治路径》，载《行政管理改革》2016年第3期。

② 徐淑慧：《法律意识植根于自我的教育研究——以未成年犯实证分析为例》，鲁东大学2016年博士学位论文，第42—43页。

的司法工作人员能够恪尽职守、廉洁奉公、严格地依法办事，但其中也有部分人员背离权力被赋予时的初衷，借由国家强制力予以保障的公权力恣意妄为，使权力极端错位、失控、异化，并凌驾于法律之上，让享有权力的司法工作人员的权力恶性意识扩张，甚至将自身视为权力的代名词，无视法律和各项规则制度规定，进而引发侵犯公民人身、民主权利方面的职务犯罪，尤其是部分基层司法工作人员，实施刑讯逼供、故意伤害、虐待被监管人员等犯罪。并且，在该类犯罪中，由于权力的权威效应，部分司法工作人员在实施上述犯罪行为时，理所当然地认为自己是在正当履行职务，个别人员往往还打着“提升办案效率”“为了多数人的正义”等各种旗号和借口，全无犯罪之感。

三、司法工作人员职务犯罪预防

（一）重塑司法信仰，发挥教育、宣传质效

首先，我国社会重人情是常态，但在人情往来中也需坚守原则，不能突破法律底线。尤其对司法工作人员而言，突破了底线人情会影响其职务行为，会发生徇私徇情而枉法的情况。而今由于媒体驱动[①]特质，人们的司法认知和评价又大都基于媒体报道而形成，部分案件一度成为舆论焦点。就司法工作而言，面对涉法舆情，“回应—平息”的常态机制已形成，但“自查自纠”“自说自话”等回应方式尚需监管，表面化、拖延化、压制化三类不良风向更需遏制。并且，部分政法机关、司法工作人员“惧舆”“躲舆”心理仍然存在，重塑司法信仰需要加强与媒体的沟通合作，用司法理性引导司法舆情，形成司法与媒体与舆论的良性互动。

其次，从社会学角度而言，教育能改变人的知识结构、思想态度以及行为方式。因此，重塑司法信仰同样需要教育的持续发力。尤其是司法工作人员自身的司法信仰，单纯的整风刹纪、集中教育模式无法从根本上遏制其犯罪思想，应当以案为鉴，并且在分析个案时，避免过多探讨“悔过性”内容，而应当深入原因分析，并且针对不同区域、单位、职级、岗位，不同性别、年龄、教育层次的司法工作人员施以差别化教育，使其更好地接受与认同司法信仰，并将其转化传播，增强其抵御职务犯罪的意识和能力。

---

① 王禄生：《英美法系国家“接触型”司法公开改革及其启示》，载《法商研究》2015年第6期。

最后，从职务犯罪预防宣传来看，当前对职务犯罪人行为的警示宣传多过对一般社会个体行贿、介绍贿赂、妨害司法公正等行为的宣传，过于注重对涉案金额大的大案、要案的宣传，而忽视了对涉案金额小的徇私枉法等职务犯罪行为宣传，使得社会受众对贪污受贿等职务犯罪行为的容忍度增高，对渎职侵权职务犯罪行为麻木与漠视，从而降低心理防线。所以，在警示宣传教育司法工作人员职务犯罪行为时，也要注重对一般社会个体的行贿、作伪证以及帮助毁灭、伪造证据等妨害司法公正的行为进行宣传，使社会公众感受到该类行为所带来的心理压力、道德评价以及法律后果，通过司法的理性疏导与民众舆情引导，降低社会对司法工作人员职务犯罪行为的容忍度，提高公众监督斗争积极性，从而间接地、更加有效地作用于司法工作人员职务犯罪的惩治和预防。

（二）犯罪预防体系的构筑与完善

司法工作人员职务犯罪的预防是一个系统工程，需要多层次、多角度的预防措施才能起到遏制犯罪的作用。目前，构筑司法工作人员职务犯罪预防体系的若干要素（即多种职务犯罪预防策略和方法）交错并存，但各要素之间尚未形成和谐有序、均衡协调的动态关系，不能充分发挥其合力作用实现预防职务犯罪的效能。所以，在此前提下，我国的司法工作人员职务犯罪预防体系应当沿着“先解构、再建构；先探索、再确定”的基本路径进行确定，立足于我国现实国情，深入调查研究和理论分析，深层次分析司法工作人员职务犯罪原因，建立与完善以权力监督与制约为主线，以制度保障为支撑的，具有综合治理、标本兼治、惩防并举、以防为主的司法工作人员职务犯罪预防体系。具体而言应当包括思想道德教育机制、法规制度约束机制、监督管理机制、权力规制机制、查办惩处机制、廉政测评预警机制、廉政激励机制、组织领导机制等内容。同时让司法责任制的核心改革落地，严格界定司法工作人员责任清单，防止工作推诿扯皮，确保各类人员各归各位，各尽其责。

就当前工作而言，首先，应当把牢用人关、管理关和监督关，坚持惩治司法工作人员职务犯罪力度不减弱、零容忍态度，重点权力寻租、利益输送等贪污贿赂案件以及滥用职权、怠忽职守等失职渎职犯罪案件，侵犯群众切身利益的侵权案件，遏制轻刑化趋向，增加职务犯罪成本；其次，发挥刑罚预防质效，加强对刑罚执行阶段减刑、假释、保外就医、暂予监外执行等制度运作的监控，开展专项检察、监察活动，逐步推行审批监督全程公示公开，严堵制度后门；最后，逐步推行财产公开制度。针对司法工作人员而言，其个人财产公开，为预防、调查和起诉腐败、非法敛财和税务犯罪的执法工作提供了信息和证据，同时也为公民提供了对政府官员所作所为进行问责所需要的信息。针对当前情况，应当坚持多举措并举以促进全面的公开。一是中央层面需要针对各地方的探索实践现状，解决技术性前提[①]，完成顶层设计，并加快相关法律法规的制定工作，对官员财产公开的内容、范围、程度、时间、惩罚措施等作出具体规定；二是应当充分利用互联网等科技技术，拓展公众监督渠道，加大对财产公开的审查、抽查范围和力度；三是加强宣传力度，形成司法、行政部门和司法工作人员主动公开、民众积极监督的良好氛围，巩固公开成果，形成公开常态。

（三）用好大数据，提升犯罪预防能力

在信息时代应运而生的大数据技术在职务犯罪预防层面作用显著[②]，但前进道路上仍然存在诸多障碍，如技术和业务的融合问题[③]、人员水平不高问题[④]、地方发展不平衡[⑤]、部门间信息无法实现大规模互通[⑥]、“信息孤岛”问题等。在司法工作人员职务犯罪预防层面，如何扬长避短，利用“大数据+司法”“大数据+执法”的方式助力犯罪预防是关键。例如，在搜集线索方面，大数据的信息采集能快速大规模采集互联网信息[⑦]，获取关联数据，并通过数据分析辅助判断；及时有效的网络舆情上报、预警帮助侦查人员第一时间发现问题、确定证据，强化打击职务犯罪力量；基层执法、司法层面，可以使用电子设备同时记录执法、司法状况，并实时传送指挥中心，最大限度地减少选择性或暴力执法、司法状况。但在

---

① 所谓技术性前提是指，实行财产公开制度需要全国范围内不动产联网登记以及查询系统的配合以及以个人纳税号码为基础的财产申报制度、以家庭为单位的收入申报和纳税体系的建立。

② 运用大数据预防职务犯罪的显著作用主要体现在：其一，将消极的事后预防转变为积极的事前预防，即可通过对某一区域犯罪数据的分析，确定该区域的关联犯罪因子，预测该区域即将发生的犯罪行为，从而提前防范应对；其二，大数据提供了充足预防对策样本，可有效应对即将出现的犯罪类型；其三，通过对大数据的收集、分析，可使预防对策的制定更加科学、快捷。

③ 包括：业务系统数量多、系统复杂；管理和维护缺失；多个系统对同样数据信息描述不一致等。

④ 由于缺乏专业的经验人才，在数据的录入和采集过程中无法做到高质量的数据录入，数据规范意识不强，在整个大数据项目建设的推进过程中沟通成本比较高。

⑤ 尤其是基层单位，由于在工作中缺乏相应的数据收集上报终端，造成数据收集困难、数据收集质量不高。比如，在派出所级别，一方面比较缺乏对数据建设意识，另一方面缺乏配套的数据采集终端，不能够很好地完成采集相应的业务数据的任务和工作。

⑥ 如各部门、单位数据上报标准、数据定义、传送方式理解不一，配合程度不一，也造成了对数据抽取和管理的难度比较高。

⑦ 包括新闻、APP、微信、微博等，采集到的图像、数据等都可能成为职务犯罪侦查的重要线索。

伪数据、冲突数据、不全数据情况下的分析也会导致对职务犯罪行为、行为人的误判。因此，大数据应用同样需要以信息公开来实现监督，公开有利用价值的数据，而非笼统信息，提高数据质量。同时积极推动人工智能在中国司法、执法领域的应用，努力建设智慧法院、智慧检察、智慧公安等，形成全面覆盖、移动互联、透明便民、安全可靠的智能化信息系统。促进同工商、税务等部门的联合协作，多渠道采集互联网信息、电子取证数据、社会公众信息、举报线索信息等数据，建设集“数据采集、趋势研判、预警处置、整改反馈、责任追究”等功能于一体的职务犯罪防控系统。

第四章

震慑腐败之徒：终身监禁的法律定位与前景展望

第一节　清渭浊泾：终身监禁的法律定位[①]

一、问题的提出

2015年8月29日，第十二届全国人大常委会第十六次会议通过《刑法修正案（九）》，“终身监禁”首次被写入我国刑法。2016年4月18日，最高人民法院、最高人民检察院联合发布《办理贪污贿赂案件解释》。该解释第4条第3款明确规定终身监禁的适用情形，即适用于犯贪污、受贿罪数额特别巨大，犯罪情节特别严重、社会影响特别恶劣、给国家和人民利益造成特别重大损失的犯罪分子，根据犯罪情节等情况可以判处其死刑缓期二年执行，人民法院可以同时裁判决定在其死刑缓期执行二年期满依法减为无期徒刑后，适用终身监禁，不得减刑、假释。

二、终身监禁的立法评介

我国《刑法修正案（九）》规定的终身监禁属于终身刑的一种。所谓终身刑，是指将犯人终身关押在监狱的刑罚方法，包括绝对终身刑和相对终身刑。[②]前者指不得假释的终身刑；后者指经过很长时间（如25年或30年）的服刑才能假释的终身刑。应该说，我国刑法规定的终身监禁是绝对终身刑，只适用于犯罪“数额特别巨大，并使国家和人民利益遭受特别重大损失的，处死刑，并处没收财产”的情形。终身监禁刚一问世，引发了诸多争议，各方学者褒贬不一。终身监禁在立法上应当如何评介，是我们首先要解决的问题。

首先，刑事立法规定不得减刑假释的终身监禁可以改善我国刑罚体系存在的“死刑过重，生刑过轻”的尴尬局面。改革开放初期，我国对严重贪污受贿犯罪适用死刑相对较多，近些年在司法实践中对于此类犯罪则较少适用死刑立即执行。由此导致判处死刑立即执行和判处死刑缓期二年执行的案件之间界限逐渐模糊，实践中民众不免会产生现有刑法对严重贪污受贿犯罪的处罚过宽、适用刑罚不公正的质疑。在此背景下，《刑法修正案（九）》增加了对于终身监禁的规定。

---

① 本节内容曾发表在《西部法学评论》2017年第1期。

② 张明楷：《死刑的废止不需要终身刑替代》，载《法学研究》2008年第2期。

对终身监禁应当如何理解，有学者认为，一方面对于原本应判处死缓的贪污受贿犯罪案件，如果规定死缓二年期满后减为无期徒刑，不得再减刑和假释进而予以终身监禁，这在一定程度上是加重了对死缓犯的刑罚严厉性；但从另一方面看，若是对本来罪该判处死刑立即执行的特别严重的贪污受贿犯罪适用死缓并最终转化成终身监禁，又有宽大的精神，因而这可以说是对严重贪污受贿犯罪之处罚融宽严于一体的新举措。[①]笔者对此也持肯定态度，终身监禁对于严重贪污受贿犯罪分子的适用，可以改善我国刑罚结构存在的生刑过轻、死刑过重的弊端，对于原应判处死缓的犯罪分子，仍然应当判处死刑缓期两年执行。但对于判处死刑立即执行过重，判处死刑缓期二年执行过轻的情况，可以适用终身监禁，既减少了死刑立即执行的适用，也可以做到罪刑相适应，回应社会上对于贪腐犯罪分子处罚过轻的质疑。

其次，立法规定终身监禁有利于严惩重特大贪污受贿犯罪分子，维护司法公正。司法实践中，确实存在少数贪污贿赂罪犯，因其罪行严重，造成的社会危害极大，在被判处无期徒刑或死缓后，通过屡次减刑，实际服刑期限较短就出狱。此类司法不公现象对社会公众和办案干警的心理都是一个冲击。《刑法修正案（九）》确立的终身监禁制度，一方面可以体现我国政府从严打击腐败的最终目的，另一方面又能实现少杀、慎杀，控制死刑适用的目标。

最后，就立法程序方面，不得不说，这次终身监禁的规定立法非常仓促。《刑法修正案（九）》（草案第二次审议稿）于2015年7月6日开始公开征求意见，此草案尚未纳入关于“终身监禁”的规定。在《刑法修正案（九）》（草案）进入三审时，有的常委委员和有关部门建议对重特大贪污受贿犯罪规定终身监禁。原法律委员会经同中央政法委等有关部门研究认为，对贪污受贿数额特别巨大、情节特别严重的犯罪分子，特别是其中本应当判处死刑的，根据慎用死刑的刑事政策，对其判处死刑缓期二年执行依法减为无期徒刑后，采取终身监禁的措施，有利于维护司法公正，防止在司法实践中出现这类犯罪通过减刑等途径服刑期过短的情形。[②]经过认真讨论，《刑法修正案（九）》（第三建议稿）第44条建议，在《刑法》第383条增加第4款的规定，即“犯第一款罪，有第三项规定情形被判处死

---

①《论中国贪污受贿犯罪死刑的立法控制及其废止——以〈刑法修正案（九）〉为视角》，载《现代法学》2016年第1期。

② 王比学、徐隽：《重特大贪污受贿罪犯将终身监禁》，载《人民日报》2015年8月25日，第11版。

刑缓期执行的，人民法院根据犯罪情节等情况可以同时决定在其死刑缓期执行二年期满依法减为无期徒刑后，终身监禁，不得减刑、假释。”《刑法修正案（九）》（第三建议稿）公布仅仅五天之后，全国人大常委会就通过了规定有“终身监禁”的《刑法修正案（九）》。综观此次关于终身监禁的立法进程，不得不说略显仓促。我国《立法法》第29条第1款规定：“列入常务委员会会议议程的法律案，一般应当经三次常务委员会会议审议后再交付表决。”《立法法》的上述规定，是为了让全国人大常委会和社会各个方面能够对立法的内容进行更为全面、更为充分的讨论，以保证立法的民主性和科学性。但是这次关于“终身监禁”的规定，仅仅经过一次审议（即全国人大常委会第三次立法审议）就通过表决，立法过程确显仓促。事实上，终身监禁制度在修法过程中争议很大，对刑法增设这一制度持反对意见者或质疑者不在少数。[①]笔者认为，此次关于“终身监禁”的立法进程虽然略显仓促，但不能据此认为该项立法是应景之作。就目前而言，关于终身监禁的立法与目前我国严惩贪腐犯罪的高压态势相对应；从长远来看，终身监禁的立法举措也与我国逐步限制和废除死刑的发展趋势相协调。

三、终身监禁法律定位的学理争议

关于终身监禁的法律定位问题，我国刑法理论界和司法实务界都存在较大争议。概括起来，大体有以下几种学说：

（一）特殊执行措施说

2015年8月29日，《刑法修正案（九）》草案表决稿在全国人大常委会第16次会议上通过。在当天举行的新闻发布会上，全国人大常委会法工委刑法室负责人介绍，对重特大贪污受贿犯罪被判处死刑缓期执行的犯罪分子增加规定了终身监禁的措施。该负责人特别强调，终身监禁这种措施不是一个新的刑种，它的对象只是针对贪污受贿被判处死缓的犯罪分子在具体执行中的一个特殊的措施。[②]

由于全国人大法工委负责人出面对《刑法修正案（九）》的具体规定进行解

① 赵远：《修法特点与缺憾——〈刑法修正案（九）〉简评》，载《求索》2016年第1期。

② 李婧、刘苇：《臧铁伟：终身监禁不是新刑种适用于重特大贪污受贿犯罪》，http://npc.people.com.cn/n/2015/0829/c14576-27531201.html，最后访问于2016年7月20日。

释，在一定意义上这种解释代表着立法者的意思。立法者认为，终身监禁并非一个新的独立刑种，而是针对重特大贪污受贿犯罪分子所适用的特殊措施。笔者对此也持赞同态度，《刑法修正案（九）》只是修改刑法分则的个别条款，因此不能就认为确立了一个独立刑种。独立刑种应当是规定在刑法总则中，且具有普遍意义，针对个别罪名适用的终身监禁显然不能认为是独立刑种，这点是毋庸置疑的。

2016年4月18日《最高人民法院、最高人民检察院关于办理贪污贿赂刑事案件适用法律若干问题的解释》公布。最高人民法院刑二庭庭长裴显鼎在召开的新闻发布会上提出，终身监禁是介于死刑立即执行与一般死缓之间的一种执行措施，但又比一般死缓更为严厉。对于终身监禁的具体适用可以从实体和程序两个方面加以明确：在实体方面，司法解释明确规定对那些判处死刑立即执行过重，判处一般死缓又偏轻的重大贪污受贿罪犯，可以决定终身监禁；在程序方面，司法解释明确凡是决定对犯罪分子适用终身监禁的，在一、二审作出死缓裁判的同时应当一并作出终身监禁的决定，而不能等到死缓执行期间届满再视情而定。①

笔者认为，裴显鼎庭长代表最高人民法院对该司法解释进行了解读，终身监禁是一种执行措施，而且是介于死刑立即执行与一般死缓之间的一种执行措施。但是，裴显鼎庭长并没有明确说终身监禁是何种形式的执行措施，也未明确表态终身监禁是死刑替代措施还是特别死缓。由此可见，即使全国人大法工委或是最高人民法院，对于终身监禁的法律定位问题都还是模棱两可，该问题仍是一团迷雾，需要我们在理论上加以明确，并给予准确定位。

（二）特别死缓说

有观点认为，终身监禁并不是一种新的刑罚，只能算是“特别死缓”。“终身监禁”入刑，意味着因贪污受贿犯罪被判处死刑缓期执行的人员，虽然有可能“免死”，但由于没有减刑、假释的机会，可能面临“牢底坐穿”。②

笔者认为，我国这次在立法上规定终身监禁，用制度封堵重特大贪污受贿犯

---

① 罗沙、陈菲：《“数额较大”如何起步？“死刑立即执行”如何适用？——八问两高办理贪腐案件新司法解释》，http: //www.sh.xinhuanet.com/2016-04/18/c_135289473.htm，最后访问于2016年7月21日。

② 杨丁淼、刘欢、詹婷婷：《“终身监禁”入刑扎牢反腐制度“笼子”》，http: //www.npc.gov.cn/npc/xinwen/2015-08/26/content_1944447.htm，最后访问于2016年5月11日。

罪分子提前出狱的可能，其强大的震慑力不容忽视，也在一定程度上彰显了我国政府强势反腐的坚定信心。但是认为终身监禁是特别死缓的观点并不正确，且我国没有特别死缓一说。《刑法修正案（九）》规定的终身监禁仅仅适用于重特大贪污受贿犯罪案件，如果说是特别死缓，是否是针对一般案件也可适用终身监禁，此种说法显然与我国现有刑事立法不相符合，特别死缓说是不能成立的。

（三）中间刑罚说

所谓中间刑罚，是指在同一种刑罚中因执行方式不同而形成的、介于最重刑罚执行方法与最轻刑罚执行方法之间的、严厉程度居中的刑罚执行方法或特殊刑罚措施。[①]黄京平教授认为，终身监禁并非一种全新的刑罚制度，也不是一个新的刑种。终身监禁实际是介于死刑立即执行与纯粹死刑缓期执行之间的中间刑罚，即由死刑立即执行、终身监禁与纯粹死刑缓期执行形成严厉程度梯次衔接的刑罚处罚结构。[②]黄京平教授继而做了三点阐述：其一，作为新的刑罚措施，它是依附于死刑缓期执行制度而存在的特殊刑罚措施，其适用的前提是，犯贪污罪、受贿罪者被判处死刑缓期执行。其二，终身监禁是依附于无期徒刑执行制度而存在的特殊刑罚措施，即终身监禁的适用，必须是属于《刑法》第50条第1款规定的“判处死刑缓期执行的，在死刑缓期执行期间，如果没有故意犯罪，二年期满以后，减为无期徒刑”的情形。由无期徒刑的基本性质和减刑、假释制度的适用条件所决定，终身监禁只是无期徒刑的执行方式之一或法律后果之一。其三，作为新的特殊刑罚措施，法定终身监禁，必须以刑法裁量特别措施与刑罚执行特别措施结合适用的方式实现。[③]因此，黄京平教授提出了“中间刑罚说”，认为终身监禁兼顾废除死刑和限制死刑适用的替代措施的双重功能。

黄永维、袁登明教授也持类似观点，认为终身监禁介于死刑立即执行与普通死刑缓期执行之间，具有过渡性，是典型的中间刑罚。[④]由死刑立即执行到终身监禁再到普通死刑缓期执行形成严厉程度梯次衔接的重刑结构。

---

① 黄永维、袁登明：《〈刑法修正案（九）〉中的终身监禁研究》，载《法律适用》2016年第3期。

② 黄京平：《终身监禁的法律定位与司法适用》，载《北京联合大学学报（人文社会科学版）》2015年第4期。

③ 黄京平：《终身监禁的法律定位与司法适用》，载《北京联合大学学报（人文社会科学版）》2015年第4期。

④ 黄永维、袁登明：《〈刑法修正案（九）〉中的终身监禁研究》，载《法律适用》2016年第3期。

笔者认为，“中间刑罚”的概念并不清晰，如何认定中间刑罚也是难题。“中间刑罚”究竟是独立的刑种，还是介于最重刑罚与最轻刑罚之间的刑罚执行措施？《刑法修正案（九）》规定的终身监禁仅仅适用于特定罪名，特定对象，在此基础上更不能认定终身监禁是“中间刑罚”，否则有将其扩大化解释的嫌疑。

（四）死刑替代措施说

周光权教授认为终身监禁有替代死刑立即执行之意义。周光权教授提出，“这样的规定实际上是将终身监禁作为贪污受贿罪的死刑替代措施看待，而不适用于因犯有贪污受贿罪原本就应该判处死缓的人，从而防止终身监禁的不当适用。终身监禁的裁定必须在裁判的同时就作出，意味着一经作出就必须无条件执行，不能再减刑、释放”。[①]

笔者认为，终身监禁确实有死刑替代措施的功能。对于“终身监禁”的适用应当“特别慎重”，只适用于少数确有必要的案件。终身监禁不是一个新的刑种，是针对特定对象即犯贪污受贿被判处死缓的犯罪分子，在具体执行中的一个特殊刑罚措施。刑法理论上的死刑替代措施是具有一般意义的替代措施，而不能仅仅局限于某个具体罪名。因此，认为现阶段只针对贪污受贿犯罪分子适用的终身监禁是一种死刑替代措施的观点是不妥当的。

四、现阶段终身监禁的法律定位

笔者认为，终身监禁的法律定位，不能简单一概而论，而是应当与我国限制、废止死刑的进程相联系，根据犯罪行为的具体性质而定。现阶段我国刑法规定的终身监禁不是一个独立刑种，也不是死刑的替代措施，而是在特殊时期针对重特大贪污受贿犯罪分子适用的特殊刑罚措施。终身监禁的适用对象是判处死刑立即执行过重，判处一般死缓又偏轻的重大贪污受贿罪犯。终身监禁的决定应当在一、二审作出死缓裁判的同时一并作出，而不能等到死缓执行期间届满再视具体情节而定。

笔者的观点也符合我国立法机关和司法机关所作的权威解释。如前所述，

---

① 罗沙、陈菲：《“数额较大”如何起步？“死刑立即执行”如何适用？——八问两高办理贪腐案件新司法解释》，http://www.sh.xinhuanet.com/2016-04/18/c_135289473.htm，最后访问于2016年7月21日。

在《刑法修正案（九）》刚刚颁布后，全国人大常委会法工委刑法室负责人对此专门作出解释，对重特大贪污受贿犯罪被判处死刑缓期执行的犯罪分子适用的终身监禁措施不是一个新的刑种，它的对象只是针对贪污受贿被判处死缓的犯罪分子在具体执行中的一个特殊的措施。[①]此后，最高人民法院、最高人民检察院公布《关于办理贪污贿赂刑事案件适用法律若干问题的解释》，最高人民法院刑二庭庭长裴显鼎在对该司法解释进行解读时，就指出终身监禁是介于死刑立即执行与一般死缓之间的一种执行措施，但又比一般死缓更为严厉。[②]由此可见，现阶段我国刑法规定的终身监禁不是一个独立刑种，也不是死刑的替代措施，而是在特殊时期针对特定对象（重特大贪污受贿犯罪分子）适用的一种特殊刑罚措施。

五、终身监禁的最终法律定位

长远来看，终身监禁不能仅仅适用于重特大贪污受贿罪的犯罪分子，而是应该与我国限制、废止死刑的进程联系起来，与我国刑法规定的死缓与无期徒刑的规定相协调。笔者认为，对于终身监禁应当扩大化适用，具体可以分为两种情形：一是终身监禁可以作为非暴力犯罪的死刑替代措施。我国应当在立法上废除经济性非暴力犯罪的死刑适用，将终身监禁设置为此类犯罪的法定最高刑。二是终身监禁可作为严重暴力犯罪的特殊死刑执行制度。虽然短期内我国刑事立法还不能废除暴力犯罪的死刑，但是可以将终身监禁作为特殊的死刑执行制度，其严重性介于死刑立即执行与死刑缓期二年执行之间。这样不仅可以避免我国现有刑罚结构存在的“生刑过轻、死刑过重”的不利局面，也与我国宽严相济的刑事政策相协调。

（一）终身监禁扩大化适用的理由

《刑法修正案（九）》通过以前，被判处死刑缓期执行的重特大贪污受贿犯罪分子往往实际服刑期间过短，引起广大群众强烈不满，也不利于反腐斗争的进

---

① 李婧、刘茸：《臧铁伟：终身监禁不是新刑种适用于重特大贪污受贿犯罪》，http：//npc.people.com.cn/n/2015/0829/c14576-27531201.html，最后访问于2016年7月20日。

② 罗沙、陈菲：《“数额较大”如何起步？“死刑立即执行”如何适用？——八问两高办理贪腐案件新司法解释》，http：//www.sh.xinhuanet.com/2016-04/18/c_135289473.htm，最后访问于2016年7月21日。

行，无法体现刑法特有的威慑力。现在对于被判处死刑缓期执行的贪污受贿犯罪分子增加规定了可以终身监禁的措施，不仅强化了对贪污受贿犯罪的处罚力度，也是立法者对于民众呼声的回应，同时也为将来废除非暴力犯罪的死刑做了立法铺垫。但是，仅仅针对重特大贪污受贿犯罪分子适用终身监禁，笔者仍然持保留态度。笔者认为，终身监禁应当扩大化使用。具体理由如下：

其一，仅仅针对重特大贪污受贿犯罪分子适用的终身监禁，确实存在适用范围过窄的不利局面。不能仅仅因为是贪腐犯罪的犯罪分子就专门立法规定仅对其适用的终身监禁制度，这种做法显然违反了我国宪法所规定的平等原则。进一步说，终身监禁一般应当适用于人身危险性较大、再犯可能性较大的犯罪。虽然终身监禁可使犯罪分子不具有在社会上实施犯罪的再犯可能性，但是由于其不能获得减刑假释，犯罪分子在监狱实施犯罪的再犯可能性却大大提高，对其进行教育感化的目的也难以实现。而且被判处终身监禁的犯罪分子如果确有悔改表现或是重大立功表现，抑或成为老年犯，仍然需要在监狱中服刑，与现代法治所倡导的人文关怀相违背。

其二，对重特大贪污受贿犯罪分子适用终身监禁超越了罪责边界，导致同一部刑法内存在罪刑不协调的情况。《刑法修正案（八）》对于“被判处死刑缓期执行的累犯以及因故意杀人、强奸、抢劫、绑架、放火、爆炸、投放危险物质或者有组织的暴力性犯罪被判处死刑缓期执行的犯罪分子”规定可以“限制减刑”。而《刑法修正案（九）》对于危害程度明显不及上述暴力性犯罪的重特大贪污受贿犯罪分子却规定适用不得减刑、假释的“终身监禁”。由此可见，同一部刑法内存在罪刑不相协调的情况，对于严重暴力性犯罪适用限制减刑，而对于不属于暴力犯罪的贪腐犯罪却适用不得减刑假释的终身监禁，明显罪刑不相适应，导致我国刑事立法出现顾此失彼的尴尬局面。

其三，对于重特大贪污受贿犯罪分子适用终身监禁无法体现特殊预防的刑罚目的。司法实践中，因贪污受贿被判处刑罚的国家工作人员，都会被褫夺公职而仕途终结。其出狱后，根本就无再犯贪腐犯罪的可能。而且，贪腐犯罪与暴力犯罪的性质不同，就贪污受贿犯罪分子所犯罪行来看，也不能得出其具有再犯其他犯罪的可能性。因此仅对贪污受贿犯罪分子适用终身监禁不能排除为了迎合民众呼声而浪费有限的司法资源的嫌疑。申言之，终身监禁对罪犯的特殊预防是外力强制的物理性预防，并未从根本上矫正犯罪人的再犯可能性。在终身监禁的具体执行中，终身监禁不仅无法激励犯罪人劳动改造的积极性，更阻碍或限制了犯罪人教育矫正的动力。在预防犯罪的效果方面，终身监禁不如死刑立即执行直接和绝对，但又并非必然高于无期徒刑和监禁刑。

其四，不能因为在实践过程中出现贪污受贿犯罪分子实际执行刑期过短而否定减刑制度的功能与价值，更不能通过设立终身监禁制度来一劳永逸地作为最终解决方案。笔者认为，减刑制度设立的宗旨在于鼓励犯罪分子知错悔改并通过劳动改造使其走上正途，其积极意义不言而喻。对于实践中出现的不适当减刑案件，完全可以通过《刑法》第401条规定的“徇私舞弊减刑、假释、暂予监外执行罪”进行刑法规制。对于犯罪分子而言，无论是暴力犯罪的犯罪分子，还是贪腐犯罪的犯罪分子，只要其确有悔改表现，都有通过减刑、假释提前出狱的权利。

（二）扩大化适用后终身监禁的法律定位

笔者认为，应当将终身监禁与我国死刑的逐步废止相联系，我们应当下定决心废除非暴力犯罪的死刑适用，同时也限制暴力犯罪的死刑立即执行的适用。具体而言，终身监禁的扩大化适用可以分为两种情形：一是将终身监禁作为非暴力犯罪的死刑替代措施。将终身监禁设置为此类犯罪的法定最高刑，在立法上废除此类犯罪死刑的适用。二是将终身监禁作为暴力犯罪的死刑执行制度。虽然我国短期内不能废除暴力犯罪的死刑适用，但是我们可以将终身监禁作为死刑的特殊执行制度，其严重性介于死刑立即执行与死刑缓期二年执行之间，形成轻重有别、有序递进的刑罚体系。对于严重暴力犯罪应当适用的刑罚，可以按照其罪行的严重程度以及犯罪分子人身危险性的大小，由法官根据犯罪情节及罪行轻重，分别适用死刑立即执行、终身监禁、死刑缓期二年执行、无期徒刑、有期徒刑等刑罚。这样就可以避免我国现有刑罚结构存在的“生刑过轻、死刑过重”的尴尬局面，也在一定程度上防止重大贪污受贿犯罪分子实际执行刑期过短而出现的司法不公正现象。

1.终身监禁应当作为非暴力犯罪的死刑替代措施

笔者主张，我国应当在立法上完全废除非暴力犯罪的死刑，将终身监禁规定为此类犯罪的法定最高刑。在此意义上，终身监禁就成为非暴力犯罪的死刑替代措施。所谓非暴力犯罪是指不以侵害人的生命权或健康权为目标或手段而构成的犯罪。具体来说，就是凡是不直接威胁到人的生命和健康安全的犯罪，都可以划归到非暴力犯罪中来。有学者提出界定非暴力犯罪的两个标准：（1）其犯罪基本构成要件中不包含暴力内容；（2）不以他人人身为犯罪对象，即对人身安全不能形成直接的损害或者危险。①

从历史经验和国外的立法例来看，暴力犯罪的死刑罪名范围一直比较稳定，而很多非暴力犯罪产生死刑罪名都是因为该国的政治原因或政策调整，从而导致非暴力死刑犯罪的罪名范围在不同国家、不同时代呈现出很大的不稳定性。在政治秩序稳定的和平年代，随着社会经济与精神文明的不断发展，对非暴力犯罪判处死刑没有任何实质性意义。而且，非暴力犯罪的犯罪目的和犯罪手段一般不会涉及生命安全，对于非暴力犯罪适用死刑显然无法实现罪刑相适应，也与现代刑罚的预防目的论相违背。还必须提出的是，我国1997年刑法竟然比1979年刑法扩大了死刑在非暴力犯罪中的适用范围，此种立法举措显然违背了国际刑法发展过程中的刑罚轻缓化趋势。从长远来看，完全废除非暴力犯罪的死刑，将终身监禁规定为此类犯罪的法定最高刑，符合刑罚轻缓化的趋势。

2.终身监禁应当作为严重暴力犯罪的死刑执行制度

对于严重暴力犯罪，笔者认为现阶段尚不能废止此类犯罪死刑的适用。但是可以在其法定最高刑为死刑立即执行的基础之上，把不得减刑、假释的终身监禁规定为一种特殊的死刑执行制度，严厉性介于死刑立即执行与死刑缓期二年执行之间。构建死刑立即执行、不得减刑假释的终身监禁、死刑缓期两年执行、可以减刑假释的无期徒刑等轻重有别、排列有序的刑罚体系。

现行刑法中严重暴力犯罪包括以下罪名：第一章危害国家安全犯罪的武装叛乱、暴乱罪；第二章危害公共安全罪中的放火罪，决水罪，爆炸罪，投毒罪，投放危险物质罪，以危险方法危害公共安全罪，破坏电力设备罪，破坏易燃易爆设备罪，劫持航空器罪，盗窃、抢夺枪支、弹药、爆炸物等危险物质罪，抢劫枪支、弹药、爆炸物等危险物质罪；第四章侵犯公民人身权利、民主权利罪中的故意杀人罪，强奸罪（包含“致使被害人重伤、死亡或者造成其他严重后果之情形，且现实生活中造成的民愤较大”），拐卖妇女儿童罪（包含“造成被拐卖的妇女、儿童或者其亲属重伤、死亡或者其他严重后果”的致命性情节，且民愤较大）；第五章侵犯财产罪中仅存的抢劫罪（包含抢劫致人重伤、死亡致命性情形，且民愤较大）；第六章妨害社会管理秩序罪中的暴动越狱罪和聚众持械劫狱罪（危害政治秩序可能性较大）；第十章军人违反职责罪中的盗窃、抢夺武器装备或者军

---

①《论中国非暴力犯罪死刑的逐步废止》，载《政法论坛》2005年第1期。

用物资罪和战时在军事行动地区，残害无辜居民或者掠夺无辜居民财物罪（严重危害战时国家安全）。对于以上严重暴力犯罪，可以将不得减刑、假释的终身监禁规定为一种特殊的死刑执行制度，严厉性介于死刑立即执行与死刑缓期二年执行之间，避免我国刑罚体系中存在的“死刑过重、生刑过轻”的不当局面。

第二节　良弓惊鸟：终身监禁的适用范围

我国《刑法修正案（九）》在《刑法》第383条增设第3款、第4款，其中第4款规定：“犯第一款罪，有第三项规定情形被判处死刑缓期执行的，人民法院根据犯罪情节等情况可以同时决定在其死刑缓期执行二年期满依法减为无期徒刑后，终身监禁，不得减刑、假释。”这一规定被称为终身监禁。虽然在《刑法修正案（九）》之前，已有关于终身监禁的理论探讨，《刑法修正案（九）》之后，相关研究愈加深入，但是争论依然较为激烈，涉及终身监禁司法适用及未来走向的诸多问题依然需要进一步探究。终身监禁的司法适用与未来立法走向与其性质密不可分，只有在辨明其性质的基础上，才能进一步讨论其适用范围和未来走向问题。

一、终身监禁的性质

在《刑法修正案（九）》增设终身监禁制度前后，曾有个别学者认为，终身监禁是一种独立的刑罚种类。这一观点显然没有根据，也当然不能成立。《刑法》第三章第一节“刑罚的种类”明确列举了五种主刑和三种附加刑，且并没有在《刑法修正案（九）》中予以修改，说明刑罚的种类并没有变化，终身监禁不是刑罚的种类。而且，终身监禁不能独立宣告，只能依附于死缓及无期徒刑。也就是说，法院不能直接判处终身监禁，而只能在判处死缓的同时，根据犯罪情节等情况决定在死缓减为无期徒刑后，不得减刑、假释，终身监禁。全国人大常委会法工委刑法室负责人在《刑法修正案（九）》新闻发布会上也解释说明：“这种措施不是一个新的刑种，它的对象只是针对贪污受贿被判处死缓的犯罪分子在具体执行中的一个特殊的措施。”终身监禁不是刑种，只能是刑罚的执行方式，但如果再详细追问，这一措施到底是死刑的替代措施，还是死缓的执行方式，或者是无期徒刑的执行方式？这一问题并非没有意义，而是决定其司法适用范围和未来立法走向的关键问题。

第一，死刑替代措施说。在《刑法》修订之前，我国学者关于终身监禁的讨论，几乎都是在死刑替代措施的语境下展开的。鉴于死刑不可克服且无法避免的缺陷，在国际社会普遍废除死刑或严格限制死刑实际适用的背景下，中国的死刑问题得到了我国学者广泛讨论。我国学者基本达成共识的是，当前废除死刑还不具有现实基础，但应当大幅减少死刑罪名，严格限制死刑的适用和实际执行。这一学术观点也成了我国当前的刑事政策选择，《刑法修正案（八）》和《刑法修正案（九）》删除了22个罪名的死刑配置，司法实践中被判处死刑的犯罪也明显减少，尤其是死刑立即执行的比例显著下降。在死刑存废的讨论过程中，贪污受贿罪的死刑是否应当废除，是一个很有争议的现实问题。一方面，贪污贿赂罪是非暴力性犯罪，废除贪污贿赂犯罪的死刑符合“经济性、非暴力犯罪尽量不配置死刑”的死刑改革的基本路径；另一方面，面对当前我国腐败犯罪高发，反腐败刑事政策严厉的政治和社会背景下，废除贪污贿赂犯罪的死刑配置又与我国高压反腐政策不能契合。于是有不少学者提出，基于我国“死刑过重，生刑过轻”的刑罚结构性缺陷，可以增加不能减刑、假释的死缓或无期徒刑的执行措施，即终身监禁，以替代死刑立即执行，而又不失对贪污贿赂犯罪的严厉惩罚。①②

但是，以终身监禁作为死刑的替代措施，也受到了诸多质疑和批评。批评者的基本观点是，不可减刑、亦不可假释的无期徒刑（终身监禁）近乎于终身刑，在违反人道、摧残犯罪人人格尊严方面似乎并不亚于死刑；③终身监禁不具有刑罚的正当性根据，它只是单纯的报应，与预防犯罪的目的（尤其是特殊预防的目的）相冲突；④“死刑过重，生刑过轻”的刑罚结构缺陷并不存在，或者说已经得到了实质弥补，以终身监禁削弱民众对废除死刑的反对情绪也没有根据，因而没必要以终身监禁替代死刑，且贪污贿赂犯罪并非最严重的犯罪，不宜以终身监禁替代贪污贿赂犯罪的死刑，而对其他更加严重的犯罪却没有规定终身监禁，这导致犯罪之间的刑罚失衡及死刑执行方式间的衔接不合理。⑤

① 黄永维、袁登明：《〈刑法修正案（九）〉中的终身监禁研究》，载《法律适用》2016年第3期。

② 黄京平：《终身监禁的法律定位与司法适用》，载《北京联合大学学报》2015年第4期。

③《中国死刑替代措施要论》，载《学术交流》2008年第9期。

④ 张明楷：《终身监禁的性质与适用》，载《现代法学》2017年第3期。

⑤ 王志祥：《贪污、受贿犯罪终身监禁制度的立法商榷》，载《社会科学辑刊》2016年第3期。

第二，死缓执行方式说。由于将终身监禁视为死刑替代措施，存在上述解释论上的问题，于是有观点将该说绕过，直接将终身监禁解释为死缓的执行方式。此观点认为，在刑法增设限制减刑和终身监禁后，死缓实际上就存在三种具体的执行方式：其一是最常规的执行方式，即可以减刑、假释的死缓执行方式；其二是符合《刑法》第50条第2款规定的条件，限制减刑的死缓执行方式（《刑法修正案（八）》增加）；其三是不得减刑、假释的死缓执行方式。这一观点也得到了立法机关同志的肯定。如上所述，全国人大常委会法工委刑法室负责人认为，终身监禁“只是针对贪污受贿被判处死缓的犯罪分子在具体执行中的一个特殊的措施”。

第三，无期徒刑执行措施说。此说认为，终身监禁是死缓减为无期徒刑之后，不得再减刑、假释，因而是无期徒刑的执行方式，是“真正的”无期徒刑。

毫无疑问，以上观点从不同侧面解释了终身监禁的某方面特征，但是本文的目的在于揭示终身监禁的本质特征，因此就必须对以上特征进行分析。对此，必须考察终身监禁的立法目的，并结合刑法条文的具体规定，进行具体分析。2015年8月29日第十二届全国人大常委会第十六次会议正式通过《刑法修正案（九）》之前，曾多次对该修正案（草案）进行审议，其中草案第一稿中涉及终身监禁，但在草案第二稿中，又没有终身监禁制度的规定，而在第三稿，也是最终提交全国人大常委会表决的草案稿中，再次增加规定了终身监禁制度，并最终正式通过。这表明，这一制度在立法过程中也有激烈争议。8月24日全国人大常委会第十六次会议讨论该草案第三稿时，对增设终身监禁制度的立法目的进行了说明：“法律委员会经同中央政法委等有关部门研究认为，对贪污受贿数额特别巨大、情节特别严重的犯罪分子，特别是其中本应当判处死刑的，根据慎用死刑的刑事政策，结合案件的具体情况，对其判处死刑缓期二年执行依法减为无期徒刑后，采取终身监禁的措施，有利于体现罪刑相适应的刑法原则，维护司法公正，防止在司法实践中出现这类罪犯通过减刑等途径服刑期过短的情形，符合宽严相济的刑事政策。”这清楚表明，立法上设立终身监禁制度，是为了贯彻慎用死刑政策，对“本应当判处死刑的”的犯罪分子，不再判处死刑立即执行，而是结合案件具体情况，采取终身监禁措施。直言之，立法增设终身监禁，目的在于替代死刑立即执行。终身监禁的本质在于死刑替代措施，但形式上表现为死缓的执行方式，也表现为无期徒刑的执行方式，不禁止减刑、假释，99.9%的死缓都将减为无期徒刑或有期徒刑，[①]只有极少数的死缓会因犯罪分子故意犯罪，情节恶劣，实际执行死刑。

张明楷教授认为，终身监禁仅仅是“不得减刑、假释”的同位语，即这一概念表达的是和“不得减刑、假释”完全相同的意思，在“不得减刑、假释”之外，并没有其他含义，可以说是一个“多余”的表述。死刑立即执行的废止不需要任何替代措施。[②]但是，仅仅认为终身监禁是“不得减刑、假释”的同位语，并没有说明任何问题，没有回答刑法禁止对重特大贪污受贿犯罪人禁止减刑、假释的目的何在。认为废止死刑不需要任何替代措施，这只是当前理想的学术观点，并不能以此否定立法的现实存在。

有学者认为，死刑替代措施是一个需要警惕的刑法概念，因为使用这一概念，就意味寄希望于一种重刑替代另一种重刑，在思想观念上仍没有放弃重刑主义。[③]笔者原则上同意这一观点，但还必须强调，以终身监禁替代死刑立即执行，毕竟是以较轻的刑罚或刑罚执行方式替代较重的刑罚或刑罚执行方式，总的看，是刑罚趋缓的表现，因而不能说终身监禁替代死刑立即执行，是重刑主义支配下的观念选择。同时，以终身监禁替代死刑立即执行，还有另外的现实考量，对此笔者将在下文继续讨论。

二、终身监禁的适用范围

根据《刑法》第383条第4款，终身监禁适用于被判处死刑缓期二年执行的贪污受贿犯罪的犯罪人，而是否适用终身监禁，根据只有“犯罪情节”。终身监禁的严厉性程度介于死刑立即执行和死缓之间，于是可以认为，作为决定终身监禁的“犯罪情节”就是轻于死刑立即执行而又重于死缓的情节。但是，这只是表面的逻辑推断，实践中具体如何把握“犯罪情节”，却并不容易，这需要首先判断死刑立即执行和死缓的适用情节。

《刑法》第48条规定，死刑只适用于罪行极其严重的犯罪分子，对于应当判处死刑的犯罪分子，如果不是必须立即执行的，可以判处死刑同时宣告缓期二年执行。也就是说，死缓也是死刑的适用或执行方式，也必须达到“罪行极其严重”

① 胡云腾：《死刑通论》，中国政法大学出版社1995年版，第241页。

② 张明楷：《终身监禁的性质与适用》，载《现代法学》2017年第3期。

③ 王志祥：《死刑替代措施：一个需要警惕的刑法概念》，载《中国法学》2015年第1期。

的程度。“罪行极其严重”是适用包括死缓在内的死刑的前提条件，当然作为死缓的执行方式的终身监禁，也必须要达到“罪行极其严重”的标准，且同时须具备“不是必须立即执行”的条件。

理论上一般认为，罪行极其严重是指“罪大恶极”，“是犯罪的性质极其严重、犯罪的情节极其严重以及犯罪分子的人身危险性极其严重的统一”。[①]但也有学者认为，“罪行极其严重”仅指“罪大”，而不包括“恶极”；仅指客观上所引起的危害结果，即行为人所犯罪行对国家和人民利益危害特别严重，情节特别恶劣。因为死刑既包括死刑立即执行，也包括死缓，如果认为罪行极其严重包括主观恶性及人身危险性极其恶劣，就无法区别死刑立即执行和死缓。而且刑法中有些罪名中的绝对确定的法定刑为死刑的，也只是要求“罪大”，而没有要求“恶极”。[②]笔者赞成此观点。尽管死缓是死刑的执行方式，但是一旦宣告死缓，基本上就不会再执行死刑，除非犯罪人在死缓期间故意犯罪，且情节恶劣。这表明，死缓实质上已经是独立的刑罚种类，更类似于无期徒刑。既然如此，死缓与死刑立即执行的条件就不可能完全相同，否则就是罪刑不相适应。司法实践中，有的案件因为犯罪所造成的客观危害并未达到罪行极其严重的程度，从而未被判处死刑立即执行；有的因为存在被害人过错等情节，因主观恶性小而未被判处死刑立即执行；有的则因为存在自首、立功等情节，因人身危险性小而未被判处死刑立即执行。只有当客观危害严重、情节特别恶劣、犯罪人危险性极大三方面条件同时具备，才认为是罪行极其严重，从而判处死刑立即执行。[③]对此实践做法，笔者认为，如果犯罪所造成的危害结果未达到极其严重的程度，就不应当判处死缓，毕竟死缓还有保留执行死刑的可能，因而无论其性质上，还是严厉程度上，都要胜于无期徒刑。

综上，死刑立即执行和死缓的适用标准的区别在于犯罪人主观恶性及其人身危险性。具体到贪污受贿罪，《刑法修正案（九）》对其死刑的适用标准进行了重大修改，由以前的明确数额标准，修改为模糊数额加情节的标准，即“数额特别巨大，并使国家和人民利益遭受特别重大损失的，处无期徒刑或死刑”。2016年4月《关于办理贪污贿赂犯罪刑事案件适用法律若干问题的解释》第4条第1款又

---

① 高铭暄、马克昌：《刑法学》，北京大学出版社、高等教育出版社2016年版，第238页。

② 黎宏：《刑法学》，法律出版社2012年版，第338页。

③ 吴照美、张琳：《死缓适用标准的实证研究》，载《中国刑事法杂志》2014年第6期。

进一步明确了贪污受贿死刑的适用标准："贪污、受贿数额特别巨大，犯罪情节特别严重、社会影响特别恶劣、给国家和人民利益造成特别重大损失的，可以判处死刑。"应当认为，这里的死刑也包括死刑缓期执行。问题是，贪污受贿的死刑和死缓的适用标准区别在哪里？笔者认为，两者的区别主要在于犯罪情节（包括社会影响）方面。犯罪情节包括客观情节和主观情节，客观情节主要表现为贪污受贿数额、贪污受贿给国家和社会造成的危害程度、贪污受贿的手段、社会影响等。可见，客观情节实际上已经成为适用死刑的基础条件，因此影响死刑立即执行还是死缓的情节主要是主观情节。主观情节主要是指犯罪的动机、犯罪后的表现等。对于数额特别巨大的贪污受贿犯罪，犯罪动机基本上没有区别，无非是贪图享受，因此这里的主观情节就主要是指犯罪后的悔改表现，即是否有自首、坦白、立功等法定情节，或者积极退赃、真诚悔罪、积极配合侦查等酌定情节。

总之，贪污受贿犯罪，数额特别巨大，情节特别严重，社会影响特别恶劣，给国家和人民利益造成特别重大损失，就可以适用死刑。但是犯罪后，犯罪人有自首、坦白、立功等法定情节，或者积极退赃、真诚悔罪、积极配合侦查等，原则上就不应判处死刑立即执行，而应适用死缓。但是，并非只要具备这些表现，就一定不能判处死刑立即执行，还要结合实际贪贿数额、造成的损失程度、社会影响情况，综合判断。

那么，在死刑立即执行和死缓之间，如何确定终身监禁的适用标准呢？换言之，哪些被判处死缓的犯罪人，可以宣告终身监禁？对此，有学者认为，终身监禁除具备死缓的一般条件外，实践中，还应当考虑是否曾因贪污受贿受过党纪、行政处分或者刑事追究，贪污受贿的次数、持续的时间，是否有索贿行为，贪污对象是否为特定款物，赃物的具体用途（如是否用于违法犯罪活动），赃物去向是否交代清楚、是否已经追缴或者追缴比例，等等。[①]这一观点的前提是将极其严重的贪污受贿犯罪分为三个量刑档次，试图在死刑立即执行和死缓之间再确立一个独立的适用标准。这一思维方式没有问题，但是据此所提出的适用标准不可能具有明确的指导作用。本来死刑立即执行和死缓之间的界限已经很模糊，想在此之间再增加一个针对终身监禁的独立的标准，基本上不可能。

笔者认为，从一般的犯罪数额及情节方面，无法区别死刑立即执行、终身监禁、一般死缓的适用标准，要确定终身监禁的适用标准，还必须回到终身监禁的

---

① 黄永维、袁登明：《〈刑法修正案（九）〉中的终身监禁研究》，载《法律适用》2016年第3期。

立法目的上。如前所述，终身监禁是作为死刑立即执行的替代措施而增设的死刑执行方式，就是在慎用死刑的政策指导下，对贪污受贿犯罪原则上不再判处死刑立即执行，如果在法律上确实达到了死刑立即执行的适用标准，则以终身监禁替代。换言之，终身监禁的适用标准，原则上就是死刑立即执行的适用标准。在刑法增设终身监禁以后，一般情况下就不再判处死刑立即执行，除非非常例外的情况，贪污受贿数额极大、情节极为严重，影响极为恶劣，没有任何可以宽宥的情节，才能判处死刑立即执行。

既然终身监禁是死刑立即执行的替代措施，就应当以死刑立即执行的适用标准，严格限定终身监禁的实际适用，而不能认为终身监禁没有实际执行死刑，而大量适用终身监禁。这是因为，终身监禁在替代死刑，减少死刑的立即执行方面，有其积极意义，但是其本身也存在很多现实问题。

三、终身监禁的立法走向

《刑法修正案（九）》仅针对贪污受贿罪增设了终身监禁，以此替代死刑立即执行。一个自然而然的问题是，为什么是贪污受贿犯罪，而不是其他犯罪？能否将终身监禁扩大适用于其他犯罪？

在《刑法修正案（九）》之前，学者讨论死刑替代措施，并没有限于某一类犯罪，更未有专门针对贪污受贿犯罪的死刑而提出以终身监禁替代者。例如，有学者曾建议以不得减刑、假释或者严格限制减刑、假释的无期徒刑（终身监禁）替代死刑，但并没有明确替代某类犯罪的死刑还是替代所有死刑。①高铭暄教授也建议，以严厉化调整的死缓替代死刑，但也没有明确将替代的对象限于贪污受贿犯罪。②李希慧教授认为，除个别性质和社会危害程度达到了极点的犯罪的死刑不能替代以外，其他犯罪的死刑皆可以实际执行刑期受到严格限制的无期徒刑替代。③

《刑法修正案（九）》仅针对贪污受贿犯罪增设终身监禁，学者对此的普遍解释是，这是为了从严惩处腐败犯罪的现实需要，甚至有媒体称之为“反腐利器”。④但这种观点明显经不起推敲。为了从严惩治腐败，就应当用更严厉的刑

① 《中国死刑替代措施要论》，载《学术交流》2008年第9期。

② 高铭暄：《略论中国刑法中的死刑替代措施》，载《河北法学》2008年第2期。

③ 李希慧：《论死刑的替代措施——以我国刑法立法为基点》，载《河北法学》2008年第2期。

④ 徐隽：《专家观点：终身监禁，反腐又一利器》，载《人民日报》2016年10月28日，第11版。

罚，而终身监禁是死刑立即执行的替代措施，是较立即执行更为轻缓的死刑执行方式，因此不能说是为了从严反腐而增设此措施。另外，刑法中比贪污受贿犯罪的社会危害性更重的犯罪还有很多，如果认为终身监禁是更严厉的刑罚措施，那么就会导致罪刑之间的不均衡，即危害更重的犯罪没有配置更严厉的处罚措施，而危害较轻的犯罪却配置了更严厉的处罚措施。或许有学者认为，《刑法修正案（八）》已经针对其他危害严重的犯罪增设了限制减刑制度，也同样起到了从严惩治严重犯罪的作用，满足了宽严相济刑事政策的要求。这一观点也同样没有道理。表面上看，限制减刑和终身监禁较为相似，其适用的前提都是被判处死刑缓期二年执行，但是二者的本质和立法意蕴明显不同。有学者认为，“限制减刑制度的设立，旨在减少死刑立即执行，而不是为了报应和报复。因此只有对原本应当立即执行死刑的罪犯，才宜在宣告死缓的同时决定限制减刑”。[①]笔者对此观点不能苟同。《刑法修正案（八）》增设的限制减刑制度，适用对象是“被判处死刑缓期执行的累犯以及因故意杀人、强奸、抢劫、绑架、放火、爆炸、投放危险物质或者有组织的暴力性犯罪被判处死刑缓期执行的犯罪分子”，对这些犯罪分子限制减刑，目的在于矫正“生刑过轻”的缺陷，增加惩罚的严厉性，而非以之作为死刑立即执行的替代措施。这也可以在《刑法修正案（八）》的草案说明中得以确证。该草案说明明确指出，“判处死刑缓期执行的犯罪分子，实际执行的期限较短，对一些罪行严重的犯罪分子，难以起到惩戒作用，应当严格限制减刑。”这与立法机关关于《刑法修正案（九）》中增设的针对贪污受贿犯罪的终身监禁的说明明显不同。因此，在适用上，终身监禁适用于本应当判处死刑的贪污受贿犯罪分子，而限制减刑则适用于本来就应当判处死缓的犯罪分子，只是在此基础上进一步增加死缓的严厉性。

那么，能否在立法上扩大终身监禁的范围，对其他非暴力的经济性犯罪的死刑，甚至所有的犯罪的死刑，都以终身监禁替代？学者对此有不少争议。王志祥教授在《刑法修正案（九）》之前，就明确反对以终身监禁替代死刑，认为死刑替代措施是一个需要警惕的概念，[②]在《刑法修正案（九）》之后，继续坚持自己的立场，认为终身监禁不具有刑罚的正当理由，不宜以终身监禁替代死刑，对犯有特别重大贪污、受贿犯罪的死缓犯不宜增设不得减刑、假释的终身监禁，当然

① 张明楷：《刑法学》（第五版）（上），法律出版社2016年版，第534页。

② 王志祥：《死刑替代措施：一个需要警惕的刑法概念》，载《中国法学》2015年第1期。

更不用说扩大终身监禁的适用范围了。[①]但更多学者对终身监禁持肯定态度，甚至有学者明确表示，终身监禁应当扩大化适用，作为非暴力经济性犯罪的替代措施，或者作为严重暴力犯罪的特殊死刑执行制度。[②]有学者认为，贪污受贿犯罪规定终身监禁，体现了该制度的试验田价值，是为废除死刑为目的而在贪污受贿领域的试点。“在贪污贿赂犯罪治理领域进行的该试点，能够有效减少社会震荡和法律风险。或许不久的将来，终身监禁措施推广至其他刑事案件，成为真正意义上的死刑替代措施。”[③]

全盘否定终身监禁立法价值，显然不合理，尤其是这一观点罔顾刑法增设终身监禁的现实意义，也不客观。《刑法修正案（九）》在修改过程中，反复多次广泛征求意见，草案第一稿中有终身监禁，第二稿中又删除，到第三稿时，又增加这一制度，这表明立法者在是否增设终身监禁时，绝不是拍脑袋决定，而是经过反复权衡讨论后，得出的更为合理的立法选择。但是扩大适用终身监禁，却又忽视了终身监禁不可克服的缺陷，因而也不可取。笔者认为，终身监禁应当维持在当前仅针对贪污受贿犯罪的范围内，不宜扩大适用于其他犯罪，更不宜以终身监禁替代所有犯罪的死刑。

首先，终身监禁制度的自身缺陷，决定其不应扩大适用。终身监禁意味着，如无其他特殊情况，如死缓期间有重大立功表现，死缓二年期满后被减为有期徒刑，或者死缓期间故意犯罪情节恶劣，被执行死刑等情况，犯罪人将终身在监狱服刑，直至自然死亡。这种刑罚执行方式同死刑立即执行一样，违反人道、摧残犯罪人人格尊严。“所有被剥夺自由的人应给予人道及尊重其固有的人格尊严的待遇。”[④]绝对的终身刑是一种“终结生活的惩罚”。可是，让一个犯人“活”着，却又让他终身没有“生活”，让他没有活得稍微好一点的希望，让他终身只能像动物一样活着，直至死亡，这是对犯人的最严重污辱。[⑤]终身监禁还导致刑罚执行过程的困难，如果大量适用终身监禁，监狱将无力应对。

笔者也赞成逐步废除死刑的基本立场，但是逐步废除死刑并不需要以终身监禁作为过渡措施。在我国，报应观念根基深厚，死刑依赖心理难以消除，短时间

① 王志祥：《贪污、受贿犯罪终身监禁制度的立法商榷》，载《社会科学辑刊》2016年第3期。

② 刘霜：《终身监禁法律定位研究》，载《西部法学评论》2017年第1期。

③ 黄永维、袁登明：《〈刑法修正案（九）〉中的终身监禁研究》，载《法律适用》2016年第3期。

④《公民权利与政治权利国际公约》第10条。

⑤ 张明楷：《终身监禁的性质与适用》，载《现代法学》2017年第3期。

内要想彻底废除死刑恐不现实，但是我们不能用另一种过于残忍、不人道的措施替代死刑。

其次，贪污受贿犯罪的特殊性决定此类犯罪应以终身监禁替代死刑。既然终身监禁有诸多弊端，为何立法者在《刑法修正案（九）》中对贪污受贿犯罪增设了终身监禁呢？这当然是因为贪污受贿犯罪与其他犯罪在死刑存废及死刑适用方面的特殊性。其特殊性表现在：第一，贪污受贿犯罪处于废除和保留死刑的两难境地。一方面，贪污受贿犯罪是非暴力的经济性犯罪，当前主流观点认为，这类犯罪应当废除死刑，而且《刑法修正案（八）》和《刑法修正案（九）》也在朝这方面发展，废除了22个罪名的死刑配置。以此观之，贪污受贿犯罪也应当废除死刑。另一方面，贪污受贿等腐败犯罪仍然严重，民愤极大，甚至威胁到了党执政的政治基础，因此与其他非暴力的经济性犯罪截然不同，不能仓促废除死刑。于是，在这种两难境地中，选择一种既能替代死刑，又不失严厉性的惩罚措施，就成为立法者的理想选择。第二，对贪污受贿犯罪分子进行国际引渡的现实需要。与其他暴力犯罪不同，贪污受贿等腐败犯罪并非一次性完成，而是长时间逐渐由小贪小贿逐渐发展为特别重大的贪污受贿犯罪，在此过程中，犯罪分子往往处心积虑，早已经为自己铺好了退路，一旦发现风吹草动，便逃亡境外。为了抓捕这些犯罪分子，就需要通过国际司法合作，将其引渡回国。而引渡的一个基本原则是死刑不引渡。所谓死刑不引渡，是指当被请求国有理由相信被请求引渡者在引渡后有可能被请求国判处或执行死刑时拒绝予以引渡的原则。[①]也就是说，只要不实际执行死刑，就能要求被请求国提供合作，引渡犯罪人。而被请求国也当然会对引渡后是否会执行死刑，进行实质审查，其审查的依据，既包括请求国法律中是否有死刑的规定，也包括实际上执行死刑的可能性。或许有人认为，为了引渡的特殊需要，可以规定，凡是逃亡境外的犯罪人，不再判处死刑或死刑立即执行，而其他特别严重的贪污受贿犯罪则仍然维持死刑的适用。但是，这明显违背了刑法适用平等原则，而且也将变相鼓励贪污受贿犯罪人积极逃亡境外。于是，最好的选择就是，以不实际执行死刑的终身监禁替代死刑立即执行，这样既能满足引渡的现实需要，切断贪污受贿犯罪人外逃的后路，破灭其外逃的幻想，也能实现对特别严重的贪污受贿犯罪人的应有惩罚。

---

①《死刑不引渡原则探讨——以中国的有关立法与实务为主要视角》，载《政治与法律》2005年第1期。

第三节　彰往考来：终身监禁的发展完善

一、终身监禁的出台背景

（一）限制、废除死刑的国际趋势

1764年，贝卡里亚在《论犯罪与刑罚》中首次从理论上系统地论证了死刑的残酷性、不人道性及不必要性，并倡导废除死刑，使人们开始质疑死刑的合理性。1966年12月，联合国大会通过了《公民权利和政治权利国际公约》，该条约明确地表明了废除死刑的主张。1983年4月，欧洲理事会通过了《欧洲人权公约关于废除死刑的第六议定书》，这标志着欧洲全面废除死刑的开始。1989年12月联合国通过的《旨在废除死刑的公民权利和政治权利国际公约第二任择议定书》、1990年美洲国家组织通过的《旨在废除死刑的美洲人权公约议定书》等表现了联合国、美洲国家等层面废除死刑的强烈愿望。因此基于死刑不人道性、不公平性、不必要性、无可挽回性等不可克服的缺陷，严格限制死刑的适用成为当今国际社会的共识，废除死刑也成为一种强大的国际趋势。我国作为世界上负责任的大国，有进一步进行死刑改革，从而削减死刑罪名以及司法上慎用死刑的必要。

（二）我国“少杀、慎杀”的死刑政策

面对废除死刑的国际潮流，我国刑罚体系长期以来在重刑主义影响下对死刑的依赖，民众对死刑的推崇观念，使得死刑废止并不能一朝一夕就能够做到，因此这也就决定了我国在死刑上奉行“保留死刑，严格限制和慎重适用死刑”的死刑政策，同时也决定了我国实行渐进的死刑废止之路。

党的十八届三中全会通过的《中共中央关于全面深化改革若干重大问题的决定》提出要“逐步减少适用死刑罪名”，在整个大背景下，削减死刑罪名、控制死刑判决、减少死刑执行是我国死刑政策的重要目标。在保留死刑的现状下，“少杀、慎杀”成为我国现行死刑政策的主旨，它是宽严相济基本刑事政策在死刑配

置与适用方面的具体体现。[①]“少杀”即少用死刑，不仅仅是在司法过程中要求法官少适用死刑，还要求立法层面减少死刑罪名，保留少量死刑罪名；“慎杀”即慎用死刑，它既是我国现阶段死刑司法过程中对要求法官谨慎适用死刑，也是在立法层面限制立法主体对罪名配置死刑作为法定刑。2007年1月最高人民法院收回各地高院的死刑核准权，2011年2月全国人大常委会通过的《刑法修正案（八）》废止了13种非暴力犯罪的死刑，2015年8月全国人大常委会通过的《刑法修正案（九）》废止了9种罪名的死刑。这充分体现了我国“少杀、慎杀”的死刑政策，也推动着我国死刑废除之轮的前进。

（三）贪腐犯罪存在形势下的严厉反腐政策

贪污、受贿犯罪是受社会关注度最高的腐败犯罪，也是最让民众深恶痛绝的一类犯罪，关系社会公平正义与和谐稳定，贪污受贿犯罪能否有效解决更关乎民众对党、政府的信任。在国际限制、废止死刑的潮流影响下，我国结合国情，面对死刑，秉持“少杀、慎杀”的刑事政策，而政策是法律的“灵魂”，“少杀、慎杀”的刑事政策决定了目前的死刑立法，也产生了为其所用的死刑司法，二者皆受制于刑事政策。我国对于废除死刑的进程是先从废除非暴力型死刑罪名展开，而贪污、受贿罪作为典型的非暴力贪利型犯罪，废除贪污、受贿罪的死刑的倡议提出已久，但目前我国贪腐现象仍然存在，党内加大惩治力度，呈现出严厉反腐的态势且对于腐败适用从严的政策，基于此，终身监禁在《刑法修正案（九）》全方位修改贪污、受贿罪中迅速出现，成为贪污、受贿罪的刑事处罚之一。

二、终身监禁的法律定位

从语义上来看，终身监禁是指将犯罪人予以监禁，剥夺犯罪人的人身自由终身，直至犯罪人死亡。[②]但是从终身监禁在各国的实践上来看，语义上的展现仅仅是终身监禁实际适用的冰山一角。

终身监禁并非我国独创，源于西方国家，又称为终身自由刑、无期徒刑、终

---

①《关于中国现阶段慎用死刑的思考》，载《中国法学》2011年第6期。

② 胡江：《贪污受贿罪终身监禁制度的规范解读与理论省思——〈以刑法修正案（九）〉为视角》，载《西南政法学报》2016年第6期。

身苦役等。19世纪的英美法系国家将终身监禁作为监禁刑的一个基本刑种存在。后来伴随着经济发展，社会文明程度提高，人权保障与禁止酷刑的理念引入和罪刑等价等意识的萌发，进入20世纪后，终身监禁在诸多国家得到普遍适用，在废除死刑的国家终身监禁作为最严厉的刑罚存在。我国与2015年11月1日实施的《刑法修正案（九）》将终身监禁引入我国刑罚体系。终身监禁在国外按照是否可以假释分为可假释的终身监禁与不可假释的终身监禁。与国外不同的是，我国在不可减刑、假释的终身监禁前加了死刑缓期执行这一限定条件，这一限定让终身监禁的性质扑朔迷离起来，因此在2015年8月29日《刑法修正案（九）》通过后便引起了对终身监禁性质的各种讨论。

（一）终身监禁不是独立刑种

有学者认为，终身监禁是一个独立的刑种。该种观点的缺陷在于忽视了终身监禁在我国刑法中的位置以及作为刑种的基本特点。

我国的终身监禁让人们误解为新的刑种的原因有三点。首先，终身监禁被人们关注就是作为刑种。终身监禁源于西方，最早引起人们关注是1764年贝卡里亚在《犯罪与刑罚》一书呼吁的废除死刑，倡导以终身刑取代，之后边沁对死刑和终身监禁的利弊进行了比较，他认为死刑的代价大于且效果同于终身监禁，是一种不必要的浪费之刑，主张废除死刑以终身监禁取代。[①]后来，终身监禁在19世纪成为刑罚体系中位居死刑之后的基本刑种，之后在废除死刑的大背景下成为死刑的替代措施，于是作为独立的刑种出现在人们的视野中，如英国等国家。其次，自废除死刑成为我国理论界对死刑的共识，理论界对于终身监禁的引进与介绍一直将之作为死刑的替代措施，同时有部分学者将终身监禁定位为一种独立的刑罚种类。这给人一种误解，终身监禁就是死刑替代措施，是一个刑种。最后，在《刑法修正案（九）》中引入的终身监禁是死刑缓期执行的执行方式与无期徒刑的特别法律后果的结合体，这种结合体被认为是死刑与无期徒刑的实质改变，因此被单方面认为是新的刑种也是情有可原。

不可忽视的是在我国刑法中刑种的基本特点。一方面，作为独立的刑种，必然体现于我国《刑法》总则之中。刑法中总则统率分则，指导分则；而分则是总则原理、原则的具体体现。刑罚，是国家制定并且以国家名义适用、执行

① 邱兴隆：《边沁的功利主义死刑观》，载《外国法学研究》1987年第1期。

的对犯罪人实行剥夺性惩罚的最严厉的强制方法。①在一国的刑法体系中，刑种是刑罚的主要表现方式，会以法条的形式对其种类、适用对象等进行明确呈现，通常立法者将刑罚种类在总则中规定出来。然而在《刑法修正案（九）》中出现的终身监禁并未在总则中出现，总则中规定的刑罚种类也不包括终身监禁，因此并不涉及整个刑法体系的调整，也不具有普遍适用性，仅仅是适用于分则中的重大贪污、贿赂犯罪。另一方面，刑种的特点之一是具有独立性，不依附于其他种类的刑罚。就死刑缓期执行而言，虽然在实践中死刑缓期执行被大量适用，但是它依附于我国主刑之一的死刑，只是死刑执行方式的一种，而不是死刑。终身监禁在宣告刑上依附于死刑中的死刑缓期执行，在执行上依附于死刑中的缓期执行与无期徒刑，不具有独立性，因此很明显的终身监禁不是刑种。

（二）终身监禁不是无期徒刑的执行制度

有学者认为"终身监禁应当认定为无期徒刑的执行制度"②"终身监禁仅仅是死缓改无期徒刑之后的一种特殊的刑罚执行制度"③"在《刑法修正案（九）》后，无期徒刑的执行方式依法增加了新的种类，即不得减刑、假释予以终身监禁的无期徒刑"④，或者认为"终身监禁是无期徒刑的执行措施"⑤。该种观点仅仅立足于终身监禁是死缓改为无期徒刑后方可适用以及终身监禁词义在无期徒刑的语义射程内，而忽视了终身监禁制度与无期徒刑的适用对象、法律结果等方面的区别。

1.适用对象的区别

《刑法》第383条第3款规定：贪污数额特别巨大，并使国家和人民利益遭受特别重大损失的，处无期徒刑或者死刑，并处没收财产；被判处死刑缓期执行的，人民法院根据犯罪情节等情况可以同时决定在其死刑缓期执行2年期满依法减为无期徒刑后，终身监禁，不得减刑、假释。从条文中可以看出，终身监禁的

---

① 曲伶俐主编：《刑罚学》，中国民主法制出版社2009年版，第1页。

② 赵赤：《〈刑法修正案（九）〉中的终身监禁制度探析》，载《净月学刊》2016年第3期。

③ 黄明儒、项婷婷：《论〈刑法修正案（九）〉"终身监禁"的性质》，载《湘潭大学学报》2016年第5期。

④ 黄京平：《终身监禁的法律定位与司法适用》，载《北京联合大学学报》2015年10月，第13卷第4期。

⑤ 胡江：《贪污贿赂罪终身监禁制度的规范解读与理论反思—以刑法修正案（九）为视角》，载《西南政法大学学报》2016年第6期。

适用对象是“被判处死刑缓期执行的”。在该处，终身监禁“主要适用于过去可能需要判处死刑立即执行、现在适用终身监禁同样可以做到罚当其罪的情形”①。对于死刑来说，必须符合《刑法》第48条规定的裁量标准：死刑只适用于罪行极其严重的犯罪分子。对于应当判处死刑的犯罪分子，如果不是必须立即执行的，可以判处死刑同时宣告缓期2年执行。比对法条，终身监禁的适用对象是按照死刑的标准裁量的。无期徒刑本质上是限制、剥夺犯罪分子人身自由的自由刑，显然无期徒刑和死刑在适用对象的标准上有着根本的区别。那么从适用对象上来说，终身监禁并不属于无期徒刑。

2. 法律后果的不同

如上文所言，终身监禁是死刑缓期执行完毕经过考验期后就直接执行的，并非在死缓考验期满后才决定的。根据《刑法》第50条规定，判处死缓的罪犯，死缓2年考验期满后，如果没有故意犯罪则减为无期徒刑。相对于无期徒刑，有期徒刑是有具体时长范围，无期徒刑是剥夺罪犯的终身自由，恰好我国目前的终身监禁就是剥夺了罪犯的终身自由，所以终身监禁被误解为是无期徒刑的一种。然而却忽略了一个前提，即终身监禁必须要经过死缓2年考验期，这也决定了终身监禁是死缓的法律结果，是否为死缓的法律后果可以根据以下两点加以判断：（1）后果确定的时间通常必须在死缓执行期满之后；（2）后果确定的标准取决于死缓犯在死缓执行期间的表现，即在死缓执行期间有无故意犯罪、有无重大立功等，而与其在被判处死缓之前犯有何罪、具有什么情节等无关。②只有在死缓2年考验期内无情节恶劣的故意犯罪，方可在考验期满后执行终身监禁。另外，有学者认为无期徒刑的实际执行方式包括可以减刑、假释的无期徒刑；可以减刑、不得假释的无期徒刑；因不符合适用减刑、假释的条件，实际终身监禁的无期徒刑（事实终身监禁）。③笔者认为实际终身监禁的无期徒刑目前只是存在于理论认为的实践层面，实践中并不存在。

3. 均衡有序的刑罚梯度要求

在刑罚梯度上，构建完善的刑罚体系并保证其梯度的均衡有序是刑法立法者

---

① 裴显鼎、苗有水：《〈关于办理贪污贿赂刑事案件适用法律若干问题的解释〉的理解与适用》，载《人民司法》2016年第19期。

② 黎宏：《终身监禁的法律性质及适用》，载《法商研究》2016年第3期。

③ 黄京平：《终身监禁的法律定位与司法适用》，载《北京联合大学学报》2015年10月，第13卷第4期。

与刑法学者所追求的目标之一。终身监禁在无期徒刑的语义射程之内，将终身监禁纳入无期徒刑之后，的确能够使无期徒刑变得更加名副其实，但是刑罚梯度的问题无法解决。刑法梯度要求从轻到重递进加重或减轻。普通民众都可以看出来无期徒刑轻于死缓，终身监禁明显比一般死缓、死缓限制减刑要重，而一旦归入无期徒刑后，就变成了无期徒刑部分轻于死刑，部分重于死刑，更加乱了我国目前本来就存在弊病的刑罚结构。除此之外，在司法实践中还会造成法官在量刑时的梯度选择造成选择混乱，这也是无法解释通的。

因此，无论是从适用对象、法律结果还是刑罚阶梯层面，终身监禁都不可能隶属于无期徒刑。

（三）终身监禁是死缓的一种特殊执行方式

有学者认为“终身监禁本质上属于死刑，是与现有死缓有别的死缓执行方式”[①]“终身监禁是具体的死缓执行方式”[②]，笔者是赞同此观点的。

1.赞同原因

首先，终身监禁的适用对象包含于死缓适用对象中。终身监禁仅适用于判处死刑，但判处死刑立即执行过重和判处一般死缓过轻的贪污、受贿罪罪犯。具体到法条，根据《刑法》第383条，贪污数额特别巨大，并使国家和人民利益遭受特别重大损失的，处无期徒刑或者死刑，并处没收财产；被判处死刑缓期执行的，人民法院根据犯罪情节等情况可以同时决定在其死刑缓期执行2年期满依法减为无期徒刑后，终身监禁，不得减刑、假释。已然被判处死缓后，罪犯方可被判处终身监禁。

其次，终身监禁依附于死缓而存在。从立法原意上探究，在二审议稿中，立法机关认为“对于本应当判处死刑立即执行的贪污受贿犯，结合案件的具体情况，对其判处死缓依法减为无期徒刑后，采取终身监禁的措施”。[③]因此，可以看出终身监禁是依附于死缓而存在的。

最后，终身监禁是死缓的特殊执行方式。纵观刑罚体系，在《刑法修正案

---

① 黎宏：《终身监禁的法律性质及适用》，载《法商研究》2016年第3期。

② 商浩文：《论死刑改革视野下的终身监禁制度》，载《华东政法大学学报》2017年第1期。

③ 全国人大法律委员会：《关于〈中华人民共和国刑法修正案（九）〉（草案二次审议稿）主要问题的修改情况报告》（2015年8月6日）。

（九）》实施以前死缓有两种执行方式：一般死缓和死缓限制减刑。死缓限制减刑和终身监禁看起来最相类似，不仅适用对象均为符合死刑适用条件且被判处死缓的罪犯，而且都是在判决时同时宣告对罪犯的减刑方面的权利限制或剥夺。一般死缓、死缓限制减刑和终身监禁的区别在于：1.在适用对象上，一般死缓的适用对象包括一般的死缓的适用对象是应当判处死刑但不是立即执行的罪犯；死缓限制减刑适用于被判处死缓的累犯以及8类严重暴力性犯罪被判处死缓的罪犯；终身监禁适用于犯贪污、受贿罪，犯罪数额特别巨大，并且使国家和人民利益遭受特别重大损失、符合死刑适用条件、被判处死缓的罪犯。2.在适用范围上，一般死缓适用范围较广，存在于分则中设置有死缓的任何罪名；死缓限制减刑的范围次之，存在于9类危险性比较大的犯罪中；终身监禁适用范围最小，仅仅适用于贪污、受贿罪中。3.在法律后果上，一般死缓的法律后果是服刑期满后减为无期徒刑、在服刑期间内有重大立功表现减为有期徒刑或者因故意犯罪经核准后死刑立即执行；死缓限制减刑的法律后果则是减为服刑期满后减为无期徒刑后不得少于25年、在服刑期间有重大立功表现；减为有期徒刑后不得少于20年或者因故意犯罪经核准后死刑立即执行；终身监禁的法律后果则是考验期满后执行终身监禁，不得减刑、假释或者考验期内故意犯罪，经核准后死刑立即执行。这三种死缓执行方式的共同点在于在法律后果上如果考验期内故意犯罪，经核准后执行死刑立即执行。因此，笔者认为，终身监禁是除现有一般死缓、死刑限制减刑外的死缓特别执行方式。

2.回应质疑

有学者质疑：死缓是死刑的执行方式，终身监禁是死缓的执行方式，突破了刑罚体系的规整性，不应认定终身监禁隶属于死缓。笔者是不赞同的。

对于死缓制度的起源，无论是认为源于周公明德慎刑成形于明朝死刑监候制度的“古法起源说”，还是认为源于1793年路易十六死刑延期的“外国起源说”，以及认为源于1952年的死刑缓期的“独创说”。死缓自1979年正式载入《刑法》后，经过长时间的实践，形成了一套完善的制度，发挥着重要的作用。学界对死缓的通说定性是：死刑的确立发展系死缓制度产生的前提，二者系辩证关系，即没有死刑就没有死缓，死缓制度依赖于死刑产生。[①]制度，最一般的含义是要求大家共同遵守的办事规程或行动准则，第二层含义是实现某种功能和特定目标的

① 刘云涛：《死缓制度探究》，吉林大学2006年博士学位论文，第14页。

社会组织乃至整个社会的一系列规范体系。方式指言行所采用的方法和样式。基本含义是在一定的生产力发展水平条件下，表现人类的朴素的自然科学技术和社会科学技术发展水平，以及经济、文化发展水平，新近的管理科学技术发展水平等。方式属于制度的一种表现方法，而恰好执行方式是制度在执行上的表现。转入死缓和终身监禁上来说，死缓由总则确立，分布于刑法分则中的40多个罪名中成为民众、单位共同遵守的规则。死缓在发挥作用上可以称得上是“有在死刑立即执行和无期徒刑之间的一种相对独立地位”[①]，终身监禁作为仅在个别罪名上适用的死缓执行方式并未突破刑罚的规整性。另外，死缓限制减刑作为死缓的一种执行方式尚可，为何终身监禁却是不可？这也是无法解释得通的。

还有学者认为将终身监禁纳入死缓的执行方式是将终身监禁普适化，与终身监禁仅是针对贪污、受贿罪的特定刑罚措施的性质相违背。该观点实质上是终身监禁未在总则中规定这一特点放大，将终身监禁狭隘化了。笔者认为，一方面，对其定性应当放到整个刑法体系内与诸多刑罚种类相比较，做到在刑罚体系内有效地区分与其相近似的概念，寻求终身监禁在刑罚体系中所具有的一般属性和特殊属性。另一方面，终身监禁虽未规定在刑法总则中，原则上总则指导分则，分则也可以有条件地突破总则。作为分则个别罪名的刑事处罚之一，这也是终身监禁作为死缓的一种执行方式的特殊所在。

三、终身监禁的意义

在保留死刑的前提下，减少死刑立即执行适用终身监禁一直作为死刑的替代措施已被我国学者引入，因此在论述目前的终身监禁制度的价值时部分学者往往会加上“死刑替代措施”，而目前的终身监禁是否是死刑替代措施呢？须先明晰死刑替代措施的概念。

国外的死刑替代措施，主要是通过立法上的规定或者实际适用的刑罚措施来废除死刑、实现死刑替代。目前，死刑替代措施主要表现为两种模式：一种是已经废除死刑的国家，用一种刑罚手段完全取代死刑，对最严厉的犯罪进行惩戒；另一种就是仍然保留死刑的国家，通过不断的立法对死刑加以限制的同时，寻求一种可以接近死刑的刑罚来替代死刑，为逐步限制和废止死刑做准备。国内学者对于死刑替代措施的概念问题，也有不同的观点，分歧主要在于死刑替代措施是

① 张正新：《中国死缓制度的理论与实践》，武汉大学出版社2004年版，第32—34页。

在废除死刑后替代死刑，还是在保留死刑的前提下能够减少适用死刑的刑罚。持“死刑替代措施应该定位于立法上的替代”这一观点的学者以李希慧等学者为代表，即“死刑替代措施是在废除最严重犯罪的死刑后采取的替代死刑的处罚方法”。[①]持“死刑替代措施应该定位于司法上的替代”的学者以高铭暄为代表，即“死刑替代措施是出于限制适用死刑的目的，对立法中特定性质的犯罪，司法中特殊情况的罪犯，不适用死刑立即执行，代之以其他刑罚处罚”。[②]笔者赞同高铭暄的观点，在目前贪污、受贿罪的死刑仍然保留的情况下，终身监禁制度作为死刑缓期执行方式的一种，能够有效地替代死刑立即执行，减少死刑立即执行的应用，成为死刑替代措施。

从理论上来说，终身监禁的适用有降低死刑立即执行的可能。主要有三个方面。首先，在适用时间效力的解释上，“依照修正前的刑法应当判处死刑立即执行的，但依照修订后刑罚判处死缓同时决定终身监禁可以罚当其责的，应当适用终身监禁制度”。[③]其次，在适用对象上，《刑法修正案（九）》刚通过时，终身监禁的适用对象被解读为既包括原本应当判处死刑立即执行偏重者，也包括单纯判处死刑缓期执行偏轻者。[④]而后，对于终身监禁制度的适用对象变为“终身监禁只适用于依照现行刑罚应当判处死刑立即执行的犯罪分子”[⑤]，“强调终身监禁主要适用于原本可能判处死刑立即执行的情形”[⑥]，也是学者所言的对终身监禁制度“从宽理解”，这些也间接提高了死刑立即执行的适用门槛。最后，在情节上，《办理贪污贿赂案件解释》第4条第2款规定对于符合死刑立即执行的，如果具有自首、立功、坦白和退赃，以及减少、避免损失结果发生等情节则适用死缓。按照修正案的规定这也就意味着原本应当判处死刑立即执行的贪污、受贿罪将适用一般死缓或者终身监禁。同时上文指出终身监禁介于死刑立即执行与一般死缓之间，

---

① 李希慧：《论死刑的替代措施》，载《河北法学》2008第2期。

② 高铭暄：《略论中国刑法中的死刑替代措施》，载《河北法学》2008年第2期。

③ 沈德咏主编：《〈刑法修正案（九）〉条文及配套司法解释理解与适用》，人民法院出版社2015年版，第418页。

④ 黄京平：《终身监禁的法律定位与司法适用》，载《北京联合大学学报》2015年10月，第13卷第4期。

⑤ 袁彬：《中国刑法立法改革的新思维——以〈刑法修正案（九）〉为中心》，载《法学》2015年第10期。

⑥ 裴显鼎、苗有水：《〈关于办理贪污贿赂刑事案件适用法律若干问题的解释〉的理解与适用》，载《人民司法》2016年第19期。

那么有很大可能考虑罪刑相适应原则，死刑立即执行则会被终身监禁所替代。

死刑的限制与减少主要通过立法和司法两个层面，目前来看无论是立法层面还是司法层面，保守来说，都更加凸显出了终身监禁在我国贪污、贿赂罪处罚中对死刑立即执行起到的减少甚至于达到此类“替代”的作用。

（一）具有调节刑罚体系现有“死刑过重”的探索价值

对于刑罚结构，储槐植教授认为：“从过去到未来，刑罚结构可能有五种类型：死刑在诸刑罚中占主导地位；死刑和监禁共同在诸刑罚方法中为主导；监禁在诸刑罚方法中占主导地位；监禁和罚金共同在诸刑罚方法中为主导；监禁替代措施占主导地位。第一种已成历史的过去，第五种尚未到来，中间三种在当今世界中存在。”①目前死刑和监禁刑在我国刑罚结构占据了主导地位。2011年前由于我国刑罚结构衔接不合理，相应规范不完善，执行中出现偏差等原因致使我国刑罚结构出现“死刑过重、生刑过轻”的格局。2011年经过《刑法修正案（八）》修改后死刑罪名减少到55种，死刑缓期执行、无期徒刑执行制度中死刑缓期执行和无期徒刑减为有期徒刑后罪犯应实际执行的刑期以及中间的减刑环节也进行了严格的限制，使得死刑立即执行、死刑限制减刑、一般死缓与无期徒刑、有期徒刑执行刑期延长并相衔接。2015年的《刑法修正案（九）》中废除了9种死刑罪名，死刑罪名目前是46种。虽然这是我国在死刑废止之路上的一大进步，然而不可否认的一点是，无论是《刑法修正案（八）》还是《刑法修正案（九）》废除的死刑罪名多是司法上备而不用或备而少用的，因此真正的死刑并没有减少。总体来看，我国的刑罚结构呈现出死刑过重的特点。

首先，终身监禁的出台将传统的无期徒刑和死刑相衔接，提高生刑惩罚力度与死刑适用门槛，缩小死刑与传统无期徒刑的惩罚空隙，也调度了死刑和无期徒刑的适用。其次，在《刑法修正案（九）》之前，贪污、受贿罪中的不可减刑、假释的终身监禁平衡了原有一般死缓与死刑立即执行之间的差距，从而构建死刑的三层适用关系，有利于扩大适用时与死刑立即执行、死缓限制减刑、一般死缓三种执行制度构成一个刑罚均衡的四元结构。最后，终身监禁在贪污、受贿罪中的适用弥补了死缓限制减刑存在适用范围狭小、贪污受贿罪惩罚力度不足的缺陷。

---

① 储槐植：《论刑法学若干重大问题》，载《北京大学学报》1993年第3期。

刑罚结构的合理构建不是一蹴而就的，死刑的合理配置和适用也同样不能立刻臻于完美。终身监禁的作用从整个刑罚结构上来看，通过在贪污、受贿罪上的适用能够在一定程度上平衡现有死刑过重的状况，同时也为日后可能在其他罪名上的适用提供借鉴。终身监禁的适用，是对现有刑罚体系的积极尝试，从而具有探索价值。

（二）引导民众死刑态度，降低未来死刑废除阻力

民意是指人民群众共同的、普遍的思想或意愿。从国家层面看，民意是一切权力的来源；从立法层面看，民意的代表组成了立法机构，民意决定着法律制度的建立和废止；从司法层面看，司法的运作与成效取决于民意。一项法律制度取得实效的首要保障是它能为社会所接受，强制性的制裁只能作为次要的、辅助性的保障。社会的可接受性最终表现为民意的可接受性。法律的生命力源于法与社会一般观念的契合，与一般观念相冲突的立法和司法不可能得到社会的认同和支持。司法判决的权威就在于其具有社会可接受性、能够得到民意的认同。民意在大多数情况下代表着一种群体理性，司法判决符合民意，说明其具有了社会可接受性，从而其就是公正的。严格依据法律作出使判决具有了形式上的正义性，而如果判决结果还得到了民意的认同，那么其就又具有了实质上的正义性。尊重民意，是司法及一切权力行使获得正当性的基础，尊重民意的法律适用更容易赢得公众的尊重和支持。自古以来，我国就有重视民意的传统。《尚书》有“天视自我民视，天听自我民听”之论，庄子也有“上法圆天以顺三光，下法方地以顺四时，中和民意以安四乡”的说法，因此我国的法律变动多考虑民意。

中国人自古以来就有的死刑观念短时间内根本无法改变。我国素有“杀人偿命，欠债还钱”的说法，且汉高祖刘邦更是通过“杀人者死，伤人及盗抵罪”的约法三章获得了当时天下人的拥护，杀人偿命的观念更加深入人心。民众认为除却对于故意杀人等应当判处死刑，贪污腐败犯罪之人搜刮民膏、使得民不聊生、阻碍社会发展更是应当以极刑处之。贸然废除死刑不但得不到民意支持甚至会遭到民众的强烈反对，影响社会稳定。基于民众对死刑的态度，国家从立法层面将终身监禁引入。此次终身监禁在保留死刑的前提下出现能够极大地减少争议，保证终身监禁的实施。同时也是用强有力的手段潜移默化地减少民众对死刑的执念，使得注意力转化到终身监禁等措施上，也方便我国死刑废除之路的畅通。

目前来看，严峻的反腐败形势、国外废除死刑的趋势、国内废除死刑的呼

吁、民众对贪腐犯罪的态度选择等因素决定终身监禁制度在我国贪污、受贿犯罪上的适用具有合理性。但在我国死刑废除的道路上，不可减刑、假释的终身监禁制度是否能够扩大适用作为死刑替代措施，还需要进行商榷。笔者认为，目前不可践行、假释的终身监禁制度自身所带有的缺陷决定了其不能扩大适用。

四、终身监禁的缺陷探讨

（一）终身监禁在法理上的不足

刑法追求的价值目标是公正、谦抑和人道。刑法的价值追求决定了作为其重要组成部分的刑罚的走向和对其的要求。

1.终身监禁的制定有违刑法的公正性

刑法的公正性包括刑事立法的公正性和刑事司法的公正性。细化开来，即要求刑事立法过程中保证刑罚的正当性、刑事司法的过程中裁量和对犯人的处遇的平等、公正。

任何法律都必须有其根据，即某种明确的观点或信念，否则便无法解释和毫无意义。[①]同样，刑罚存在也需要明确的依据，即刑罚的正当化。刑罚的正当化通过刑罚的目的体现出来。通说认为刑罚的目的为报应和预防，笔者试从这两个方面对终身监禁所存在的问题进行分析。

首先，终身监禁不利于达到特殊预防的目的，特殊预防的目的在于实现罪犯的再社会化。终身监禁断绝了罪犯重返社会的机会。罗克辛教授认为，特殊预防的关键在于罪犯的再社会化，即刑罚的目的并不在于使罪犯远离社会或使其“标签化”，而在于使其能够重新回归社会。这样的主张体现在国际公约中，一系列国际公约、法律文件及各国立法实践的认可。例如《儿童权利公约》第37条规定，禁止对未成年人适用终身监禁。终身监禁主要存在的英美法系国家刑法将该制度划分为不可假释的终身监禁和可假释的终身监禁，不可假释的终身监禁仍具有减刑或赦免的可能性。而从实际执行的角度看，英美法系的大部分国家基本上并不存在绝对的终身监禁。

反观我国终身监禁，被判处终身监禁的罪犯将面临终身被关押在监狱的刑罚。从特殊预防的直接目的看，终身监禁造成罪犯与社会的彻底隔离，从而直接

---

①［日］大塚仁：《刑法概说（总论）》，冯军译，中国人民大学出版社2008年版，第415页。

封堵了罪犯原本作为社会成员重新回归社会、走上正确道路的可能性。此外，终身监禁不仅无法激励犯罪人主动接受教育改造的积极性，更阻碍和限制了犯罪人矫正的动力。对于罪犯来说，在监狱中丝毫没有被释放希望的生活很可能使罪犯拒绝改造、自暴自弃。因此，从再社会化的角度看，终身监禁不利于特殊预防目的的达成。

其次，终身监禁一般预防作用有限。一方面，一般预防理论来源于费尔巴哈的“心理强制说”，该理论认为行为人在实施犯罪行为前，通过权衡刑罚的效果和犯罪行为预期达到的“收益”选择实施犯罪或不实施犯罪。因此通过设定刑罚的方式对公众产生心理上的作用，迫使其因为恐惧犯罪后果而最终放弃预备实施的犯罪行为。当代一般预防论者在强调一般预防的必要性与现实性的同时，无不承认其局限性。无论是一般预防表现为威吓还是表现为强化守法习惯，最终都是人对刑罚的一种反应。而人的心理活动千差万别，这就决定了其对刑罚的反应不尽相同乃至截然相反。对于那些“没有充分理智前提的人”“生活的命运已经超出希望点的那些人”“以惩罚为荣的人”以及“相信可以逃避惩罚的人”等，刑罚是无效的。[①]因此，一般预防“因人而异”，不可能对所有人都产生效果。另一方面，按照一般预防的理论，预先设定的刑罚效果越重，一般预防的效果越好。显而易见的是终身监禁制度并不比死刑立即执行重，所以终身监禁并未加重刑罚，一般预防的效果并未得到加强。

最后，终身监禁制度对罪刑相适应的背离。从贪污贿赂犯罪与其他犯罪的比较来看，刑法中比贪污贿赂犯罪更加严重的犯罪还很多，比如对于直接侵害人的生命健康的故意杀人罪、故意伤害罪、强奸罪、放火罪、爆炸罪等严重犯罪，这些犯罪的危害性比贪污贿赂犯罪更为严重。又如，《刑法》第66条针对危害国家安全罪、恐怖活动犯罪、黑社会性质组织犯罪与其他罪相比又规定了特殊累犯，这充分说明了这三类犯罪的危害性特别大，但贪污贿赂罪并不属于特殊累犯的适用范围。类似的情形还有《刑法》第50条第2款关于限制减刑的规定，也不包括贪污贿赂罪。因此，经过简单的比较就会发现，大量危害性比贪污贿赂罪严重得多的犯罪并未规定终身监禁，而贪污贿赂罪既不构成特殊累犯也不属于限制减刑的范围，刑法却直接对其规定了较为严厉的终身监禁制度。特别是对于恐怖犯罪以及故意杀人等严重危及人身安全的暴力性犯罪，刑法尚且没有规定终身监禁，

① 邱兴隆：《关于惩罚的哲学——刑罚的根据论》，法律出版社2000年版，第107—109页。

而对于不直接侵犯公民生命健康的贪污贿赂犯罪却配置了终身监禁制度。这从刑法体系内部来看，不同犯罪所适用的法律后果之间显然是不协调的，也违背了罪刑相适应原则关于“重罪重罚、轻罪轻罚”的要求。

2.终身监禁的制定有违刑法的谦抑性

刑法的谦抑性，又称节俭性、经济性，是指立法者应当力求以最小的支出——少用甚至不用刑罚，获取最大的社会效益——有效地预防和控制犯罪。[①] 在刑罚限度上的谦抑性是国家刑罚权的行使应当节俭以防止刑罚过剩与刑罚过度。

刑法的谦抑性要求刑罚一方面在刑罚收益相同的情况下，应当尽可能地配置成本较小的刑种或刑罚方法，避免刑罚成本的不必要浪费。另一方面在维持刑罚效益与成本的最优化比例，防止过于追求效益而造成成本过高。对于我国来说，《刑法修正案（八）》后被判处死缓限制减刑的犯罪分子由于服刑时间长、危险性大等原因在监狱中实行单独分区管理，对于国家来说成本加大。由此看来，被判处终身监禁的犯罪分子势必也会实行分区管理，加强戒备，再度加大监禁成本。然而一旦终身监禁制度适用于其他犯罪，单独分区管理也面临成本过大的刑罚过度，违反了刑罚的经济性、节约性。

（二）终身监禁的行刑问题

行刑，作为整个刑事活动的最后一环，承担着执行的角色。行刑大体上分为监狱行刑和社会行刑，监狱行刑占据行刑的大部分任务。终身监禁的执行问题反映在实际中主要是对于刑罚的执行机构监狱方面的运行问题。终身监禁没有任何回归社会的可能，监狱从收监开始到终身监禁服刑人员死亡一直承担着对其的关押、改造和教育的任务。而这些费用的产生需要由国家财政负担。

除却监狱对于正常罪犯管理的费用，监狱还需承担对老年罪犯的生活医疗成本。被判处终身监禁的服刑人员进入老年阶段后，对监狱来说成本高昂，如果扩大势必给人“监狱是具有福利性质的养老机构”的错觉。一旦扩大适用，此时，监狱不再是监狱，而是福利机构。这将会产生大量费用给国家财政带来巨大的财政负担。

---

① 陈兴良：《刑法的价值构造》，中国人民大学出版社2007年版，第292页。

（三）适用标准不明确

《刑法修正案（九）》在将贪污受贿犯罪定罪量刑模式由单独的数额改变为“抽象数额+情节”的模式，由最高人民法院等司法机关通过司法解释的方式将数额具体量化。这种“抽象数额+情节”的立法模式有利于保持刑法稳定性和立法严肃性，也符合社会发展所带动的司法实践需要。2016年4月18日实施的《办理贪污贿赂案件解释》中可以发现，贪污或者受贿数额在300万元以上的，即刑法法条中所称的“数额特别巨大”，依法判处10年以上有期徒刑、无期徒刑或者死刑。而针对无期徒刑和死刑的判断标准是：数额特别巨大，并使国家和人民利益遭受特别重大损失。数额特别巨大即为300万元以上，但是无期徒刑、死缓、终身监禁和死刑立即执行之间数额究竟相差多少、分别是多少无从得知。贪污、受贿罪作为职务犯罪、非暴力犯罪，死刑立即执行的适用将会大大减少，终身监禁相对会增加，目前量刑标准不明确，适用案例尚少，后期适用容易导致法官裁量权过于宽泛。对终身监禁程序限定不足，将会导致缺乏对罪犯的保障。

五、终身监禁的相关完善建议

目前在学界形成通识的是：死刑废除后，通过调整无期徒刑的实际服刑时间，将其作为法定最高刑。[①]笔者也赞同此观点。死刑废除之路系统而复杂，需循序渐进进行，死刑完全废除需要很长一段时间。诚如上文所言，终身监禁只能作为临时过渡措施的原因是其所存在的问题是无法仅仅靠通过司法解释达到完全解决的目的。问题的解决方案只能是在对目前终身监禁改善后通过刑法修正案的方式在刑法总则中明确终身监禁是死刑的一种执行措施的地位，在死刑保留的前提下会形成死刑立即执行、死缓犯终身监禁、限制减刑的死缓以及一般死缓的四元化死刑适用格局。随着死刑罪名的逐渐废除，终身监禁终止适用，我国形成以自由刑为主导的刑罚结构。死刑完全废除的阶段太遥远，只有相对完善现有制度，改善现有困局，笔者就目前状况提出见解，以期有所裨益。

---

① 商浩文：《论死刑改革视野下的终身监禁制度》，载《华东政法大学学报》2017年第1期；王志祥：《死刑替代措施：一个需要警惕的刑法概念》，载《中国法学》2015年第1期；张明楷：《死刑的废止不需要终身刑替代》，载《法学研究》2008年第2期；张新：《终身自由刑替代死刑研究》，吉林大学2013年博士学位论文；张晓媛、钱叶六：《论贪贿犯罪的死刑废除及其应对措施》，载《海峡法学》2016年第2期。

（一）不可减刑、可假释的终身监禁的可行性

1.不可减刑、可假释的终身监禁域外经验

将各国所适用的终身监禁分类，可按照是否参加劳动分为：有劳动型终身监禁和无劳动型的终身监禁；按照法官是否具有裁量权分为可裁量型终身监禁、绝对型终身监禁；按照是否可以假释，分为可假释型终身监禁和不可假释型终身监禁，也有人将之称为“可变更型终身监禁和不可变更型终身监禁”。可假释型终身监禁是指服刑规定时间之后可以假释出狱的终身监禁。不可假释型终身监禁是指除出现特殊事由，否则不得假释出狱的终身监禁。按照此种分类，我国目前的终身监禁属于不可假释型终身监禁。

不可假释型终身监禁，适用国家数量不多。目前主要在美国存在，美国约有33个州及哥伦比亚地区和联邦适用不可假释的终身监禁。①尽管美国有大量州是不可假释的终身监禁，但是有赦免存在，和我国目前的终身监禁并不完全相同。换言之，目前大多数国家和地区均采用可假释的终身监禁。可假释的终身监禁往往存在于废除死刑的国家或者未废除死刑但是实际上并未执行死刑的国家。主要代表国家是英国、德国、日本以及美国的部分州或地区。以德国为例，德国曾经适用过不可假释的终身监禁，后由于德国国内刑罚理念更迭、大量民众对该刑罚方式过于严厉的反对和实际操作的问题等原因于1982年通过修正案的方式将不可假释的终身监禁修改为可假释的终身监禁。

同样，我国目前和德国等过去面临一致的实践问题。在死刑保留阶段，终身监禁扩大适用，适用罪犯人数增加，不仅执行上面临着问题，而且在法理上也无法理顺，因此最好的方法则是扩大终身监禁的矫正出口问题。

“他山之石，可以攻玉。”笔者认为我国可以借鉴以上国家做法，将不可减刑、假释的终身监禁调整为不可减刑、可假释的终身监禁，将假释作为矫正出口，也吸收了罪犯在服刑期间有重大立功却不给予奖励的缺陷。首先，这可以解决刑罚人道性问题，给予罪犯以生的希望；其次，也是践行了“人是可以改造的”矫正理念，符合恢复性司法的理念，减少狱政压力；再次，在死刑保留的前提下，从司法实践上减少死刑立即执行的应用；最后，在死刑中构建起四层刑罚结构，更有利于罪刑相适应原则的体现，并且随着死刑的废除，终身监

① 储槐植：《美国刑法》，北京大学出版社2012年版，第260页。

禁也随之消失。

2.假释的适用优势

假释，即在监狱服刑的罪犯的刑罚尚未执行完毕，给罪犯设置一系列限制条件，将其释放出监狱的刑罚执行制度。[①]假释的罪犯在假释期间必须遵守相关规定，如有违反则假释将被撤销。假释起源于16世纪英国为解决国内经济疲软且失业问题严重、国外劳动力不足的问题而衍生出对美洲、澳洲等殖民地的流放制度。假释雏形形成于在流放制度中逐渐产生的附条件赦免的“释放票”。后随着爱尔兰制和美国埃尔米拉感化院的出现，假释进入发展的成熟期。20世纪后，假释在美国以及全球范围内得到全面普及。假释的创制、成熟和发展的过程，实质上也是刑法理论、刑罚观念的发展变迁史。

任何刑罚种类或制度，都必须受到刑罚目的的制约和符合报应、一般预防和特殊预防的需要，否则便会失去其作为刑罚的正当性依据，也就必然面临着被废止或者替代的危险。现代意义上的假释不仅有利于刑罚目的的实现，同时也有节约司法资源、充分整合社会力量、预防罪犯再犯罪等多项功能。

在报应层面上，对终身监禁设置假释，一方面能够使罪犯必须在一定的时间经受一定的痛苦和惩罚才有可能获得假释的资格。另一方面假释并非终身监禁的完全终结，假释只是终身监禁的延续，即在假释考验期内，罪犯需要严格遵守法律和相应的规则，否则假释将会被撤销，罪犯仍需返回监狱执行剩余的刑罚。换言之，即使假释，刑罚的报应目的仍然在支配着刑罚的执行。

在一般预防层面上，对终身监禁设置假释，看起来似乎是对其的违反，其实并不然。终身监禁的设置重在依靠其的不可减刑、假释和类似于死刑的威慑力实现对民众的恐吓和教育达到一般预防的目的。而过分追求一般预防，往往会物极必反，以假释实现以柔克刚，即使假释，但是假释是永久的附条件的，一般预防效果并没有减少。

在特殊预防层面上，假释制度是刑罚个别化的重要体现，也是实现特别预防目的的手段之一，不可减刑、假释的终身监禁即使达到了防止再犯的目的，也是以强制威慑为手段，并非完全矫正实现。增加假释，有利于罪犯提高改造积极性，也是对罪犯良好行为的肯定。通过适用假释，引导罪犯归入正途，并在其回归社

---

① 储槐植、李莎莎：《中美假释制度比较论纲》，载《江苏警官学院学报》2011年1月，第26卷第1期。

会后继续保持对其的监督。

因此，笔者认为应当在我国终身监禁中增设经过一定时间的刑罚处罚，符合假释条件后予以假释并终身监督。

（二）法律定位

不可减刑、可假释的终身监禁依然隶属于死刑，处于死刑立即执行和死刑缓期执行之间。我国现有刑罚体系中死刑包括死刑立即执行、一般死缓、死刑限制减刑和不可减刑、假释的终身监禁。不可减刑、假释的终身监禁对不同的主体与现有刑罚构成不同的死刑刑罚体系。对于死缓的累犯以及八类严重暴力性犯罪的罪犯来说，不可减刑、可假释的终身监禁与死刑立即执行、死刑限制减刑和一般死缓构成死刑的四元结构，成为在死刑立即执行与死刑限制减刑之间的中间刑罚。贪污、受贿罪目前不可减刑、假释的终身监禁作为临时过渡措施存在诸多问题，应以不可减刑、可假释的终身监禁代替。在其他不包含有死刑限制减刑的罪名中嵌入不可减刑、假释的终身监禁。

或许有人会认为普遍嵌进存在刑罚加重、惩罚力度不足、民意阻碍等弊端。笔者认为，首先，看似整个刑罚结构在加重，有悖于刑罚的轻缓化趋势，但是在司法实践中，终身监禁起到替代死刑立即执行的作用，减少了死刑立即执行的适用，实质上降低了刑法结构的重刑程度。其次，即使某些罪名死刑废除并不影响该罪名的惩罚力度。死刑废除，意味着死缓、死刑限制减刑、终身监禁和死刑立即执行的废除。我国刑罚中显存46个罪名中除劫持航空器罪等存在绝对死刑外，其他罪名法定刑均为“十年以上有期徒刑、无期徒刑或死刑”的表述。因此，如果死刑废除，尚有无期徒刑存在。在整个刑罚结构调整中，提高生刑、减少死刑适用是大趋势。2017年1月1日生效的《最高人民法院关于办理减刑、假释案件具体应用法律的规定》对减刑、假释的适用作了严格规范，保证了无期徒刑的实际服刑时间。所以，即使死刑罪名废除并不会降低处罚力度。再次，在民意层面上，在我国，人们对死刑的迷信来源“威慑他人”和“维持社会秩序”两项功能。[①]而部分罪名的死刑废除后保证对犯罪的惩罚力度能够降低民众对废止死刑后社会稳定和人身安全的担忧和对死刑的迷信。最后，通过对不可减刑、可假释的适用，也有利于为死刑完全废除后无期徒刑的严厉化提供经验。

---

① 张惠芳、何晓俊：《死刑民意调查研究》，载《时代法学》2011年第4期。

（三）适用主体

死刑废止，是历史必然。根据目前大多数学者所认同的死刑废止路径，即按照死刑罪名适用的频率，将死刑罪名划分为三类：备而不用的死刑罪名、偶尔使用的死刑罪名和经常适用的死刑罪名。同时结合是否为非暴力犯罪和暴力犯罪决定废除该罪名死刑的顺序。根据《刑法修正案（八）》《刑法修正案（九）》的规定可以发现我国目前废除死刑的罪名以经济性、非暴力犯罪为主，同时也囊括部分非致命性暴力犯罪，比如强迫卖淫罪、阻碍执行军事职务罪。对于非致命性暴力犯罪，取消死刑后，如出现情节特别恶劣，符合数罪并罚或者其他有关犯罪规定的，还可依法判处更重的刑事处罚。

（四）假释的条件

1.服刑时间

终身监禁的严厉性决定了终身监禁不可能和有期徒刑、无期徒刑的执行时间类似，只能比两者更为严厉。因此笔者认为终身监禁应当服刑一定时间后方可假释，且假释后一直受到监督，应定期到司法机关报到登记。

根据2017年1月1日施行的《最高人民法院关于办理减刑、假释案件具体应用法律的规定》规定，无期徒刑、一般死缓和死刑限制减刑的由死缓向无期过渡时的年限统计如下表：

刑罚名称	固定时间（年）	确有悔改表现或者有立功表现（年）	确有悔改表现并有立功表现（年）	重大立功表现（年）	确有悔改表现并有重大立功表现（年）
无期徒刑	2	22	21—22	20—21	19—20
一般死缓	2+3	25	24—25	23—24	22—23
死刑限制减刑	2+5	25	24—25	23—24	22—23

由上图结合《最高人民法院关于办理减刑、假释案件具体应用法律的规定》对于减刑时间间隔以及减刑幅度的规定，如果是一般情形下的立功或悔改，无期徒刑总服刑时间为21—22年、一般死缓的服刑时间为27—28年、死刑限制减刑的服刑时间为29—30年。当然，如果出现重大立功表现的，执行时间更短，但在实践中重大立功很罕见。

在英国，根据被判处终身监禁的罪犯所犯罪类型不同，决定其实际服刑多长时间方可申请假释。一般是要求实际服刑时间至少15年，对于特别严重的犯罪，则实际服刑需达到30年。在美国一些规定能够可假释的州或地区，根据各个州的不同情况要求终身监禁经过10年、15年或者25年最低关押期可以申请假释。据统计，目前有14个州规定申请假释的最低关押期为25年。[①]在德国，绝大多数被判处终身自由刑的罪犯服刑时间在20年以内，少数的一部分罪犯服刑在20年以上，平均执行刑期18年。[②]据统计，在日本，2004年假释者的平均服刑其实25年10个月，2005年假释者的平均服刑其实27年2个月，2007年假释者的平均服刑超过了30年。[③]换言之，日本被处以终身监禁的罪犯的实际服刑在25年以上。

基于国内刑罚执行现状和国外可假释终身监禁的情况，笔者认为应当保证终身监禁执行30年以上。根据我国《刑法》第49条对犯罪时不满18周岁、审判时候为孕妇的人不适用死刑的规定，18岁以上的人方可适用死刑，才有可能适用终身监禁。已满18周岁的人在30年后已满48周岁，经过30年的教育改造且人身危险性基本丧失的情况下，笔者认为可以假释。

2.服刑表现

在我国，假释是激励罪犯改造的重要刑罚制度。假释，即在监狱服刑的罪犯的刑罚尚未执行完毕，给罪犯设置一系列限制条件，将其释放出监狱的刑罚执行制度。[④]假释的依据是罪犯人身危险性的降低。我国刑法学通说认为，犯罪的本质是社会危害性，而社会危害性由客观危害和主观恶性构成。犯罪的主观恶性越重，行为人的人身危险性就越大；反之，亦是如此。通常，对罪犯所判处的刑罚总量包括报应和特殊预防两个因素的结果。当特殊预防目的已经达到，人身危险性降低至正常人水平，应当予以假释。而人身危险性的重要衡量标准则是罪犯在监狱中的服刑表现。

按照《刑法》第81条的规定，如果服刑人员认真遵守监规，接受教育改造，确有悔改表现，没有再犯罪的危险的，可以假释。笔者认为可参照2017年施行的《最高人民法院关于办理减刑、假释案件具体应用法律的规定》的细则性规定参

① 储槐植：《美国刑法》，北京大学出版社2012年版。

② 徐久生：《德语国家的犯罪学研究》，中国法制出版社1999年版，第156—157页。

③ 张秀玲：《无期徒刑研究》，吉林大学2010年博士学位论文，第42页。

④ 储槐植、李莎莎：《中美假释制度比较论纲》，载《江苏警官学院学报》2011年1月，第26卷第1期。

考适用。

除参考细则性规定作为衡量标准外，笔者认为应当在罪犯服刑期内每隔5年做人身危险性评估，该评估应当由法院和执行机构合作作出，主要包含原犯罪情况和社会影响等因素。原犯罪情况主要指罪犯的主观恶性、人身危险性及重新犯罪的可能性，具体应考察是否是严重暴力犯罪、犯罪的情节是否严重、性质是否恶劣，共同犯罪中的地位和作用，是否累犯、惯犯，是否数罪；社会影响，主要是指与罪犯所犯罪行或其身份可能或已经引起的社会影响，如社会影响和有一定民愤的涉黑涉恶犯罪组织的首犯或领导者、组织者，有社会影响的犯有职务犯罪的原任领导干部，其他所犯罪行有一定社会影响的罪犯等。

（五）假释程序

终身监禁作为实际意义上的死刑替代措施，其严厉性和威慑性均要求适用程序应当严格对待。假释作为终身监禁可消灭的途径，应当经过严格程序。

1.假释申请者

我国假释的申请者是执行机关，即对罪犯的情况了如指掌，罪犯究竟是否适合假释，最有话语权的是监狱。假释的申请问题实质上是假释的本质问题，目前主要是分为“奖励说”与“权利说”两观点。“奖励说”认为假释是国家对服刑人员的奖励和恩赐，如果罪犯在监狱服刑期间持续良好地接受改造教育且保持较好的行为，国家则会通过缩短其判决时的刑罚期限作为奖励，使之能够在判决的刑期届满之前得以重返社会。“权利说”认为假释是罪犯自己积极努力表现而得到的一种肯定，假释的基础在于罪犯本身的权利。对此，笔者持折中观点：国家为保护法益以及被害人利益对罪犯的侵害行为作出刑罚处罚惩罚。同时罪犯积极改造，为重返社会做的努力，应当给予肯定。刑罚处罚的目的在于预防，当预防目的达到后可对罪犯予以假释做到实质上的罪刑相当。因此，笔者认为，终身监禁的罪犯在符合30年实际服刑期限和狱中表现等条件后，应当给予罪犯申请假释的权利。一方面，体现出其洗心革面回归社会的愿望；另一方面，体现假释申请者的双向性，为刑罚执行阶段罪犯人权提供保障，提高罪犯改造的积极性。所以，终身监禁假释的申请者应是罪犯本人以及执行机关。

2.假释决定者

我国假释的决定者是司法机关，即中级以上人民法院。笔者认为可由司法厅为主导，听取监狱、原审人民法院、罪犯假释后的拟住所地居委会或司法所、被害人或其近亲属的意见后作是否假释的决定。监狱对罪犯的执行情况了如指掌，也最有话语权；原审人民法院对于罪犯的案情以及危害性了解比较透彻；罪犯假释后居住地区的情况是否适合其假释后居住以及相关的监管问题，居委会或司法所最为了解，因此应当征求其意见。被害人及其近亲属作为受害方有权表达其意见，因此也应当对意见予以征求。假释，在一定程度上属于行政范畴，但具有司法属性，因此由司法机关主导，征求多方意见也比较合适。

3.假释具体程序

在假释程序上，目前有部分法院是通过“提请公开、裁前监督—审判公开、陪审监督—文书公开、社会监督”的路径，[①]保障假释程序的公开透明。笔者认为，在监狱、罪犯提出假释的申请后，省级司法机关应当及时向其他单位征求意见，同时将假释申请公开，接受以听证和网络等方式的监督，严格审查所提异议。必要时，罪犯本人、罪犯出狱后拟住所地的司法工作人员、当地居委会等基层组织代表、受害人等可参加假释决定审议，短时间内作出审议结果。确保杜绝“暗箱操作”“差别待遇”的现象和出现的权钱等腐败交易。

结　语

《刑法修正案（九）》创新性地设立了具有我国特色的终身监禁，在我国法治化进程中具有重要意义。同时也是迈出了在我国在废除死刑之路上具有创设性的一步。“立法作为一项公共政策，它本身就是各种声音和力量的博弈，而不可能是纯教义学的产物。”因此，我们无法苛求它完全符合刑法的逻辑，但它作为刑法这门科学所有的名词和制度，我们作为刑法学人仍要尽力使之规范，向良性发展。不可减刑、假释的终身监禁所存在的优势以及其和死刑改革息息相关的命运，决定了其将会消亡的大趋势。在完全废除死刑前，终身监禁作为司法上起到“死刑替代”作用的特殊刑罚执行措施，是从限制减少死刑到死刑完全废除之间的特定历史产物，也是在该时间段内做到替代死刑的权宜之计。试望未来，死刑的完全废除后无期徒刑将成为最严厉的刑罚，正式替代死刑，不仅符合刑罚轻缓化的大趋势，而且也弥补了死刑废除、终身监禁的消逝后威慑力的不足。

① 韩芳、隋岳：《减刑假释新规：禁绝提“钱”出狱》，载《人民法院报》2017年2月5日，第3版。

第五章

澄清腐化之源：
行贿罪的反思辨析与合理优化

第一节　严而不厉：刑事政策视域下行贿罪的思考①

行贿是受贿的主要根源，在当前反腐的高压态势下，要想有效遏制腐败的滋生和蔓延，就必须从源头上着手，对行贿罪实行“严而不厉”的刑事政策，调整对行贿罪的处罚范围和处罚力度。一方面，要严密行贿罪的刑事法网，扩大刑法对行贿罪的处罚范围；另一方面，应顺应刑罚轻缓化的趋势，适当降低处罚力度。2015年8月29日全国人大常委会通过的《刑法修正案（九）》对行贿罪的立法进行了修订，这是刑事立法对党的十八大以来国家提倡从严打击行贿罪作出的回应。但从《刑法修正案（九）》体现的政策走向来看，对行贿罪体现的依然是“厉而不严”的刑事政策，即强调提高行贿罪的处罚力度，而忽视提高处罚概率，“严而不厉”的刑事政策仍然没有得到贯彻。对此，有必要展开深入的思考。

一、行贿罪刑事政策之沿革

刑事政策这一概念最先是由被誉为“现代刑法学之父”的德国刑法学家费尔巴哈在1803年出版的刑法教科书中提出来的。费尔巴哈将刑事政策界定为“国家据以与犯罪作斗争的惩罚措施的总和”。②德国刑法学家李斯特认为，刑事政策是“国家与社会据以组织反犯罪斗争的原则的总和，是社会政策有机组织的一部分，是全社会关于预防、控制犯罪的思想、对策、措施的总和”。③在我国，刑事政策学作为法学学科得以确立的时间比较晚。随着新中国的建立，党和国家在探索法治国家的建设道路上逐渐认识到刑事政策的重要性，不断强调刑事政策的作用和功能。学界由此开始对刑事政策的概念、刑事政策与刑事立法、刑事司法之间的关系等问题进行深入研究。基于研究方法和立场的不同，学者们对刑事政策的概念存在一定的争议。对此，主要存在广义说和狭义说之分。广义说认为，“刑事政策和策略是党和国家制定的，或者政法机关制定并经党和国家肯定、推行的运

① 本节内容曾发表在《知与行》2015年第4期。

②［法］米海伊尔·戴尔玛斯—马蒂：《刑事政策的主要体系》，卢建平译，法律出版社2000年版，第1页。

③ 马登民、张长红：《德国刑事政策的任务、原则及司法实践》，载《政法论坛》2001年第6期。

用刑事法律武器同犯罪作斗争的一系列方针、措施、政策、办法的总和”。[①]而狭义说则认为，刑事政策是“国家和社会依据犯罪态势对犯罪行为和犯罪人运用刑罚和诸多处遇手段以期有效地实现惩罚和预防犯罪目的的方略”。[②]可以看出，广义说将刑事政策解释为所有预防和惩罚犯罪的综合政策，既包括直接控制犯罪的各项刑罚制度，也包括间接控制犯罪的其他社会政策。狭义说则将刑事政策的范围限定为直接与控制犯罪目的相关的刑事上的政策。二者的分歧是其研究范围的大小所决定的，其核心都是研究控制犯罪的各项方针和策略。由于本文将刑事政策的研究范围聚焦在刑事实体法上，因此，笔者对刑事政策作狭义上的理解，将其界定为党和国家为犯罪控制而制定的一系列指导刑事立法和刑事司法的方针和策略。就行贿罪来说，其刑事政策是指国家依据行贿罪的态势制定的对行贿行为和行贿人运用刑罚及诸多处遇手段以达到有效控制的方针和策略。

新中国成立之后，为了肃清贪污腐败分子，为社会主义建设扫清道路，中央人民政府于1952年颁布了《中华人民共和国惩治贪污条例》（以下简称《惩治贪污条例》）。其中，第6条和第7条涉及行贿罪的相关规定，行贿罪与介绍行贿罪被规定在同一条款中。鉴于新中国成立初的立法技术较为落后，立法机关对行贿罪的构成要件和法定刑规定得相对粗糙，司法机关在处理行贿案件时具有较大的自由裁量权，这表明国家当时对行贿罪的认识并不深入，也不够重视。1979年《刑法》将行贿罪等贪污贿赂犯罪归入渎职罪一章，并将受贿罪、行贿罪和介绍贿赂罪同时规定在第185条。其中涉及行贿罪的只有“向国家人员行贿的，处三年以下有期徒刑或者拘役”这一简单的规定，其构成要件相较于《惩治贪污条例》而言进一步简化，配置的法定刑也比较轻。1985年，最高人民法院和最高人民检察院出台的《当前办理经济犯罪案件中具体应用法律的若干问题的解答（试行）》（以下简称《解答》）为行贿罪增加了“为谋取非法利益”的主观要件，由此缩小了行贿罪的处罚范围。1988年1月21日全国人大常委会通过的《关于惩治贪污罪贿赂罪的补充规定》（以下简称《补充规定》）第7条对行贿罪作了详细的规定。在构成要件上，《补充规定》借鉴了《惩治贪污条例》的做法，采用肯定性规定和排除性规定两种方式对行贿罪的情形进行细化，并将其主观要件从“为谋取非法利益”修改为“为谋取不正当利益”。《补充规定》第8条加大了对行贿

① 敬大力：《论我国的刑事政策和策略及其运用》，载《检察理论研究》1994年第2期。

② 储槐植：《刑事政策概念、结构和功能》，载《法学研究》1993年第3期。

罪的处罚力度，规定对情况特别严重的行贿罪判处无期徒刑和没收财产。1997年修订后的《刑法》基本上吸收了1988年《补充规定》对行贿罪的规定，并在此基础上有所调整：一是将行贿罪等贪污贿赂犯罪从渎职罪一章分离出来，单列一章；二是除了行贿罪以外，第391条和第393条还分别规定了对单位行贿罪和单位行贿罪，由此丰富了行贿犯罪的罪名体系，为严厉打击行贿犯罪提供了法律依据。这与新时期腐败现象复杂化的特点和满足司法实践需求是密切相关的。

纵观新中国成立以来行贿罪的立法沿革，可以发现我国在行贿罪刑事政策的选择方面，整体上经历了“又严又厉——严而不厉——不严不厉——厉而不严”的变化过程。这里的“严”是指法网严密，“厉”是指刑罚严厉。首先，1952年《惩治贪污条例》第6条规定：“一切向国家工作人员行使贿赂者，应按其情节轻重参酌本条例第三条的规定处刑……”在此，从罪状描述上来看，并未对行贿罪的主观要件进行特别规定，行贿内容为“贿赂”，即包括财物、财产性利益以及其他好处。并且，将行贿罪和贪污罪的社会危害性等同，对行贿罪和贪污罪适用同一法定刑，规定法定刑最高判处10年以上有期徒刑或无期徒刑，对于情节特别严重者可以判处死刑。由此可以说，自1952年《惩治贪污条例》至1979年《刑法》颁布期间，我国对行贿罪奉行的是“又严又厉”的刑事政策。其次，1979年《刑法》沿袭了《惩治贪污条例》对行贿罪构成要件的规定，对行贿罪的处罚范围界定得比较宽泛。但在此基础上，区分了行贿罪与贪污罪的社会危害性，为行贿罪单独设置了法定刑。与《惩治贪污条例》相比，行贿罪的构成要件没有出现明显的变化，但其处罚力度则大为降低，其法定最高刑为3年有期徒刑。因此，1979年《刑法》将行贿罪的刑事政策由“又严又厉”调整为“严而不厉”。然而，1985年《解答》对行贿罪的构成要件进行了变更，要求行贿人主观上必须具有“谋取非法利益”的意图，从而将所有主观上不具有谋取非法利益的行贿行为排除出刑法的处罚范围，刑事法网由此开始限缩，但却未对行贿罪的法定刑进行任何的调整，对行贿罪仍然适用3年以下有期徒刑或拘役的法定刑幅度。由此可见，1985年《解答》对行贿罪奉行的刑事政策是“不严不厉”。依据1988年《补充规定》和1997年《刑法》的规定，就行贿罪的成立而言，应当具备“谋取不正当利益”的主观要件；在行贿内容方面，二者均将其限定为“财物”，由此导致行贿内容大大缩小，将采用财产性利益和非物质性利益行贿的行为排除在该罪处罚范围之外；在刑罚方面，1988年《补充规定》则突然将行贿罪的最高法定刑提高至无期徒刑，并处没收财产。1997年《刑法》规定对情节特别严重的行贿罪处以10

年以上有期徒刑或无期徒刑，可以并处没收财产。由此可见，除了1979年《刑法》为行贿罪配置的法定刑较轻以外，对行贿罪的处罚力度在1988年《补充规定》和1997年《刑法》中均被维持在高位状态，行贿罪的刑事政策已经由“不严不厉”转向“厉而不严”。从司法机关的立案标准来看，1997年《刑法》并未对行贿罪的具体数额予以直接规定，但1999年《最高人民检察院关于人民检察院直接受理立案侦查案件立案标准的规定（试行）》将行贿罪的立案标准定为1万元（具有特殊情节的可低于1万元）。

2012年最高人民法院、最高人民检察院出台的《关于办理行贿刑事案件具体应用法律若干问题的解释》也将行贿罪的立案标准维持在1万元。定量的立案标准模式将很大一部分行贿数额达不到立案标准的要求但具有其他严重情节的行贿行为排除出司法机关的立案范围，从而降低了司法机关行贿罪的起诉概率。由此不难看出，行贿罪刑事政策的整体走向主要体现为“法网趋窄”和“刑罚趋厉”两个方面。前者是指刑事法网由于构成要件的变更而不断限缩，后者则是指刑事处罚在1979年《刑法》之后始终保持较强力度。因此，现阶段行贿罪的刑事政策本质上可以说是“厉而不严”。

二、行贿罪刑事政策之考量

国家在惩治行贿罪中奉行“厉而不严”刑事政策，无非出于这样的考虑：鼓励行贿人检举揭发受贿犯罪，牺牲行贿罪的追诉率来提高受贿罪的追诉率。基于上述的司法利益考量，对行贿罪奉行“厉而不严”的刑事政策也就顺理成章。然而，在“厉而不严”的刑事政策指导下，由于法网不够严密，行贿人极少受到刑事制裁，导致行贿罪的重刑形同虚设，与之配置的刑罚自然也就难以发挥威慑的效果。行贿人经过利益衡量和理性计算，往往会认为行贿利益远远高于行贿成本和行贿风险，从而“舍身犯险”，行贿罪的数量没有减少，行贿之风愈加猖狂，作为对合犯的受贿罪也就源源不断，这就是我国近年来贿赂犯罪数量居高不下的主要原因。因此，从治理贿赂犯罪的整体效果来看，“厉而不严”的刑事政策并非最佳的治理策略；就惩治行贿罪而言，需要寻找其他有效路径。

宽严相济刑事政策是我国预防和控制犯罪的基本刑事政策。“宽严相济”之“宽”，即“宽大”，具体包括刑事法网的宽和与刑罚量的轻缓两个方面。“宽严相济”之“严”，指“严密”“严厉”，具体包括刑事法网的严密与刑罚量的严厉两个方面。[①]宽严相济刑事政策不仅强调对待犯罪应当有宽有严，而且宽严之间还应当保持一定的平衡，避免宽严倒错的现象。对贿赂犯罪的治理应当在宽严相济基本刑事政策的指导下进行。贿赂犯罪具有严重的社会危害性，国家在与贿赂犯罪的长期斗争中一直坚持从严惩处的政策，而“从严惩处”与“宽严相济”属于具体政策和基本政策的关系。宽严相济本身就包含“该严则严”的内容，而贿赂犯罪危害如此之重，理应“当严则严”。就行贿罪而言，其属于贪利性犯罪；就对行贿罪的防控而言，重点不是强化刑罚力度，而应当严密刑事法网，提高犯罪的经济成本和风险，降低行贿人对行贿利益的期待，消除犯罪动因，同时顺应世界刑罚轻缓化的趋势，适当降低长期自由刑的刑罚量和适用率。基于此，笔者认为，行贿罪的刑事政策应由“厉而不严”向“严而不厉”进行根本性的转变。主要理由如下：

其一，对行贿罪奉行“严而不厉”的刑事政策是基于行贿与受贿对合关系的必然要求。现行刑法坚持对受贿、行贿实行“双打”，表明国家在惩治贿赂犯罪过程中，没有将受贿罪作为唯一的打击目标，同样重视对受贿罪的源头即行贿罪的惩治。对行贿罪“从严”，是指严密行贿罪的刑事法网，这不仅是坚持受贿、行贿并重的应有之义，更主要是由行贿和受贿的对合关系所决定的。贿赂犯罪的本质是“权钱交易”，受贿和行贿从本质上都是利用国家公权力谋取私利，都直接侵犯了国家工作人员职务行为的廉洁性。虽然现实中受贿与行贿通常互为因果，但由于受贿罪的社会危害性在整体上大于行贿罪，长期以来的立法和司法实践都将受贿罪作为职务犯罪进行重点打击，而对行贿罪则设置较高的入罪门槛，并单独设立行贿人特别自首制度，以此鼓励行贿人检举揭发受贿人。然而，越来越多的例证表明，在社会主义市场经济条件下，市场在资源配置的基础性作用不够充分，大量的社会资源仍然掌握在公权力手中，行贿人更多的是公权力“寻租者”，是“加害人”，[②]实践中发生的受贿罪往往是由行贿人主动行贿而引起的。在“厉而不严”的刑事政策下，贿赂犯罪的刑事立法在构成要件上具有不对称性：一方面，立法对行贿罪的构成要件，如行贿内容、客观手段、主观目的等增加了许多限制条件，导致刑事法网出现粗疏；另一方面，由行贿引发的受贿行为只要符合《刑法》第385条第1款规定的构成要件就构成犯罪，犯罪门槛较低。然而，这种

① 贾宇：《从“严打”到“宽严相济”》，载《国家检察官学院学报》2008年第2期。

② 卢建平、张旭辉：《美国反海外腐败法解读》，中国方正出版社2007年版，第73页。

以受贿罪为打击重点的治理策略并不能实现对贿赂犯罪的有效控制，大量的行贿行为受到犯罪构成要件的限制被排除出犯罪圈，游走在刑事处罚与非刑事处罚的灰色地带，而受贿行为则因为法网严密，受到刑事处罚的概率较高。在具有对向关系的情况下，刑法无法对行贿人形成足够威慑和有效预防。这样，受贿人就不仅不会因为刑法的重点打击而有所收敛，反而会因为来自行贿人的诱惑而愈加猖獗。受贿是标，行贿是本，这种治标不治本的做法是无法根治腐败的。行贿罪得不到有效遏制，不在于处罚不够重，而在于现行刑法为行贿分子设置的犯罪成本和风险远远低于行贿利益，导致行贿人存在机会主义的心理。因此，要从根本上遏制和预防腐败，就必须对行贿罪的构成要件进行修改，严密刑事法网，降低入罪门槛，提高处罚概率。"严而不厉"之"不厉"是指刑事立法根据行贿罪的犯罪情节配置相对轻缓的法定刑。依据现代刑法理念，给予罪犯强大威慑力，能够最终达到遏制犯罪目的的，不是刑罚的残酷性，而是刑罚的确定性。刑罚的确定性具体来说就是刑罚的必然性和及时性，刑罚的必然性意味着实施的犯罪必然会被发现和惩罚，而刑罚的及时性是指司法机关在犯罪发生后的最短时间内对犯罪人进行司法处理，对被害人给予救济。刑罚的力度固然重要，但在现代社会，人权保障观念被国家认可和推崇，已成为各国刑事司法理念中的重要元素之一，盲目追求刑罚残酷和无节制的观念已经被摒弃，轻刑化逐渐成为各国刑事立法的指导性原则。刑事立法应当根据犯罪的社会危害性和犯罪人的人身危险性，配置相应强度的刑罚，最终实现控制犯罪与保障人权的双重目的。并且，如果"立法中的刑度越重，它对于证据的要求会越严格或避免适用，导致又回到原平衡点，从而降低了腐败犯罪的风险防范能力，给腐败犯罪留下了机会主义的空隙"。[①]现行刑法为行贿罪设置的最高法定刑是无期徒刑，属于重刑，这就要求司法机关必须掌握足够的证据才能对行贿人判处无期徒刑，而受制于当下司法资源的有限性，实践操作中，无期徒刑的适用率非常低，导致其根本无法发挥对行贿人的充分威慑作用。基于上述考虑，笔者认为，就对行贿罪的法定刑设置而言，应该适应刑罚轻缓化的趋势，适当降低行贿罪的刑罚力度。

其二，对行贿罪奉行"严而不厉"的刑事政策符合司法实践的需要。行贿罪和受贿罪多表现为"一对一"的对合形式，与其他单向犯相比，隐秘性较强，并

---

① 姜涛:《刑事政策视域下我国腐败犯罪立法的重构》，载《南京师大学报（社会科学版）》2012年第6期。

且证据通常互相印证，先攻破任何一方都有利于司法机关掌握相关证据迅速突破另一方。一方面，立法者对行贿罪的构成要件添加了许多限制性要素，司法实践对这些要素进行了限制性解释，从而将相当一部分的行贿行为排除在刑法规制范围之外。这些限制性要素和限制性解释从表面上看貌似符合刑法谦抑性原则的要求，缩小了行贿罪的打击范围，但更重要的是切断了司法机关对受贿罪的追诉，司法机关因为无法掌握足够的证据而被迫放弃对受贿罪的惩治，导致贿赂犯罪的黑数大量增加，而行贿人和受贿人承受的犯罪风险远远小于权钱交易带来的利益，犯罪动因无法消除，贿赂犯罪愈加猖獗。因此，打破对行贿罪构成要件的限制，扩大刑法对行贿罪的处罚范围，不仅可以从源头上控制贿赂犯罪，还可以帮助司法机关从行贿人处掌握更多的证据，追究受贿人的刑事责任。另一方面，行贿人与受贿人之间通常是“利益同盟”的关系。如果司法机关从行贿人着手侦查，假设行贿行为、受贿行为均能构成行贿罪、受贿罪，司法机关因为行贿人的拒不配合而无法掌握受贿罪的证据，那么对行贿人可以按照《刑法》第390条第1款的规定进行定罪处罚，而受贿行为则得不到惩治；假设行贿人在司法机关侦查时不仅能够如实供述自己的行贿行为，还能提供受贿人的相关证据，帮助司法机关侦破受贿罪，那么行贿人就能够按照第390条第2款特别自首的规定，获得从宽处罚，而受贿罪则因为行贿人放弃同盟关系而受到刑法的制裁。从行贿人角度出发，经过理性思考，如果能以放弃同盟关系来获取比坚守同盟更轻的法律后果，行贿人为了自身利益往往倾向于放弃同盟关系。从司法利益角度考虑，在行贿罪社会危害性整体小于受贿罪的情况下，牺牲对行贿罪的处罚或追诉来攻破受贿罪，不仅可以同时掌握两个犯罪行为，减少贿赂犯罪的整体黑数，还能够减少甚至避免因受贿罪滋生其他犯罪。然而，在强调严密行贿罪的刑事法网、扩大犯罪圈的前提下，刑罚的确定性和及时性已经对行贿人构成一定的威慑。基于人类趋利避害的本性，如果此时对构成行贿罪的行贿人予以较重的刑事处罚，那么行贿人在受到双重威慑的情况下，不仅不会放弃与受贿人的同盟关系，反而会牢牢坚守同盟关系，司法机关自然就很难从行贿人处获得惩治受贿人的有力证据。因此，在严密行贿罪法网的前提下，为行贿人配置较轻的刑罚能够帮助司法机关掌握更多的证据和侦破案件。

三、《刑法修正案（九）》中行贿罪的刑事政策走向

2014年10月提交给全国人大常委会审议的《刑法修正案（九）》（草案）、

2015年6月的《刑法修正案（九）》（草案二次审议稿）以及2015年8月29日最终通过的《刑法修正案（九）》都涉及了对行贿罪的修改，其中包括为行贿罪增设了财产刑、严格行贿罪从宽处罚的条件等内容。然而，三次修订的重点仍然是加大行贿处罚力度而非提高行贿处罚概率，没有从根本上扭转现阶段行贿罪“厉而不严”的刑事政策，与“严而不厉”刑事政策追求的目标相背离。对于行贿罪，刑罚资源的过度投入并不一定能产生预期的刑罚效益，贿赂犯罪的数量并不会因为《刑法修正案（九）》的修订而得到有效控制。

《刑法修正案（九）》对行贿罪的修改仍然着力于提高刑事处罚的力度而非提高处罚的概率。一方面，《刑法修正案（九）》规定对行贿罪采用强制并科的罚金制。现行刑法以及刑法修正案中配置罚金刑的罪名共计212个。从罚金刑的分布罪名来看，除刑法分则中危害国家安全罪、渎职罪和军人违反职责罪三章之外，其余七章中均有配置罚金刑的相关罪名，且主要集中在财产型、贪利型以及经济类犯罪中，少数分布于侵害公民人身、民主权利犯罪、危害公共安全等犯罪中。由此可见，立法设置罚金刑的主要目的是惩罚财产型、贪利型以及经济类犯罪。关于罚金的数额，1997年《刑法》第53条规定：“判处罚金，应当根据犯罪情节决定罚金数额。”因此，就罚金数额而言，应当以犯罪情节为依据，在综合考虑犯罪动机、目的、手段和结果等因素的基础上进行裁量。但是，《刑法修正案（九）》在对行贿罪增设罚金刑时，存在如下问题：一是对行贿罪一概适用罚金刑，有可能不适当地扩大刑罚处罚范围。“刑罚应尽量符合犯罪的本性，这一原则密切了犯罪与刑罚之间的联系，有利于人们把犯罪动机同刑罚的报应进行比对，当诱人犯罪的观念产生之时，这种相似性能够将其引向相反方向。”①行贿罪在我国被归为经济犯罪；行贿人给予国家工作人员财物，通常是为了谋取经济上的好处，故行贿罪本质上具有贪利性。值得注意的是，1997年《刑法》第389条虽然将“谋取不正当利益”规定为行贿罪的构成要件，但没有进一步对“不正当利益”作出解释。根据最高人民法院、最高人民检察院于1999年出台的《关于在办理受贿犯罪大要案的同时要严肃查处严重行贿犯罪分子的通知》，“谋取不正当利益”是指谋取违反法律、法规、国家政策和国务院各部门规章规定的帮助和便利条件，以及要求国家工作人员或者有关单位提供违反法律、法规、国家政策和国务院各部门规章规定的帮助和便利条件。2008年11月20日最高人民法院、最

---

① [意]贝卡里亚:《论犯罪与刑罚》，黄风译，中国大百科全书出版社1993年版，第57页。

高人民检察院出台的《关于办理商业贿赂刑事案件适用法律若干问题的意见》在一定程度上扩大了不正当利益的范围，除了将违反规章、政策的利益也归类于不正当利益之外，还将违反规章、政策、行业规范谋取利益也纳入不正当利益的范畴。在招标投标、政府采购等商业活动中，违背公平原则，给予相关人员财物以谋取竞争优势的，也属于“谋取不正当利益”。这样，“不正当利益”就并非仅指不正当的经济利益，也有可能指谋取其他非经济利益或好处，如获得某项职称或资格头衔等，因此实践中不能排除部分行贿人为获得非经济利益而向国家工作人员行贿的情形。最高人民法院于2000年颁布的《关于适用财产刑若干问题的规定》对罚金数额的裁量进一步细化。其第2条规定：“人民法院应当根据犯罪情节，如违法所得数额、造成损失的大小等，并综合考虑犯罪分子缴纳罚金的能力，依法判处罚金……”在前述情况下，如果行贿人谋取的是非经济利益，违法所得无法以数额计算，没有造成任何可以量化的经济损失，在对其判处罚金时将面临司法操作上的难题。二是在行贿罪最高法定刑已经是无期徒刑的情况下，全面配置罚金刑，不适当地提高了刑罚打击力度。在对行贿罪进行处罚方面，日本对行贿罪规定的最高法定刑是3年以下惩役或者250万日元以下罚金刑，美国规定的最高法定刑是7年，德国对行贿行为的处罚较重，但最高刑也仅为10年以下徒刑，而我国刑法对行贿罪设置的最高法定刑则是无期徒刑，而无期徒刑已经属于较重的刑种。且不说行贿罪为非职务犯罪，其造成的社会危害性小于贪污罪和受贿罪，处以无期徒刑对于行贿人来说过于严苛，而且处以无期徒刑的规定在司法实践中也不具有可操作性：我国刑法规定实施行贿行为情节特别严重的，才可能判处无期徒刑，但是，由于对何为“情节特别严重”一直缺少明确的界定，导致司法实践中因行贿罪判处无期徒刑的案例已经极为罕见。[①]我国刑法为行贿罪配置的法定刑相较于其他国家和地区，已经属于重刑。在此基础上，对构成行贿罪的所有行为都判处罚金，增加行贿罪法定刑种类，无疑与刑罚轻缓化的世界潮流相悖。由此可见，《刑法修正案（九）》对行贿罪所增设的罚金刑规定从适用范围、数额裁量、刑罚结构等方面不约而同地提高了行贿罪的处罚力度。

另一方面，严格行贿罪从宽处罚条件导致对行贿人的惩罚力度过于严厉。在《刑法修正案（九）》通过之前的三次修订中，都对行贿罪适用从宽处罚的情形作了严格的区分，以限制法官对行贿罪适用从宽处罚的自由裁量权。《刑法修正

① 张宇、张庆杰：《适当降低行贿罪法定最高刑》，载《检察日报》2011年12月16日。

案（九）》通过之前的1997年《刑法》对行贿罪之所以适用比较宽松的从宽处罚条件，目的是鼓励其检举揭发受贿行为，但没有预想到从宽处罚的规定会为行贿人逃脱法律制裁提供借口。因此，《刑法修正案（九）》收紧了对行贿罪从宽处罚的条件，提高行贿成本，意图告诉行贿人，单单被追诉前的主动交代将不会成为免予刑事处罚的理由，从而强化对行贿人的威慑。现行《刑法》总则第67条第1款规定："……对于自首的犯罪分子，可以从轻或者减轻处罚。其中，犯罪较轻的，可以免除处罚。"根据第一次修订，行贿人在被追诉前主动交代行贿行为的，构成自首，按照规定可以从轻或者减轻处罚。这与总则关于自首的处罚规定相比，有相同之处。至于"其中"二字，笔者理解为应当是指行贿人在被追诉前主动交代行贿罪行。在构成自首的情况下，只有犯罪较轻的，检举揭发行为对侦破重大案件起关键作用的，或者具备其他重大立功表现，才可以免予刑事处罚。根据第二次、第三次修订，行贿人在被追诉前主动交代行贿行为的构成自首，在犯罪较轻、检举揭发行为对侦破重大案件起关键作用或者具备重大立功表现的情况下，仅仅可以予以减轻或免除处罚。而第二次、第三次对行贿罪从宽处罚规定的修订最终反映在《刑法修正案（九）》第45条第2款中。如上所述，根据现行《刑法》总则第67条第1款的规定，对于自首的犯罪分子，如果犯罪较轻的，可以免除处罚，而就同样的情况而言在《刑法修正案（九）》中却可能获得减轻处罚。这样，《刑法修正案（九）》实际上就减少了对自首的行贿犯罪分子从宽处罚的力度，相当于变相地加大了对自首的行贿犯罪分子惩罚的力度。另外，根据现行《刑法》总则第68条的规定，有重大立功表现的，可以减轻或者免除处罚。也就是说，犯罪分子无论是否具有自首情节，只要具有重大立功表现的，就可以予以减轻或者免予处罚，而《刑法修正案（九）》则将行贿人自首作为重大立功表现的前置条件，要求行贿人只有构成自首之后又具备重大立功表现的情况下，才可以予以减轻或者免除处罚。由此，《刑法修正案（九）》实质上架空了现行《刑法》总则第68条重大立功的规定对行贿犯罪分子的适用，变相提高了对行贿犯罪分子的惩罚力度。如果说修订前《刑法》第390条关于行贿人特别自首的规定，相较于现行《刑法》总则第67条自首的处罚规定来说过于宽缓，从而导致实践中行贿人在巨大经济利益诱惑面前往往选择冒险而甘愿承受较轻的法律后果，那么，《刑法修正案（九）》对行贿人予以从宽处罚的规定则过于严厉，并且导致现行《刑法》总则第68条关于自首的规定与修订后行贿人特别自首的规定之间出现了尖锐的矛盾：行贿人如果选择特别自首，只有在构成自首之后又具备重大立功表现的情况下才能减轻或免予处罚，而如果直接适用总则第68条关于重大立功的规定，行贿人即使不具有自首情节，但具备重大立功表现，一样可以予以减轻或免除处罚。这样一来，行贿人特别自首制度不仅起不到鼓励犯罪人自首，从而分化、瓦解行贿与受贿同盟关系的作用，反而可能导致行贿人产生这样的心理：既然在具备重大立功表现的情况下，自首与不自首对最后适用的刑罚并没有影响，那么为何要自首呢？由此，即使自首可能作为法官量刑时的考虑情节之一，但行贿人特别自首制度的设置从本质上也就没有太大的意义了。《刑法修正案（九）》严格行贿罪从宽处罚的条件，实质是通过提高处罚力度来遏制行贿罪，然而这种过于严厉化的特别自首制度在威慑行贿方面可能会导致适得其反的效果。

基于上述分析，笔者认为，《刑法修正案（九）》对行贿罪的修改仍然强调加大处罚力度而非提高处罚概率，所体现的仍然是“厉而不严”的政策导向。尽管党的十八大以来，国家反复强调严惩贿赂犯罪，但是，“严惩”不应理解为利用重刑的威慑力来起到控制犯罪的作用，而应当致力从立法和司法方面提高贿赂犯罪的处罚概率来实现治理效果。就行贿罪本身来说，罚金刑的增设和从宽处罚条件的严格本质上都是提高刑事处罚力度，都属于过分崇尚刑罚威慑效果的表现。《刑法修正案（九）》通过之前的三次修订都没有严密行贿罪的刑事法网，行贿罪的处罚概率仍然没有提高，那么作为对合犯的受贿罪也就不可能减少，贿赂犯罪的治理仍然跳不开反复循环的怪圈。

四、为行贿罪配置“严而不厉”的刑法结构的途径

针对行贿罪，如何实现刑事政策由“厉而不严”向“严而不厉”的转变呢？刑法结构是刑事政策的基本载体，后者主要依靠前者来发挥指导作用。储槐植教授曾经提出，对于刑事实体法，刑事政策的导向功能主要体现在：（1）划定打击范围；（2）确定打击重点；（3）设定打击程度；（4）选定打击方式。[①]对于行贿罪的刑法结构，也应当发挥“严而不厉”刑事政策的导向功能。“严而不厉”既不是要求刑事法网的无限扩张，也不是要求法定刑的无限轻缓，而是为行贿罪配置“严而不厉”的刑法结构。“严而不厉”中的“严”是指为行贿罪配置严密的刑事法网，扩大犯罪圈，堵塞刑法的漏洞，增加行贿行为的被追诉率。“不厉”一是指舒缓刑罚，即降低行贿罪的刑罚，适用相对轻缓的刑罚，因为刑罚实现的最终

① 储槐植：《刑事政策概念、结构和功能》，载《法学研究》1993年第3期。

目的不是单纯地惩罚犯罪，而是尽可能地减少犯罪；二是指合理设置和运用刑种和刑度，提高行贿罪刑罚的有效性。[①]

就行贿罪来说，配置“严而不厉”的刑法结构，在严密刑事法网方面，应当从以下几个方面努力：首先，取消“为谋取不正当利益”的构成要件。如前所述，行贿罪侵犯的客体是国家工作人员职务行为的廉洁性，行贿人利用国家工作人员的职务行为是否获取不正当利益都不会改变行贿罪的本质，即“权钱交易”，即使行贿人为谋取正当利益对国家工作人员进行贿赂，也对行贿罪的保护客体造成了侵害，具有社会危害性和刑事违法性。从犯罪特征及立法宗旨方面讲，将“谋取不正当利益”作为行贿罪的构成要件没有必要，应当取消。并且，根据《联合国反腐败公约》（以下简称《公约》）第15条对贿赂本国公职人员的规定[②]，行为人在向公务人员行贿时主观上是否具有谋取不正当利益的目的不是构成本罪的要件，只要行为人客观上具有贿赂本国公职人员的行为，侵犯了公职人员职务行为的廉洁性，就构成行贿罪。因此，取消“为谋取不正当利益”的构成要件，不仅可以消除现行刑法与《公约》之间的冲突，而且有利于扩大行贿罪的犯罪圈，提高处罚概率。其次，拓宽行贿罪的行为方式，将行贿罪的“给予”修改为“提议给予、许诺给予或者实际给予”。1997年《刑法》第389条将行贿行为规定为“给予国家工作人员以财物”，即实际给予，而不包括许诺给予和提议给予。《公约》第15条将行贿罪的行为方式解释为“直接或间接给予”“许诺给予、提议给予或实际给予”；《美国联邦刑法》将行贿罪的表现规定为：“意图影响公职人员的公务行为，直接或者间接地给予、提出或者允诺给予公职人员任何有价物”[③]；《日本刑法典》第143条规定：“提供前六条所规定的贿赂，或者就此提出申请或者约定的”[④]；《德国刑法典》第333条将行贿表述为“为其本人或第三人提供、允诺或给予利益”。[⑤]从《公约》和其他国家的立法来看，行贿罪的行为方式不局限于贿

① 文东福：《刑事政策视野中的行贿罪》，载《中国刑事法杂志》2004年第4期。

②《公约》第15条规定：“各缔约国均应当采取必要的立法措施和其他措施，将下列故意实施的行为规定为犯罪：（一）直接或间接向公职人员许诺给予、提议给予或者实际给予该公职人员本人或者其他人员或实体不正当好处，以使该公职人员在执行公务时作为或者不作为；（二）公职人员为其本人或者其他人员或实体直接或间接索取或者收受不正当好处，以作为其在执行公务时作为或者不作为的条件。”

③ 储槐植、江溯：《美国刑法（第四版）》，北京大学出版社2012年版，第227—228页。

④ 张明楷译：《日本刑法典》，法律出版社2006年版，第155页。

⑤ 徐久生、庄敬华译：《德国刑法典》，中国方正出版社2004年版，第168页。

赂的实际给予，而是将行贿人与受贿人之间关于贿赂的提议和允诺也作为犯罪处理。可见，我国行贿罪的行为方式显然过于单一，这不利于对行贿罪进行事前的防控，有必要进一步拓宽。最后，将贿赂的内容“财物”修改为“财物和财产性利益”。现行刑法将贿赂范围限定为财物，将财产性利益和非物质性利益排除之外，其目的是便于贿赂犯罪数额的计算。但随着社会经济的发展，贿赂方式也在不断发生变化，财物不再是行贿的唯一手段，出国旅游、房屋装修、户口指标、安排就业、性贿赂等无形利益逐渐成为行贿人讨好国家工作人员的工具。因此，法定贿赂形式的单一性与现实贿赂形式的多样性之间产生了矛盾，导致大量地采用财产性利益、非物质性利益贿赂国家工作人员的行贿人得不到有效的惩处。在笔者看来，无论行贿人给予国家工作人员财物、财产性利益还是非物质性利益，都是将其作为诱使国家工作人员受贿的手段，客观上侵犯了行贿罪的客体，其造成的社会危害并不因贿赂内容的变化而有所减小。但基于现行刑法仍将行贿数额作为贿赂犯罪的定罪量刑标准，那么贿赂的内容应当可以用金钱加以量化，从而方便司法操作。实践中，性贿赂等非物质性利益无法以金钱来加以计算，建议暂时将其排除在贿赂的范围之外。而财产性利益和财物一样，可以通过金钱来计算其价值，为严密犯罪法网，有必要将贿赂的范围扩大到财产性利益。

结合《刑法修正案（九）》的内容，笔者认为，未来刑事立法对行贿罪的法定刑有必要作以下调整：首先，将罚金刑由并科制改为选科制。对行贿罪判处罚金能够剥夺行贿犯罪分子继续犯罪的经济条件，对贪利性犯罪分子起到惩罚与警示的作用，因此对该类行贿分子适用罚金刑能够起到比较好的预防效果。但就部分非以谋取经济利益为目的行贿人而言，且不说主观上不具有贪利性，司法机关在计算罚金数额时也会遇到困难。为此，建议将行贿罪的罚金刑由并科制改为选科制，以赋予法官一定的自由裁量权，由法官根据行贿罪的情节轻重来选择并处或者单处罚金。这样一来，在适当降低处罚力度的同时，也有助于提高司法效率。其次，适当下调行贿罪自由刑刑期的最高限。如前所述，我国刑法对行贿罪设置的自由刑在世界范围内是比较严苛的，这与刑罚轻缓化的世界潮流相悖。在目前反腐败形势严峻的情况下，有学者提出“基于行贿犯罪与受贿犯罪通常互为因果，二者侵害的客体没有本质区别，以及同罚有利于改变‘重受贿、轻行贿’现象等理由，受贿罪与行贿罪应当实施同等处罚，在刑罚配置上应当具有一致性。”[①]对此，笔者持有不同意见。现行刑法中对合犯的类型有彼此异罪和彼此同罪两种类型，[②]前者如受贿罪和行贿罪、单位受贿罪与对单位行贿罪，适用不同的法定刑，后者如重婚罪、非法买卖核材料罪、非法买卖枪支、弹药、爆炸物罪等，适用同一的法定刑，因此我国刑法对对合犯的处置，从来就不是简单地一视同仁，对合关系并不是刑罚量大小的决定因素。将某一行为规定为犯罪并进行刑事处罚，最根本的原因在于其具有社会危害性，对刑法保护的客体造成了侵害。根据罪刑相适应的基本原则，刑罚的强度应当与罪行相匹配，社会危害性应当成为衡量刑罚强度的标尺。诚然，行贿罪在实践中往往是受贿罪的主要根源，二者侵犯的客体都是国家工作人员职务行为的廉洁性，但就作为受贿罪主体的国家工作人员而言，其身份和职责的特殊性要求其承担比普通公民更多的责任，那就是杜绝腐败。与行贿罪相比，受贿罪亵渎的不仅仅是手中的公权力，更是破坏了公职行为的公信力。因此，行贿罪的社会危害性整体上是小于受贿罪的，刑法对二者的惩罚力度应当有所区别，行贿罪的法定刑轻于受贿罪是合理的。刑罚的最终目的不是惩罚犯罪而是减少犯罪，立法在提高处罚力度时应当考虑刑罚效果的实现可能性。提倡“受贿与行贿同罚”的观点，只能说是抛开了刑事立法的基本原理，片面理解“严惩行贿”的表现。因此，笔者认为，行贿罪不应当与受贿罪同罚；现行立法在保证刑法分则的整体性和协调性基础上，应适当下调行贿罪自由刑刑期的最高限。最后，修改行贿罪的特别自首规定。建议将其修改为“行贿人在被追诉前主动交代行贿行为的，可以从轻或减轻处罚；其中，犯罪较轻的，检举揭发行为对侦破重大案件起关键作用，或者有其他重大立功表现的，可以免除处罚”。即维持《刑法修正案（九）》对行贿罪从宽处罚条件进行第二次修订时所采取的修改方案。这样一来，一方面可以保持《刑法》分则第390条第2款与《刑法》总则第67条第1款关于自首规定的统一性，即在犯罪较轻的情况下，对行贿人自首，无论适用第390条第2款，还是第67条第1款，都可以免予刑事处罚。另一方面，行贿人在构成自首的情况下如果具有重大立功表现的，按照上述特别自首的规定“可以免除处罚”，相较于《刑法》总则第68条关于重大立功表现“可以减轻或者免除处罚”的规定，更有利于发挥特别自首瓦解受贿与行贿同盟的作用，鼓励行贿人检举揭发受贿罪，帮助司法机关掌握更多的破案证据，从而提高贿赂犯罪的处罚概率。

① 刘仁文、黄云波：《行贿犯罪的刑法规制与完善》，载《政法论丛》2014年第5期。
② 陈兴良：《论犯罪的对合关系》，载《法制与社会发展》2001年第4期。

第二节　实证分析：行贿罪处罚的实证分析及其优化①

党的十八大以来，国家惩治腐败犯罪成效显著。随着反腐败的深入，从源头治理腐败犯罪，对行贿罪加大处罚力度的呼声也越来越高。我国《刑法修正案（九）》及时修正，对行贿罪进行立法修正。但司法实效如何？司法实践中还存在哪些问题，需要实证调研和分析探讨。笔者以《刑法修正案（九）》施行后某省审理的行贿案件为研究样本，分析整理行贿案件的处罚结构、行贿数额和量刑之间的关系、缓免刑的适用情况以及罚金的适用情况等因素，探寻当前我国行贿罪在司法实践中存在的问题，进一步分析问题产生的原因，并在此基础上提出完善对策，以期对行贿罪法治道路完善有所裨益。

一、《刑法修正案（九）》对行贿罪的立法修改

我国刑事立法一贯主张对于受贿犯罪进行从严惩处，然而对于行贿罪的处罚则相对宽宥。《刑法修正案（九）》加大了对行贿罪的处罚力度，具体表现为：增设罚金刑、严格从宽处罚的条件和扩大犯罪处罚范围三个方面。

（一）全面增设罚金刑，弥补行贿罪财产刑的缺失

《刑法修正案（九）》对所有类型的行贿罪都增设“并处罚金”。特别是对《刑法》第390条行贿罪“情节特别严重的，或者使国家利益遭受特别重大损失的”情况，将“可以并处没收财产”改为“并处罚金或没收财产”，体现立法者对于行贿犯罪处罚的严厉性。行贿罪属于贪利性犯罪，《刑法修正案（九）》对所有类型的行贿犯罪全面增设罚金刑，弥补行贿犯罪在立法上财产刑的缺失。新的立法规定使行贿人在受到人身自由刑罚的同时，也丧失了经济利益，其获得高额不正当利益的目的也落空。

（二）严格从宽处罚条件，限缩司法自由裁量空间

我国《刑法》第164条“对非国家工作人员行贿罪”、第390条“行贿罪”、

① 本节内容曾发表在《河南社会科学》2018年第6期。

第392条“介绍贿赂罪”都规定有“特别条款”，即“行贿人或者介绍贿赂人在被追诉前主动交代行贿行为或介绍贿赂行为的，可以减轻或者免除处罚”。这一规定与自首制度相比显然更为宽松。在适用条件上，行贿人无须自动投案，即使已经被采取强制措施，在被追诉前行贿人只要如实供述就可以适用“特别条款”。在司法实践中，对行贿罪的“特别条款”的适用甚至延伸到了“被追诉后”，即行贿人在被追诉后主动供述的，也可以减轻处罚。[①]由于我国刑法对行贿罪处罚条件规定的过于宽泛，《刑法修正案（九）》严格了对行贿犯罪从宽处罚的适用条件。[②]这一修改缩小了司法机关的自由裁量权，在一定程度上降低了免除处罚的概率。然而改革力度仍显不够，《刑法修正案（九）》只对行贿罪和单位行贿罪的处罚条件严格规定，其他行贿类犯罪仍维持原立法状况，即“只要在追诉前主动交代就可以减轻或者免除处罚”。笔者认为刑事立法改革还可以进一步，严格所有行贿犯罪的处罚条件，从源头上杜绝腐败犯罪的发生。

（三）严密贿赂犯罪网，增设对有影响力人行贿罪

《刑法修正案（七）》增设“利用影响力受贿罪”，扩大了受贿罪的主体范围，但对于向国家工作人员亲友给予财物的行贿者却难以依法追究责任，严重破坏了社会的公平公正。《刑法修正案（九）》增设“对有影响力人行贿罪”，严密我国刑事立法对于贿赂犯罪编织的法网。刑法修正将“对有影响力人行贿行为”纳入了惩治的范围，在严惩受贿的同时加大对行贿的处罚力度，有力地反映了国家对腐败零容忍的刑事政策。

二、行贿罪处罚的实证调查

行贿罪判决书的统计分析结果很大程度上可以反映一个时期我国行贿罪处罚的司法现状。得力于我国裁判文书的全面上网公开，笔者以《刑法修正案（九）》施行后审理的某省行贿案件为样本进行数据分析。选取某省2016年度行贿罪案件为样本主要有如下理由：（1）《刑法修正案（九）》自2015年11月1日起实施，严格了行贿罪从宽处罚的条件，增设了罚金刑，扩大了行贿罪的犯罪圈。由此可

---

① 李少平：《行贿犯罪执法困境及其对策》，载《中国法学》2015年第1期。

② 一是行贿人在追诉前主动交代行贿行为的，可以从轻或者减轻处罚。二是对于行贿人在追诉前主动交代并且犯罪情节较轻，有重大立功表现或者对侦查案件起重大作用的，可以减轻或者免除处罚。

见，目前我国立法加大了对行贿罪的处罚力度。选取2016年度为样本进行分析，可以得出修正案实施后的司法现状，并与之前的数据进行对比，可以更清晰地看出行贿罪处罚的法治道路中出现的一些问题。（2）《刑法修正案（九）》并没有对行贿罪最高刑和主刑量刑幅度进行修改，通过对2016年某省行贿案件的行贿数额和量刑之间关系以及行贿罪缓免刑适用率进行分析，可以看出实践中在《刑法修正案（九）》修改后，行贿罪判处刑罚是否加重，司法实践是否改变原来"轻行贿"的思想。（3）《刑法修正案（九）》对行贿罪增设罚金刑，筛选出适用罚金刑的行贿罪判决书，通过对判决书中罚金数额与行贿数额关系进行综合分析，可以反映出行贿罪罚金刑的规定在实施中的不足。（4）我国各地区的经济水平不同，行贿罪作为贿赂犯罪中典型的贪利性犯罪，行贿数额的整体水平和一个地区的经济水平具有一定的关系，以省为单位对数额和刑期之间关系的衡量比随机选取更准确。

笔者通过"中国裁判文书网"对2016年某省行贿刑事判决书进行检索，共检索出115份，经过进一步筛选，除去单位行贿和一审、二审重复案件，共得到103份有效行贿罪判决书，共涉及被告人105人。通过对这103份行贿罪判决书进行逐一梳理、分析，可以看出当前我国行贿罪在司法实践中还存在以下几点问题：

（一）司法实践对于行贿罪的处罚结果偏轻

首先是量刑结果整体偏轻。样本中105名被告人中，被定罪免刑的有24人，占22.8%；被判处刑罚的有81人，其中32人刑期不超过3年，占39.5%。样本中刑期主要集中在5年以下有期徒刑，5年以上的寥寥无几。以2016年某省仅有的1例10年以上有期徒刑为例。被告人韩某某作为医药代表，向某县中医院领导行贿共计561万，认定为"情节特别严重"，并且经查没有任何立功自首情节，没有减轻处罚或免除处罚的情节，仅被判处10年有期徒刑。该案判决的法律依据规定：行贿数额达100万元以上可以评价为"情节特别严重"，依法应该处10年以上有期徒刑。行贿561万元没有自首、立功也只踩线判处10年有期徒刑。由此可以看出行贿罪处罚实践中依然偏轻，并且这种倾向性在大多数行贿罪判决中存在。缓刑从统计样本来看，行贿罪数额主要集中在1万元—10万元、10万元—20万元、20万元—50万元这三个区间。从整体上看，行贿罪处罚的刑罚量随着行贿数额的提高而增加。但如果进一步分析，则会发现行贿数额和量刑结果之间相关性不强。

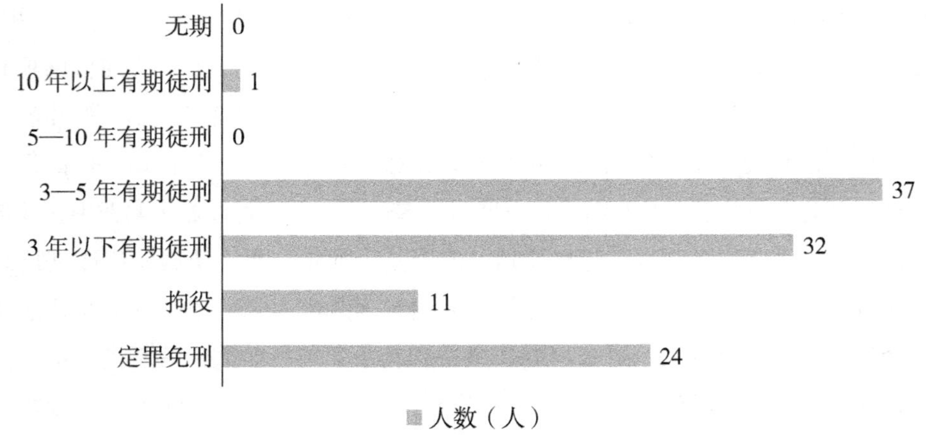

图5-1　行贿罪判处刑罚统计

比如，从横向上看，行贿数额在20万元—50万元区间的26个行贿案件，被判处缓刑、免刑被告人行贿的平均数额为31.02万元，而被判处实行的平均行贿数额为31.32万元，两者行贿数额的差异很小，但量刑结果却截然不同。仔细对比缓刑被告人与实行被告人判决书的表述，行贿罪案件判决书在缓刑的判定标准上不够明晰，存在犯罪基本情况相似，自首情节相似的情况下，量刑结果存在较大差异。从纵向上看，实践中也存在行贿数额上存在巨大差异，但在量刑上却体现不够明显的情况。如为承包工程向国家工作人员行贿的，在均没有立功条件，均只存在主动交代罪行的前提下，行贿5.45万元被判处1年有期徒刑，行贿7万元被判处拘役4个月，行贿10.7万元被判处1年有期徒刑，行贿25.8万元被判处1年3个月。由上述分析可知，行贿案件判决书在缓刑、实刑的判定标准上表述不够明晰，在情节相似的情况下，相似的行贿数额可能会导致不同的量刑结果。从整体上来看，司法实践中对行贿罪的判决在自由裁量权的范围内尽可能趋于轻判。

表5-1　行贿罪缓刑、免刑统计

行贿数额（万元）	数量	缓、免刑数	缓、免刑率
1—10	35	34	97%
10—20	25	18	72%
20—50	26	17	65.30%
50—100	10	8	80%
>100	9	6	66.70%
总计	105	83	79%

（二）缓刑、免刑比例仍然偏高

从判决书分析看，行贿罪判决中缓免刑的适用比例仍然偏高。某省2016年被判处行贿罪的105名被告人中，判处免刑的24人，占总人数的22.8%；判处缓刑的59人，占总人数的56.2%。行贿罪缓、免刑适用率达到79%，特别是50万元以上高额行贿案件适用缓免刑比例竟也高达80%。对比最高人民法院工作人员2009年至2013年统计结果，人民法院判决适用缓刑和免予刑事处罚的比例为75%。[①]可明了地看出，行贿罪近几年来的缓免刑适用率一直居高不下，甚至有所上升。上述数据在一定程度上反映了目前行贿罪缓免刑适用率仍居高不下的问题，说明《刑法修正案（九）》虽然严格了行贿罪的从宽条件，但司法实践在行贿罪处罚上仍采取的是尽可能“宽宥”的态度。

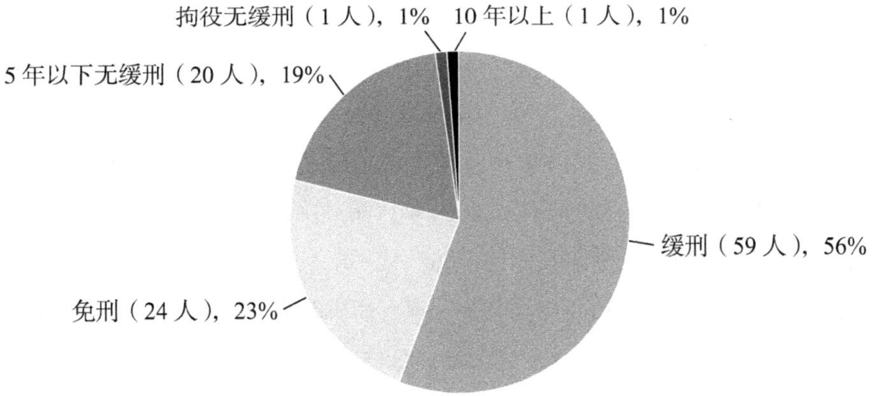

图5-2　行贿罪处刑统计

（三）罚金数额规定过于宽泛

《刑法修正案（九）》规定了行贿罪并处罚金，2016年《最高人民法院、最高人民检察院关于办理贪污贿赂刑事案件适用法律若干问题的解释》（下文称《办理贪污贿赂案件解释》）中对行贿罪罚金数额细化规定为：应当在10万元以上犯罪数额二倍以下。但通过对行贿罪判决书中罚金数额的梳理和分析，发现罚金数额确定依据不完善的问题还比较突出。在105名行贿罪被告人中，有38人行贿罪被判处并处罚金。从罚金数额来看，有26例行贿罪被告人被处以10万元整的罚金，

① 李少平：《行贿犯罪执法困局及其思考》，载《中国法学》2015年第1期。

这其中行贿数额最低的为4万元，最高的为64.5万元，跨度十分大。被判处高于10万元的罚金的12例案件中，其中仅有4例高于行贿数额。从行贿数额和罚金的数额关系来看，38人中有13人判处了高于行贿数额的罚金，21人的罚金低于行贿数额。上述数据反映出，由于罚金的规定过于宽泛，数额的确定仍然具有很大的不确定性。对于罚金处多少，究竟要高于还是低于行贿数额，以什么样的标准计算才更能发挥罚金的作用，以上这些问题目前还没有明确的规定，还需进一步的探讨。

（四）行贿犯罪打击率不够高

通过“中国裁判文书网”的高级检索功能，将案由设置为行贿，文书类型设置为判决书，裁判时间设置为2016年1月1日至2016年12月31日，全国共检索出1495份关于行贿罪的判决书。在同样的裁判文书类型和时间条件下，将案由关键词设置为“受贿”，2016年全国共检索出4525份受贿罪判决书。行贿案件判决数为受贿案件的33%。依照以上方式，将裁判时间设置为2015年1月1日至2015年12月31日，共检索出全国2015年行贿判决书1261份，受贿罪判决书2619份。行贿案件判决数仅为受贿案件的48%。2014年行贿判决书1658份，受贿判决书4859份。行贿案件判决数仅为受贿案件的34%。

据统计，2009年至2013年全国判决一审行贿犯罪案件12821件，共计判决行贿人数12364人；受理行贿犯罪案件共计53843件，生效判决受贿人数48163人；行贿案件判决数仅为受贿案件的24%，行贿案件的判决人数仅为受贿案件的26%。[①]

表5–2　2009—2016年行贿案件数与受贿案件数对比

年份	行贿案件数	受贿案件数	行贿案件数/受贿案件数
2009—2013	12821	53843	24%
2014	1658	4859	34%
2015	1261	2619	48%
2016	1495	4525	33%
总计	17235	65846	26%

① 李少平:《行贿犯罪执法困局及其思考》，载《中国法学》2015年第1期。

行贿罪和受贿罪是并蒂毒花，实践中一个受贿案件往往有多个行贿人，虽然可能存在受贿人索贿，行贿人为谋取正当利益或者是受贿人因多次受贿而构成受贿罪，行贿人数额较低不构成犯罪的情况，但理论上进入审判的案件数量差距不大。上述数据反映了相比于受贿罪，目前行贿犯罪处罚存在重视不够的问题，贿赂犯罪中存在不合理数量的行贿人未被追究刑事责任的问题。

三、行贿罪处罚的深层次分析

从上述统计分析可以看出我国行贿犯罪案件数量远低于受贿案件数量，行贿罪判决数量远低于查办数量、实践中行贿罪处罚轻刑化思想依旧明显、量刑结果与行贿数额之间相关性较弱以及罚金的适用标准不够妥当等问题。这些问题体现了我国现在行贿罪司法惩治依旧弱化，为改变行贿犯罪惩治不力的状态，我们有必要分析这些问题出现的原因。笔者尝试从刑事立法及刑事司法方面多角度进行分析。

（一）刑事立法层面：对行贿罪处罚“厉而不密”

行贿罪的处罚分为三档，最高可以处以无期徒刑，已经是相当严厉。但统计中实际判决多集中于3年以下，究其原因主要体现在对行贿罪的立法规定“厉而不密”不够细致，立法完善发展进行较慢。

首先，从贿赂犯罪的法律修改进程来看，行贿罪的法律修改起步晚、重视晚。我国刑事立法对受贿罪的完善较多，而在行贿罪上的完善较少，对受贿罪的量刑与构成要件规定较为详细，对行贿罪的规定则相对简单。贿赂犯罪自1979年刑法规定以来，主要经过四次重要的补充完善，分别是1982年全国人大常委会制定的《关于严惩严重破坏经济罪犯的决定》、1997年《刑法》《刑法修正案（七）》以及《刑法修正案（九）》。从法律条文规定来看，自1979年《刑法》中规定行贿罪时，对行贿罪的规定都不如受贿罪细致。后续从我们国家几次对贿赂犯罪进行修改中可以看出，行贿罪的修改总是相对滞后。例如，1982年《关于严惩严重破坏经济罪犯的决定》对受贿罪进行了重要的补充修改，但对行贿罪并无提及。又如，早在2009年《刑法修正案（七）》就对受贿罪增设了利用影响力受贿罪。直到2016年《刑法修正案（九）》才在立法上重视行贿犯罪，增设对有影响力人行贿罪、限制行贿罪的从宽条件、增设罚金刑。

其次，从贿赂犯罪的相关司法解释来看，同样可以发现在行贿和受贿上的不均衡。比如，1985年最高人民法院、最高人民检察院就对受贿罪中出现的定罪、数额认定的一些疑难问题进行解释，但对行贿罪仅笼统的寥寥几语。1999年最高人民法院、最高人民检察院下发的关于办理受贿犯罪案件通知中提出，在查处严重行贿犯罪的案件时，既要坚持从严惩处的方针，又要注意政策。2007年最高人民法院、最高人民检察院颁布的关于受贿刑事案件适用法律相关问题的司法解释针对实践中出现的以买卖形式收受贿赂，通过投资证券、期货形式等花样受贿行为进行明确，对收受财物后退还等问题予以明确。但是关于行贿罪的专门解释一直到2012年才出台，对行贿罪处罚的数额标准等有了较明确的解释。2016年关于贿赂犯罪的《办理贪污贿赂案件解释》对行贿犯罪相关解释也仅从改变行贿犯罪情节认定的数额和对行贿犯罪罚金数额这两方面进行简单规定。解释出台的滞后直接导致了之前司法实践惩治行贿犯罪的法律依据不足。

无论是立法修改还是司法解释的出台，对行贿罪的重视程度远远不及受贿罪，对社会出现的行贿犯罪新问题反应较慢。目前法律对行贿罪处罚主要以情节划分，司法解释对行贿犯罪情节认定的规定主要以数额为主，2016年《办理贪污贿赂案件解释》的修改主要也是对定罪量刑的行贿数额进行一个较大改动，对酌定情节改动较小，对行贿犯罪在实践中出现的各种复杂情况，相较于受贿罪，没有明确细致的规定。立法的缺位也直接导致一些影响恶劣的拉拢国家工作人员的行贿人无法得到应有的处罚。

（二）司法层面：对于行贿人处罚过于“宽宥”

我国在打击贿赂犯罪方面一直存在着“重受贿轻行贿”的思维导向，甚至有些机关在办案时采取查处行贿犯罪服务查处受贿犯罪的策略。其直接影响就是造成刑事司法中对行贿罪的重视不够。虽然我国刑事立法对行贿罪的处罚与受贿罪之间存在不均衡，但自1979《刑法》中出现行贿罪的罪名，随后2001年《行贿罪解释》《检察院行贿犯罪案件立案标准》以及2016年《办理贪污贿赂案件解释》的实施，给行贿罪的处罚提供了比较明确的依据，然而长期形成的打击贿赂方针导致对行贿的处理不够重视。我国司法实践中行贿犯罪存在查案带案多、直接检举少，受贿人员多、行贿主体少，间接行贿多、直接行贿少，缓刑适用多、实行判处少的“四少、四多”的问题，对行贿者处理不够严厉。

随着反腐不断深入，最高人民检察院部署打击行贿犯罪专项行动，明确要求坚决打击行贿犯罪，各级机关要坚持行贿和受贿统筹查办。[①]最高人民法院、最高人民检察院提倡要“行贿和受贿并重处罚”。虽然最高人民法院2011年就提出牢固树立“行贿、受贿并重打击”的精神，想从根本上扭转对行贿犯罪打击不力的局面。但有学者统计，2011年以后，人民法院受理的行贿案件并没有显著增加，近年来对行贿犯罪的查办和惩处依然乏力。[②]究其原因是司法实践中对行贿犯罪的“宽宥”。尽管检察机关在侦查行贿犯罪时具有一定的力度，但对绝大多数行贿案件没有立案或者立案后作不起诉处理。[③]

立法对行贿罪处罚的相关规定已经相当宽松，但法院在判决行贿犯罪案件时，仍倾向于在自由裁量权的范围内尽可能从轻处罚。立法上对行贿罪规定特殊从宽条款有所偏轻，侦查上迫于无奈将部分行贿人转为证人处理，判决上法院于心不忍对行贿罪量刑进而从轻。在此不深究这些现象背后的社会制度问题，这些情况也反映了在行贿罪的惩治上还存在严重的“重受贿轻行贿”思想。根据某省判决统计分析结果显示，行贿罪处罚在实践中依然偏轻，并且这种倾向性存在于大多数行贿罪判决，证明处于查办一线的工作人员没有完全按照“行贿和受贿并重惩办”的政策思想去办理行贿罪案件。归结以上问题，主要还是因为行贿罪处罚不够重视，因而，在目前的法律体系下，司法人员应该从根本上扭转“行贿服务于受贿的思想”，对行贿罪也重拳出击。

四、行贿罪处罚的优化

贿赂犯罪一直是国家打击的重点，贿赂犯罪侵犯了国家工作人员职务行为的不可收买性，即国家工作人员的职务行为与财物具有不可互换性。[④]《刑法修正案（九）》对于行贿犯罪处罚的加重彰显了我们国家坚决不姑息贿赂犯罪的决心，体现了要法治反腐，要形成更完备的法律反腐网的趋势。笔者思考目前行贿罪处罚存在的问题可以从以下几方面予以完善：

---

① 王治国，戴佳：《加大依法惩治行贿犯罪力度有效遏制贿赂犯罪蔓延势头》，载《检察日报》2015年4月29日。

② 张建、俞小海：《行贿犯罪的司法实践反思与优化应对》，载《中国刑法学杂志》2015年第3期。

③ 徐胜平：《行贿罪惩治如何走出困境》，载《人民检察》2012年第16期。

④ 张明楷：《刑法学》（第四版），法律出版社2011年版，第1063页。

（一）应当秉持“行贿与受贿并重惩治”理念

加大对行贿罪的处罚力度，坚持“行贿与受贿并重惩治”的理念，是贿赂犯罪法治道路的必然选择。然而，在学者们探寻更好惩治贿赂犯罪的道路上，对行贿罪应并重处罚有不同的声音：何荣功教授从政治哲学的角度分析行贿，讲到“制度有病，不能让行贿人吃药”[①]认为行贿是目前国家制度不够完善的产物，严惩行贿犯罪不能取得好的法治效果。姜涛教授以立法效果论为依据认为，加大行贿罪惩治力度会更容易在行贿人和受贿人之间形成“攻守同盟”，进而造成贿赂犯罪处罚概率降低，不利于打击贿赂犯罪。[②]因此将行贿罪非罪化可以使行贿人陷入“囚徒困境”，增加被追诉的可能，更有利于打击贿赂犯罪。针对以上不同的声音，笔者将从以下几方面论证在司法实践中对行贿罪并重处罚的合理性：

一是行贿和受贿在功能上具有对向性，两者具备很强的因果关系，严惩行贿增加了行贿人的犯罪成本，行贿是典型的贪利行为，增加其犯罪成本，能有效减少贿赂犯罪的产生。如果只注重打击受贿罪而放纵行贿罪，无异于放任腐败的源头。[③]二是加大行贿罪处罚力度是民心所向。目前我国的反腐案件中仍存在重大职务犯罪中行贿人未被追究刑事责任的事例，对这些人的惩治不力极大损害了社会的公平正义。三是对行贿犯罪惩治不力，会助长社会的不良风气。行贿人惩治不力降低了行贿罪的成本。行贿行为会成为风险低、成本低、受益大的最好手段，人们遇事难以解决就会先想到行贿，甚至以围追堵截、威胁、胁迫等方式，逐步腐蚀国家工作人员。一旦形成社会风气，贿赂犯罪将更难遏制。四是仅指望受贿一方通过自身廉洁拒绝受贿或者受贿一方恐惧制裁的心理而不敢贪腐，来达到遏制贿赂犯罪发生和蔓延，是不切合实际的。

尽管行贿罪和受贿罪是对向犯，但是“对向犯”并非“对等犯”，行贿罪的社会危害性较小，在立法上对于行贿罪设置和受贿罪同样的量刑和处罚的建议同样不够稳妥。笔者认为在司法实践方面要按照目前行贿罪处罚的规定正确定罪量刑，严格司法，谨慎适用缓刑和免刑，尽量避免就低不就高的情况。司法人员要坚持“行贿和受贿并重处罚”的理念，不应在本就“严进宽出”的行贿罪立法框架下进行二次过大“宽宥”。

---

① 何荣功：《“行贿与受贿并重惩罚”的法治逻辑悖论》，载《法学》2015年第10期。

② 姜涛：《废除行贿罪之思考》，载《法商研究》2015年第3期。

③ 张智辉：《受贿罪立法问题研究》，载《法学研究》2009年第5期。

（二）应当细化罚金刑的相关规定

司法惩治不力的一大原因是自由裁量权过大，细化行贿罪处罚中罚金数额，有利于更好发挥罚金的作用。最新司法解释规定行贿罪的罚金数额采取“10万元以上犯罪数额两倍以下”的计算方式。通过对已经判决的行贿案件分析发现，看似已经明确细化的罚金范围仍然过于宽泛，不利于实践操作。实践中，按照目前10万元以上犯罪数额两倍以下的标准执行，没有对不同情节进行区分，现实中罚金的数额偏向于最低罚金处罚，行贿犯罪的数额低至几万元高达几千万元，导致罚金发挥不出应有的作用。目前法律上对于数额的计算应用较多的主要有以下几种：一是设定确切的数值；二是采用比例限制，即罚金根据犯罪数额计算，限制最高倍数；三是综合两者，即限制合理倍数也规定最高或最低限额。

笔者认为优化现行贿罪罚金应采用的分段最低限额加合理倍数的计算方式，按照行贿犯罪的社会危害性不同来细化规定不同的最低罚金数额。建议可以将“情节严重”的行贿犯罪罚金数额改为“20万元以上犯罪数额两倍以下”，对“情节特别严重”的行贿犯罪罚金数额改为“50万元以上犯罪数额两倍以下”。这样规定缩小了法官的自由裁量权，不仅便于司法实践的统一，也体现了“罪责刑相一致”原则。

（三）应当综合考虑量刑情节，弱化行贿数额影响

目前我国刑法对行贿罪处罚主要以情节是否严重作为标准进行梯度划分，按照司法解释规定，情节是否严重主要参考的是行贿数额的高低。笔者认为应当减弱行贿罪中行贿数额对于定罪量刑的影响，将行贿罪的主体、行贿对象和领域以及行贿人目的等方面作为定罪量刑的主要标准。

行贿数额受经济发展、社会地位、交情等社会因素影响较大，行贿金额和情节严重程度关系并不大，以行贿数额为定罪量刑的主要标准危及法律的公正性并且不利于法律的稳定性。例如，同一件事情有人需要花100万元，有人只需要吃一顿饭就可以解决，但危害性是一样的。再如，对具有公共监管职能人员和特殊领域行贿行为的危害程度可能往往大于普通行贿行为。如果以上这些情况我们在处罚时都先考虑数额来划分量刑区间，很有可能使危害性大的有权势有关系网的行贿人得到轻判，不符合刑法罪刑相一致的原则。

目前我国刑法中行贿罪处罚量刑梯度首要考虑的是行贿数额，以此来确定量

刑档。笔者认为应当降低行贿数额对于行贿犯罪定罪量刑的影响，将行贿罪的主体、对象以及行贿人目的等方面作为定罪量刑的主要标准。2016年《办理贪污贿赂案件解释》第7条第2款的第1项至第5项的酌定情节，其中包括对多人行贿，用违法所得行贿，为职务调整、提拔行贿，对司法人员行贿影响公正，对负有食品药品等监管职责人行贿的情形。这些情节仅作为量刑幅度内量刑加减的依据。笔者认为此方式不利于打击行贿犯罪，应予以改变，具体而言就是优先考虑行贿罪主体、对象，行贿方式以及行贿人目的等情节，再考虑行贿数额和经济损失的影响。例如，向司法人员行贿，向具有食品、药品等监管职责的工作人员行贿等这些严重危害社会和民生的处以重刑，对一般行贿的处以普通刑罚；再如，国家工作人员通过行贿换取权力应处以比普通人更严厉的刑罚。在这个前提下，根据行贿数额和造成损失再进一步量刑。笔者认为，行贿罪的刑罚梯度划分要以严重程度的方式进行划分，把行贿对象的重要性及行贿主观恶性和手段作为更重要的衡量情节严重与否的标准，逐步降低行贿金额量刑作用，综合考虑各种量刑情节。

结 语

从我国行贿罪的立法进程来看，国家对于行贿罪的处罚也不断重视，行贿罪已经逐渐从依附于受贿罪到拥有独立的地位。《刑法修正案（九）》也体现了目前行贿罪要从严惩处的立场。为加大行贿罪的打击力度和打击率，笔者建议在立法上优化行贿罪处罚量刑模式，从严处罚以引诱、威胁等方式腐蚀国家工作人员的行贿行为，细化罚金数额规定等，完善行贿犯罪刑罚体系。同时，为将行贿罪立法规定真正地贯彻到司法实践中，还需要一线办案人员转变观念，在宽严相济的刑事政策下，贯彻“行贿与受贿并重惩罚”的理念，以及在行贿罪处罚的法律适用上更加严谨等多方面的努力。今后我们要继续研究行贿犯罪的实践问题，修改出更优的行贿犯罪处罚规定。

第三节　见微知著：行贿罪中“谋取不正当利益”辨析

腐败问题一直是我们国家亟待解决的重要社会问题，党的十八大以来，国家对行贿罪加大处罚的呼声越来越高，对行贿罪处罚的态度也向“行贿和受贿并重惩治”转变。《刑法》第389条第1款规定：“为谋取不正当利益，给予国家工作人员以财物的，是行贿罪。”关于“不正当利益”的认定，一直争论不休，该要件应如何理解，在实践中存在界定不清，学术上也一直有不同的观点和认识。从比较法的角度分析，其他国家大多没有类似的规定。从我国司法实践和司法解释来看，“谋取不正当利益”的边界和内涵一直在不断扩张。本文尝试从对向犯的视角再次剖析行贿罪构成要件“为谋取不正当利益”。

一、“谋取不正当利益”要件理论争议

（一）“谋取不正当利益”要件立法发展沿革

1979年《刑法》规定，“向国家工作人员行贿或者介绍贿赂的，处三年以下有期徒刑或者拘役”，并没有规定具体的要件。1997年《刑法》正式将“谋取不正当利益”作为行贿罪的必备要件。此后为澄清“谋取不正当利益”要件的含义，司法实务和刑法学界一直在不断尽力解释。

1999年最高人民法院、最高人民检察院发布《关于在办理受贿犯罪大要案的同时要严肃查处严重行贿犯罪分子的通知》中规定：“谋取不正当利益是指谋取违反法律、法规、国务院各部门规章及国家政策规定的利益，以及要求国家工作人员或者有关单位提供违反法律、法规、国务院各部门规章及国家政策规定的帮助或者方便条件。”

2008年《最高人民法院、最高人民检察院关于办理商业贿赂刑事案件适用法律若干问题的意见》，扩大了对不正当利益的解读：1.将“国务院部门规章”扩大为所有“规章”；2.将违反行业规范而谋取的利益也视为不正当利益；3.在招投标、政府采购中谋取竞争优势的，也视为谋取不正当利益。根据这一理解，谋取不正当利益不仅包括违法利益也包括违规利益。

2012年最高人民法院、最高人民检察院颁布实施的《关于办理行贿刑事案件具体应用法律若干问题的解释》第12条规定：“行贿犯罪中的‘谋取不正当利益’，是指行贿人谋取的利益违反法律、法规、规章、政策规定，或者要求国家工作人员违反法律、法规、规章、政策、行业规范的规定，为自己提供帮助或者方便条件。违背公平、公正原则，在经济、组织人事管理等活动中，谋取竞争优势的，应当认定为‘谋取不正当利益’。”该解释把“谋求竞争优势”的适用范围从“招投标、政府采购等商业活动”扩大到所有“经济、组织人事管理等活动”中。如今该解释也得到了学界的普遍认可。

（二）“谋取不正当利益”要件的理论分歧

在刑法理论上，对“谋取不正当利益”也有多重解读，概括起来主要是以下几种：

1.非法利益说：该观点直接来源于1979年《刑法》的规定，其支持者认为，“谋取不正当利益”就是非法利益，即违反法律、法规和政策所取得的利益。[①]根据该观点，法律、政策所禁止的行为本身就是不当，由此获得的利益自然是不正当利益。

2.不应得利益说：该说也着眼于利益的正当性，而不讨论获得利益的手段。该说认为：不正当利益既包括非法利益又包括其他不应得利益。其中，其他不应得利益中包含违反社会道德而获得的利益。相较非法利益说有所扩大。

3.手段不正当说：该学说主要着眼于行为人为获取目标利益的手段，认为谋取不正当利益是指行为人在获取请托的利益之时所采取的手段、方式、方法不正当。[②]根据该观点，只要采取行贿的手段谋取利益，都可以直接认定为“谋取不正当利益”，而不再考量利益的合法性。

4.受贿人职务违背说：此观点学者认为，谋取不正当利益应以受贿人为行贿人谋取利益是否违背职务加以限定。[③]根据这一观点，谋取的利益是否正当，应该以受贿人是否违背其职务的要求作为标准，违背的为不正当利益，不违背的为正当利益。

尽管司法解释和学界一直在努力界定“谋取不正当利益”的含义，但是由于现有解释方法总难以满意答复。主张取消这一要件的声音一直不断，主要理由是：1.行贿行为，无论其目的正当与否，均侵害了国家工作人员或者非国家工作人员职务行为的不可收买性即廉洁性，都具有社会危害性，从而具有可惩罚性。[④]贿赂行为本质上是一种权钱交易，无论行贿人是为了谋取不正当利益还是为了谋取正当利益，都是以贿赂来换取国家工作人员的职权，都侵犯了职务行为的公正性和社会对职务行为公正性的信赖。行贿人谋取利益的正当与否并不影响行贿行为

① 黄太云：《中华人民共和国刑法释义与适用指南》，红旗出版社1997年版，第231页；黄道诚、赵晖：《论行贿罪》，载《河北法学》1998年第3期。

② 郭晋涛：《论行贿罪中的“为谋取不正当利益”》，载《中国刑事法杂志》2000年第6期。

③ 陈兴良：《刑法疏议》，中国人民公安大学出版社1997年版，第640页。

④ 李少平：《行贿犯罪执法困局及其对策》，载《中国法学》2015年第1期。

的本质，不能决定行贿行为的性质。2.“为谋取不正当利益”的要件与我国已经参加的《联合国反腐败公约》相违背，且不符合当今世界惩治贿赂犯罪的立法惯例。3.“为谋取不正当利益”要件，阻碍了对行贿犯罪的打击力度，对证据确定造成困扰。[①]然而，基于我国人情社会的现实国情，行贿罪的社会危险性远不如受贿罪，立法者在受贿罪中规定“为他人谋取利益”，而在行贿罪中规定“为谋取不正当利益”。即强调了“不正当”，是有意为之，现如今我们的解释不尽如人意，不能简单取消该要件，而应该进一步从谋取利益中，有效地划分出谋取不正当利益的部分。笔者希望转变思路，从行贿和受贿对向犯的特性出发，在职务违反说的立场上，将解释视角从行贿人一端转向国家工作人员，将国家工作人员是否违背职务作为判断行为人所谋取利益是否正当的标准。

二、“谋取不正当利益”的界定

目前界定何为不正当利益时，行贿罪司法解释主要是以行贿人为视角展开的解释。这种解释的缺点在于，它割裂开了行贿和受贿行为的对向关系，未能从贿赂犯罪的行为规范即禁止权财交易这个角度出发，从而导致将那些为谋取不正当利益而给予国家工作人员以财物，但是要求国家工作人员实施和职权无关的行为的情况也作为行贿罪处理，这显然是无法接受的。例如，张三给国家工作人员送10万元，让其冒充被害人，将被害人名下财产顺利过户到自己名下。在这种情况下，行为人有为谋取不正当利益的目的，也采取了违反法律、法规的手段，给予国家工作人员财物，实际谋取到了不正当利益。虽然表面上符合行贿罪的构成要件，但该案显然不能以行贿罪论处。主要原因就是行贿罪与职务行为的对价性这一核心要件没有满足。

行贿罪属于贿赂犯罪，贿赂犯罪所保护的法益是国家工作人员的职务行为的不可收买性，[②]即惩罚贿赂与职务之间的对价关系。因此，既然在立法上只规定了行贿人给予国家工作人员财物这一端，而没有规定国家工作人员这一端，那么为了搭起行贿和受贿之间的桥梁，考虑对合关系，“谋取不正当利益”应在职务违背说的基础上进行理解，使其承担起表征国家工作人员职务行为的功能。笔者试着在职务违背说的基本立场上对最高人民法院、最高人民检察院2012年颁布的

① 徐胜平：《行贿罪惩治如何走出困境》，载《人民检察》2012年第16期。

② 张明楷：《论受贿罪中的“为他人谋取利益”》，载《政法论坛》2004年第5期。

《关于办理行贿刑事案件具体应用法律若干问题的解释》第12条"谋取不正当利益"条文进行解读。

（一）违反规定的"谋取不正当利益"

《关于办理行贿刑事案件具体应用法律若干问题的解释》第12条第1款规定："行贿犯罪中的'谋取不正当利益'，是指行贿人谋取的利益违反法律、法规、规章、政策的规定，或者要求国家工作人员违反法律、法规、规章、政策、行业规范的规定，为自己提供帮助或者方便条件。"从字面上理解，该条款是从行为人角度出发，应包含两种行为：一是行贿人谋取的利益违反法律、法规、规章、政策规定。即从实然方面解释，这里不正当利益主要包括走私等在任何情况下都是非法利益，以及行为人不具备条件而获取经营资格或者减免行为人应负的义务。二是行为人主动要求国家工作人员违反法律、法规、规章、政策、行业规范的规定，为自己提供帮助或者方便条件。这里有一种情况就是行为人通过行贿手段所获取的利益可能并不违反法律、法规、规章、政策的规定，但要求国家工作人员或有关单位违反法律、法规、规章、政策的规定为其提供了帮助和方便条件，使其获得利益。①

笔者认为，从职务违反说出发，第一种行为，行为人意图谋取到的不正当利益，国家工作人员不可能用合法的手段使其获得不正当利益。在第二种行为中，很明显需要判断国家工作人员的行为来界定手段是否违法。而国家工作人员有很多完备的规章制度，可以比较容易界定是否违反规定。因此，从国家工作人员的角度解释更容易进行界定与判断。

也许有人对于行为人要求国家工作人员谋取不正当利益而行贿，国家工作人员明确拒绝的情况下，国家工作人员没有违反规定，将钱上交并按规处理，行为人也并未实际谋得不正当利益。这种情况下行贿人具有主动围堵之攻势，存在行为人要求国家工作人员违规操作为自己牟利，主观恶性很大，不处罚也难以符合常理。

笔者认为，在这种情况下，存在受贿者无罪，行贿者犯罪的情况。这种情况下，从行贿受贿的对向性来看，行贿人有国家工作人员违反职务规定的主观意图，不正当利益获取的未遂是由于国家工作人员的及时制止，才打断了对合的形

---

① 李辰著：《行贿犯罪研究》，中国政法大学出版社2013年版，第196页。

成，而行贿人向受贿人的单方关系已经完成。也就是说，没有国家工作人员的自我约束，从职务违背说来看，这种情况下，行贿人已经侵犯职务廉洁性，打破职务不可收买性，也应以行贿论处。

（二）违背公平公正原则的“谋取不正当利益”

《关于办理行贿刑事案件具体应用法律若干问题的解释》第2款规定：“违背公平、公正原则，在经济、组织人事管理等活动中，谋取竞争优势的，应当认定为‘谋取不正当利益’。”第1款规定主要涉及国家工作人员具体规则的职务行为，而在第2款中就比较模糊。该条款中经济、组织人事管理活动中，包含了几乎所有的行贿犯罪可能发生的领域。竞争是指个人或群体在一定范围内为谋求他们共同需要的利益而进行比较和争取的过程。优势是指在竞争中能超过对手的有利条件和情势。现代社会是竞争的时代，正常的竞争，符合优胜劣汰自然法则，有利于推动社会的发展。因此，该条款的主要问题在于“违背公平、公正原则”。与第1款不同，第2款规定所涉及的职务行为在法律上并没有明确规定，需要国家工作人员内心来决定是否违背职务。[①]在经济、组织人事活动中违反公正原则取得的利益。行贿人追求竞争优势并非其最终的目的，而是意图取得竞争优势后由竞争优势所带来的利益。因为某种利益处于竞争性的场合，说明该利益的归属是不确定的，需要通过公平竞争程序和相关的公务行为裁量确定。这种公务上的自由裁量，决定了竞争领域存在着巨大的寻租空间。在正当竞争的情况下，竞争者凭借竞争优势实现了不确定利益到确定利益的转变，所取得的利益无疑是合法的利益。而通过行贿的手段谋取竞争优势，利益归属在一定程度上向行贿人倾斜，而其他竞争者失去了本来可能得到的利益。可见，通过行贿谋取竞争优势，在利益由不确定到确定过程中，排斥了竞争对手，背离了公平竞争的原则。

根据司法解释从行为人的角度出发，会陷入循环定义，什么是行贿？行为人违背公平、公正原则，谋取竞争优势。什么是违背公平、公正原则？行贿。违背公平、公正原则的主体是国家工作人员，只有国家工作人员才掌握着此项权力，因此从行为人的角度出发，很难真正界定清楚。

具有决定权的国家工作人员在经济、组织人事管理活动中，应当客观根据竞争者的客观上的优势和劣势进行实事求是的评比和判定，让客观优势的人胜出。

---

① 车浩：《行贿罪之“谋取不正当利益”的法理内涵》，载《法学研究》2017年第2期。

在行为人不具有客观优势的前提下，因给予国家工作人员以财物而谋取关照，从而胜过那些具有竞争优势的人。这显然违背公平、公正原则，适用该条款的规定。不存在争议。

如果行为人或者相关单位在竞争性活动中本来就有一定的竞争优势，为了维持这种竞争优势而给予财物，是否属于“谋取竞争优势”？理论上存有一定异议。有学者认为，行为人的目的不在于妨碍竞争，而是因社会不良风气客观存在而求得心理安稳，因此中标等不属于不正当利益。而有学者反驳道，虽然贿赂没有取得实际的效果，但是只要行为人在行贿过程中表达出顺利获得不正当利益的愿望，就反映出主观上有谋取竞争优势的故意。竞争优势是动态的，所谓的竞争优势是不可靠的。[①]笔者赞同应将该行为认定为行贿罪。但在逻辑上从国家工作人员的职务违背出发，从贿赂犯罪保护的法益职务行为的公正性出发。即使职务行为是合法的，但若因此接受贿赂的，仍成立受贿罪，其根本在于将职务行为置于贿赂影响的危险之中。由此可见，即使履职的结果和客观存在下的竞争优势相符合，也仍然将职务行为置于贿赂的影响之下的危险，就构成了对职务行为公正性的侵害。

因此，对“为谋取不正当利益”的理解从国家工作人员的角度加以功能解释，能够连接起行贿罪和受贿罪之间的桥梁，从行贿罪的职务违背的方向出发，判断是否将职务行为置于贿赂的影响之下，更能厘清不正当利益的界限。

三、“为谋取不正当利益”相关问题

（一）“加速费”与“谋取不正当利益”

行贿罪中的加速费是泛指行为人为了加快获取、享有某种确定的合法利益而给予国家工作人员财物。现实的社会生活中，支付“加速费”的现象比较常见，例如，在行政管理领域，被管理方为了加快行政审批的进度给予国家工作人员以财物；在商业领域，乙方承包的工程完工以后，为了及时结算工程款，而给予甲方经办人员财物。性质上，国家工作人员索取或者收受“加速费”属于受贿行为，应构成受贿罪，但行为人是否构成行贿罪，仍存在争议。

否定说的主张者认为，支付“加速费”行为不构成行贿罪。理由通常非常直

① 孙国祥：《行贿谋取竞争优势的本质和认定》，载《中国刑事法杂志》2013年第7期。

接，因为行为人没有谋取不正当利益，其获得的利益属于应得利益。①也有观点认为，行贿人能否获得加速是不确定的，受贿人对是否加速也有自由裁量权，但如果一概以行贿罪追究刑事责任显然畸重，也有违社会公众的一般认识。②肯定说的主张者则指出，加速费的支付目的也是获取某种利益，而只要谋取本来不应当得到的利益，或者说虽然应当得到，但采取非法手段取得这样的利益，都属于"不正当利益"。③也就是说，只要给予财物与获取利益有关，就应该直接认定为"为谋取不正当利益"，进而认定为行贿罪。笔者认为加速费不应认定为行贿罪。我国是情感社会的特性使得送礼成为一种常象，熟人社会的特质使得找人成为一种习惯。"加速费"通常所谋取的是确定的合法利益，并且"加速费"的支付者也是受害者，行为人并未因此获得收益，只有减损。

从职务违反说的角度出发，行贿罪的实质界定为对国家工作人员不正当履职的收买。"不正当利益"掌握在国家工作人员手中，通过国家工作人员的权力不当行使而形成，进而成为行贿人谋取的对象。换句话说，行贿罪的实质，是指为了促使国家工作人员不正当履行职务而给予国家工作人员以财物，将国家工作人员的职务行为置于贿赂影响的风险下。如果行为人仅仅是为了促使国家工作人员正常履职而给付财物，收买的是国家工作人员的正当履职行为，由于权力行使的结果与国家正常管理职能和职务行为行使的公正性并没有发生偏离。因此，罪与非罪的界限就在于，行为人交付财物是否导致国家工作人员职务的不当行为。交付财物是为促使国家工作人员在既定的规则和决策框架内展开的日常性事务，不构成行为人谋取不正当利益。

（二）感情投资与"谋取不正当利益"

在司法实践中，感情投资较为常见多发，这类行贿人在国家工作人员尚未实施职务行为之前，即给予一定数量的财物，且在给予财物时没有任何具体请求。实务中，一些行为人在逢年过节以"感情投资"的方式给予国家工作人员财物，给予财物时，并没有直接提出谋取利益的要求，案发时，国家工作人员也没有为行为人谋取不正当利益的事实。行为人的行为能否认为具有"谋取不正当利益"

---

① 鲁建武、覃俊：《行贿罪之"不正当利益"认定中的疑难问题》，载《中国检察官》2014年第10期。

② 夏伟、王周瑜：《对行贿罪中不正当谋取利益的理解》，载《人民司法》2015年第13期。

③ 刘方：《贪污贿赂犯罪的司法认定》，法律出版社2016年版，第334页。

的目的进而认定为行贿?

理论上有观点认为，由于行贿犯罪“为谋取不正当利益”属于主观要件，故只要存在谋取不正当利益的意图，又具备现实的行贿行为，即可概括性地连接构成要件的对应关系，无须进行特定且明确的对应性认定。认定请托人是否存在行贿犯罪的概括故意与谋取不正当利益的主观意图，应当以贿赂物品的数额价值为基础。超过一定数额标准的“感情投资”超越了正常人际交往的范畴，明显具有通过贿赂手段谋取不正当利益的犯罪意图。[①]无论请托人给付财物的感情投资行为与谋取不正当利益间隔多远，对犯罪故意、行为性质以及谋取利益与给付贿赂的概括关系均不产生任何影响。

笔者以为，感情投资不可一概而论，区分为两种情况：一是行贿人在馈赠财物之后，经过一定的时间间隔，提出了具体的请托事项，要求国家工作人员为其谋取不正当利益。这种情况下，虽有一定的时间间隔，但是只要行为人提出具体的请托事项，国家工作人员势必会对该行为产生认识，在其明知行贿人提出的请求而未拒绝的情况下，即可以认定属于解释第14条第1款中要求工作人员为自己提供帮助或者方便的情形，应该认定双方实施了钱权交易。国家工作人员违反职务规定，行为人应构成行贿罪，数额应认定为数次给予财物数额之和累加计算。[②]

二是行贿人仅单纯地“馈赠”财物，并未提出任何具体的请托事项，也没有实际谋取到任何不正当利益。这种情况下，在缺乏相关证据的前提下，不应认定行为人谋取不正当利益，触犯行贿罪。理由如下：首先，行为人平时逢年过节送钱送物，大都出于谋取利益的长期投资，推定行为人送礼是为了谋取利益，并无不可。但不能断然推定这种谋取利益就是为了谋取不正当利益。因为“在感情投资过程中，投资人并未提出任何请托事项，只是为了将来办事方便做前期投资，有时甚至是想通过这种送礼形式先与国家工作人员搭上关系，逐步培养‘感情’，在获得该国家工作人员信任之前，再作进一步‘投资’”。谋取利益包括谋取合法的正当利益和谋取不正当利益，不能排除行为人平时“感情投资”是为了谋取正当利益，或者是维持已经得到的正当利益，而谋取正当利益的行贿行为在现行立法上尚不构成犯罪。其次，所谓超过一定数额，实际上很难有一个清晰的界限，

---

① 孙国祥：《行贿罪中的“为谋取不正当利益”辨析》，载《人民检察》2016年第11期。

② 王玉珏：《受贿罪司法认定的轨迹与趋势》，载《法学》2013年第10期。

缺乏可操作性。另外，这种情况下，国家工作人员还没有实施任何有利于行为人的行为，没有将职务行为置于贿赂的影响下，因此，没有明确谋取不正当利益要求的“感情投资”式的给予财物行为不能简单推定为“谋取不正当利益”。

结 语

随着行贿罪打击力度的不断加大，社会风气的不断肃清，也许将来“为谋取不正当利益”会从行贿罪中删除。但是基于现阶段国情和法律规定，我们应该完善对“不正当利益”的界定。认定“谋取不正当利益”，应从国家工作人员的职务违反出发，从行贿罪的实质出发，即为了促使国家工作人员不正当履行职责而给予国家工作人员财物。这应当成为认定行贿罪的明确的、可操作性的标准。换言之，如果行贿是为了谋取国家工作人员不当履职，将职务行为置于贿赂影响的风险下，则无论最终取得的实体利益是否合法，都应作为行贿罪认定。如果行贿仅仅是为了促使国家工作人员的正常履职，则不属于行贿罪处罚范围。据此，对不要求国家工作人员提供违法帮助情况下的“加速费”支付，或者没有请托的感情投资，均不属于谋取不正当利益行为，不构成行贿罪。

第六章

斩断外逃之径：反腐败法治的国际视野

第一节　国际接轨：《联合国反腐败公约》与我国最新刑事立法的衔接①

近年来，党和政府惩治腐败工作取得明显成效，我国刑事立法也及时跟进，对贪污贿赂犯罪进行了立法修正。惩治贪污贿赂犯罪不仅需要国内立法的调整，也需要借鉴国外的成熟做法和成功经验。《联合国反腐败公约》（以下简称《公约》）是国际社会惩治腐败犯罪最为完整和全面的国际法律文件。《公约》关于腐败犯罪规定之全、调整范围之广前所未有，使国际社会反腐败的法律合作出现多方面的突破性进展。我国于2005年批准加入该《公约》，研究《公约》与我国刑事立法的衔接问题，对我国建立健全惩治和预防腐败体系有着重要的促进作用。

一、我国刑事立法对贪污贿赂犯罪的最新修改

（一）完善贪污贿赂犯罪的定罪量刑标准

《刑法修正案（九）》废除以“数额”定罪的模式，代之以“数额+情节”的双重定罪模式。②但修正案未明确规定三个档次“数额”的标准，也未明确规定哪些情节属于“较重情节”“严重情节”“特别严重情节”。

2016年3月28日，最高人民法院、最高人民检察院（以下简称最高人民法院、最高人民检察院）通过《办理贪污贿赂案件解释》。《办理贪污贿赂案件解释》充分论证我国当前经济社会发展变化和具体案件实际情况，根据“把纪律挺在前面”的反腐败政策要求，对贪污贿赂犯罪的定罪量刑标准作出明确规定。③这样

---

① 本节内容曾发表在《河南社会科学》2017年第9期。

② 数额分为“数额较大”“数额巨大”“数额特别巨大”三个档次；情节分为“较重情节”“严重情节”“特别严重情节”三个层次。

③《办理贪污贿赂案件解释》明确规定贪污受贿犯罪的具体量刑标准：将这两罪“数额较大”的一般标准由1997年《刑法》确定的5000元调整至3万元，“数额巨大”的一般标准定为20万元以上不满300万元，“数额特别巨大”的一般标准定为300万元以上。《办理贪污贿赂案件解释》同时规定，贪污、受贿1万元以上不满3万元，同时具有特定情节的，亦应追究刑事责任；数额不满“数额巨大”“数额特别巨大”条件，但达到起点一半，同时具有特定情节的，亦应认定为“严重情节”或“特别严重情节”，依法从重处罚。

有助于司法实践中对贪污贿赂案件做到同案同判，以更好地惩治腐败、维护社会的公平正义。

（二）加大对行贿罪的处罚力度，增设罚金刑

行贿罪属于受贿罪的源头犯罪，其社会危害性不亚于受贿罪，对其不能过于宽宥。国外刑事立法中，行贿与受贿不仅罪名相同，且受到同等处罚。以意大利为例，根据该国《刑法》第318条[①]、第321条的规定[②]，处罚行贿行为和受贿行为的罪名都是“贿赂罪”（Corruzione），刑罚也完全一样。

我国立法者及时修改刑事立法，加大对行贿罪的处罚力度，严格对行贿罪从宽处罚的条件，将行贿人在被追诉前主动交代的从宽处罚由“减轻或者免除处罚”改为“从轻或者减轻处罚”。此外，严格限缩减轻或免除刑罚的条件设置，只有对于实行了较轻犯罪，且对侦破重大案件起到关键作用或者有重大立功表现的行贿人员才可以减轻或者免除刑罚。

《刑法修正案（九）》还对各类行贿犯罪增设罚金刑。行贿罪属于贪利性犯罪，判定行为人缴纳罚金，使其受到财产刑的惩罚，能够在一定程度上抑制此类犯罪的再次发生。考察世界上主要国家的刑法，如法国、德国等普遍规定对行贿罪适用罚金刑。据调查，欧美国家行贿罪的罚金刑适用率将近80%。[③]《刑法修正案（九）》还将“行贿犯罪情节特别严重时直接并处没收财产”合理变更为“并处罚金或者没收财产”。这不仅完善了行贿罪的刑罚配置，使附加刑与自由刑实现更好的互补，而且使行贿罪的刑罚适用更加有序合理，从而达到更好的刑罚效果。

（三）严密刑事犯罪法网，增设对有影响力的人行贿罪

《刑法修正案（九）》增加规定对有影响力的人行贿罪[④]，不仅严密了刑事法

---

① LUIGI ALIBRANDI，Codice penale e di procedura penale e leggi complementari，op. cit.，p. 207，Casa Editrice La Tribuna，Piacenza，2015.

② LUIGI ALIBRANDI，Codice penale e di procedura penale e leggi complementari，op. cit.，p. 210—211，Casa Editrice La Tribuna，Piacenza，2015.

③ 杨尚文、吴凤：《论〈刑法修正案（九）〉对行贿罪的立法完善》，载《人民法院报》2015年12月2日，第6版。

④ 参见《刑法修正案（九）》第46条的规定。

网，将“影响力交易”行为纳入刑法规制范围，而且与《公约》第18条的规定相衔接，从而更好地履行了《公约》规定的缔约国义务。

（四）规定重特大贪污贿赂犯罪之死缓犯的终身监禁制度

《刑法修正案（九）》中一项引人注目的修改就是增设终身监禁制度。在此之前一些被判处死刑缓期执行的重特大贪腐犯罪人利用减刑、保外就医等方式提前“出狱”，其实际执行刑期过短，民众对此强烈不满。增设终身监禁制度不仅强化对贪污贿赂犯罪的处罚力度，也是立法者对于民众呼声的回应，更为将来废除非暴力犯罪的死刑做了立法铺垫。①

根据《刑法修正案（九）》的规定，对于犯贪污罪或受贿罪的犯罪人，如果符合法定情形，人民法院可以同时决定在其死缓2年期满后依法减为无期徒刑，适用不得减刑、假释的终身监禁。全国人大原法律委员会相关人士表示，对重特大贪污受贿犯罪人采取终身监禁，有利于实现罪刑相适应，有利于维护司法公正，防止出现此类罪犯通过减刑等途径造成服刑期过短的不当现象，更符合宽严相济的刑事政策。②终身监禁不是独立刑种，而是对被判处死缓的贪污受贿罪犯适用的特殊刑罚措施。终身监禁的设立加大了自由刑的惩罚力度，限缩了死刑与无期徒刑之间的惩罚空间，具有一定的积极意义。

二、《公约》的相关规定

根据第55届联合国大会55/61号决议，诸多国家、国际组织和非政府组织代表在维也纳进行了多轮谈判，最终完成了《公约》的起草工作。2003年10月31日第58届联合国大会全体会议审议通过了《公约》。③我国于2005年批准加入《公约》。

（一）缔约目的

《公约》序言明确规定了缔约目的。腐败威胁到社会稳定和安全，也会破坏

---

① 刘霜：《终身监禁的法律定位研究》，载《西部法学评论》2017年第1期。

②《“终身监禁”入刑扎牢反腐制度“笼子”》，http：//www.npc.gov.cn/npc/xinwen/2015- 08/26/content_1944447.htm，最后访问于2016年5月11日。

③ 蔡晓：《〈联合国反腐败公约〉基本情况以及对我国相关工作的影响》，载《党建》2005年第12期。

现有的民主体制和法治秩序。腐败不只存在于部分地区，不只影响部分领域，而是已经成为一种影响所有社会和经济领域的跨国现象，需要采用综合性、多学科的方法加强国际反腐败斗争。《公约》设立的宗旨包括：第一，促进和加强各项措施，以便更加高效而有力地预防和打击腐败；第二，促进、便利、支持预防和打击腐败方面的国际合作和技术援助，包括资产追回；第三，提倡廉正、问责制，对公共事务和公共财产妥善管理。[①]

（二）《公约》对腐败犯罪主体的规定

1.公职人员。《公约》第2条第1项规定，所谓“公职人员”是指履行公共职能或者提供公共服务的人员。至于公职人员是临时的还是长期的，是计酬的还是不计酬的，是有编制的还是没有编制的在所不问，只要其履行公共职能或提供公共服务，就可以被认定为公职人员。

2.外国公职人员。《公约》第2条第2项规定，“外国公职人员”是指“外国无论是经任命还是经选举而担任立法、行政、行政管理或者司法职务的任何人员；以及为外国，包括为公共机构或者公营企业行使公共职能的任何人员”[②]。

3.国际公共组织官员。《公约》规定，“国际公共组织官员”系指国际公务员或者经国际公共组织授权代表该组织行事的任何人员[③]。这里只限于国际公共组织官员或者经授权代表该组织行事的人员，而非所有工作人员。

（三）《公约》规定的反腐败机制

1.预防机制

《公约》对于反腐败预防机制的规定包括以下几点：一是预防性反腐败机构的设置（第6条）。该机构负责制定和执行协调有效的反腐败政策，定期对相关法律、措施进行评估，以确定反腐败政策是否切实有效。二是建立公共采购制度。该制度的作用在于维持公共财政管理制度的公开、透明（第9条）。三是简化行政程序，建立公众与国家机关的联系通道（第10条）。四是制定私营机构廉洁的标准和程序，防止私营部门的腐败，形成良好的商业惯例（第12条）。五是促进社

---

① United Nations Convention against Corruption，Article 1.

② United Nations Convention against Corruption，Article 2.

③ United Nations Convention against Corruption，Article 2.

会参与，开展打击腐败的公共宣传活动，在大中小学开展公共宣传教育活动（第13条）。六是制定预防洗钱措施，打击洗钱活动，查明账户所有人的身份，监控可疑账户等（第14条）。①

2. 刑事定罪和执法机制

《公约》规定的刑事定罪和执法机制包括：一是刑事定罪方面，将贿赂本国公职人员和贿赂外国公职人员及国际公共组织官员，公职人员贪污、挪用或者以其他类似方式侵犯财产、影响力交易等行为确定为犯罪（第15—18条）；二是惩治腐败犯罪方面，除刑事定罪外，还包括取消任职资格以及冻结、扣押和没收犯罪所得等制裁措施（第30条、第31条）；三是保护措施方面，《公约》要求各缔约国应当根据本国法律并在其力所能及的范围内采取适当措施保护举报人、证人、鉴定人、被害人，包括为证人和鉴定人的亲属及其他与其关系密切者提供有效保护，对因腐败而受到损害的人员或实体予以赔偿或补偿等（第32条、第33条、第35条）。②

3. 国际合作机制

《公约》各缔约国应当进行国际合作，包括引渡、司法协助、执法合作、联合侦查等（第43条、第44条、第45条、第46条、第48条、第49条）。《公约》明确规定缔约国的国际合作义务，并详细阐明国际合作的领域和方法（第43条）。

4. 资产追回机制

《公约》第5章规定“资产的追回”。返还资产是《公约》的一项基本原则，缔约国应当进行最广泛的合作和协助（第51条）。资产追回机制包括预防和监测犯罪所得的转移、直接追回财产的措施、通过没收事宜的国际合作追回财产、资产的返还和处分等（第52—57条）。

5. 履约实施和监督机制

《公约》第6章规定“技术援助和信息交流”，具体包括培训和技术援助，有关腐败资料的收集、交流和分析以及缔约国向发展中国家提供财政和技术援助等内容（第60—62条）。《公约》第7章规定“实施机制”。《公约》规定应当设立缔约国会议，“以增进缔约国的能力和加强缔约国之间的合作，从而实现本公约所列目标并促进和审查本公约的实施”（第63条）。

---

① United Nations Convention against Corruption，Article 6，9，10，12，13 and 14.

② United Nations Convention against Corruption，Article 15–18，Article 30–35.

三、我国刑事立法与《公约》相关规定的比较分析

储槐植教授提出刑法的合理立法模式是“严而不厉”。“严”是指法网严密，刑事责任严格；“厉”是指刑罚苛厉，刑罚过重。[①]我国刑事立法关于腐败犯罪的规定被有些学者概括为“不严而厉”，即“法网不严密，惩罚过于苛重”。一方面，对于腐败犯罪的规定法网不严密，入罪门槛太高，没有将一部分应该规定为腐败犯罪的行为纳入刑法调整范畴。另一方面，过于看重死刑在惩治腐败犯罪中的作用，可能会有失公正和人道。[②]笔者认为，我国惩治腐败犯罪的立法进程经历了“法网逐渐严密，刑罚日益苛责”的过程。

（一）反腐理念层面：我国“重刑反腐”刑事政策与《公约》对于腐败犯罪的“零容忍”基本一致

不能否认的是，近年我国的反腐力度空前，效果显著。然而，从法律角度审视，仍然存在一些有待完善的地方：其一，过于强调刑事手段反腐，配套制度的构建却势轻力微，难以从本源上防止腐败；其二，反腐过程中扩张刑罚权，可能会导致有限司法资源对腐败犯罪治理的低效配置；其三，过分迷信刑法功能，可能会导致社会治理的过度刑法化；其四，某些刑事立法规定过于仓促，实际适用效果存疑。笔者认为，对于腐败犯罪的治理与防范，最为有效的方法是构建全方位的预防性制度。

相比较而言，《公约》对于腐败犯罪持“零容忍”的态度，没有具体规定构成腐败犯罪的具体数额和具体情节，入罪门槛很低。例如，《公约》第17条[③]关于公职人员涉及贪污、挪用或者以其他类似方式侵犯财产的规定中并无具体数额和情节的要求。可见，在理念层面上，我国与《公约》的反腐败态度基本一致。

（二）犯罪构成层面：《公约》的规定更为细致严密

首先，我国对于贿赂犯罪的主体规定不如《公约》严密。以受贿罪为例，我

---

① 储槐植：《刑事一体化》，法律出版社2004年版，第198页。

② 贾凌、张勇：《论〈联合国反腐败公约〉与我国腐败犯罪立法的衔接》，载《中国人民公安大学学报》2007年第2期。

③《公约》第17条规定：“公职人员为其本人的利益或者其他人员或实体的利益，贪污、挪用或者以其他类似方式侵犯其因职务而受托的任何财产、公共资金、私人资金、公共证券、私人证券或者其他任何贵重物品，构成公职人员贪污、挪用或者以其他类似方式侵犯财产罪。”

国刑法规定的受贿罪主体仅限于国家工作人员。[①]《公约》则规定贿赂犯罪的主体包括公职人员、外国公职人员和国际公共组织官员。相比较而言，我国刑事立法对于贿赂犯罪的主体没有《公约》规定的范围广泛。

其次，我国刑法规定的贿赂范围比《公约》规定的范围狭窄。我国刑法规定贿赂的范围是“财物”，包括有形的财物和无形的财产性利益。《办理贪污贿赂案件解释》第12条明确规定，贿赂犯罪中的“财物”包括货币、物品和财产性利益。财产性利益则是指能够用货币衡量的物质利益或者需要用货币支付的其他利益。而根据《公约》第15条、第16条和第21条的规定，贿赂的范围是“不正当好处”。“不正当好处”是个范围广泛的概念，既包括财物、财产性利益，也包括非财产性利益，如性贿赂、安排子女就业等。可见，《公约》对于贿赂范围的规定要广于我国刑事立法的相关规定。

最后，就受贿罪而言，《公约》对受贿罪的处罚门槛更低。《公约》规定本国公职人员受贿罪的客观要件为：直接或间接索取或收受贿赂，作为其在执行公务时的作为或不作为的条件。我国刑法规定的受贿罪主要表现为利用职务上的便利，索取他人财物或者非法收受他人财物，为他人谋取利益的行为[②]。虽然《办理贪污贿赂案件解释》对“为他人谋取利益”进行了扩大解释，但仍然要求“为他人谋取利益”这一限制条件。

（三）犯罪预防层面：我国刑事立法缺乏《公约》关于预防性措施的规定

我国刑事立法对于腐败犯罪规定了具体的犯罪构成及量刑标准，缺乏《公约》对于腐败犯罪预防机制的规定。例如，《公约》规定建立专门的预防腐败机构；建立透明、竞争、客观的公共采购制度；建立公众与国家机关的联系通道；制定私营机构廉洁的标准和程序；开展反腐败的公共宣传活动；打击洗钱活动，监控可疑账户；等等。这些都是我国刑事立法所欠缺的。

① 根据我国《刑法》第93条的规定，国有公司、企业、事业单位、人民团体中从事公务的人员和受上述单位委派到非国有公司、企业、事业单位、社会团体从事公务的人员，以及其他依照法律从事公务的人员，以国家工作人员论。

② 高铭暄、马克昌：《刑法学》，北京大学出版社、高等教育出版社2016年版，第629页。

四、完善我国惩治贪污贿赂犯罪的立法建议

2015年8月29日《刑法修正案（九）》颁布，2016年4月18日最高人民法院、最高人民检察院颁布的《办理贪污贿赂案件解释》开始施行，我国关于惩治贪污贿赂犯罪的刑事法网逐渐完善。笔者认为，对于我国惩治贪污贿赂犯罪的刑事立法，还有必要提出一些完善建议以供刑法学界同人探讨。

（一）审慎适用死刑立即执行

笔者不赞同对贪污贿赂犯罪人适用死刑立即执行。虽然政府强势反腐的势头不减，但就贪污贿赂犯罪的本质而言，其仍然属于贪利性犯罪。犯罪人的生命权益与国家工作人员的职务廉洁性之间具有不对等性，对贪污贿赂犯罪人适用死刑违背了法益对等原则。这方面的相关论文著述较多，在此不再赘述。

（二）适度扩大终身监禁的适用范围

关于终身监禁的设立意义和价值，笔者赞同终身监禁一方面有助于消解民众对严重腐败犯罪适用死刑的渴望，另一方面可以防止轻纵严重的腐败犯罪者，是融宽严于一体的新举措的观点。[①]笔者主张，终身监禁不应当局限于重特大贪污贿赂犯罪，对于严重暴力犯罪和非致命性暴力犯罪也可适用，其严重程度介于死刑立即执行和死刑缓期二年执行之间。笔者认为，终身监禁制度应当以立法列明方式在刑法总则中进行专门规定，不赞同在刑法分则中单独规定。这样可以弥补目前我国刑罚体系存在的“死刑过重，生刑过轻”问题，也可以减少和限制适用死刑立即执行。

（三）构建公职人员廉洁信息和情报监督制度

笔者认为，标本兼治、内外兼修才是预防腐败的根本之道。应当建立公职人员廉洁信息和情报监督制度，加大对公职人员的监督力度，具体包括：（1）应当明确公职人员财产申报的范围。公职人员财产申报不应仅限于公职人员本人及配偶，还应当包括其近亲属，防止其利用子女出国留学或其他近亲属做生意等进行

---

①《论中国贪污受贿犯罪死刑的立法控制及其废止——以〈刑法修正案（九）〉为视角》，载《现代法学》2016年第1期。

变相洗钱或转移非法财产。（2）应当规范公职人员的行为，对其公务外活动进行限制。现在我国已经有类似措施实施，如对于领导干部出国等公务活动进行时间和行程的限制等，这类措施已经起到良好的社会效果。（3）应当完善预防性措施和综合治理方式。充分发挥国家机关、社会团体及公民在打击腐败犯罪中的重要作用，维护公民、法人和其他组织控告、举报和申诉的宪法权利，充分维护举报人的合法权益，有效打击腐败犯罪。

（四）注重《公约》规定，加强与国际组织的协作

腐败犯罪是世界各国都存在的常见性犯罪，为有效打击腐败犯罪，许多国际组织都作出了积极努力。我国应当加强与这些国际组织的合作，积极开展国际协作，如情报交流、人员协助遣返、资产查封及追回等，及时了解国际反腐败的动态，最大限度地打击腐败犯罪，维护社会的稳定和繁荣，维护公平正义。

第二节　国际相助：《联合国反腐败公约》下我国国际刑事司法协助的完善

一、《公约》对国际刑事司法协助的基本规定

随着全球一体化进程的推进，腐败问题也表现出“一体化”的倾向，给世界政治和经济秩序带来更广也更大的影响和破坏。正如联合国第七任秘书长安南所言：“腐败是一种对社会产生广泛腐蚀作用的‘隐性恶疾’，它破坏民主与法制、扭曲市场、助长有组织犯罪和恐怖主义、危害正常的生活。所有国家，不管大小和贫富，都存在腐败这一丑恶现象，但腐败对发展中国家尤具破坏性，是阻碍脱贫和经济发展的重要因素。”①

《公约》中关于对国际刑事司法协助的基本规定涉及引渡、腐败资产追回与返还两个方面。

① 新华网：《联大通过反腐公约，反腐败已成人类共同的事业》，http：//news.sina.com.cn/w/2003-11-02/03081039004s.shtml，最后访问于2017年10月11日。

（一）《公约》关于引渡规则的相关规定

《公约》第四章介绍了反腐败的国际合作，共计8项条款，分别阐述了引渡、被判刑人的移管、司法协助、执法合作、联合侦查和特殊侦查手段等相关内容。

引渡是指一国将处在该国境内而被他国追捕、通缉或判刑的人，根据有关国家的请求移交给请求国审判或处罚的行为。引渡是国际司法协助发展过程中出现较早和较为普遍的一种协助方式，不仅能够制裁犯罪，而且更有利于国家有效行使管辖权。《公约》要求各缔约国根据双重可处罚原则对腐败罪犯引渡，但同时《公约》又规定，对于公约所涵盖的腐败犯罪，只要被请求缔约国本国法律允许，也可以突破双重可罚性原则进行引渡。

（二）《公约》关于腐败资产追回与返还的规定

《公约》第五章介绍资产的追回，条文共计9项，主要介绍了预防和监测犯罪所得的转移、直接追回财产的措施、没收事宜的国际合作、资产的返还和处分、金融情报机构等相关内容。在资产追回的措施中又根据实际情况的不同，区分为“直接追回”和“间接追回”。直接追回是指请求国能够出具有力证据来证实自身是被请求的财产的合法所有人，同时还能够证明该笔财产是本国外逃犯罪嫌疑人的腐败行为所得，然后通过一定的渠道和程序针对腐败犯罪所得向缔约国直接提出自身的合法所有权。间接追回是指在直接追回财产难以实现的情况下，一国先对被转移到本国的腐败犯罪所得进行没收，然后再通过一定的程序将其返还给来源国的资产追回方式。间接追回资产的机制是本着务实灵活和真诚合作的原则，站在国际合作的角度出发，最大化促进各国就追回资产问题开展合作可能性的一种方式。

《公约》对于被没收的腐败所得资产的返还与处分有了较为详细的规定：1.基于请求缔约国的生效判决，被请求缔约国应将没收的腐败违法所得资产返还给所属国；2.基于请求缔约国的生效判决，被请求缔约国没收公约所涵盖的其他任何形式的犯罪所得后，当请求缔约国能够提供足够有效的证据来证明被没收的财产归其所有时，被请求缔约国应向请求缔约国返还被没收的财产；3.在其他所有情况下，优先考虑将没收的财产返还请求缔约国或者赔偿犯罪被害人。①

二、我国国际刑事司法协助存在的问题

（一）当今我国反腐败国际刑事司法协助的状况

从20世纪90年代起，我国逐渐重视与其他国家开展国际刑事司法协助，签订了大量有关刑事司法协助方面的条约，协助内容包括引渡、被判刑人移管等多个方面。在《公约》正式出台之前，自1987年开始至2000年6月，我国先后同法国、比利时、美国等30个国家签订了司法协助条约或协议，其中，含有刑事司法协助的条约或协议的有22项。自1993年开始，我国与泰国、白俄罗斯、俄罗斯、乌克兰等9个国家签订了双边引渡条约。这些条款的签订充分体现了我国重视通过国际合作来开展反腐败工作，并于2000年12月28日通过了《引渡法》。通过采取司法协助、与国际刑警组织合作等一系列措施，在有关国家和国际组织的大力配合下将部分外逃腐败分子押解回国，追回非法所得赃款，并使贪官受到了应有的法律制裁。《联合国反腐败公约》出台以后，我国按照该公约的要求积极开展各种形式的国际合作，国际反腐败领域合作的力度得到了进一步加强。在此期间，我国与西班牙签署了引渡条约、与巴西签订了引渡条约、与法国签订了刑事司法协助协定，等等。从这一系列的行动可以看出，我国反腐败国际合作的步伐正在逐渐加快，范围正在不断扩大。

（二）我国国际刑事司法协助存在的问题

1.国内相关立法缺失

对于一个国家来说，仅仅依靠国际公约来进行国际刑事司法合作活动是远远不够的，还需要结合具体国情对国内法修改、调整或新立。从世界范围来看，已经有一些国家制定了刑事司法协助法，如瑞士、德国等。但遗憾的是我国至今在这方面的立法还比较缺失。这种情况下在我国与他国开展国际刑事司法协助时，缺少可以具体适用的国内规范，进而使协助活动的开展造成程序性障碍。特别是在我国加入《公约》后，刑事司法协助国内立法的缺失直接影响了我国履行公约

① 《〈联合国反腐败公约〉暨相关重要文献资料》，中国人民公安大学出版社2004年版，第58—60页。

的规定义务，当实践中需要请求其他国家给予司法协助，如调查取证、赃款赃物的追缴、刑事诉讼移管以及相互承认和执行刑事裁决等方面时，就出现了无法可依的情况，这极不利于我国反腐败活动的展开。

2.有关部门职能分工较模糊

有关部门职能分工模糊以及与其他国家签订协助条约过程中的不统一，会导致具体司法协助活动的错乱，在一定程度上不利于我国对外国际刑事司法协助的开展。一方面，指定为联络机关的具体部门不统一，有些条约指定司法部为联络机关，如中国与意大利、西班牙等国签订的司法协助条约；有些条约指定最高人民法院和司法部为联络机关，如中蒙司法协助条约；有些条约指定最高人民法院、最高人民检察院和司法部为联络机关。①另一方面，代表我国签订司法协助条约的部门称谓不统一。在不同的条约中对联络机关的称谓也有所不同，比如有些条约中称为联络机关、有些条约中称为中央机关、还有些条约中称为主管机关等，并且没有明确其具体含义和其间关系。上述这种不一致，势必造成职能模糊，甚至出现各个部门之间或同一部门的上下级之间分工不明、相互推诿的情况，在一定程度上影响了国际刑事司法协助的开展。②

三、我国反腐败国际刑事司法协助的完善

（一）制定我国的《国际刑事司法协助法》

为了更妥善地解决腐败问题，我国与多个国家签订了司法协助条约或协定，加入了《公约》《联合国打击跨国有组织犯罪公约》等多个国际公约，这为我国与其他国家合作开展打击腐败犯罪提供了法律上的依据。但是我国并没有与之相配套的刑事司法协助法律法规，不利于刑事司法协助活动在国际中的开展。因此，统一相关立法，制定我国的《国际刑事司法协助法》刻不容缓，能为我国与各有关国家开展国际刑事司法协助提供法律保障。从其他国家的立法经验来看，国际刑事司法协助可采取的立法模式有三种：单行立法模式（如瑞士、德国等），附列法模式（如比利时、丹麦等），专业法模式（如日本等）。我国可以结合具体国情、实践经验和反腐形势，借鉴瑞士等国家的立法模式，尽快制定一部国内司法

① 葛洪义：《探索与对话：法理学导论》，山东人民出版社2000年版，第314—316页。

②《〈联合国反腐败公约〉暨相关重要文献资料》，中国人民公安大学出版社2004年版，第21—26页。

机关可以遵照执行的《国际刑事司法协助法》，以满足打击腐败犯罪和开展国际刑事司法协助活动的需要。

（二）统一刑事司法协助的联络机关

在上文中提到在进行国际刑事司法协助中有关部门职能分工较为模糊，这对国际刑事司法合作活动的开展产生了一定的不利影响。我国在不同时期、与不同国家签订的反腐败刑事司法协助协议中，分别指定司法部或最高人民法院或最高人民检察院为刑事司法协助的联络机关并非理想的选择，容易出现职能不清或重叠的情况，从而影响刑事司法协助活动的正常开展。综合各方面因素考虑，确立司法部为我国国际刑事司法协助的联络机关较为妥当。

（三）积极加入有关反腐败刑事司法协助的国际公约

为了有效打击腐败犯罪，我国加入了多项以《公约》和《联合国打击跨国有组织犯罪公约》为代表的含有刑事司法协助的国际公约，随着国际合作的不断深入，我国加入的条约数量也在不断增加，条约之间的联系性也更加紧密。我国在参与中可以不断吸取其他国家反腐方面的经验，审视并完善自身相关法律法规，有利于我国反腐败刑事司法协助活动的展开。

（四）积极签订有关反腐败国际刑事司法协助的协定或条约

从1987年5月我国与法国签订的第一个司法协助条约开始至今，我国已与许多国家和地区签订了各类司法协助类条约，包括引渡条约、移管被判刑人条约、民商事和刑事司法协助条约等。但就现实情况而言，我国与其他国家所签订的司法协助条约或协定还在数量上远远不够，不能满足打击包括腐败在内的各类犯罪的需要。特别对于一些奉行“条约前置主义”的西方发达国家，他们认为在没有签订司法协助条约的情况下，不存在进行相关的配合与协助的义务，除非双方之间签有双边协助条约。鉴于我国存在腐败犯罪分子携巨额资产外逃的现象，我国应尽快将与其他国家签订司法协助条约提上日程。

（五）完善国际刑事司法协助与引渡的合作程序

虽然《公约》在刑事司法协助的执法方面作出了明确的规定，但是要在具体实践合作中调查取证、引渡及外国没收裁决的执行等都有一定的难度，因此，要达到司法协助中便捷和易行的目的，还须借助缔约国之间的双边协定或安排。针对上述问题，有学者提出以下三种建议：（1）在国家之间的刑事司法协助与引渡条约中明确规定司法协助、引渡合作的国际适用程序，使各国的国内司法程序差距减小。（2）在条约中将各国进行司法合作的期间确定下来，加强各国司法协助、引渡合作的时间义务。（3）在条约中并不明确规定司法协助、引渡合作的国际适用程序，而是要求各国在国内立法中规定特别程序，对涉及国际性质的腐败案件专门适用，并设专门机构予以处理。

笔者认为，上述建议有一定的合理性，我国在与有关国家签订双边司法协助协定和引渡条约时，可以根据具体情况进行借鉴。第一，应增强缔约国之间的司法协助与引渡合作的时间义务。从国际司法协助及引渡具体经验来看，一般案件的办理时间以一年半为宜，其他重大复杂案件可以延长，但最终以两至三年内办理完毕较为适宜。第二，应建立专门的反腐败机关。这也符合《公约》本身的要求。“各缔约国均应当根据本国法律制度的基本原则采取必要的措施，确保设有一个或多个机构或者安排人员专职负责通过执法打击腐败。这类机构或者人员应当拥有根据缔约国法律制度基本原则而给予的必要独立性，以便能够在不受任何不正当影响的情况下有效履行职能。这类人员或者这类机构的工作人员应当受到适当培训，并应当有适当资源，以便执行任务。”此外，在必要时还可建立人员交流以及互派联络员制度。通过加强有关专家的交流，互派联络官员，以促进缔约国主管机关和部门之间的有效协调。

（六）建立我国廉洁信息监督制度

预防腐败的最有效途径之一就是高效地约束和监督权力的使用，将权力置于阳光下，接受人民群众和有关机关的监督。因此，我们应增强公职人员的职位义务，加大对公职人员的监督力度，建立一个简便且有效的公职人员廉洁信息和情报监督制度。笔者认为，不仅要对公职人员要求财产申报，还要对公职人员有关公务行为行使的全过程进行监督。为此，应监督公职人员利用权力进行与公务有关的活动情况，建立对公职人员的数据和情报收集机制。具体而言包括以下几个方面：

第一，鉴于公职人员有可能利用子女留学、亲属做生意等手段对非法财产变相转移，应扩大公职人员“财产申报”范围，在现有只对个人及家庭的存款、住房、车辆财产申报的范围上，有必要对公职人员其他亲属及子女财产情况纳入

“财产申报”范围，这样防止其进行变相国内洗钱。

第二，应对公职人员公务外活动进行限制，进而达到规范公职人员的行为的目的。在条件允许的情况下，国家应对公职人员持有护照、办理签证等进行限制和严格审查，可以考虑在对公职人员予颁发签证时将申领时间予以酌情变动，这样便于掌握和控制对腐败犯罪分子潜逃出境的有关情报，以防腐败分子潜逃。

第三，建立行贿人信息数据查询机制。利用相关技术手段建立这种数据信息库，录入已经发生的行贿案件及相关具体信息，将那些不诚信和好用不当手段且不构成犯罪或不予追究的机构、人员录入不诚信名单，以供政府、单位、团体及普通群众查询。不诚信的机构、人员在与他人合作时，他人可通过信息数据查询机制考虑是否给予办理政府业务或与其合作，让此不诚信的机构、人员承担因自身的行贿行为带来的不诚信风险。

（七）加强与有关国际组织的合作

为满足打击腐败犯罪的需要，除了国家之间的国际合作，国家与有关国际组织的合作也必不可少。这些国际组织在开展国际反腐败活动中，具有国与国之间合作所不能比拟的简易性与灵活性等特点。我国应加强与国际组织的联系与合作，时刻关注与把握国际反腐败的动态，从而达到积极有效地打击国际性腐败犯罪的目的。

第三节　国际合作：法律外交与反腐败国家合作：以金砖国家为例[①]

腐败问题受到国际社会的广泛关注。在现代信息社会，腐败行为向着跨国性、有组织、智能化方向发展，跨国洗钱和转移赃款、潜逃出境等问题日益突出，给各国打击腐败犯罪带来严重挑战。世界各国政府普遍意识到加强反腐败国际合作的重要性，通过正式缔结有关司法管辖、引渡、追逃追赃等多边公约及双边协定。我国分别于2003年和2005年加入了《联合国打击跨国有组织犯罪公约》和《联合国反腐败公约》（以下简称《公约》），对外缔结多项引渡条约和多项刑事司法协助条约，签署了多项双边合作谅解备忘录。参与了包括联合国、亚太经合

① 本节内容曾发表在《河南社会科学》2018年第4期。

组织、二十国集团和金砖国家在内的全球和区域反腐败多边机制。同时，我国通过公共外交途径开展民间反腐败国际合作和交流活动，使得反腐败国际合作兼具外交属性和司法属性，取得了良好效果。作为金砖国家（BRICS）的成员国，我国与巴西、俄罗斯、印度、南非五国都是世界上重要的新兴国家，近年来携手合作，多次举行金砖国家领导人峰会，达成了《金砖国家银行合作机制金融合作框架协议》《金砖国家经济伙伴战略》等协议，成立了金砖国家开发银行，初步形成了以首脑峰会为核心，以部长级会议为支撑，以研讨会、论坛等形式为辅助的国家间的合作机制。金砖国家合作是跨区域国际合作，开放、包容、合作、共赢的金砖精神，丰富了现有的全球治理的“包容式改进”理念，与“一带一路”共商、共建、共享的建设理念一致。[①]然而，金砖国家的国内腐败问题目前不容乐观，成为困扰和阻碍各成员国经济社会发展的痼疾。如何借助金砖国家组织合作平台共同惩治和预防腐败，成为摆在金砖五国面前的重要课题，其所取得的实践经验和制度模式也能够为其他国家和国际社会所借鉴。

一、法律外交与反腐败国际合作问题

一国的外交策略往往会受本国国内政治、经济现状以及社会发展的制约，在进行反腐败国际合作时往往受到各种因素的牵制。在国际关系法治化的趋势下，贯彻实施法律外交战略，将问题最大限度地通过法律途径加以解决，也成为反腐败国际合作的发展方向。

（一）法律外交的内涵、理念和价值

所谓“法律外交”，是指“将法律观念和法治理念贯穿在外交活动当中，将某些外交问题转化为法律问题、以合法的程序和行为处理外交事务、依法化解外交纠纷，转变外交方式方法”。[②]具体包括传统外交中涉法活动，比如司法协助、签订条约、国际诉讼等，以及以法律为内容、机制和媒介的外交活动。[③]同时，现代外交也体现出很多新的特征，国际协议则越来越非正式化，“治理”作为外交手段越来越发挥积极作用。从性质上看，法律外交就是将某些外交问题转化为

① 杨娜：《金砖合作机制下中国参与全球治理模式研究》，载《亚太经济》2017年第3期。

② 张文显：《关于开展法律外交的几点思考》，载《张文显法学文选：学术讲演集》，法律出版社2011年版，第345页。

③ 谷昭民：《中国开展法律外交的现状与发展趋势研究》，载《现代法学》2013年第35期。

法律问题，用法律手段达到政治或外交目的，将政治、外交问题法律化。作为一种新型外交理念，法律外交具有客观理性的法律精神、公正公开的法律程序、包容广泛的权利义务、稳定可期的制度保障等特点，是将外交法治化的一种创新之举。①国际关系和全球治理的法治化，客观上需要各国树立法律外交理念，用法治思维、法律手段、法律程序去沟通和化解分歧和矛盾，使国家利益和外交主张更具有正当性、合法性，更容易得到国际社会的认可。中国政府一贯重视并认真践行国际法治，恪守《联合国宪章》的宗旨和原则，积极参与"国际立法"，全面真诚履行国际条约义务，严格按照国际法原则和规则办事，②用法律方式解决国家、区域、利益集团之间的矛盾，通过积极开展法律外交来推动国际法治，有助于在求同存异、扩大共识的前提下维护和平、促进发展，有助于建立和谐世界目标的实现。

从内容上看，法律外交包括政府外交和公共外交两种模式，政府外交是外交战线的主渠道，公共外交则是法律外交的有益补充。（1）政府外交是指以国家各部门及领导人为主体，以法律为主要对象和内容的外交活动，以及运用法律手段和体现法律因素的、官方的、正式的国家外交活动。③各国为应对涉及全球的问题，开展以形成国际制度、规则和机制为目的的外交活动，共同签署专门性条约。在我国，主要包括全国人大、最高人民法院、最高人民检察院、外交部及各部委的涉外法律部门开展的活动，代表国家处理双边和多边法律事务。如国家之间的司法与内务合作，特别是民事司法协助、刑事司法协助，包含协助诉讼文书的送达、协助调查取证、双方商定犯罪嫌疑人的引渡和遣返，难民的跨境保护等活动。这属于传统外交的层面，基本上是国家对国家的外交活动。（2）公共外交是指在政府主导下，民间团体、机构以及公民个人参与的对外法律交流活动。包括政府支持的新闻媒体、研究机构、高校等主办的国际法律研讨会、安排法律从业人员的互访与交流。

（二）我国反腐败领域法律外交的实践

作为《公约》的缔约国之一，我国政府高度重视在反腐败领域同世界各国和

---

① ［英］R.P.巴斯顿：《现代外交》（第二版），赵怀普、周启朋、刘超译，世界知识出版社2002年版，第7页。

② 张文显、谷昭民：《中国法律外交的理论与实践》，载《国际展望》2013年第2期。

③ 徐宏：《法律外交理论和实践创新恰逢其时》，载《法律与外交》2016年第1期。

有关国际组织进行合作，主要通过多边合作、双边合作以及公共外交活动展开。

（1）在多边合作方面，中国参与15个全球和区域反腐败合作机制，既包括在《联合国反腐败公约》框架下的全球合作，也涵盖区域性多边合作，如2014年亚太经合组织（APEC）《北京反腐败宣言》中，我国第一次以国际文件的形式明确提出加强反腐败追逃追赃等务实合作的“中国主张”。2014年6月中央反腐败协调小组成立国际追逃追赃工作办公室，在国家层面建立了国际追逃追赃工作协调机制；2016年，二十国集团（G20）杭州峰会通过了《反腐败追逃追赃高级原则》《2017—2018年反腐败行动计划》，并在华设立G20反腐败追逃追赃研究中心，[①]显示了中国在境外追逃追赃方面的重视和决心。然而，由于许多客观现实原因，追逃追赃仍存在相当大的难度。如何进一步扫除国家之间在海外追逃追赃中的制度障碍，并以相应的制度规范弥补分歧，是中国跨国反腐行动的重要内容。

（2）在双边合作层面，我国已与近百个国家和地区建立反腐败合作关系，对外缔结48项引渡条约和59项刑事司法协助条约。司法公安部门积极开展司法外交，最高人民法院2015年倡议举办金砖国家大法官论坛，通过并签署了《三亚声明》，就追求公平正义、法院信息化和加强合作交流等达成广泛共识。最高人民检察院2004年创立了中国与东盟成员国总检察长会议机制，2006年发起成立第一个国际非政府司法组织国际反贪局联合会，推动亚太经合组织第26届部长级会议审议通过《北京反腐败宣言》，促进国际反腐、反贪、追逃等执法合作。倡议举办上海合作组织总检察长论坛，加强打击“三股势力”、跨国有组织犯罪以及反恐等执法安全合作。

（3）随着反腐败的全球化，仅靠国家间的政府外交已不能满足打击隐蔽复杂的腐败活动的实际需要。我国积极践行公共外交活动，承办和参加国际反腐败会议，参与制定反腐败文件，推动决议的修订成熟和国际社会的通过；开展以法学教育和法律文化交流为主要内容的人文法律外交活动也取得了长足进展。[②]如2016年11月举行的中国—东盟反腐败研讨班，围绕“反腐败与可持续发展”的主题进行了交流研讨，媒体网络、专业机构、社团组织、跨国公司参与的反腐等都在反腐败的公共外交活动中发挥着重要作用。

---

① 袁柏顺：《全球腐败治理与中国的战略选择》，载《河南社会科学》2016年第24期。

② 谷昭民：《论法律外交与中国软实力的提升》，载《民主与法制时报》2013年7月22日。

二、金砖国家反腐败合作的现况与问题

由于国际环境的复杂多变与近年来金砖成员陷入经济增长困境，在金砖合作机制下中国参与全球腐败治理面临诸多挑战。目前国际上有两种不同的“唱衰金砖”的观点：一种是“金砖褪色论”，认为金砖国家差异性太大，没有“内部凝聚力”，金砖合作迟早会“褪色”，甚至“破裂”。另一种观点是“金砖威胁论”，认为金砖国家加强机制化建设的目的是对抗发达国家，威胁到当前大多数国际合作的进程，客观上导致整个全球治理体系陷入举步维艰的境地。①不可否认，金砖国家各成员国之间尚缺乏合作的经济背景和实质性的经济联系，在关注的问题及利益上存在分歧，甚至存在着同质性竞争。所开展的务虚合作不具有约束力，缺乏实质性内容。金砖国家合作应当做好反腐败国际合作方面制度、政策和机制协调，实现从“务虚为主”的“对话论坛”向“务虚和务实相结合”的“全方位协调机制”转型。②

（一）金砖国家国内及国际反腐败合作现况

目前，金砖国家各成员国均在国内颁布和实施了与反腐败相关的法律法规与政策措施。例如，俄罗斯政府大力推行反腐败措施，签署了一系列惩戒腐败的总统令，颁布实施了《俄罗斯联邦反腐败计划》和《国家反腐败法》，之后又推出了官员财产申报制度。2006年俄罗斯加入《联合国反腐败公约》，同年批准了欧洲委员会的《反腐败刑事公约》，意味着俄罗斯自动加入了反腐败国家组织。③巴西从2000年开始签署并批准了《美洲反腐败公约》《经济合作与发展组织禁止在国际商业交易中贿赂外国公职人员公约》《联合国反腐败公约》《联合国打击跨国有组织犯罪公约》。印度2001年签署了《亚太地区反腐败行动计划》，2006年加入了国际反贪局联合会。南非与联合国签署了反腐败协议，由联合国协助南非评估腐败现状和腐败造成的损害，制定反腐败措施，完善有关法律，协助法院对腐败案件的调查和审判等。同时，金砖国家的腐败犯罪日益呈现组织性、跨国性、严重性，让各成员国意识到仅靠单个国家内部的司法力量无法有效遏制腐败，必

---

① Amrita Narlika，ed.，*Deadlocks in Multilateral Negotiations*：*Causes and Solutions*，Cambridge University Press，2010.

② 朱杰进：《金砖国家合作机制的转型》，载《国际观察》2014年第3期。

③ 刁秀华：《俄罗斯的腐败与反腐败及其对经济社会的影响》，载《国外社会科学》2014年第3期。

须与其他国家进行合作，共同查处腐败跨国犯罪。因此，金砖国家领导人多次在会晤宣言中表明反腐败司法合作的决心。如金砖国家领导人在第七次会晤发表的《乌法宣言》中共同声明将根据《联合国反腐败公约》和已建立的多边原则与规范，通过包括司法互助在内的各种手段打击腐败，并决定成立金砖国家反腐败合作工作组；第八次领导人会晤发表的《果阿宣言》再次提及了反腐败合作的内容：各国支持包括通过金砖国家反腐败工作组机制加强国际反腐败合作和追逃追赃工作。另外，金砖国家成员国不仅在寻求政府之间的合作，也在积极拓展民间合作途径，通过召开相关学术会议、司法界论坛活动展开深入的交流，探讨反腐败经验。2014年金砖五国法律界成立“金砖国家法律论坛”并通过了《巴西利亚宣言》；2015年第二届“金砖国家法律论坛”在中国上海举办，围绕着金砖国家法律合作和发展中国家法治建设展开讨论，成立了金砖国家法律人才培养基地、金砖国家法律研究院以及金砖国家争议解决上海中心，为金砖国家各成员国开展反腐司法合作打造平台。

（二）金砖国家反腐败国际合作面临的难题

在金砖国家反腐合作方面，由于政治体制、意识形态和法律制度上的差异，各成员国反腐败合作面临诸多困难和难题。（1）反腐败刑事合作中的引渡、刑事诉讼移交等多项机制都涉及合作国之间的管辖权冲突问题。对某个被请求引渡人是否进行引渡，对某个刑事案件是否进行移交，被请求国一般都需要进行司法和行政双重审查，行政审查的结果往往对最终是否同意进行刑事合作起决定性作用。“政治犯不引渡”原则和政治迫害条款的适用，让反腐败合作的政治意味更加浓厚。金砖五国政治体制不尽相同，由此而产生的政治意识形态的冲突和矛盾成为进一步开展合作的阻碍。（2）各成员国的反腐司法实践存在不协调、不衔接的问题。一般来说，国家之间签署引渡条约的前提条件是两国对同一种犯罪行为的性质认识是基本相同的，对这种犯罪行为的刑罚也是大体相同或相近，但各国之间法律制度上的差异，导致在反腐败国际合作存在衔接上的真空。例如，我国对贪污贿赂犯罪配置了死刑，而死刑犯不引渡是公认的国际法准则，其他金砖国家如印度也保留着死刑；而俄罗斯已废除死刑，这就成为金砖国家各成员国之间在腐败罪犯引渡或遣返方面的主要障碍。（3）反腐败刑事司法合作的公约、条约所取得的实践成效不明显。各国之间签署的相关公约、条约并没有内化成本国国内法；不少公约、条约内容只是框架式的，缺乏规范、明确的法律依据。反腐司法合作涉及的范围广、触及的利益团体多，仅对其程序、范围、运行机制等作出一般规定，导致在实际操作层面产生困难。如中国与俄罗斯早在1992年就签订了《关于民事和刑事司法协助的条约》，但合作双方在案件协查、调查取证、案犯引渡以及涉案款物的追缴与返还等方面仍存在着沟通不畅、耗时偏长、手续烦琐、证据与案犯移交困难、涉案款物难于追缴与返还等问题。[①]

三、反腐败国际合作的政府外交模式

在政府外交层面，金砖国家反腐败刑事司法合作首先应该在《公约》的框架下展开。《公约》对腐败的预防、腐败犯罪的界定、反腐败国际合作、非法资产追缴等问题进行了全面系统的规范，诸多规定既考虑到了各国应对腐败犯罪的适应性、差别性，又在很大程度上顾及了对腐败犯罪特点的针对性、有效性和前瞻性，对各国加强国内的反腐行动、提高反腐成效、促进反腐国际合作具有重要意义。金砖国家同为G20成员国，应当融入杭州峰会达成的反腐败国际追逃追赃合作的格局。同时金砖国家又有其特殊性，国内腐败形势的严峻和国与国之间刑事司法合作的不完备要求金砖国家应当“因国制宜”，自成一套反腐败国际司法合作机制，具体包括腐败犯罪惩治合作、腐败犯罪预防合作、追缴资产分享合作三个方面。

（一）惩治腐败犯罪的国际合作机制

腐败犯罪惩治是反腐败工作中的重要组成部分，也是整个反腐败犯罪规划中不可或缺的环节。目前囿于司法管辖、国家主权、司法体系不同等各种原因，各国在腐败犯罪惩治的合作领域仍存在很多障碍。为了有效打击腐败犯罪，各国应当在维护自身利益的同时，尊重和兼顾其他国家利益，以最大诚意参与构建腐败犯罪惩治合作机制。《公约》第四章第43条至第50条就引渡、被判刑人移管、司法协助、刑事诉讼移交、执法合作、联合侦查、特殊侦查手段等国际合作事项作出了原则而又不失灵活性的规定。各国有义务在《公约》指导下积极构建刑事司法合作机制。从目前来看，金砖国家并没有完全实施《公约》的具体规则，也没有相应的国内法与《公约》衔接，成员国之间引渡条约、司法协助条约的欠缺也使反腐国际司法合作陷入困境。因此，金砖五国应该积极构建引渡、追逃的司法

① 赵路：《完善条约加强中俄检查机关刑事司法协助》，载《检察日报》2013年11月11日。

协助和执法合作等方面的反腐败国际合作机制。首先，在跨国腐败案件中，联合侦查就是由各国派出侦查小组，对案件的具体证据或犯罪嫌疑人、赃款去向进行侦查。案犯本国拥有犯罪嫌疑人个人详细信息和背景材料，加之腐败分子的藏匿国具备的“地利”优势，两国联合侦查将会大大提高办案效率和侦破成功率。其次，面对腐败犯罪日益国际化的发展态势，金砖各国应当本着积极合作互助的理念，尽量拓展司法协助的内容，加强相关立法规范，充分利用现存的各种国际组织开展协助，尽量简化司法协助的程序和证据要求，以增进国家间的互信，以便于更好地惩处跨国腐败犯罪。最后，金砖各国应当宽让腐败犯罪执法合作的条件，改进国内法关于腐败分子刑事案件缺席审判制度的相关法律规定，加强与他国之间关于承认和执行刑事判决的司法合作。必要时各国可考虑反腐败犯罪的特殊需要，制定单行的执法合作条约和规约。

以下具体探讨一下金砖国家成员国之间的引渡合作问题。引渡的适用前提是请求国与被请求国双方签署引渡条约，并且除了被引渡人所犯罪行同时触犯两国刑法的要求以外，还必须遵守罪名特定、政治犯不引渡、本国国民不引渡等原则。“引渡条约前置主义”成了国家之间引渡罪犯的阻碍。金砖国家也同样存在这样的问题，因为中国与巴西、印度都没有签署双边引渡条约，其他四国之间也未全部建立起引渡合作机制。我国对外引渡实践中的最大障碍在于政治犯和死刑犯不引渡。死刑不引渡是指当被请求国有理由认为被引渡人将被判处或执行死刑时不予引渡。但经请求方出具充分有效的不判处死刑或不执行死刑的量刑承诺，引渡仍然可能继续进行。[①]我国应从透明化、制度化等方面对量刑承诺的流转程序、作出程序、承诺内容等方面加以完善，增强量刑承诺的有效性和权威性。[②]同时，金砖国家各成员国可以将遣返、引渡或起诉、劝返作为引渡的替代措施。此外，还可以借助以下两种形式改变或消除引渡存在的障碍：第一，通过立法程序明确允许金砖国家在无双边条约关系情况下内开展引渡合作。即通过国内立法放宽引渡的条件，金砖国家间的引渡不再以双边引渡条约存在为必要前提。其实，印度早在1993年12月就修改了《1962年引渡法》，在该法第3条中规定，中央政府可以颁布命令，决定将引渡法中的相关规定适用于“在该命令中指明的国家”，

---

① 陈雷、薛振环：《论我国引渡制度的量刑承诺》，载《法学杂志》2010年第1期。

② 徐文进、姚竞燕：《反腐国际合作维度下量刑承诺制度的反思与完善》，载《政法学刊》2016年第3期。

而无论与该外国是否缔结了双边引渡条约。南非也于1996年修改了《1962年引渡法》，授权总统可以根据具体情况与任何外国达成协议，在互惠的基础上，依据引渡法向该外国移交逃犯。第二，建立金砖国家相互承认逮捕令为基础的逃犯移交制度。随着一些国家共同体和区域联盟的形成和发展，国际刑事司法合作也突破了国际礼让和互惠的传统准则，更加注重高效和简捷，更加注重对合作方司法管辖和裁决的承认和维护。譬如在欧盟内部建立了一种“欧洲逮捕令”制度，只要请求国对被请求人发出了按照统一格式填写的“欧洲逮捕令”，并且有关犯罪属于被欧盟各国列入犯罪清单中的罪行，被请求国司法机关即应依据此逮捕令对该人实行逮捕，在经过比较简捷的司法审查之后，就可以将其移交给请求国司法机关。它增强了引渡审查的司法性，政治审查和行政审查被取消，从而提高了引渡合作的效率。[①]以此为例，金砖国家可以建立“金砖国家逮捕令”，将原本涉及政治的问题转化为司法合作问题，将传统的“引渡”术语用“移交”一词取代，借此相互遣返逃犯的义务性和效率都会大大提高。

（二）预防腐败犯罪的国际合作机制

在反腐败过程中，单靠刑法的事后惩治，远不能达到遏制腐败犯罪现象滋生蔓延，“预防为主”的反腐败策略已成为各国共识。第一，在惩治腐败犯罪方法方面，从腐败犯罪预防的途径而言，主要包括经济手段和政治手段两种基本机制。[②]这两种反腐败犯罪惩治手段，可以通过法律制度、经济体制、政治理念来体现，也可以监督、教育、舆论的方式出现。尽管金砖国家在政治体制和意识形态上存在差异，但是在《公约》的指导下，金砖五国可以在求同存异的基础上进行充分合作，完备各国之间的双边引渡条例和刑事司法协助条例，筹备建立起金砖国家统一的刑事司法合作条例。第二，在腐败犯罪信息交流方面，金砖国家可以建立起腐败犯罪信息网络共享平台，对诸如犯罪分子的个人资料、犯罪所得的存储资料以及其他有关腐败犯罪的资料信息进行分享，以便于各国对腐败犯罪的监控和查处，也可有效避免腐败犯罪分子通过犯罪跨国化来逃避处罚。此外，为了更及时有效地预防腐败犯罪，各国司法机关可以建立定期对话机制，通过双边或多边

---

① 黄风：《国际引渡合作规则的新发展》，载《比较法研究》2006年第20期。

② 刘广三、李文伟：《联合国反腐败公约与腐败犯罪预防机制的一般理论》，载《烟台大学学报（哲学社会科学版）》2007年第20期。

的对话会议，充分展示本国预防腐败的成效和经验，共同应对和处理在预防腐败过程中面临的困难和问题。第三，在公职人员任用、考察、奖惩以及公共部门监管方面，为保证公职人员的廉洁性，各国在公职人员招聘雇用、留用、晋升和退休制度上，应以效率和透明为原则，同时根据本国国情制定体现廉政、诚实、尽责的公职人员行为守则，对违反守则的公职人员采取纪律措施或刑罚措施。但仅有这些措施仍然不够，还需要与其他国家的反腐败制度政策进行横向比较和观察，共同努力寻找最佳的解决途径。

（三）追缴资产分享的国际合作机制

腐败犯罪的跨国性威胁着金砖各国社会的稳定和安全，在完善预防和惩罚合作机制的同时，消除腐败犯罪影响的合作机制是更为重要的环节，从根本上消除再犯罪的源头需要做好资产追回、资产返还与处分、资产分享合作方面的工作。目前来看，金砖国家在关于腐败资产追回、返还和分享合作问题上未能引起足够的重视，无法满足消除腐败犯罪的需要。首先，金砖国家应当遵守《公约》所确立的国际原则，努力践行、推动条约所构建的资产追回机制；其次，为提高资产流入国反腐败司法合作的积极性，金砖国家可以探索建立追缴资产分享合作机制。追缴资产分享合作机制是指请求国与被请求国之间根据国家公约、双边条约或者临时约定，将追缴的资产扣除一定费用之后按照既定比例进行分割的机制。建立追缴资产的分享机制，能够激发被请求国开展资产追回司法合作的热情，通过弥补被请求国财力的方式，充分调动其积极性，摆脱消极、对抗情绪。这既是出于经济利益刺激的考虑，同时也是为了弥补资产所在国在配合资产流失国方面付出的司法成本。追缴资产分享合作在诸多国际公约和一些国家的国内法中均早有体现。在2005年的《联合国关于分享没收犯罪所得或财产的示范协定》中直接使用了这一概念作为该条约的名称。资产分享机制已被越来越多的国家所认同，并不断地得到推广和适用。

我国在很长一段时间内，基于国家主权应当受到尊重和不受干涉的立场，严格坚持国家财产豁免原则，拒绝与他国进行资产分享。[1]在这样的国际环境和求同存异原则的指导下，金砖国家应当引进腐败资产分享机制，通过自主、内发的

① 杨正万：《境外追逃、追赃的几个问题思考》，黄风、赵琳娜：《境外追逃追赃与国际司法合作》，中国政法大学出版社2008年版，第48页。

腐败资产分享机制建设，在对等、互惠的原则下扩大五国之间进行腐败资产分享的合作，以促进反腐败刑事司法合作。（1）承认追缴资产分享机制的合法性。追缴资产分享机制多在发达国家盛行，而在发展中国家则因各种原因被边缘化。鉴于金砖国家每年都有大量的国有和私有资产流出，认可追缴资产的分享具有必要性和可行性。金砖国家首先要在国内承认追缴资产分享机制的合法性，如此不仅有利于资产追回工作的展开，也能提高资产追回的成功率。（2）设立专门的追缴资产专用账户。开设专门的追缴资金账户有利于追缴资产的统一管理，便于各国之间进行分享资金的分配。如澳大利亚联邦政府设立了“被罚没财产账户”统一管理追缴账户；美国政府也专门设置了相同性质的“财产没收基金”。（3）按照分享国所做贡献的大小，合理确定分享比例。世界上采取追缴资产分享机制的国家，均是以分享国所做贡献的大小为标准，将分享比例依次划分。以美国为例，资产分享比例可以划分为重大协助、实质性帮助、提供便利三个层次。[①]金砖国家应当结合本国的具体国情，从提供证据、重要信息，协助调查，帮助搜索证据等方面合理确定分享比例。[②]（4）完善分享后的资产处置机制。资产分享后，应当将追缴资产返还给相应的合法所有人。对于有被害人的追缴资产应当将其返还给相应的被害人；对于没有被害人的财产，则应当返还给对应的政府主管机关和部门。除了上述四个方面，追缴资产的分享机制还应当包括不得分享善意第三人的合法财产、扣除合理费用等规定。

四、反腐败国际合作的公共外交模式

在金砖国家反腐败合作中，不仅要借助政府外交平台进行司法合作，也要为公共外交搭建新舞台；除了政府和政府官员承担公共外交的责任之外，凡有机会和有能力的社会团体和民间精英人士都应有机会参与公共外交活动当中。

第一，发挥民间法律团体的外交作用。在金砖国家的反腐败司法合作中，也应当重视民间法律团体的外交作用。一是组派专门、专业的法律代表团出国访问巩固和扩大对外交往渠道，对金砖国家的法治环境和法律政策有更加直观和感性的认识，获取第一手资料；与各国法律界人士开展对话交流，学习各国反腐败的先进做法和经验，增加互信，加深理解，促进各国在引渡、司法协助等法律制度

① 张士金：《资产追回轨迹法律合作中的资产分享问题研究》，载《人民检察》2009年第5期。

② 李翔：《反腐败国际刑事合作机制研究》，北京大学出版社2011年版，第196页。

的协调与完善。由此达到各国反腐败模式相互借鉴、取长补短、共同发展的目标。二是举办金砖国家反腐败法律学术研讨会。通过召开学术会议的方式，让中外法律专家就某些专门的反腐败法律和外交热点问题深入地交流，从不同的研究视角和方法，进行思想的交锋、智慧的碰撞，从不同社会制度、法律制度出发，针对各成员国的特点，探讨符合各国的反腐败模式，相互借鉴，相互启发。三是开展金砖国家人员培训。成员国之间可以互派人员参加培训和学习，既可以从各成员国从本国的司法机关中抽调精干的反腐败业务骨干参与，也可以聘请成员国中反腐败领域的专家、学者进行教导。

第二，鼓励跨国企业参与腐败治理。随着经济全球化，越来越多的企业走出国门，在国外设立工厂、销售商品。金砖国家各成员国之间的经济往来频繁，跨国企业在各成员国之间开展业务，直面各国政府与社会。能否合规与廉洁营商，首先关系其自身的生存与发展，同时也成为本国在其他国家的一面镜子。跨国企业是参与腐败治理的重要力量。虽然对其经营的合规、透明度的增强等相关监管在短期内会对企业在国外的竞争力产生一定影响，但从长远来看仍是必取之道。[①]对于企业海外腐败的治理，能够在很大程度上向各国直接展现本国的反腐败决心与成效。

第三，推动民间开展反腐宣传与交流。在金砖国家反腐败合作中的障碍因素，有的并非真实存在，而是误解所致，每一个公民应该致力于努力消除这些障碍因素，积极主动地开展反腐败宣传与交流，在很大程度上改变其他国家社会的认知与印象，为深化金砖国家反腐败合作打下舆论基础。同时鼓励、支持每个公民积极参与国际智库、社会组织，经常利用与各国智库交流、对话，利用政府间组织和原有框架之外，由学者、社会组织以民间身份积极在国际反贪大会等各种论坛发声，引导金砖国家对反腐败刑事司法合作的重视，提出相关议题，就有关引渡、调查取证、追缴赃物等相关问题展开磋商，建立实质性的反腐败司法合作机制。

应当看到，金砖国家反腐败司法合作中出现的上述困难和问题，从根本上是各国法律制度的差异性造成的，而国际合作的首要原则就是树立求同存异的理念，在合作中谋出路。在反腐败国际合作过程中，金砖国家要运用法律外交手段，建立起一套完备的预防、惩治和消除腐败的机制，同时善于利用公共外交，拓展

---

① 袁柏顺：《全球腐败治理与中国的战略选择》，载《河南社会科学》2016年第24期。

交流的主题、拓宽合作的领域和深度，使政治交往向法律层面延伸，创造更多的交流对话机会，从而为反腐败司法合作创造氛围和条件。只有将政府外交与公共外交有机结合，才能实现预防与打击腐败犯罪的终极目标。

结　语

法律外交是中国解决热点、难点国际关系问题的现实需要，其核心是把我国日益上升的综合国力、国际竞争力和国际影响力转化成制度性权利，有效地维护我国在主权、安全和发展方面的核心利益，增强我国在国际组织运作和国际规则制定方面的影响力。在现代社会，传统的政治外交、经济外交、文化外交越来越需要从法律视角来进行，法律外交将促成传统外交的根本转型。需要注意的是，在反腐败国际合作领域，法律外交的参与主体不断增加，从法律专业的学者、官员、团体拓展到国际组织、政府官员、社会团体、普通公民、公司企业等，很大一部分反腐外交事务由非政府组织来管理，充分发挥其灵活性、专业性、多样性、民间性的特点优势。同时，在将来反腐败合作的国际关系博弈中，法律外交的重点将从促进交流、增进共识、培育信任逐步拓展到形成具有约束力的法律机制、推进更加公正合理的反腐败国际法治秩序。

图书在版编目（CIP）数据

贪污贿赂罪理论与实务 / 冯军义，刘霜主编. —北京：中国法制出版社，2021.10
ISBN 978-7-5216-2157-0

Ⅰ. ①贪… Ⅱ. ①冯… ②刘… Ⅲ. ①贪污贿赂罪—研究—中国 Ⅳ. ①D924.392.4

中国版本图书馆CIP数据核字（2021）第186331号

责任编辑：周琼妮 李宏伟　　封面设计：周黎明

贪污贿赂罪理论与实务

TANWU HUILU ZUI LILUN YU SHIWU

编者 / 冯军义 刘 霜

经销 / 新华书店

印刷 / 北京虎彩文化传播有限公司

开本 / 710毫米×1000毫米 16开　　印张 / 21 字数 / 365千

版次 / 2021年10月第1版　　2021年10月第1次印刷

中国法制出版社出版

书号ISBN 978-7-5216-2157-0　　定价：68.00元

北京市西城区西便门西里甲16号西便门办公区

邮政编码100053　　传真：010-63141852

网址：http://www.zgfzs.com　　**编辑部电话：010-63141804**

市场营销部电话：010-63141612　　**印务部电话：010-63141606**